ILS VOYAGEAIENT LA FRANCE

« Ils ont des chefs, un mot d'ordre et des signes particuliers pour se reconnaître », signale en 1809 le commissaire général de Lyon. *Ils?* Les compagnons, ces ouvriers singuliers qui ont des cathédrales dans la mémoire et se proclament Enfants de Salomon, de maître Jacques ou du père Soubise. *Ils* se transmettent des rituels mystérieux, défilent en gibus avec des airs compassés de bourgeois, baptisent au vin rouge les drôles de noms qu'ils se donnent; s'entrebattent à mort ou s'entraident à vie, c'est selon, portent le Beau dans leurs mains et mettent en couplets la condition ouvrière sur l'air de *Caressons-nous Lisette.* Qui sont-ils en vérité?

Après avoir marché sur les traces des pèlerins de Saint-Jacques *(Priez pour nous à Compostelle),* P. Barret et J.-N. Gurgand ont cette fois suivi celles des compagnons du tour de France traversant, balluchon à l'épaule, les paysages du XIXe siècle. Là encore il s'agit d'un voyage. L'anecdote est d'époque, mais l'important est de toujours : le grand secret des ouvriers du Devoir, c'est que l'homme porte en lui tous les chefs-d'œuvre.

ŒUVRES DE PIERRE BARRET & JEAN-NOËL GURGAND

Dans Le Livre de Poche :

PRIEZ POUR NOUS À COMPOSTELLE.
LES TOURNOIS DE DIEU T. I — LE TEMPLIER DE JÉRUSALEM.
LES TOURNOIS DE DIEU T. II. — LA PART DES PAUVRES.
LES TOURNOIS DE DIEU T. III. — ET NOUS IRONS AU BOUT DU MONDE.

ŒUVRES DE BARRET/GURGAND

Chez le même éditeur :

PRIEZ POUR NOUS À COMPOSTELLE.
ALMANACH DE LA MÉMOIRE ET DES COUTUMES, (en collaboration avec Claire Tiévant), Hachette, 1979.
LE ROI DES DERNIERS JOURS, Hachette, 1981.

Chez Robert Laffont :

LES TOURNOIS DE DIEU.
1. Le Templier de Jérusalem (Laffont, 1977).
2. La Part des pauvres (Laffont, 1978).
3. Et nous irons au bout du monde (Laffont, 1979).

DE JEAN-NOËL GURGAND

ISRAÉLIENNES, Grasset, 1967.
LA PETITE FÊTE, Grasset, 1969.
LES STATUES DE SABLE, Grasset, 1972.
ISRAËL LA MORT EN FACE (en collaboration avec Jacques Derogy), Laffont, 1975.

BARRET/GURGAND

Ils voyageaient la France

Vie et traditions des Compagnons du tour de France au XIXe siècle

PRÉFACE DE R. LECOTTÉ

Conservateur du musée du Compagnonnage
Président d'honneur
de la Société d'ethnologie française

HACHETTE

PREFACE

VOICI que les auteurs de *Priez pour nous à Compostelle,* après avoir brossé la grande fresque des pérégrinants du Moyen Age, ont troqué leur bourdon de pèlerin pour la canne des compagnons du tour de France, itinérants des temps modernes sur ces mêmes *Chemins de Saint-Jacques* où presque toutes leurs cayennes (sièges) s'accrochent comme pour témoigner de leur antiquité, à Paris, Auxerre, Dijon, Mâcon, Lyon, Nîmes, Marseille, Montpellier, Toulouse, Agen, Bordeaux, La Rochelle, Nantes, Angers, Tours, Blois, Orléans... pour ne citer que les principales villes ayant vu passer ou s'arrêter pèlerins et compagnons.

Le propos de cet ouvrage est de nous présenter en seize chapitres méthodiques le processus et les séquences de ce tour de France, en gros : le départ, l'itinéraire, le déplacement, l'embauche, les sociétés, la Mère, les assemblées et rencontres, la vie professionnelle, la Réception, les violences et batailles, les Boulangers et les Cordonniers, les loisirs, les luttes sociales, la solidarité, les réformes, l'après tour de France... Tous les éléments étant puisés dans six mémoires types s'échelonnant au long du XIXe siècle : ceux du Menuisier

Agricol Perdiguier (qui « tourna » de 1824 à 1828), du Boulanger *Etienne Arnaud* (1836-1844), du Serrurier *Pierre Moreau* (1833-1837), du Charpentier *Joseph Voisin* (1873-1879), du Bourrelier *Auguste Batard* (1887-1891), du Maréchal-Ferrant *Abel Boyer* (1899-1906), dont six cartes retracent les itinéraires.

C'est éclectique, équilibré et bien choisi parmi de nombreux « souvenirs », de densité et de qualité diverses, que nous ont laissés quelques compagnons instruits qui savaient donner des détails sur leur vie et sur leur temps et reflétaient un caractère et une mentalité appréciables tandis que tant d'autres étaient analphabètes...

Il ne reste plus au lecteur qu'à imaginer – mais le pourra-t-il ? – les chemins de France sans autoroutes ni stations d'essence, sans aucune automobile, mais seulement sillonnés de temps à autre par des rouliers, des débardeurs, des charretiers; des postillons de diligences, coucous ou pataches; des cavaliers, des trimardeurs, des chemineaux, des vagabonds, des mendiants, des voleurs à l'affût, que pouvaient rencontrer nos compagnons à moins qu'ils n'aient pris les chemins d'eau : la mer, les fleuves, les canaux, en proposant leurs services d'artisans aux bateaux à voiles, à vapeur ou à traction animale. Belle occasion de voyager sans bourse délier, d'économiser les chaussures et d'être en sécurité. Les coches d'eau comme les voitures publiques étaient trop chers pour eux.

Tout cela, c'est le voyage, qui différencie le compagnon du tour de France du compagnon sédentaire des défuntes corporations et des industries en plein développement. C'est la raison d'être et l'origine même du compagnonnage qui est une libération ouvrière, un désir de se perfectionner et de mieux vivre, un idéal de fraternité forgé dans le travail. Sous l'Ancien Régime, un compagnon sans argent, même très capable, n'avait aucune chance d'accéder à la coûteuse maîtrise, il était condamné à végéter toute sa vie, attaché à un patron qu'il n'avait pas le droit de quitter à sa guise. On comprend qu'il ait pris ce droit de partir vers d'autres marchés du travail, de découvrir d'enrichissantes techniques, de goûter la joie de l'union avec d'autres partants, d'organiser avec eux une société avec son réseau de sièges à travers le pays.

Le fait inouï d'avoir quitté les maîtres déclencha, à la demande de ceux-ci, les poursuites policières et la répression judiciaire qui contraignirent les compagnons à passer inaperçus. D'où le caractère jadis secret de l'Association; secret du nom d'état civil d'abord, remplacé par un surnom original évoquant le pays natal et une qualité reconnue au porteur. C'est ainsi qu'un Jean Durand deviendra Tourangeau l'Ami du Trait; secret de la Réception, cérémonie édifiante comportant, avec la présentation d'un chef-d'œuvre, l'instruction de mots de passe et de signes manuels destinés à écarter les mouchards de la police et les indésirables parasites avides de profiter des avantages de l'organisation. On détruisait chaque année les archives de la Cayenne pour préserver ce secret.

C'est pourquoi, vu l'extrême rareté des documents anciens, les meilleurs historiographes du compagnonnage sont les archives judiciaires. Cela commença avec la pièce la plus ancienne connue à ce jour, une ordonnance du roi Charles VI, à Troyes en mars 1420, contre des cordonniers dont « *plusieurs compaignons et ouvriers du dist métier, de plusieurs langues et nations, aloient et vênoient de ville en ville, œuvrer pour apprendre, congnoistre, veoir et savoir les uns des autres...* » C'est déjà, à la lettre, le délit de coalition affirmé et une parfaite définition du compagnonnage.

Suivront d'autres documents. Les compagnons au siège de Rhodes (1480); la première mention de la « Mère » (1540); les monitoires et la condamnation en Sorbonne sur plainte de la confrérie du Saint-Sacrement (de 1645 à 1655) et les nombreux arrêts des parlements de Paris et de la province contre les rixes entre les sociétés, Gaveaux et Devoirants, durant le XVIIIe siècle, jusqu'à la loi Le Chapelier (1791) interdisant le compagnonnage.

C'est à Perdiguier qu'il reviendra d'avoir publié la première histoire de l'institution avec son *Livre du Compagnonnage* (1839) et d'avoir inspiré à George Sand son roman *Le Compagnon du tour de France* (1841). Enfin, à l'occasion de la célèbre grève des compagnons charpentiers de Paris, que Berryer défendit, *L'Illustration* (1845), sous la plume et le crayon de Jules Noël, fit vraiment connaître le compagnonnage avec un grand reportage illustré plus critique que bienveillant.

Depuis, des dizaines d'ouvrages ont paru sous tous les régimes dont l'essentiel demeure celui d'Etienne Martin Saint-Léon : *Le Compagnonnage* (1901), jamais dépassé par aucun autre; la bibliographie terminale du présent volume éclaire particulièrement et avec bonheur les ouvrages du XIXe siècle patiemment consultés par les auteurs.

Nous avons eu le privilège, dû à l'âge, de connaître Abel Boyer, diable d'homme, auteur d'un traité de fauconnerie et que nous avons maintes fois suivi dans la plaine de Mégron, près d'Amboise, où, faute de mieux, il lâchait ses oiseaux sur les pigeons des fermiers voisins, ce qui lui valait des mésaventures. Nous avons de lui une copieuse correspondance et nous l'avons encore visité à Beauvais, un mois avant son trépas survenu le 6 mai 1959. Abel Boyer et Joseph Voisin étaient deux « monstres sacrés », deux caractères qui agitèrent grandement le compagnonnage.

Evoquons, en marge des aventures des six voyageurs de ce livre, le climat particulier du tour de France à la lumière de souvenirs familiaux, notamment la saison hivernale si pénible où certains « bourgeois » (patrons) rationnaient la nourriture et accentuaient l'inconfort du compagnon parce que le travail se faisait rare. Si ce dernier protestait... mais écoutons notre cousin Charles Lecomte, dit Tourangeau Plein d'Honneur, compagnon tonnelier doleur du devoir, reçu à Cognac en 1850, nous narrer en 1920, à Noisay, à l'âge de quatre-vingt-cinq ans, l'aventure dont il fut le héros en 1849 : « « Le singe » (patron) me menait la vie dure l'hiver et tandis qu'un jour, tôt rentré de l'atelier, je regardais tristement la fenêtre dont les vitres étaient intérieurement couvertes de gel en capricieux dessins, il me dit goguenard : « Tu « regardes *les fleurs de soumission ?* » J'étais vexé, aussi, mars venu, et les primevères poussant dans le jardin, je les contemplais par la même fenêtre. Le singe s'approcha et me dit : « Allons, « au travail ! Qu'est-ce que tu regardes ? » Alors je lui ai répondu joyeux : « *Des fleurs de j' fous le « camp !* » et je lui ai demandé mon compte. »

Le plus curieux c'est que je recueillis à Amboise trente ans après, en 1951, un récit similaire du compagnon menuisier Ernest Poupault alors âgé de soixante-seize ans. Voici son témoignage à situer vers 1900 : « Pas drôle de travailler l'hiver, il fallait tout faire, même la bonniche, sans rouspéter, mal manger et peu gagner. Un jour que j'avais mal répondu au singe il me dit (il neigeait dehors) pour se ficher de moi : « Tu vois, il tombe « *des fleurs de patience,* prends garde que je ne « perde la mienne. » Je rongeai mon frein mais, le printemps revenu, je revins un midi avec un bouquet de violettes à la boutonnière. Le « bourgeois » surpris me dit : « Qu'est-ce que c'est « que ça ? – Ça, que je lui ai répondu, *c'est des « fleurs de j' t'emmerde !* » Il en est pas revenu et moi je suis parti. »

Une petite enquête révéla que les flocons de neige sont appelés « fleurs de patience » dans le Perche, « fleurs de soumission » dans les Vosges, « plaît-il not' maître » en Belgique. De leur côté, les compagnons allemands de Hambourg ont une carte postale où l'on voit un *Geselle* arroser une fleur qui pousse dans la neige pour que le printemps vienne plus vite, mettant fin aux exigences hivernales du maître (Karl Wettver, 1952) – une de leurs chansons énonce longuement les tracasseries du patron et un conte met en scène l'un d'eux, irascible, donnant l'hiver des pommes de terre à manger au compagnon, en lui disant : « Tiens, prends, c'est de la viande. » Mais le printemps venu, quand la viande réapparaît au repas le compagnon la repousse en disant : « Ce sont des pommes de terre, je n'en veux pas, je pars... » (Eduard Kahny, 1952). On le voit, cette anecdote dépasse nos frontières.

Il nous plaît d'évoquer aussi combien étaient nombreux les compagnons auteurs de chansons. On chantait beaucoup sur le tour de France et le présent livre abonde, fort heureusement, en citations poétiques. On faisait des chansons sur tout, on allait jusqu'à rédiger en vers des comptes rendus d'assemblées !

Joseph Potier dit le Bien Aimé de Saint-Georges de Reintembault (un Breton), compagnon passant plâtrier du Devoir, nous raconte comment la vocation lui vint (*Le Ralliement,* 14-7-1895). Aidant ses parents dès l'âge de douze ans, il alla peu à l'école, juste pour savoir lire et écrire et à quinze ans il était déjà sur le tour. Malgré son ignorance de la grammaire, il avait une folle envie de rimailler et il raconte comment, à Cherbourg, un artiste de café-concert lança sa première romance après avoir bien ri de la manière dont il avait rédigé les paroles, et il nous la donne telle quelle, sans fausse honte :

Peti toiseau sai ten vin que tu cherche
Le grin de mil quil fô pour te nourir
Triste, plintif, tu tremble sur ta perche
Où autrefoi tu chantai za loisir
Ton sin froidi pouce un dernié soupir...

Phonétiquement c'était valable, sans plus. Aussi Potier, conseillé, étudia par la suite la grammaire et se procura le *Dictionnaire des rimes* de Napoléon Landais. Si nous avons parlé de lui c'est qu'il est l'auteur de la plus belle, de la plus touchante et de la plus populaire des chansons du tour de France : *Le fils de Noble-Cœur* qu'il composa à Nantes en 1857 et dont voici le couplet IV, romantique à souhait, témoignant de ses progrès :

Cinq ans plus tard revenait au village
Le fils chéri que Noble Cœur aimait;
Il rapportait du beau Compagnonnage
Canne et couleurs, doux gage de bienfait.

Quand le vieillard l'aperçut sur la route,
Il s'écria, tout en tremblant d'émoi,
bis *C'est bien mon fils, oh! Je n'ai plus de*
[doute,
Je le revois Compagnon comme moi

En contrepartie de ce romantisme attardé, on aura le cœur serré au récit de ces rixes et batailles incessantes qui firent tant de victimes. Au moins ces rivalités ont-elles conditionné la pérennité de l'institution; et puis les martyrs n'ont-ils pas forgé les religions? En pensant à eux, ne pourrait-on parodier Ronsard parlant des Français et écrire : « *Le compagnonnage semble au saule verdissant – Plus on le coupe et plus il est naissant – Et rejetonne en branches davantage – Tirant parti de son propre dommage.* »

De ce fait, discordes et persécutions, batailles et interdictions ne l'ont pas empêché de survivre et son message de Fraternité ouvrière se fait encore entendre étrangement, pourtant vieux de six siècles révolus, à l'heure de l'ordinateur. Il doit bien y avoir une raison? Pourquoi le succès d'un feuilleton télévisé, au demeurant excellent, comme *Ardéchois Cœur Fidèle,* repassant pour la troisième fois en trois ans à la demande du public? Pourquoi cette montée incessante de visiteurs au musée du Compagnonnage de Tours depuis douze années (53 355 entrées en 1979)? Pourquoi cet engouement de plus en plus marqué du grand public pour les publications relatives aux compagnons? Et Dieu sait qu'il en est peu de valables, n'importe qui écrivant sur n'importe quoi, l'essentiel étant d'être à la mode.

Ce n'est pas le cas de Pierre Barret et de Jean-Noël Gurgand dont *Ils voyageaient la France* nous apporte aujourd'hui une bouffée d'air pur, des témoignages irrécusables, musclés, profondément émouvants et révélateurs ainsi rassemblés. Encore fallait-il les articuler avec intelligence, esprit critique, conscience et probité. C'est fait et bien fait par ces deux jeunes auteurs; avec maestria et une évidente qualité littéraire, mais surtout avec foi. Grâces leur soient rendues!

Roger Lecotté
Conservateur du musée du Compagnonnage, Tours
Président d'honneur de la Société d'Ethnologie française

PROLOGUE

A LEUR âge, on déniche les pies, on use ses sabots sur les mares gelées, on ornemente au canif des bâtons de coudrier, on galope de toutes ses forces d'un bout à l'autre de soi-même et s'il faut traverser seul quelque pan de nuit, on siffle fort pour faire le brave.

Mais en ce siècle-là, le XIXe, les enfants des pauvres gens ne vivent pas longtemps leur saison d'innocence. A huit, dix ou douze ans, ils doivent assurer leur part d'ouvrage, à la maison ou au-dehors, mettre leurs bras maigres dans des gestes trop grands pour eux, entasser des heures qui n'en finissent pas avec, pour solde de tout compte, le répit – et quelle fierté ! – d'un fond de litre et d'un quignon frotté d'ail.

Ils ont huit, dix ou douze ans, on leur appuierait sur le nez qu'il en sortirait du lait, et trouvent tout naturel de devoir déjà faire l'ouvrier. C'est que la nécessité et la morale coïncident imparablement : on n'a rien sans travail, sans peine, sans mérite. Et les plus chanceux sont encore ceux qu'on met en apprentissage : un bon métier dans les mains, on ne meurt pas de faim. Tu seras ceci, tu feras cela – et quand le père a dit, mieux vaut baisser la tête.

A Lavinière, dans l'Hérault, vers 1825, le cordonnier Guillaumou envoie dès que possible ses enfants à la filature; à onze ans et huit ans, pour douze heures de travail par jour, ils gagnent l'un 40 centimes – « le plus fort » – et l'autre la moitié. « Je me rappelle encore avec douleur, écrira Toussaint, l'aîné, quarante ans plus tard, les traces de sang que souvent laissaient nos doigts tuméfiés par les engelures sur la toile des métiers à filer. »

Un jour, il voit le chef fileur maltraiter son frère, attrape un balai et lui « ensanglante la tête » : « Au lieu d'un, il en battit deux, et cela de manière que je ne pus reprendre mon travail le lendemain. Mon père s'en mêla, le fileur fut rossé, mais nous ne retournâmes plus à la fabrique. » Mis en apprentissage chez un tapissier, traité à son avis injustement un jour où le patron est de mauvaise humeur, Toussaint Guillaumou se rebiffe à nouveau : « Je lui lançai à la tête un gros morceau de fer qui se trouva sous ma main et qui lui fit une entaille au front. » Il travaille alors à la cordonnerie avec son père, mais les bottes de cavalerie sont « trop dures pour (ses) petites mains ». Il est envoyé en apprentissage à Toulouse : il a treize ans[1].

M. Perdiguier, lui, est paysan-menuisier à Morières, près d'Avignon. En hiver, saison noire de la terre, il emploie ses garçons à dresser les planches au rabot, à pousser les rainures. Un de ses fils devra reprendre l'établi après lui, mais lequel ? L'aîné, Simon, parti se battre en Espagne derrière Soult, a été pris par les Anglais et expédié aux Amériques dans un convoi de prisonniers. Il n'en revient qu'au bout de onze ans et, comme il a le choix, préfère travailler la terre plutôt que le bois. Même chanson avec François, le cadet. Reste le benjamin, Agricol :

« Il faut que tu sois menuisier, lui dit son père.

– Je préfère être paysan.

– Simon ne veut pas être menuisier, François ne veut pas être menuisier... Il me faut un menuisier, tu le seras[2] ! »

Il faut bien s'incliner. Né en 1805, le lendemain de la bataille d'Austerlitz, l'enfant a alors treize ans.

Le Bordelais Cosrouge sera lui aussi menuisier comme son père. Comme son père, boulanger à Libourne, Jean Baptiste Etienne Arnaud pétrira. Comme son grand-père, comme ses deux oncles et comme son père, tous maréchaux, Abel Boyer chaussera les bœufs et les chevaux – avec un détour, pourtant, chez un vétérinaire qui cherchait un apprenti hongreur[3]; mais la tradition familiale reprend vite ses droits. Chez le charron Flouret, les quatre fils seront charrons[4].

Quelle certitude, quand les pères revivent ainsi dans les fils ! Outils, gestes, mots : c'est bien là le plus précieux du patrimoine, en même temps que la plus naturelle des fidélités. A leur naissance, les enfants d'artisans reçoivent en même temps que l'air du Bon Dieu des odeurs de copeaux blonds ou de corne brûlée, sur leurs berceaux sonnent des carillons de forge. Sans compter que ce n'est pas rien, par les temps incertains qui courent – siècle chahuté entre deux empires, entre deux royautés, entre deux républiques – de se savoir maillon de la grande chaîne des anciens – de pères en fils depuis la nuit des temps...

D'autres, pourtant, veulent pour leurs enfants

mieux que ce qu'ils ont connu. Ainsi le compagnon tonnelier Batard, dont l'épouse tient, au 6 de la place de Bretagne, à Nantes, le café du Cirque. Il a envoyé son fils Auguste à l'école des Frères jusqu'à l'âge de douze ans. L'enfant est bon en orthographe et en dessin, son professeur recommande d'en faire un imprimeur ou un mécanicien. Mais un ami du tonnelier, le patron bourrelier Marchais, énumère les avantages de la bourrellerie : « Travaux propres, matériaux divers : cuir, bois, fer, tissus, peaux, etc. » Le tonnelier se laisse convaincre, d'autant que ce Marchais s'engage à enseigner au jeune Auguste la fabrication du corps de collier[5].

D'autres fois encore, l'enfant échappe à l'autorité ou à la tradition familiale. Martin Bouchard, fils de limonadiers du Dijonnais, assiste un jour de 1839 à un défilé de compagnons chapeliers; il est frappé par « l'état d'esprit et d'union de ces jolis cortèges ». C'est le coup de cœur : il sera chapelier[6]. Jean-François Piron, de Vendôme, aimerait travailler les peaux avec les blanchers chamoiseurs, mais ses parents le destinent à l'Eglise. Il se bat tant, se montre si déterminé qu'il finit par obtenir gain de cause[7].

Enfin, des fils de paysan se trouvent parfois dans le cas de devoir changer de vie. A Château-Renault, Pierre Florimond Moreau vivote avec son père sur une terre « rendue ingrate par la cupidité des propriétaires et d'énormes impôts ». En 1830, à dix-neuf ans, il décide de se faire artisan dans l'espoir « de monter d'un degré la pénible échelle sociale ». Ce n'est pas tant la pauvreté qui lui pèse que « le mépris attaché à cette profession honorable ». Travailler le fer lui va bien : il sera serrurier[8]. Joseph Voisin, lui, en Charente, va à l'école de sept à neuf ans, puis travaille aux champs avec son père. A douze ans, il part chercher de l'embauche à Cognac pour gagner un peu d'argent[9].

Tous ceux-là, nous allons les suivre sur leur chemin d'homme, nous les retrouverons « sur le Tour ». Mais la plupart sont encore trop jeunes, et incapables de vivre de leur travail. Il leur faut entrer en apprentissage, en savoir assez dans leur métier avant de se mettre en chemin*.

Période laborieuse et ingrate, ponctuée de réprimandes et de taloches. « Mon père, se rappellera l'apprenti boulanger Arnaud, était avec moi d'une exigence peu commune. » Un de ses camarades, Berniard, comme lui apprenti boulanger et fils de boulanger, se trouve chassé « pour cause d'insubordination ». Arnaud, indiscipliné de nature, et qui regimbe sous les coups et les sermons, s'attend au même sort; mieux, il en vient à le souhaiter[10]. L'apprenti maréchal Abel Boyer ne compte plus les fois où son père lui a « caressé les fesses de la règle et les côtes du tisonnier[11] ». Chez les Perdiguier aussi, le père manque de patience, se montre trop sévère : « Au point, se rappellera Agricol, que j'aurais préféré m'enfoncer un outil dans les chairs, me faire une profonde entaille que de gâter le moindre morceau de bois[12]. »

« Former » un apprenti, c'est donner une forme à cette matière rétive, la façonner, sans lésiner sur les coups ou les maximes éternelles. Il s'agit à la

* Aujourd'hui encore, les sociétés de compagnonnage n'acceptent sur le tour de France que des jeunes gens ayant achevé leur apprentissage et atteint l'âge de dix-huit ans.

fois de lui apprendre à plier la nature à son vouloir et à se plier à la morale de la société dont il fait partie. Le pied aux fesses a autant de vertu que le tour de main. *Cela te fera le caractère. Moi, à ton âge...* La mise en condition est sévère, mais c'est que la vie n'est pas rose tous les jours. *Crois-moi, c'est pour ton bien. Tu verras quand tu seras sur le Tour!* C'est à la fois une menace et une promesse.

Dégrossi devant l'établi paternel et déjà capable de monter une croisée, Perdiguier est placé à seize ans chez un menuisier d'Avignon. Hiver comme été, il doit se lever à cinq heures et travailler jusqu'à huit ou neuf heures du soir, soit une quinzaine d'heures de présence à l'atelier tous les jours de la semaine. Le dimanche, il faut de plus mettre de l'ordre, ranger le bois, balayer : l'apprenti n'est guère libre avant dix heures ou midi. En échange, il reçoit la nourriture et est couché — dans un grenier. Pas de salaire ni, ce que regrette peut-être encore plus le jeune Agricol, « le moindre encouragement[13] ».

En effet, adroit et appliqué, il a le goût et le sens du travail, mais on ne lui demande que de refendre les bois, de corroyer les surfaces, de tailler les chevilles. Le maître se réserve de tracer et d'assembler, sans se soucier de faire progresser son apprenti. Le jeune Perdiguier, après six mois de cette désolation, commence à protester. Il obtient 10 sous par dimanche, soit 2 F par mois — ce que touche alors un ouvrier médiocre pour une petite journée. En fin d'année, il reçoit, de ce patron qui l'a fait travailler « des nuits entières », une misérable gratification de 1,50 F.

Quand il comprend que le menuisier le tient « dans l'ignorance du métier afin de l'exploiter plus longtemps », que ce n'est pas ici qu'il apprendra le traçage et l'assemblage, il quitte l'atelier et va s'embaucher chez un certain Poussin, un ami de son père. Là, il est nourri, logé, touche 10 sous par jour – et non plus par semaine – et est traité en homme : il va même manger à l'auberge, « comme les ouvriers voyageurs ». Il progresse vite. L'année de ses dix-huit ans, il réalise seul, pour Notre-Dame des Doms, l'église métropolitaine d'Avignon, un grand buffet de sacristie équipé intérieurement de demi-cercles mobiles pour le rangement des riches vêtements du culte. Travail qualifié et difficile pour lequel il est payé 80 F de façon. « Il ne faut pas faire comme ton père, lui dit un jour son patron. Dans le temps, il devait partir avec moi pour faire son tour de France : il me faisait attendre huit jours, et puis dix, et puis quinze, et c'était toujours à recommencer. A la fin, je partis seul, ton père ne quitta point le pays. Toi, il te faut voyager[14] ! »

L'autre menuisier, le Bordelais Cosrouge, entre en apprentissage à onze ans, en 1858, et gagne sa première paie deux ans plus tard[15]. Bouchard, l'enfant qu'éblouit le cortège des compagnons chapeliers, abandonne l'école pour ne pas rester à la charge de ses parents et entre à quatorze ans en apprentissage à Dijon[16].

Des deux fils de paysan quittant la terre, le premier, Pierre Moreau, celui qui veut « s'élever dans l'échelle sociale », s'embauche chez un serrurier de Château-Renault; à dix-neuf ans, il est exceptionnellement âgé pour un apprenti[17]. L'autre, Joseph Voisin, parti gagner un peu d'argent à Cognac, trouve à fabriquer des caisses, un vrai travail qui lui est payé 2,40 F par jour, bien plus que ne gagne son père sur sa terre de misère.

Mais, à répéter les même gestes du matin au soir, il n'apprend rien. « C'est pas un métier, lui explique un compagnon charpentier de passage. Tandis que nous, nous changeons de travail en partie tous les jours, et puis on voyage, on voit du pays, on se perfectionne, et partout on fait de la charpente, et si on ne s'accorde pas avec son patron, on le quitte et on va chez un autre, on est libre, tandis que toi, tu es attaché à l'usine. » Joseph Voisin abandonne ses caisses et part s'embaucher chez des charpentiers de Saintes. Il a alors treize ans[18].

Quant à Auguste Batard, on a vu comment son tonnelier de père s'est laissé convaincre par l'ami Marchais d'en faire un bourrelier – un *sacul**, disait-on. Il en coûtera 300 F pour un apprentissage de trois ans. Auguste n'a pas quatorze ans, et si les conditions faites aux apprentis – nous sommes alors en 1884 – sont moins dures qu'au temps de Perdiguier, les adolescents doivent néanmoins douze heures par jour en semaine, sans compter que, le dimanche matin, il faut encore aller travailler « dans les administrations », faire aux harnachements les réparations d'urgence. « On me disait que c'était normal. Chez les maréchaux-ferrants, les choses se passaient de la même façon, et je n'avais pas lieu de me plaindre. » M. Marchais, qui s'était engagé à lui enseigner la fabrication du collier, tient parole en le plaçant, pour les trois derniers mois de son apprentissage, chez des fournisseurs en gros pour bourrellerie qui emploient deux compagnons. L'un d'eux fera

* Par contraction de « sac à cul », surnom donné aux bourreliers dans la Grande Armée, parce qu'il entrait dans leurs fonctions de fabriquer des sacs de toile que l'on attachait sous la queue des chevaux pour les empêcher de souiller le pavé pendant les inspections de l'Empereur.

du jeune Auguste, maintenant âgé de seize ans, un « ouvrier passable » — c'est lui qui le dit, avec une modestie de bon aloi[19].

Enfin, Abel Boyer, le futur maréchal, commence d'apprendre le métier avec son père et reçoit son premier tablier de cuir, baptisé rituellement à l'auberge, parmi tous les artisans voisins : « Le tablier servait de nappe, et une fois vidés, les verres furent retournés; leur bord humide traça des circonférences vineuses sous la bavette où mes parrains signèrent dévotieusement. J'entendis, ce jour-là, parler beaucoup du tour de France[20]. »

Elevé au creux de cette forge où le maître du feu et du fer fait chanter l'enclume, il est assez adroit pour bientôt « sortir un fer en deux chaudes convenablement découpé et étampé ». Mais ce même père qui n'hésite pas à le reprendre à coups de tisonnier, le jeune Abel découvrira chez son premier patron, à Bordeaux, qu'il n'est pas « bon frappeur ». Et le patron, dit le Tondu, devra corriger les mauvais gestes de l'apprenti, auquel il reproche une position de « tireur aux alouettes ». N'importe, l'élève est doué et, à dix-sept ans, exécute tenailles, houes, serpes, binettes, répare les tournebroches et sait rééquiper un fusil de son chien. Comme le bourrelier Batard, il travaille « de cinq à sept », c'est-à-dire douze bonnes heures par jour, temps des repas déduit, et une partie des dimanches. La maréchalerie en ville est particulièrement pénible : « Il faut, dit Boyer, être très costaud pour tenir le coup, et les gosses de dix-sept à dix-huit ans n'ont pas la moëlle pour y résister. »

Un ami de son père le voit un jour au travail. « Eh bien, mon petit, dit-il, [...] ne reste pas chez toi, va faire ton tour de France, tu es de bonne graine. » Le jeune Boyer y pensait depuis longtemps : « C'était bien mon intention. Je n'entendais que cette rengaine-là tout le long de l'année, que ce fût du menuisier, du charron, du serrurier ou du maçon, et jusqu'au paysan chez qui cette question revenait comme une litanie : quand pars-tu faire ton tour de France[21] ? »

Dans les années 1870, pour donner aux Français une certaine idée de la France, Mme Fouillée, née Augustine Tuillerie, imagine une histoire qui serait à la fois un inventaire national et une quête personnelle : *Le Tour de la France par deux enfants.* Les héros en sont deux orphelins, André, quatorze ans, apprenti serrurier, et son frère Julien, sept ans. Au bout de leur itinéraire, André a vingt ans, de la barbe, « un voix mâle »; son âme s'élance « tantôt vers le passé plein de souvenirs, tantôt vers l'avenir qui s'ouvre avec ses devoirs et ses espérances[22] ». Le livre se vendra à trois millions d'exemplaires entre 1877 et 1887, trois millions avant 1901, encore trois millions par la suite[23]. C'est dire si cette idée du voyage-qui-forme-la-jeunesse nous est naturelle. On part enfant, on revient homme.

En vérité, nos apprentis ne savent pas très bien ce qui les attend. Ils savent seulement que ce tour de France est bien dans l'ordre, et des choses et des hommes. « C'est vraiment inexplicable, dit l'un, que ce sentiment qui pousse certaines classes d'ouvriers à courir le monde[24]. » Et un autre : « J'obéissais à l'appel profond de la tradition qui met à nos cœurs le désir secret, atavique et mystérieux, ce vouloir, cette tentation d'imiter nos pères[25]. » Un autre encore, qui propose un début de réponse : « Si les ouvriers ne voyageaient plus, nous tomberions dans l'apathie et nous partagerions le sort de ceux qui travaillent dans les fabriques et manufactures[26]. »

L'appel du tour de France les conduira à ces mystérieux compagnons, ouvriers singuliers qui ont des cathédrales dans la mémoire et se proclament enfants de Salomon, de maître Jacques ou du père Soubise; qui défilent en gibus avec des airs compassés de bourgeois, se font des signes secrets, baptisent au vin rouge les drôles de noms qu'ils se donnent, portent le beau dans le creux de leurs mains, s'entrebattent à mort ou s'entraident à vie, c'est selon, font rimer tour de France avec espérance et chantent la condition ouvrière sur l'air de *Caressons-nous Lisette*[27].

George Sand, fascinée, les regarde surgir parmi les « fanfares industrielles » de son temps et capte leur message. « Le tour de France, formule-t-elle alors, c'est le pèlerinage aventureux, la chevalerie errante de l'artisan. » Qui dit chevalerie, qui dit pèlerinage, parle de quête et de salut. Il ne suffit plus de se dépayser, il faut s'accomplir. Dans *Les Maîtres Sonneurs,* un apprenti déclare : « Je veux voyager, apprendre, et me faire ce que je dois être. »

Agricol Perdiguier, Pierre Florimond Moreau, Jean Baptiste Etienne Arnaud, Martin Bouchard, Toussaint Guillaumou, Joseph Voisin, Auguste Batard, Abel Boyer ont donc décidé de « voyager la France » et sont sur leur départ. Nous allons les suivre, eux et quelques autres, à travers les récits et les chansons qu'ils ont laissés. Nous les verrons s'avancer sur le vieux chemin de l'initiation et de la connaissance, itinéraire balisé de mille règles et de mille épreuves au bout duquel ils auront peut-être dépassé la fatalité de leur condition. L'un d'entre eux deviendra député et célèbre, un autre sera élu meilleur artisan de France, un troisième trahira le compagnonnage. Qu'importe. Traversant, balluchon au dos, le siècle des métamorphoses, écoutons-les dire confusément qu'il faut renaître, que c'est là le grand secret, et que l'homme porte en lui tous les chefs-d'œuvre*.

* Cet ouvrage ne veut pas être une histoire de compagnonnage. Celle que publia en 1901 E. Martin Saint-Léon reste le meilleur guide sur le sujet. On trouvera en fin de volume un aperçu bibliographique, les notes de références renvoyant aux ouvrages cités, un court lexique du vocabulaire compagnonnique le plus usité et un tableau de sociétés compagnonniques au XIXe siècle.

I

DEPARTS

Patrons indignes. – Trois sociétés. – Holem, Sterkin et Hoterfut. – Le traître Jamais. – Je suis ébloui. – Le pavillon carré. – Les soi-disant de la raclette. – Un litre de vin. – Vive le printemps. – Larmes. – Ne fume pas. – Chaussettes de laine.

Mon jeune ami le tour de France
Bientôt devant toi s'ouvrira
La déesse de l'espérance
Aux compagnons te conduira.

Guillaumou Aîné,
Carcassonne le Bien-Aimé
du Tour de France[1].

« J'AVAIS quinze ans à peine, dit le petit Deruineau; et bientôt je me sentis possédé d'un seul besoin, celui de voyager. » Et il explique : « Sorti d'apprentissage, le jeune ouvrier quitte promptement et avec plaisir le toit paternel [...]. Se perfectionner dans le métier qu'il professe est son désir, sa passion; acquérir de nouvelles connaissances, essayer d'autres mœurs et de nouvelles habitudes, vivre sous un autre ciel que celui qui l'a vu naître, c'est chez lui un impérieux besoin[2]. » On connaît déjà le couplet. Mais Deruineau est peintre en décor, métier non compagnonnique, et il devra supporter seul les risques et périls de son tour de France, une rude épreuve morale et physique.

Au retour, il dénoncera « certains patrons indignes » faisant travailler des adolescents comme lui « douze heures au moins chaque jour dans une atmosphère épaisse et viciée, chargés de lourds fardeaux, manipulant des substances grasses, des couleurs d'une nature délétère, des matières terreuses ou métalliques souvent nauséabondes et toujours nuisibles[3]. » Il suggéra que soit créé dans chaque commune un conseil de surveillance et que les jeunes ouvriers du tour de France soient pris en charge par des comités de patronage organisant l'accueil en ville, l'encadrement moral, l'enseignement, l'assistance en cas de chômage, accident ou maladie.

Ce que Deruineau définit là, et qu'il n'a pas trouvé en route, les sociétés de compagnons le prennent en charge, à commencer par l'embauche. Contrôler l'embauche, c'est en effet assurer à l'ouvrier une protection sociale, l'aider à défendre ses conditions de travail, ses prétentions salariales et son pouvoir d'achat dans une société libérale où rien ne vient tempérer la brutalité des relations d'offre et de demande.

Hors du compagnonnage, les ouvriers sur le trimard sont seuls, seuls pour trouver un logement, un travail, pour résister aux patrons, aux ouvriers locaux, aux aubergistes malhonnêtes, seuls éventuellement à l'hôpital ou en prison. « Celui qui voyage seul, écrira Perdiguier, sans liaison avec d'autres ouvriers, résiste mal aux coups de la misère et de l'oppression. [...] Rien ne l'encourage et lui facilite les moyens de s'instruire. [...] Il devient froid et égoïste[4]. »

Il ne fait pas de doute que les apprentis allant aux compagnons y cherchent d'abord une protection. Le futur charpentier Joseph Voisin :

Pour l'ouvrier qui voyage la France
Il est urgent d'obtenir un soutien[5].

Et le chapelier Bouchard :

Chers compagnons, voici la route
Où je trouverai des soutiens[6].

La chanson du compagnon La Clé des Cœurs l'Albigeois sonne comme une propagande :

Viens si tu veux sous l'étoile qui brille
Vers l'avenir marcher en souriant
Sous l'arbre vert à l'ombre du mystère
De tes malheurs tu verras le déclin
Tu trouveras des frères, une mère
. . . .
Le compagnon n'est jamais orphelin[7].

Bref, si la mystérieuse « espérance » et le désir d'accomplissement professionnel n'y suffisent pas, le besoin de protection conduit nos apprentis aux compagnons. Leur reste à choisir la société où s'affilier. Bien évidemment, si le père était compagnon lui-même, la tradition familiale là encore l'emporte, même si le métier est différent. Sur le registre de passage de la grotte de Sainte-Baume, haut lieu des compagnons du Devoir (voir chapitre II), Angevin l'Exemple de son Père, compagnon couvreur, signe le 30 mars 1903; le 28 juillet 1901, Tourangeau la Vivacité, compagnon maréchal-ferrant, passe vingt-huit ans après son père Berry le Courageux, du même état; Nantais l'Ami des Arts, le 22 février 1878, trente-six ans après Nantais la Clé des Cœurs, son père[8].

Mais en l'absence de toute tradition ou pression familiale, comment se décider? En vérité, l'apprenti ignore encore presque tout des différentes sociétés. Tout juste sait-il qu'on distingue :

– les Enfants de Salomon, dits compagnons du Devoir de liberté; dont les menuisiers et serruriers gavots ou gaveaux,

– les Enfants de maître Jacques, dits compagnons du Devoir, ou devoirants, ou dévorants (péjoratif). Ce sont les bons enfants,

– les Enfants du père Soubise, eux aussi compagnons du Devoir, ou devoirants, ou dévorants (péjoratif). Ce sont les bons enfants.

Il n'en sait guère plus, sinon que l'histoire commence à Jérusalem, capitale de notre mémoire, lieu des plus formidables mystères, et qu'il n'y a rien là d'étonnant, au contraire. Plus tard, quand il aura choisi, on lui lira ce passage de la Bible (Rois, I, 5) où l'on voit trente mille ouvriers construire le Temple de Salomon sous les ordres d'Hiram, « maître habile [...] qui travaillait en bronze et était rempli de sagesse, d'intelligence et de science ». Plan du Temple, dimensions, matériaux, organisation du travail : tout est dans le Livre. Qui douterait? Sans compter que c'est bien la moindre des choses que l'histoire des compagnons commence sur un chantier.

Quand s'arrête la Bible, la tradition enchaîne, différente selon les sociétés, mais toujours transmise avec piété, perdant un symbole ici, trouvant une fioriture là, amputée par les uns, ornée par les autres – comme tous les récits légendaires qui continuent à vivre.

Pour organiser une si grande masse d'ouvriers, dit la tradition des Enfants de Salomon, et notamment pour éviter aux faux travailleurs de s'y mêler, Salomon et Hiram décidèrent de donner à chacun une assignation et un mot de passe : ainsi, chacun fut payé selon son mérite. De plus, les bons artisans recevaient des encouragements; un beau jour, un contremaître les menait dans un souterrain du Temple où, parmi leurs camarades de travail, ils étaient initiés et recevaient le mot de passe de leur nouvelle condition.

Or trois apprentis, Holem, Sterkin et Hoterfut, jaloux qu'Hiram leur refusât le mot de passe des maîtres, résolurent de le contraindre à le leur révéler. Ils le guettèrent un soir à la sortie du Temple. A la porte de l'Occident, Sterkin le menaça en vain : « J'ai gagné mon secret par ma sagesse et mes talents, dit Hiram. Faites de même, et vous l'obtiendrez. » Sterkin le frappa avec sa règle. Hiram se sauva à la porte du Midi, où Holem le blessa de son maillet. A la porte de l'Orient, Hoterfut, ne pouvant lui arracher son secret, le tua d'un coup de levier. Les assassins creusèrent trois fosses : l'une pour le cadavre, la deuxième pour les habits, la troisième pour la canne d'Hiram, un jonc marin qui ne le quittait jamais. Une branche d'acacia fut plantée sur la tombe.

Mais le corps d'Hiram fut retrouvé, et Salomon ordonna aux compagnons de se raser la barbe, de porter des tabliers et des gants blancs en signe de deuil. Le mot de passe fut changé. Les assassins furent pris et exécutés sur ordre de Salomon.

Les compagnons du Devoir de liberté perpétuent ainsi la mémoire du maître d'œuvre Hiram et du roi Salomon, dont ils sont les « enfants ». Les compagnons du Devoir, eux, mettent en scène aux côtés d'Hiram un maître artisan, Jacques, sachant tailler la pierre depuis son plus jeune âge et travaillant au Temple de Salomon après avoir voyagé durant vingt et un ans de sa vie. A Jérusalem, il fut nommé maître des tailleurs de pierre, des maçons et des menuisiers.

Le Temple achevé, il quitta la Judée, en compagnie d'un autre maître, Soubise, avec lequel il se brouilla bientôt. Les deux maîtres se séparèrent. Soubise aborda à Bordeaux et Jacques à Marseille, avec treize compagnons et quarante disciples. Il voyagea pendant trois ans, poursuivi par les disciples de Soubise (un jour, il leur échappa en se cachant parmi les joncs), puis se retira en Provence, dans l'ermitage de la Sainte-Baume. Un de ses disciples, Jéron – certains disent Jamais –, le trahit : un matin qu'il priait – comme Jésus au jardin des Oliviers –, Jéron vint le trouver et lui donna le baiser de paix. C'était le signal convenu. Cinq assassins se jetèrent sur maître Jacques et le percèrent de cinq coups de poignard. « Lorsque j'aurai rejoint l'Etre suprême, dit-il aux compagnons accourus, je veillerai sur vous. Je veux que le baiser que je vous donne, vous le donniez toujours aux compagnons que vous ferez, comme venant de votre père; ils le transmettront de même à ceux qu'ils feront... »

Lorsqu'il fut mort, on donna son chapeau aux chapeliers, sa tunique aux tailleurs de pierre, ses sandales aux serruriers, son manteau aux menuisiers, sa ceinture aux charpentiers et son bourdon aux charrons. L'infâme Jéron se jeta dans un puits. Soubise fut accusé d'avoir manigancé le meurtre, accusation qui dressera longtemps les uns contre les autres les compagnons des deux rites. Car, pour les Enfants de Soubise, en effet, seul compte le personnage de Soubise, comme

Jacques et comme Hiram architecte du Temple de Salomon. Loin d'avoir fait assassiner son ancien ami, il est au contraire, disent-ils, venu pleurer sur sa tombe.

A noter qu'il existe d'autres explications : maître Jacques ne serait autre que le dernier grand-maître du Temple, Jacques de Molay, brûlé à Paris en 1313 sur ordre de Philippe le Bel. Les templiers tenaient leur nom de ce que les rois chrétiens de Jérusalem les avaient installés dans les parties restantes du Temple de Salomon. Grands constructeurs eux-mêmes, initiés à des pratiques secrètes, ils en ont tiré, disent ceux qui transmettent ce récit, une règle à l'usage de leurs meilleurs ouvriers, groupés en sociétés de compagnons.

Soubise, enfin, est, selon d'autres, un moine bénédictin du XIIIe siècle, contemporain de Jacques de Molay, avec qui il aurait participé à la construction de la cathédrale d'Orléans. On le représente le plus souvent sous l'habit des religieux de Saint-Benoît.

Mais on ne déclame pas ces récits solennels sur les places publiques. A quelques mots surpris ici ou là, notre apprenti comprend bien qu'il n'est pas digne encore d'entendre cette vérité depuis si longtemps transmise. Ce qui va le pousser vers cette société plutôt que vers telle autre, ce sont le plus souvent les circonstances, le hasard des premières embauches, l'influence des compagnons rencontrés.

Le premier patron de Perdiguier, à Avignon (1824), faisait travailler des Enfants de maître Jacques, ou dévorants, avec lesquels l'apprenti était assez lié; le second occupe des Enfants de Salomon, ou gavots, plutôt moins sympathiques – sauf deux, Carcassonne le Cœur Aimable et Provençal la Justesse, avec qui l'apprenti se promène et bavarde le dimanche après-midi. Bientôt ils l'invitent chez leur *mère,* c'est-à-dire leur maison d'Avignon, où il est frappé par la solidarité, le calme, le sérieux qui y règnent : « Pas de tutoiement, pas de mots saugrenus, mais quelque chose de grand, de sublime, de fraternel. Tout cela m'attirait, me gagnait. » Sa décision est bientôt prise : il sera gavot. Et un dimanche...

« A l'heure indiquée, *(le rouleur)* fait monter en chambre les compagnons, puis les affiliés. Je restais seul dans la pièce inférieure. Il vient me prendre par la main, me fait monter avec lui, frappe d'une certaine façon à une porte qui s'ouvre aussitôt, et m'introduit dans la salle d'assemblée, au milieu d'hommes formés en cercle, debout, calmes, silencieux, proprement vêtus, décorés de rubans bleus et blancs... Je fus ébloui, étonné, embarrassé. Il me fait traverser la salle dans sa longueur, me présente au *premier compagnon,* qui présidait, en lui disant :

« – Voici un jeune homme qui demande à « faire partie de la société.

« – Vous demandez, me dit le chef, à faire par- « tie de la société ?

« – Oui.

« – Savez-vous quelle est cette société ?

« – C'est la société des compagnons.

« – Il est vrai, mais il y a plusieurs sociétés : « celle des compagnons du Devoir, ou devoirants; « celle des compagnons du Devoir de liberté, ou « gavots. Laquelle des deux avez-vous l'intention « de fréquenter ?

« – Celle des compagnons du Devoir de liberté.

« – Elles sont toutes deux bonnes, et si vous
« vous étiez trompé d'adresse, vous pourriez vous
« retirer.
« – C'est bien de celle-ci que je veux être
« membre. »
« Puis le secrétaire lut le règlement à haute voix : les compagnons et les affiliés sont tenus de participer aux frais de la société, de se montrer polis, respectueux les uns des autres; d'être propres et rangés; de ne pas se présenter, dans la semaine, en bras de chemise ou en tablier chez la mère, et, le dimanche, sans cravate et sans guêtres. La lecture finie, le premier compagnon demande encore :
« – Pouvez-vous vous soumettre à ce règle-
« ment ?
« – Oui. »
« Il ajoute que, si je ne me sentais pas capable de l'observer, j'étais toujours libre de me retirer. »
Mais Perdiguier ne se retire pas. Il promet de se conformer au règlement. Le premier compagnon le proclame affilié, puis le conduit à sa place : « Etant le plus nouveau dans la société, je devais être le dernier en rang[9]. »

Voilà donc Perdiguier affilié, ou aspirant. A ce stade, il bénéficie des structures d'accueil de la société, mais il peut encore se raviser et passer chez les devoirants sans que l'on considère qu'il trahit les secrets de la société : il ne connaîtra l'essentiel de ceux-ci qu'à sa réception comme compagnon. D'ailleurs, Perdiguier lui-même, plus tard, exerçant les responsabilités de *premier en ville,* acceptera un aspirant menuisier passant volontairement de la société du Devoir à la société du Devoir de liberté[10].

En attendant de partir sur le Tour, il vit déjà

chez la mère. On l'appelle Avignonnais, du nom de son pays d'origine. On n'ajoutera son nom de compagnon que lors de son initiation.

A Saintes, le petit Joseph Voisin a trouvé du travail chez les charpentiers. « Là, dit-il, j'ai appris le pavillon carré*, je savais le battre et le dessiner[11]. » Quelle fierté! Lui qui, à Cognac, pensait devoir faire les mêmes caisses toute sa vie!

Je me souviens, j'étais dans l'ignorance
Les compagnons me faisaient le récit
Ils me disaient : va faire ton tour de
[France[12]...

Il décide de s'affilier et de partir, mais hésite longtemps entre les *bons drilles*, comme s'appellent les charpentiers de Soubise, et les *indiens*, Enfants de Salomon. Le premier patron charpentier qui l'embauche comme apprenti logé-nourri est un ancien Soubise. Il emploie plusieurs compagnons de cette société; ils se montrent durs pour les apprentis, qu'ils appellent *lapins* et à qui ils bottent généreusement les fesses : « Lapin viens ici! Lapin apporte le cordeau! » Et ce ne sont pas les chansons de travail, au rythme des scies et des bisaiguës, qui vont rassurer les pauvres lapins :

Des indiens
D'une bouchée
Nous en ferons du pâté
Pour donner aux chiens[13].

A quinze ans, apprentissage terminé, il trouve

* *B a ba* de la charpente.

par hasard du travail chez des indiens, justement, les charpentiers du Devoir de liberté, et commence à faire des comparaisons. Puis il revient à Cognac, où les bons drilles n'ont pas changé : « Te voilà, lapin ! [...] Eh bien, tu es sûr de manger sur le billot ! » C'est-à-dire à la cuisine, à l'écart des compagnons.

Inquiet de la vie qui l'attend, il se rend chez la mère des indiens, pour voir si on le traitera mieux. Le premier compagnon lui offre l'apéritif et dîne avec lui; puis, le lendemain, lui trouve une embauche en ville. C'en est assez pour que le choix de Joseph Voisin soit fait : il sera indien[14]. Longtemps après, il dira encore sa reconnaissance :

Va donc mon fils vers les indiens
Eux seuls te serviront de père[15]

Nos deux boulangers, Jean-Baptiste Arnaud et Berniard, hésitent eux aussi. Ils savent qu'il existe deux sociétés d'ouvriers boulangers, celle des compagnons du Devoir et celle des sociétaires. Pour Arnaud, « la meilleure et la plus belle est celle des compagnons du Devoir », mais les autres corps d'état contestent toujours aux boulangers le droit de se dire compagnons (voir chapire IX) et les appellent par dérision les *soi-disant de la raclette*. Quant aux sociétaires, les compagnons les traitent avec mépris de *rendurcis* ! Comment se décider ? » Je ne sais rien de bien positif », confesse Berniard[16].

Ils vont pourtant choisir les compagnons du Devoir et le compagnonnage traditionnel, peut-être seulement pour les superbes tenues de parade qu'ils peuvent admirer dans les cortèges de la Saint-Honoré, la fête patronale des boulangers.

Un peu plus tard, un collègue leur racontera comment il a failli devenir sociétaire : « J'arrivai à Tours sans opinion aucune, je fus conduit chez la mère des sociétaires et je me serais étroitement attaché à cette institution sans la lâcheté que trois de ses membres (venaient) de commettre... » Il sera compagnon sous le nom de Monceau le Rouge[17].

Le cordonnier Toussaint Guillaumou, après deux ans d'apprentissage à Toulouse, rejoint son père à Carcassonne et découvre qu'il ne sait pas grand-chose. Il doit refaire son apprentissage. Apprenant qu'il existe « une société de cordonniers », il s'y affilie comme aspirant... et y apprend vite à se servir de la « trique » : « En ce temps-là, ce n'était pas inutile. »

A Bordeaux, le jeune maréchal Abel Boyer sait ce qu'il veut : entrer chez les Enfants de maître Jacques. Son patron, le Tondu, appartient, lui, à l'Union, bête noire des compagnonnages traditionnels, et tente d'embrigader son talentueux apprenti. En vain : « Mon cœur était acquis aux compagnons depuis bien longtemps. » Il fait la sourde oreille pour ne pas s'affilier à l'Union et, le dimanche 4 février 1900, va se présenter rue de Coursol, où se trouve le siège des compagnons maréchaux du Devoir.

« Le premier en ville, se rappelle Boyer, un Bourguignon de vingt ans, barbu comme un sapeur, me fit asseoir au bout de la table où une trentaine de mes nouveaux camarades avaient déjà pris place. » Il solde son droit d'admission, entend debout la lecture des règlements. Puis le premier aspirant fait un signe et « une demoiselle qu'on appelait la sœur » vient servir un litre de vin : « Après avoir réclamé le silence, le premier aspirant prit la bouteille, plaça un doigt sur le bouchon et demanda en un formulaire précis le droit de verser à la ronde mon litre d'admission. « Faites-en bon usage, Pays ! » lui fut-il répondu, et le vin fut versé et bu selon un rite consacré. »

Comme Perdiguier chez les gavots, Boyer est frappé de la bonne tenue et de la propreté des devoirants – « ce qui n'était pas dans les mœurs des ouvriers de cette époque ». On ne peut se rendre chez la mère qu'en chapeau, cravate et souliers cirés, et il se fait reprendre[18]. Mais l'essentiel pour lui est d'avoir son livret d'aspirant et de se fondre peu à peu au sein de la communauté.

Le serrurier Moreau, de Château-Renault, se prépare lui aussi à s'affilier. « Il faudra vous faire recevoir aspirant, lui dit un compagnon, et vous jouirez de tous nos avantages. » Mais il tergiverse, se renseigne, se méfie. Mis en garde par un patron hostile au compagnonnage, il craint de se faire « gruger de quelques pièces de cinq francs ». Arrivant à Saumur, il choisit enfin d'entrer chez les serruriers Enfants de maître Jacques, compagnons du Devoir (1833)[19].

Auguste Batard, le bourrelier, a lui aussi terminé son apprentissage, mais il veut encore se perfectionner avant de partir. Les compagnons qui lui ont appris la fabrication du collier lui trouvent une embauche à Angers, chez un ancien compagnon du Devoir. Il sera compagnon (1887)[20].

Ils n'ont plus l'âge d'aller dénicher les pies ou d'user leurs sabots sur les mares gelées. Du poil leur vient aux joues, leurs corps se chargent d'une nouvelle gravité, leur condition d'affiliés empèse leurs gestes et leurs regards. Les voilà prêts à partir, à vivre de leur propre vie. Moment redoutable et désiré à la fois que cet adieu aux enfances. Jusqu'alors, ils ne se sont jamais trop éloignés de la famille, ou jamais pour bien longtemps, à l'exception du petit Voisin. Cette fois... L'âge venu, tous les compagnons se rappellent ce jour-là :

Un jour de mois de mai, jour cher à ma
[mémoire
Sur le champ du Devoir je ne pouvais y
[croire
Frères, parents, amis vinrent m'accompa-
[gner
J'étais triste et joyeux, recevant l'accolade
Mon rêve bien-aimé commençait son
[aubade
Mon vieux père pleurait me voyant m'éloi-
[gner[21].

Printemps et déchirements se retrouvent au coin de tous les refrains – on comprend déjà que le premier guérira vite les seconds :

Mes amis pour battre aux champs
Vive, vive le printemps !

Ou encore :

Aussitôt que l'alouette
Annoncera le printemps
Amis je vous le répète
Je partirai à l'instant[22] !

C'est bien au printemps, le 20 avril 1824, qu'Agricol Perdiguier quitte Avignon. « Dans ce temps, souligne-t-il, les compagnons se battaient souvent, et se mettre en route pour faire le tour de France, c'était presque partir pour la guerre. »

Aussi sa mère lui conseille-t-elle de se confesser. Son père, plus pratique, lui a fait faire un habit et lui a acheté une malle, expédiée au roulage. De plus, il lui donne 30 F. Agricol quitte Avignon à pied, avec un certain Vivarais la Palme de la Gloire qui, comme lui, se dirige vers Marseille. Selon l'usage, les compagnons d'Avignon leur font la conduite en chantant et les embrassent avant de les laisser – deux silhouettes qui s'éloignent, balluchon à l'épaule[23]...

Perdiguier composera quelques vers pour dire son émotion :

Oh ! plus rien ne s'offre à ma vue
Que des champs la vaste étendue...
Adieu riche charmant pays
Mon cœur bat, mon âme est émue...
Adieu riche charmant pays
Adieu vous tous mes vrais amis[24].

A peu près en même temps que Perdiguier part Deruineau, le peintre en décors : quinze ans, aucun soutien, aucune recommandation, personne pour lui faire la conduite, personne pour l'attendre à Paris. Il est 5 heures du matin quand il mêle ses larmes à celles de ses parents. « On me mit sur le dos le sac qui contenait mes effets puis, une gourde au côté, un bâton à la main, je pris la route qui de Tours devait me conduire à Paris[25]. »

Arnaud le boulanger quitte Libourne le 20 mars 1836. Il ne lui faut rien de moins que l'air de *La Marseillaise* pour chanter son départ :

Enfants de maître Jacques
au retour du printemps
Partons, partons
En voyageant on acquiert des talents[26] *!*

Pour ce qu'on sait de lui, il n'est certainement pas fâché de mettre du chemin entre son père et lui. Pourtant, écoutez-le :

Adieu mon père, et vous ma bonne mère
Les yeux en pleurs je quitte l'atelier
Consolez-vous je reviendrai
L'on dit qu'il est si beau de voyager[27]*...*

Mais ce départ est un faux départ. A peine arrivé à Bordeaux, il revient au pays : « Je me rappelle bien n'avoir guère fatigué mes membres dans les pétrins des boulangeries bordelaises; j'étais trop près de mon pays pour cela et je comptais beaucoup trop sur les bontés de mes parents. Aussi, j'engage bien les jeunes gens qui entreprennent le tour le France [...] de ne jamais s'arrêter dans les villes qui avoisinent leur lieu de naissance[18]. »

Au plus mal avec son père, il prend son deuxième départ le 20 septembre 1836, six mois après le premier, avec 100 F en poche, une jolie somme. Cette fois, par La Rochelle, Nantes et Angers, il arrivera jusqu'à Blois — puis rentrera à nouveau au bercail. Dans une de ses chansons, il fait dire aux parents :

Va, fils ingrat, et sur le tour de France
De nous jamais tu n'auras plus d'argent !
. . . .
N'avons-nous pas aussi payé tes dettes ?
. . . .
Par quel démon es-tu donc inspiré[29] *?*

Mais sans doute, contre l'hostilité de son père, sait-il jouer de la pitié de sa mère :

Il m'en souvient quand j'ai quitté mon père
En repartant pour la troisième fois
C'était touchant de voir ma pauvre mère
Autour de moi entrelacer ses bras[30].

Le bourrelier Auguste Batard part aussi au printemps, le 12 mars 1887. Il est âgé d'un peu plus de seize ans. Quand il a pris sa décision, quelques semaines plus tôt, il a cassé sa tirelire pour acheter l'indispensable malle qui le rejoindra par le train aux étapes. Il s'est aussi fait faire une belle caisse à outils. Depuis Nantes, il gagnera Bordeaux par bateau, comme « passager non nourri ». Sa mère et ses sœurs l'embrassent — larmes encore. Son père l'accompagne jusque sur le quai : « Auguste, recommande-t-il, tu as en main un métier par lequel tu gagneras ta vie. Une place t'attend en arrivant à Bordeaux. Fais ton possible pour ne pas me demander d'argent et... ne fume pas ! »

L'ancien compagnon tonnelier donne 20 francs à son fils, l'embrasse et ajoute : « Bonne chance !... Fais tout ton devoir... » La mer, mauvaise, n'arrange pas la séparation[31].

Abel Boyer, enfin, quitte son village de Domme, sur la Dordogne, en octobre 1899, « lors des foires de Bordeaux où l'on profitait des trains de plaisir à 5 F la place ». « Ma bonne mère, se rappellera-t-il, avait tout prévu : un costume neuf, une belle chemise blanche bien empesée qui m'écorchait les tétins — ça n'écorche pas la bouche et c'était la vérité — et comme malle une caisse de sucre en sapin blanc garnie de linge, chaussettes de laine filée et tricotée par elle. J'allais en voir du pays[32] ! »

Il n'a pas ses dix-sept ans. Il gagne la gare en voiture et, en proie à une sorte « d'apeurement émerveillé », regarde de son compartiment disparaître le pays de ses certitudes. Il se passera des années avant qu'il ne revienne. Il aura bien changé, allez. Il portera même un autre nom, comme pour dire qu'il sera devenu un autre homme – un compagnon.

II

LE PERIPLE DU DEVOIR

Une espèce de polygone. – De ville en ville. – Nantes au Midi. – L'Eden des ouvriers. – Grand, fort et pas bête. – Marseille la sans pareille. – Noli me tangere. – Une couleur pour huit francs. – Julie. – Cahiers de doléance. – Coups de bâton. – Débris à rifler. – Ferrage à l'anglaise.

Laissons-là la Picardie
Le Maine, la Normandie
Le vin n'y est pas très bon.
. . . .
Il est très bon jusqu'à Nantes
Mais n'allons pas plus avant.

Jean François Piron,
Vendôme la Clé des Cœurs.

UNE idée reçue veut que le tour de France se fasse toujours dans le même sens, celui du mouvement du soleil. « C'est le sens des aiguilles d'une montre, écrit ainsi Jean-Pierre Bayard. On ne revient pas en arrière. Dans la franc-maçonnerie au rite écossais ancien et accepté on marche dans le Temple dans le même sens et l'on pense que les Celtes utilisaient des circumambulations semblables[1]. » L'affirmation est contredite par les itinéraires de Perdiguier, Arnaud, Moreau, Voisin, Batard et Boyer : trois dans un sens et trois dans l'autre.

Il est possible que « le sens des aiguilles d'une montre » ait été plus fréquemment utilisé que l'autre, mais aucun texte ne semble faire état d'une quelconque obligation. « On peut choisir le sens de rotation, précise même Abel Boyer, mais on ne peut pas en changer[2]. » Ce qui ne l'empêche pas, à son départ, de quitter Bordeaux pour Nantes puis de revenir à Bordeaux où, reçu compagnon, il prend cette fois la direction de Toulouse. A l'occasion d'un concours organisé à Avignon, il retrouvera son ami André Pazat, avec lequel il a travaillé à Nantes et qui a fait son tour de France « dans l'autre sens[3] ».

Permanente par contre est l'habitude de limiter le tour de France au sud de Paris, « tout au long des quatre fleuves, Loire, Haute-Seine, Saône-Rhône et Garonne[4] ». Arnaud précise que sa ligne est « une espèce de polygone de convention » de 2356 kilomètres, soit 589 lieues[5] – « 600 lieues[6] », confirme le menuisier Chovin de Die. (Voir cartes pp. 52-53.)

Le Nord et le Nord-Est, traditionnellement soumis à l'influence des guildes flamandes et germaniques, sont exclus du tour de France, à l'exception de quelques cités visitées par des tondeurs de drap. Les compagnons évitent ainsi la Flandre, l'Artois, la Champagne, la Lorraine, la Franche-Comté et, à l'ouest, la Normandie et la Bretagne. En 1824 échoue une tentative d'implantation du compagnonnage à Rouen[7].

Toutes sociétés confondues, les villes dont les noms reviennent le plus souvent sont Paris, Lyon, Marseille, Nîmes, Montpellier, Toulouse, Bordeaux, Nantes, Tours. Des cités de moindre importance situées sur les trajets reliant les grandes étapes sont fréquemment mentionnées : Auxerre, Chalon-sur-Saône, Dijon, Mâcon, Vienne, Valence, Avignon, Arles, Sète, Béziers, Narbonne, Carcassonne, Montauban, Agen, La Roche-sur-Yon (qui s'appelle alternativement Bourbon-Vendée et Napoléon-Vendée), Rochefort, La Rochelle, Saumur, Blois, Orléans...

Il y a là une sorte de chemin naturel, comme

creusé par l'usage. Et quand Flora Tristan, en 1844, veut prêcher au monde des travailleurs l'évangile de son Union ouvrière, il lui faut bien réciter la vieille litanie des villes du trimard – jusqu'à Bordeaux, où elle meurt le 14 novembre. D'autres villes, en marge de l'itinéraire principal, suscitent souvent la curiosité professionnelle ou touristique des voyageurs : Saint-Etienne, Le Puy, Limoges méritent ainsi le détour.

En vérité, le compagnon peut faire étape dans toute cité où la société a installé une mère. A noter que la ville dans laquelle a été fondée la société compagnonnique de tel ou tel métier aux origines connues est l'objet d'une révérence particulière de la part des affiliés de cette société. Lyon est ainsi la *ville de fondation* des maréchaux-ferrants (1789) et des tisseurs-ferrandiniers (1832), Angoulême celle des cordonniers, Nantes celle des cloutiers, Bordeaux celle des blanchers-chamoiseurs, Blois celle des boulangers.

Sur le Tour, chaque métier distingue les *villes de devoir* et les *villes bâtardes.* Les villes de devoir – dont la première est la ville de fondation – sont celles où s'effectuent les réceptions, au cours desquelles les aspirants sont reçus compagnons. Les villes bâtardes, explique Perdiguier, sont celles « où nous avons également des membres de notre société, mais où nous ne faisons pas de réceptions, où nous ne portons pas le devoir[8] ». Parlant des villes de devoir des menuisiers gavots, il en cite quinze; ce sont celles qu'il devait visiter. Il séjournera lui-même dans toutes les villes qu'il mentionne, à l'exception de Toulouse, ajoutée à la liste des menuisiers gavots alors qu'il est déjà arrivé à Bordeaux, et Blois, de la même façon ajoutée dans son dos quand il est à Chartres.

J.B. Etienne ARNAUD
Libourne le Décidé
1836 - 1838 - 1844
compagnon boulanger
1er départ 1836
2e départ 1836-1838
3e départ 1838-1840
4e départ 1841-1844
(Touraine, Bordeaux, Rochefort)

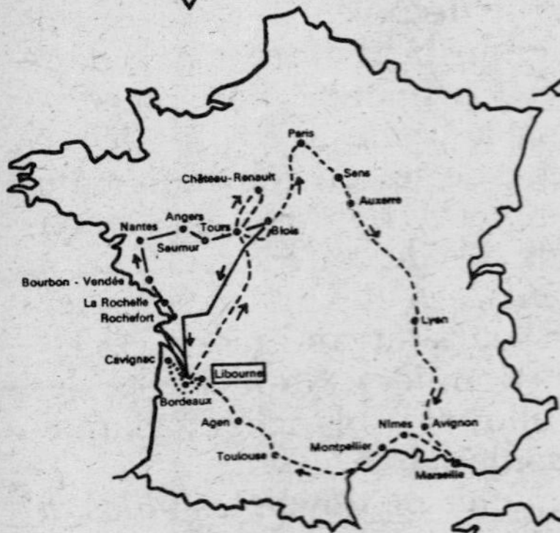

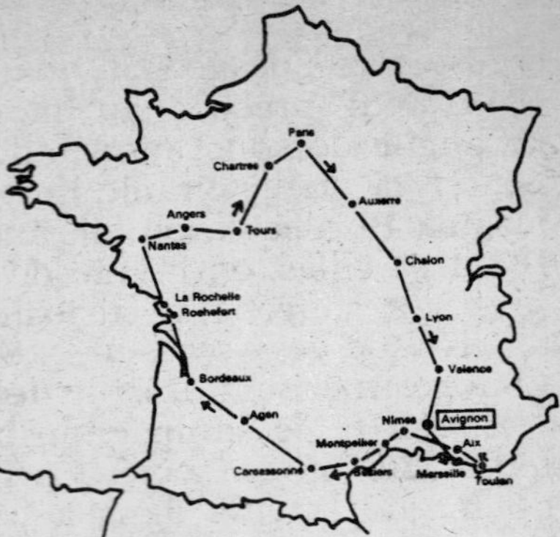

Agricol PERDIGUIER 1824-1828
Avignonnais la Vertu
compagnon menuisier

Pierre MOREAU
août 1833 - juin 1837
serrurier

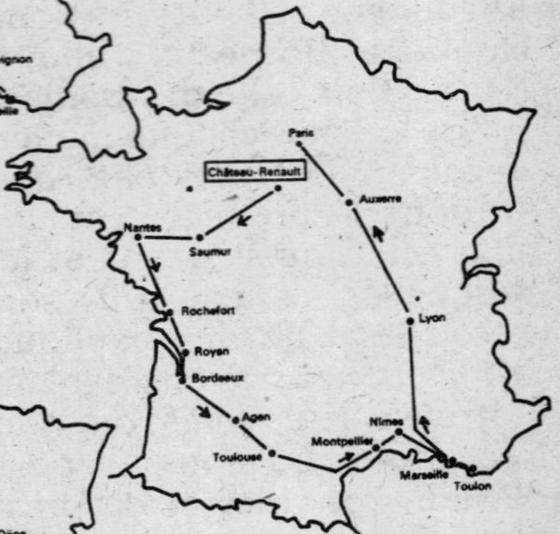

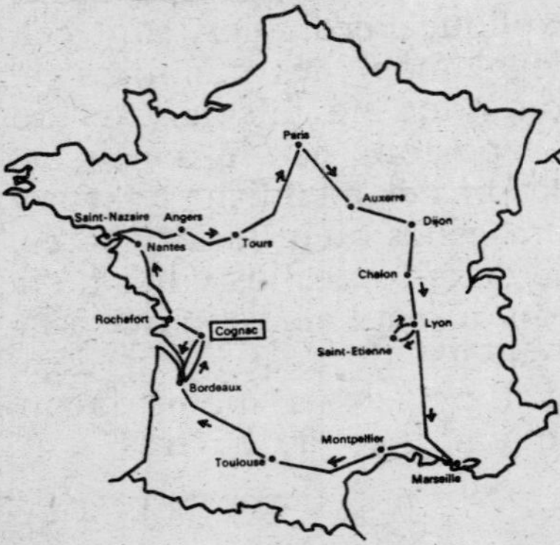

Joseph VOISIN
Angoumois l'Ami du Trait
1873-1879
compagnon charpentier

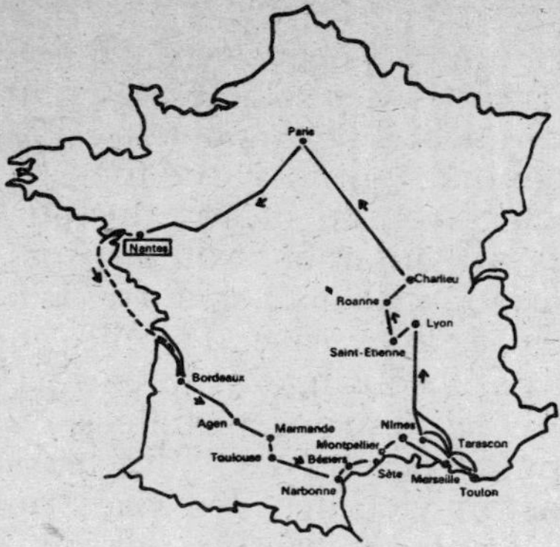

Auguste BATARD
Nantais la Belle Conduite
1887-1891
compagnon bourrelier-harnacheur

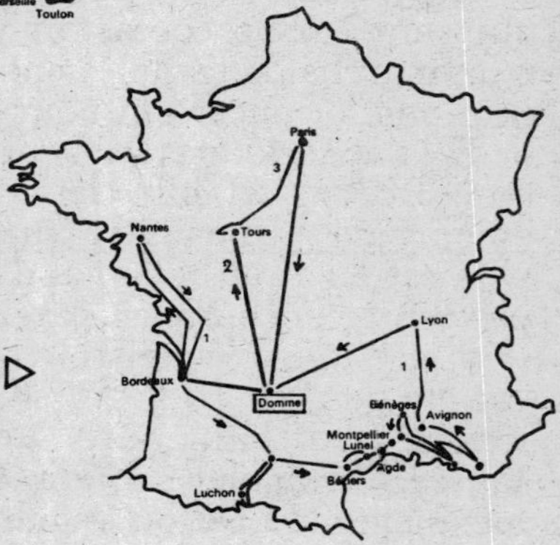

Abel BOYER
Périgord Cœur Loyal
1899-1901 (1 et 2)
1905-1906 (3)
compagnon maréchal-ferrant
(Entre 1 et 2 passage chez lui.)
(Entre 2 et 3 service militaire.)

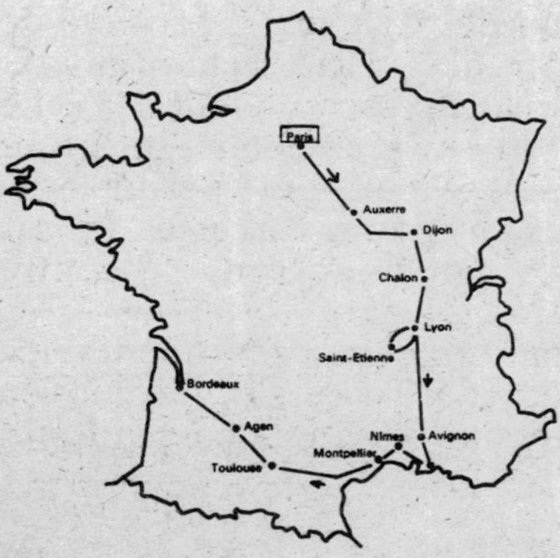

Flora TRISTAN
12 avril 1844
14 novembre 1844

Car, nous le verrons, une ville peut être gagnée ou perdue par l'une ou l'autre des sociétés. « *Prendre une ville,* explique encore Perdiguier, c'est y envoyer de nos compagnons, y fonder une mère, y établir notre société, en faire une station du tour de France[9]. » D'où les affrontements qu'on imagine entre compagnons sourcilleux. Les autres villes peuvent contribuer à une prise de ville en envoyant chacune un petit contingent de compagnons, quitte à dégarnir leurs propres ateliers, ou à envoyer des fonds pour soutenir ceux des leurs qui sont à cette occasion victimes des rixes ou d'un marché de l'emploi encore hésitant. Les compagnons se concertent pour se rejoindre à l'entrée de la ville au jour et à l'heure dits pour y pénétrer en force, y établir leur mère et visiter les employeurs. Une autre manière de gagner une ville est d'en faire l'enjeu d'un défi professionnel, procédure encouragée par les préfets à partir de l'Empire (voir chapitre VIII). Les affiliés de la société perdante doivent se retirer de la ville, dès lors rayée de l'itinéraire. Les voyageurs doivent la *sauter.* Perdiguier sautera Auxerre et Sens, où les menuisiers du Devoir règnent seuls.

Enfin, les scissions au sein d'une même société peuvent être la raison de partages. La société des menuisiers du Devoir de liberté s'étant divisée, Perdiguier pourra ainsi dresser un bilan : « Les jeunes n'ont perdu de leurs anciennes positions que La Rochelle. Les vieux ont perdu Sens, Auxerre et Chalon; ils sont donc forcés de les sauter et de faire cent vingt lieues sans rencontrer une station[10]. »

Lors de l'inauguration d'un monument élevé à leur ancienne mère de Tours, le chroniqueur des boulangers note que « vingt-deux villes de devoir[11] » ont envoyé des délégués. Sans doute s'agit-il d'une confusion, fréquente, avec les villes de station. Les villes de devoir étaient en effet peu nombreuses, quatre ou cinq pour chaque métier.

Ainsi, en 1806, les charrons reconnaissent Marseille, Bordeaux, Lyon, Nantes et Orléans. Les forgerons, en 1810, revendiquent Marseille, Bordeaux, Lyon et Nantes; seulement Marseille, Bordeaux et Lyon pour les bourreliers. En 1837, les tourneurs en citent quatre, Nantes, Tours, Lyon et Toulon, et précisent que « si Bordeaux reprenait à être ville de devoir, Tours lui céderait sa place et, dans le même cas, Toulon céderait la sienne à Marseille ». Le statut ajoute : « Nous ne pouvons avoir plus de cinq villes de devoir, qui nous ont été fixées par nos pères. » Le 20 février 1844, en effet, Toulon cède son titre à Marseille — mais le récupère le 30 novembre 1851. Quant aux cordonniers, ils ont en 1860 six villes de devoir, encore dites *villes de boîte,* dont leur ville de fondation, Angoulême; et les vanniers, cinq *cayennes* majeures en 1859-1860[12].

Un règlement d'Enfants de maître Jacques*, datant de 1814 et révisé en 1842, établit ainsi — curieusement — la liste de ses villes de boîte : « Le tour de France est divisé en quatre parties qui sont : l'Orient, l'Occident, le Septentrion, le Midi; dans chacune desquelles il y a une principale ville de boîte qui sont : Bordeaux à l'Orient, Nantes au Midi, Paris à l'Occident et Lyon au Septentrion. Ceci ne s'accorde guère avec la position de

* Emile Coornaert l'attribue avec prudence aux tanneurs. Après lui, Jean-Pierre Bayard l'affirme. Pourtant, la façon de porter les couleurs — « agrafées à la troisième boutonnière au côté gauche de l'habit » — s'applique aux blanchers-chamoiseurs, les tanneurs portant les couleurs au chapeau[13]. C'est le parti que nous prendrons.

ces quatre villes, mais on a supposé Bordeaux à l'Orient comme étant le lieu où les compagnons reçoivent toutes les lumières de notre Devoir et pour ne rien déranger dans l'ordre des quatre parties du tour de France, nous avons supposé Nantes au Midi, Paris à l'Occident et Lyon au Septentrion[14]. »

Ces statuts ajoutent qu'il faut entendre par villes de boîte celles où se trouvent au moins trois compagnons. Les quatre principales règnent chacune sur un long tronçon de chemin : la juridiction de Bordeaux couvre ainsi Rochefort et Niort.

Quelques étapes méritent une mention particulière. Lyon, par exemple, halte pour tous les Devoirs; c'est là que s'est tenue, le 18 mai 1807, l'assemblée qui a fixé l'ordre d'origine et de préséance des métiers (voir en annexe); c'est aussi la ville de fondation des maréchaux-ferrants : « Notre archive de parchemin, écrira Abel Boyer après son passage, devenue de moins en moins lisible, est soigneusement mussée dans le coffre sous étui de métal[15]. » Pour le menuisier Chovin de Die, qui y trouve partout des « chefs-d'œuvre de menuiserie », Lyon est « reine des villes du tour de France[16] ».

Le boulanger Arnaud, sur les bords du Rhône, ira de son couplet :

J'ai vu Lyon et ses manufactures
Qui font mouvoir trente mille métiers
Puis son Brotteaux tout couvert de verdure
Séjour charmant, Eden des ouvriers[17].

C'est un autre décor, pourtant, que dépeint Marceline Desbordes-Valmore en 1837 : « Trente mille ouvriers honnêtes, pieux, écrit-elle dans une lettre, meurent de misère, de froid, et cherchent, jour par jour, du pain jusqu'aux derniers étages de nos maisons. Quel spectacle depuis deux mois. Je n'ai même plus la force ni les moyens de consoler cette pauvreté qui augmente et fait frémir, entends-tu ? [...] Quelques-uns tombent morts de faim dans les rues. Ceci est vrai comme toi. Dieu le veut-il ? Réponds-moi une ligne[18]... »

De Lyon, les compagnons font parfois le crochet vers Saint-Etienne, ville nouvelle et déjà noire, capitale des armes et des outils. Les charpentiers de Liberté y entretiennent une fondation importante; en 1877, Joseph Voisin, y passant, confirme la présence permanente, chez la mère, d'un effectif de trente à quarante compagnons charpentiers.

Sur le Tour, les nouvelles vont vite, attisant les curiosités ou apportant des informations à qui sait les entendre. Des messages codés circulent, moitié secrets, moitié jeux de mots – le délice du compagnon. Par exemple, toujours d'après Joseph Voisin, traverser l'Isère, l'Ardèche et la Drôme, régions pauvres en embauche, c'est « tomber dans la misère, passer dans la dèche et avaler la drogue[19] ». Dissuasif en effet.

Marseille, premier port de France, souvent considérée comme une ville dure aux compagnons. « Enfer des chevaux, tombeau des maréchaux », note Boyer, surtout en raison de la concurrence des ouvriers sédentaires italiens. « Pour y réussir, dit-il, il faut être grand, fort et pas bête. » Des racoleurs profitent du chômage pour appâter les ouvriers avec des billets – des allers simples – pour l'Algérie : 10 F, assortis d'une prime de 2 F[20].

Mais Marseille, avec son grouillement de port,

ses foucades, ses excès, son humeur forte, tient toujours une grande place dans les mémoires – c'est là que voient la mer pour la première fois ceux qui viennent du nord :

Marseille
La sans pareille
Séjour des gais loisirs
Marseille, la sans pareille
A toi mes souvenirs[21] !

De Marseille, les compagnons du Devoir ne sont qu'à quelques lieues de la grotte dans laquelle, selon la tradition, s'est retiré maître Jacques arrivant d'Orient, et près de laquelle il a été assassiné. C'est là aussi, disent les chrétiens, que se retira Marie-Madeleine, la pécheresse repentie, celle qui, revenue devant le tombeau de Jésus, le trouva vide; elle s'approcha d'un homme qui était là, et qu'elle prit pour le jardinier de Joseph d'Arimathie. « Ne me touche pas », dit alors l'homme, et elle reconnut le Seigneur.

Endroit mystérieux et sacré, riche de prodiges et de mystères, la grotte fut, dit-on, ouverte au flanc de la montagne, au-dessus de Saint-Maximin, quand à la neuvième heure, le vendredi de sa Passion, Jésus poussa un cri et mourut. « Et voici, le voile du temple se déchira en deux depuis le haut jusqu'en bas, la terre trembla, les rochers se fendirent... » Le pèlerinage fut d'abord provençal :

Magdaleno, ô bello santo
Que l'amour pour té ton aût
Loù ben pople qué té canto
Es lou pople provenço[22].

Mais le premier pèlerin célèbre est Saint Louis,

en 1254. « Il partit d'Hières, relate Joinville, et vint à Aix pour l'honneur de sainte Madeleine dont le corps reposait à une petite journée de là, dans la ville de Saint-Maximin. [...] Il monta même à la Basme ou la Sainte-Baume, où l'on disait que sainte Madeleine avait vécu longtemps en solitude[23]. » Les compagnons attendirent le XIVe ou, plus sûrement, le XVIIe siècle, pour suivre les traces du roi de France sous le règne duquel, par coïncidence, furent recensées et codifiées les coutumes des métiers.

La tradition compagnonnique mêle sans heurt les souvenirs de Jacques et de Madeleine, dont on considère que le repentir exemplaire fut en quelque sorte le chef-d'œuvre. « Tous connaissent, explique le compagnon Picard la Sincérité, la signification initiatique de la grotte, comme d'autres savent [...] que tout changement d'état doit s'accomplir dans les ténèbres [...] avant de pouvoir accéder à la « vraie lumière ». » Et il ajoute : « Le compagnon poursuit son rêve. [...] Mais sa chimère se dérobe dans la pénombre. [...] C'est alors qu'il monte à la Sainte-Baume, toujours en quête du signe qui lui révélera le but final[24]. »

De même que les pèlerins rapportaient de Compostelle une coquille, ou de Jérusalem une palme, les compagnons passant à la Sainte-Baume se chargent de souvenirs : rameaux pris dans le bois dit Sans-Pareil qui couvre la montagne près de la grotte, chapelets d'ivoire, figurines représentant le Saint-Pilon, nom de la chapelle qui domine la grotte; mais le témoignage le plus important pour un compagnon était de faire imprimer à Saint-Maximin, et tamponner à la Sainte-Baume ses « couleurs », rubans caractéristiques de chaque état et de chaque société : la presse reproduisait les mystères de la Passion, des épisodes de la vie de Madeleine, l'inscription *Noli me tangere* (ne me touche pas) et, souvent, un petit chien, symbole de fidélité. Le tout se portait dans un carquois ou rouleau de fer blanc. Perdiguier, qui, n'étant pas Enfant de maître Jacques, n'est pas tenu d'y aller, note cependant que « tout ce qui vient de là était sur le tour de France réputé chose sacrée » – et que la « pacotille » coûte 40 F[25].

Au début du XIXe siècle, la coutume est suivie avec ferveur, puis le zèle décroît à la fin de la Restauration. De 1840 à 1848, on ne voit guère plus d'une centaine de compagnons, à la Sainte-Baume, chaque année, de cinquante à quatre-vingts dans les années du Second Empire, moins de vingt par an après la guerre de 1870*[26]. Pourtant, en 1844, voulant définir une nouvelle reconnaissance générale, une assemblée des corps du Devoir choisit comme mot de passe entre deux compagnons :

Q. : As-tu vu Sainte-Baume et Saint-Pilon ?

R. : Le pèlerinage des compagnons[27] !

A la fin du siècle encore, on trouve cette clause dans le règlement intérieur des compagnons boulangers du Devoir : « Tout compagnon ayant fait le pèlerinage de la Sainte-Baume a droit à une conduite générale[28]. »

Des apprentis que nous avons vus se mettre en route, deux deviendront compagnons du Devoir, Enfants de maître Jacques, et se rendront à la

* Il est passé à la Sainte-Baume 1086 compagnons entre 1960 et 1970. Mais on n'a plus aujourd'hui de statistiques de fréquentation, une pauvre querelle entre sociétés ayant abouti en 1979 à l'enlèvement du registre mis en place par l'Association ouvrière des compagnons du Devoir (A.O.C.D.). Le père Antoine, gardien de la grotte, a installé un nouveau livre ouvert à tous les Devoirs et l'A.O.C.D. a déposé son registre, réservé à ses adhérents, à l'hôtellerie située au bas du sentier d'accès.

Sainte-Baume : Arnaud le boulanger et Boyer le maréchal.

Arnaud fait l'ascension le 12 décembre 1840, un bon vin cuit dans la gourde, en compagnie de Manceau la Bonne Conduite. Il leur faut huit heures pour atteindre Saint-Pilon, où ils cassent la croûte pour se réchauffer. Puis ils vont à la grotte, où le vieux gardien se laisse aller à des considérations attristées sur les ouvriers, dont il qualifie les mœurs de sauvages : « Je dis sauvages parce que j'ai été témoin de plusieurs meurtres qui se sont commis dans ce désert et il n'y a pas encore bien longtemps que des compagnons, dont je tairai la profession pour ne pas la déshonorer, sont venus s'embusquer près d'ici pour voler les cannes et les couleurs que d'autres venaient de faire bénir à la Sainte-Baume. » Et le vieux moine d'observer que, de ces ouvriers qui se battent, « trente sur quarante » ne savent pas signer de leur nom.

Ils visitent la grotte. Le silence est habité par les gouttes d'eau qui, de la voûte, tombent dans le gouffre voisin où Arnaud, « selon le vieux rite du compagnonnage », jette quelques pièces de menue monnaie. A la descente, ils respectent un autre usage : traversant le bois Sans-Pareil, ils coupent quelques rameaux d'un arbre qu'on leur dit être un cèdre – le bois de cèdre du Liban a été largement employé dans la construction du Temple de Salomon – et s'en font des couronnes[29].

Le maréchal-ferrant Abel Boyer arrive à Saint-Maximin soixante et un ans plus tard, en 1901. Il fait nuit. Il suit, à l'oreille, un carillon d'enclume. Le collègue lui indique le logis de maître Audebeau, qui frappe et vend « les couleurs authentiques » de la Sainte-Baume. Pour 8 F, il en choisit une, bleue à frange d'argent, qui « a touché la relique de sainte Madeleine et flotté sur Saint-Pilon ». Boyer ajoute, et c'est dire l'importance qu'il lui accorde : « Je voudrais qu'elle soit mon seul ornement le jour de la dernière conduite. »

Chez le forgeron, il se fabrique lui-même un burin et un marteau rudimentaires. Pour quoi faire ? « Té ! Pour graver mon nom là-haut comme tant d'autres ! » Il reprend le chemin de la montagne, arrive à la petite source d'eau claire : « Je me sens inondé de quelque chose d'indéfinissable. Je suis seul et je rêve. Je vois défiler dans mon esprit tout ce que j'ai lu et appris sur cette montagne sainte. Je vois défiler ces cohortes de compagnons pleins de foi naïve. [...] Et comme le communiant s'approche de l'autel pour recevoir son Créateur, je tendis mes lèvres sur cette eau jaillissante pour communier avec l'âme de nos pères, desquels j'avais pris le sentier. »

Sur la crête du Saint-Pilon, le vent est si violent qu'il doit progresser à quatre pattes. Il choisit un des petits autels qui forment les étapes du calvaire pour y écrire dans la pierre son nom de compagnon*. En haut, la bâtisse est vide et triste. Il redescend vers le bois Sans-Pareil – « Il y a un peu d'Orient dans ce coin-là », note-t-il –, y cueille quelques rameaux, visite rapidement la grotte et se restaure à l'hôtellerie : « Du bon pain, du fromage et du bon vin » pour 4 sous seulement.

« La merveilleuse montagne » lui laisse une forte impression, et il en recommande vivement la visite aux jeunes compagnons : « Ce pèlerinage,

* Périgord Cœur loyal. Toujours très lisible, parmi d'autres, au printemps 1980.

dit-il, répond à tous les vœux : les croyants y prendront quelques acomptes sur le paradis et ceux qui ne croient pas pourront se repaître les yeux des beautés de la nature et de la merveilleuse puissance du maître de l'univers[30]. » Lacordaire lui-même exalta la Sainte-Baume : « Les foules [y] sont venues, elles y viendront encore et toujours, car les lieux saints sont au monde ce que les astres sont au firmament : une source de chaleur, de lumière et de vie[31]. »

En creux dans la pierre, à l'encre sur le registre ouvert à la Sainte-Baume, on trouve de ces signatures et inscriptions qui témoignent à leur façon du besoin qu'ont les hommes de laisser des traces de leur passage dans les hauts lieux de la mémoire. On lit ainsi, à la date du 21 avril 1851, de Jean Lavaud, Périgord la Belle Pensée, compagnon maréchal : « Du haut du Saint-Pilon, 20000 siècles nous contemplent. » Le 6 février 1854, signe David Morel, Vannois l'Exemple de la Sagesse, compagnon forgeron juste sorti de prison. Le 2 février 1862, Mignorac, Toulousain la Gaieté, charpentier bon drille, célèbre par acrostiche une certaine Julie – peut-être Julie Fabre, fille du père Fabre qui frappait alors les couleurs :

> J*e ne saurais nommer celle qui sait me [plaire*
> U*n fat peut s'en vanter, un drille doit se [taire.*
> L*'amour qui soulevait l'impétueux désir*
> I*nventa sagement le lieu de ce mystère*
> E*t l'honneur fut intact et doux fut le plai- [sir.*

Sur le registre, trois noms ont été rayés. La

radiation est toujours signée. Elle est accompagnée de la mention : « Indigne de figurer sur ce livre. » Des exclus du compagnonnage. Le dernier signataire de 1870 est, le 1er octobre, un charpentier nommé Angoumois la Belle Conduite, « finissant son tour de France, ajoute-t-il derrière son paraphe, pour se rendre dans son pays pour aller défendre le territoire français à seule fin que les honnêtes compagnons puissent continuer leur tour de France librement et sans aucune crainte d'être arrêtés par les Prussiens[32]. »

Les compagnons les plus nombreux à monter à la Sainte-Baume viennent des pays de la Loire (près de six cents entre 1841 et 1865), de Gascogne, d'Aunis, de Saintonge et de Poitou. Pour ces mêmes années, on ne trouve que dix Provençaux[33] – il est vrai qu'on réserve souvent sa curiosité pour les pays d'ailleurs. Le cas du Provençal Emmanuel Collomp, ouvrier cordier, est donc exceptionnel, d'autant plus qu'il n'attend pas d'être compagnon pour monter à la grotte; il y rencontre un moine qui lui demande s'il est devoirant :

Frère, lui dis-je alors, je quitte la Provence
Pour aller parcourir l'aimable tour de
[France
J'ai quitté mon pays, père, mère et parents
Pour me voir quelque jour au rang des
[devoirants.
Allez, dit-il, allez, que le ciel favorise
Votre pur sentiment, votre noble entreprise
Fasse le sort que, étant homme d'honneur
Vous soyez sur le Tour conduit par le bon-
[heur.
Après cet entretien, je me mis en voyage[34].

Notre jeune cordier part alors pour Toulon, ville où des fréquentations très peu compagnonniques lui feront perdre son bel élan.

A Toulon, l'implantation du compagnonnage est particulière : le 1er août 1827, y débarquent en bloc les tourneurs de Marseille, « tant faute d'ouvrage que de mésaccord avec les maîtres-tourneurs de ladite ville sur le prix de façons[35] ». Trois ans plus tard, la conquête de l'Algérie attire à Toulon une armée d'ouvriers de tous états. A noter que les compagnonnages longtemps contestés des cordonniers et des boulangers (voir chapitre x) y sont particulièrement actifs.

Montpellier est souvent baptisée *ville de centre :* sa position géographique, en effet, lui vaut de se trouver à peu près à mi-parcours pour un ouvrier qui serait parti de Paris. D'où une singulière exigence : celle d'être le point de départ des courriers devant parcourir tout le Tour, afin de pouvoir expédier un exemplaire dans chaque sens, avec l'espoir qu'ils se rejoindront à Paris ! Les menuisiers gavots de Montpellier le rappellent à Perdiguier dans une lettre du 20 août 1843 : « Si dans tous les cas quelque chose se décide à Paris, nous voulons que l'on nous envoie la décision, et nous voulons la faire partir de Montpellier comme étant ville de centre... » « Faiblesse et vanité... », commente le destinataire[36].

Il est vrai que la tradition du compagnonnage est particulièrement ancrée en Languedoc. Les sociétés y ont longtemps exercé un véritable contrôle du marché de l'emploi dans les métiers du bâtiment. Les compagnons sont là chez eux, s'y livrent même bataille : le grand affrontement de la Crau, en 1730, deviendra, dans *Calendal,* de Mistral, une épopée de l'histoire du pays. En vérité, le compagnonnage a pris tant de place dans la région que, à la veille de la Révolution, les sénéchaussées de Nîmes et de Montpellier seront les seules en France à vouloir le faire interdire. Le cahier de doléances du tiers état de Montpellier demande « que les associations de compagnons et d'artisans connus sous le nom de gavots, dévorants et autres, soient sévèrement prohibées par une loi générale qui sera promulguée au même instant dans toutes les villes du royaume », et que l'embauche soit désormais du ressort des consuls des corps de métiers ou des officiers municipaux. Celui de Nîmes demande la répression et interdiction des assemblées et associations de compagnons[37]. Poussé par les maîtres, à l'occasion de la grève de la Fraternelle des charpentiers de Paris, Dupont (de Nemours) présente le 31 mars 1790 une pétition dans ce sens à l'Assemblée nationale. Elle est signée par des ouvriers qui se disent victimes de menaces et de contraintes de la part des compagnonnages. Elle jouera très certainement dans l'adoption de la loi Le Chapelier (14 juin 1791) qui interdit toute association de citoyens d'une même profession, maîtres ou ouvriers, supprimant *de jure* le compagnonnage — lequel régressera et se laissera oublier un moment avant de reparaître, plus entreprenant que jamais, dès la fin du Consulat.

A Tours aussi, le compagnonnage est chez lui, mais sans frictions notables avec la population. Au contraire, la plupart des voyageurs notent le bon accueil qu'on leur réserve. Ainsi Abel Boyer, à la fin du siècle : « En Touraine, l'ensemble de la population est sympathique au compagnonnage, celui-ci semble ancré dans les mœurs, il fait partie de son folklore*[38] ».

Paris, au contraire, est pour le compagnonnage une étape déconcertante, un monde à part. En 1808, les services du préfet de Police n'y recensent que 358 compagnons. Trop peu pour s'en inquiéter : « Le compagnonnage, écrivait le préfet l'année précédente, est d'une grande utilité pour les ouvriers malheureux [...] il y a intérêt à le laisser subsister. S'ils commettent quelque méfait, il est facile de les retrouver à la cayenne, où les mères leur prodiguent les bons conseils et les soins[39]... » Cinq ans plus tard, un rapport du comte Réal confirme que le mieux est de tolérer et de surveiller : « Désespérant de les attaquer avec fruit dans leur essence, je me borne à prévenir leurs excès autant que cela dépend de moi[40]. »

C'est seulement sous la Restauration que les sociétés prennent quelque vigueur à Paris. La meilleure preuve en est que les compagnons commencent à se battre. « Hier soir vers cinq heures et demie, relate un rapport de police en date du 29 octobre 1822, six voitures de place contenant environ trente ouvriers de différents compagnonnages, dont les chapeaux étaient ornés de rubans, sont sortis de Paris par la barrière d'Enfer. Arrivés sur la route de Montrouge, les ouvriers sont descendus et ont commencé à se battre entre eux. Déjà quelques coups de bâton avaient été portés lorsqu'un officier de gendarmerie accompagné de

* C'est à Tours, 8, rue Nationale, que se trouve le musée du Compagnonnage, créé en 1968 à la suite d'un accord entre la municipalité et les trois sociétés de compagnons existant aujourd'hui. Son conservateur et « maître d'œuvre » est M. Roger Lecotté. Le musée s'adresse aussi bien aux compagnons et aspirants sur leur tour de France qu'à tous les amateurs d'arts et traditions populaires.

quelques hommes est arrivé pour les séparer[41]. »

Le 20 février 1829, une note du ministère de l'Intérieur rappelle que les sociétés de compagnonnage n'ont jamais été autorisées – mais qu'on ne peut pas non plus les tenir pour illicites tant qu'elles ne troublent pas l'ordre public. C'est dire que les compagnons ne sont guère encombrants[42].

Dans l'exercice normal de leur profession, ils ne se sentent pas à l'aise dans cette ville trop grande où l'homme n'est pas la mesure des choses. Ce qui est pauvreté en province est ici misère. Sous la monarchie de Juillet, l'achat de pain représente à lui seul, sur un an, la moitié des ressources totales d'une famille ouvrière. A Paris comme à Lyon et dans le Nord, les progrès de l'industrialisation créent une nouvelle espèce d'ouvriers, qui meurent de froid, de faim, d'indigence, et qui ne connaissent aucun recours.

C'est seulement en 1841 qu'une loi interdit l'embauche d'enfants de moins de huit ans, et le travail de nuit de ceux qui n'en ont pas douze. D'après cette même loi, les enfants de douze à seize ans ne devront pas faire de journées de plus de douze heures – et encore se trouve-t-il des personnages importants, comme le savant Gay-Lussac, pour le regretter : « L'habitude de l'ordre, de la discipline et du travail doit s'acquérir de bonne heure[43]. » Epuisés par ces journées trop longues, ces gestes répétitifs exécutés dans des fabriques malsaines, la plupart des enfants tombent malades ou sont victimes d'accidents de travail : sur vingt enfants travaillant à des presses, note un rédacteur de *La démocratie pacifique*, de douze à quinze ont perdu la première phalange du doigt. En corollaire, on trouvera à Paris sous le

Second Empire près de 25000 débits de boisson, et Zola n'aura pas à chercher loin les sujets de ses romans sociaux[44].

Paris n'est décidément pas une ville pour les compagnons. D'abord, personne n'y maîtrise l'embauche, qui obéit à de très anciennes habitudes, que ni les pouvoirs publics ni le compagnonnage, pour les menuisiers en tout cas, n'ont pu modifier en profondeur. Chaque métier conserve ses usages et ses points de rassemblement à la Grève, en telle partie des quais ou aux abords de la rue Saint-Denis : « On n'arrive à s'embaucher que le dimanche matin, le lundi ou le mardi[45] », rouspète le menuisier Chovin en 1843. Et il ajoute que le travail proposé est le plus souvent médiocre : « On y rifle* de vieux débris de démolition, des bois de cloison ou autres travaux de ce genre sur lesquels se trouve de la tapisserie ou peintures sur peintures. Sans compter les vieux clous... » Et encore faut-il « connaître la pose », c'est-à-dire retrouver dans le labyrinthe de rues, de ruelles, de places, de passages, l'adresse où livrer et poser son travail, porte ou volets.

Le compagnonnage lui-même y perdrait son âme. « A Paris, regrette aussi notre menuisier, où tout devrait être mieux organisé que partout ailleurs, c'est le contraire; chacun est libre ou non de fréquenter la société, chose déplorable[46]. » Il ajoute encore : « Les trois quarts des ouvriers de Paris critiquent les compagnons et le compagnonnage sans les connaître ni pouvoir les apprécier[47]. »

Sans compter, pour ajouter un désagrément, que Paris est soumis au contrôle de l'octroi géné-

* Rifler : raboter au riflard.

ral; tous les colis et malles sont plombés au passage des barrières et contrôlés aux messageries avant d'être remis à leurs propriétaires. Le plus grave étant peut-être bien que le vin est taxé à l'intérieur des barrières et que les ouvriers doivent marcher, le dimanche ou le lundi, jusqu'à la banlieue s'ils veulent se consoler pour pas trop cher.

Après la grande grève des charpentiers de 1845, il faut attendre février 1848 pour que le cœur du compagnonnage batte quelque temps à Paris : barricades, émotion, réconciliation entre Devoirs, défilés unanimes au milieu des fêtes républicaines. Mais la ferveur des compagnons ne survivra guère aux barricades de juin.

Après le Second Empire, la capitale reste, du point de vue professionnel, une ville peu attrayante. Abel Boyer, le dernier de nos voyageurs à s'y arrêter – l'étape n'étant pas obligatoire, il avait d'abord envisagé de ne pas y aller – le regretta vite : « Malgré notre valeur, il eût été difficile de se faire admettre comme ferreur[48]. » Les maréchaux n'y manquent pas, mais les sédentaires défendent leur emploi dans les bons ateliers, et l'arrivant n'a le choix qu'entre le travail très dur en usine dans les quartiers industriels ou bien le ferrage à l'anglaise de mode dans les beaux quartiers : il se pratique sans teneur de pied, et les compagnons formés en milieu rural n'y sont pas à l'aise.

Vivement les tranquilles certitudes de la province. Au sud de la Loire, les costumes régionaux et les parlers se conservent jusqu'au milieu du siècle. A l'exception des grandes cités, chaque province garde son « patois ». Le français n'a pas encore cours partout. N'importe, qu'il s'agisse de lier connaissance ou de raconter le monde, le compagnon sait bien se faire comprendre. Silhouette familière du trimard, personnage respecté, il porte de ville en ville son savoir-faire et son gibus. Le tour de France, il y est chez lui.

III

SUR LE TRIMARD

Le livret d'ouvrier. – Deux cent mille compagnons. – Mon petit cercueil en peau de cochon. – Cloques. – Les lieues du Quercy. – Les ravages du Rhône. – Seaux sans fond. – Les vaches nageuses. – Un trou dans la douelle. – La Laffite-et-Gaillard. – Sur l'impériale. – Les patacheux de Bourgogne. – Deux tringles de fer. – En toute liberté.

Vive le tour de France
Et ses joyeux enfants
A leur adolescence
Sac au dos voyageant.

J.B.E. Arnaud,
Libourne le Décidé[1].

LE boulanger Arnaud, on le sait, pétrit plus volontiers le couplet que la lourde pâte. Tout l'inspire dans le compagnonnage, mais plutôt les départs que les séjours, la route que l'atelier :

Quoi de plus beau que cet essaim folâtre
Qui tout joyeux quitte les ateliers
Pour commencer le voyage idolâtre
Tant révéré de tous les ouvriers[2]...

A son époque, c'est vrai, les routes sont vivantes. Au gré des saisons et des foires s'y rencontrent, s'y croisent ou s'y mêlent les migrations des vendangeurs, des betteraviers, des ramasseurs de châtaignes, des moissonneurs, des maçons creusois, des ramoneurs savoyards, des bûcherons, fourmillement de tribus raclant leurs sabots vers un peu moins de misère, troupeaux, marchands d'images et de saints en plâtre, rétameurs, rempailleurs, colporteurs avec leur boutique sur le dos, tous autant de *nouvelleux* qui racontent aux villages le monde comme il va, offrent leur pacotille ou leur travail.

Le 22 germinal an XI (12 avril 1803), le Consulat a institué le livret d'ouvrier, permettant à la police et à la maréchaussée de contrôler tous ces nomades. Aux termes de la loi, précisée par deux autres textes du 9 frimaire an XII et du 10 ventôse an XII, l'ouvrier doit se pourvoir d'un livret – qui lui coûtera, à Paris, 75 centimes – qu'il gardera sur lui et dont la maréchaussée pourra à tout moment s'assurer qu'il est tenu à jour; le livret porte les certificats des employeurs successifs, avec dates d'embauche et de fin de travail, inscription des avances consenties – l'employeur ne rend le carnet que lorsque ces avances ont été remboursées ou couvertes par le travail effectué. Enfin, le livret doit être coté et paraphé par le commissaire de police, qui y mentionne le nom de la ville où le titulaire déclare vouloir se rendre.

Ainsi le livret de G. Dessus, tailleur de pierre sous l'Empire :

Je certifie que le nommé G. Dessus a travaillé pour moi en qualité de appareilleur tailleur de pierre pendant l'espace de dix-huit mois qu'il s'est toujours bien comporté en foi de quoi j'ai signé le présent à Paris le 27 juin 1811.

Signé Beaujouan.

Et, au-dessous :

Vu pour obtention de passeport pour Marseille le 28 juin 1811.

Pour le commissaire
signé illisible[3].

Dans *Le Tour de la France par deux enfants,* on voit l'apprenti serrurier André Volden quitter Epinal le 5 octobre 1871 : « Le patron d'André, qui n'avait que des louanges à faire du jeune garçon, lui avait procuré des papiers en règle, un livret bien en ordre, un certificat signé de lui-même avec le sceau de la mairie, puis l'attestation du maire de la ville déclarant qu'André et Julien étaient de braves et honnêtes enfants, et qu'ils avaient passé laborieusement leur temps à Epinal, l'un à l'école, l'autre chez son patron. » Le livret précise que la conduite d'André « n'a rien laissé à désirer[4] ».

Partant d'Avignon, Agricol Perdiguier et le compagnon Vivarais la Palme de la Gloire passent la Durance et s'arrêtent pour manger dans un cabaret de Saint-Andiol : un gendarme vient contrôler si leurs papiers sont en règle – et leur propose de les faire embaucher dans le pays, où l'on manque de menuisiers. Longtemps après, à Chartres, pour quelques démêlés avec un garde-champêtre, un commissaire de police retiendra le livret et le passeport de Perdiguier, qui devra prouver sa bonne foi devant le maire[5].

On a vu Abel Boyer aller retirer à Bordeaux son livret d'aspirant. Le boulanger Arnaud a omis de le faire : il est parti « sans livret d'ouvrier et sans passeport, n'ayant aucune idée des us et coutumes des émigrations ». Il se mettra à jour pour son deuxième départ[6].

En fait, l'obligation du livret est mal respectée, surtout à Paris. On voit le préfet de Police, le 27 mars 1818, en faire grief aux employeurs : « Il arrive souvent, écrit-il dans une circulaire, que des ouvriers arrivent à se soustraire à cette obligation [...] parce que les maîtres qui les emploient consentent soit par insouciance, soit par un autre motif à les recevoir dans leurs fabriques ou ateliers sans livrets[7]. » Bon nombre de ces travailleurs, en effet, se contentent pour voyager de se faire délivrer un passeport ordinaire qui ne mentionne pas leurs qualité et profession. Les ordonnances et circulaires de 1818, 1819, 1822, 1828 et 1829 n'y changent pas grand-chose.

Parmi les quelques centaines de milliers de travailleurs tournants ou saisonniers qui hantent les chemins du Tour, Perdiguier estime qu'il se trouve, à son époque, deux cent mille compagnons*, relevant d'une trentaine de corps d'état[8]. Il n'existe que peu d'indications précises. En 1848, on estime à environ 10000 le nombre des compagnons de toutes les sociétés présents à Paris; en 1890, on compte dans la capitale 2200 compagnons charpentiers[9]; à la fin du siècle, sur les 4000 maréchaux-ferrants de Paris, 2000 sont compagnons[10].

Un grand affrontement entre sociétés rivales, comme celui des tailleurs de pierre passants et étrangers, le 1er septembre 1825 à Tournus, mobilise plus de quatre cents compagnons et affiliés. Deux semaines plus tard, le préfet de Police signale au ministre de l'Intérieur qu'« on évalue à trois cents à quatre cents le nombre des ouvriers tailleurs de pierre et autres qui ont quitté Paris depuis trois jours » et pris la direction de Tournus pour aller prêter main forte à ceux de leur compagnonnage[11].

Il n'est pas exclu que les sociétés les plus nombreuses — notamment les charpentiers de Soubise, les menuisiers du Devoir — aient pu compter

* En réalité, on ne peut atteindre un tel total qu'en additionnant l'effectif des compagnons sur le tour de France et celui de ceux qui, l'ayant achevé, sont devenus sédentaires.

jusqu'à dix mille membres à l'époque de plein épanouissement du compagnonnage, dans la première moitié du XIXe siècle.

La plupart d'entre eux, allant entre deux villes, sont reconnaissables à leurs cannes, à leurs chansons de route, à des signes particuliers comme les boucles d'oreilles – les joints – que portent les charpentiers, doleurs ou maréchaux. Ils n'affectent évidemment pas toujours cette allure réservée et digne que la société aimerait leur voir conserver en chemin. Un ami d'Arnaud, le voyant passer parmi une joyeuse bande, cannes en bandoulière, gants accrochés à la poitrine, trouve qu'ils ont plutôt l'air d'aventuriers que « d'honnêtes enfants de l'atelier ». Il faut dire aussi que notre boulanger porte un grand feutre à la Henri IV, dont il a relevé le bord pour y fixer cette déclaration :

Admirant l'opulence
De nos belles cités
Je visite la France
Reine des Libertés
Prêchant la tolérance
Et la Fraternité
L'amour et la science
Sœurs de l'Egalité [12].

Le bourrelier Batard ferme son balluchon d'un crochet de cuivre en forme de collier. Il utilise de bons souliers de marche et des « chaussettes russes », c'est-à-dire de longues bandes de toile dans lesquelles il s'enroule les pieds. Le blancher-chamoiseur Jean-François Piron, spécialiste des cuirs fins, s'est taillé un joli sac qu'il évoquera dans sa chanson *Le vieux franc cœur :*

En ce temps-là la chèvre la plus belle
Couvrait mon sac, meuble alors précieux.
Son poil usé ne fait plus d'envieux
Et mon vieux sac n'a plus qu'une bretelle[13].

Le bagage n'est pas long à préparer : « Faire le balluchon, ça me connaît, dit Boyer, pas un autre ne le fera mieux que moi, pas un autre ne saura le ficeler avec l'art que j'y déploie. Il y a là tout ce qu'il faut pour se mettre au travail sur le champ. C'est une petite armoire, un sac de soldat et sur lequel, très apparemment, sont placés le boutoir et la mailloche, deux outils dont je suis fier et sur lesquels je me suis évertué à mettre une empreinte d'art. » Il porte le tout roulé dans son tablier de cuir, ce qu'il appelle « mon petit cercueil en peau de cochon ». Il est pourtant le seul qui signale avoir perdu quelque chose : ses beaux esclops (sabots) et sa gourde de 75 centilitres[14]. Dans le léger balluchon qu'il porte au bout de sa canne, Perdiguier ne met que « deux chemises, une paire de bas et quelques mouchoirs ». De quoi attendre à l'étape l'arrivée de sa malle[15].

Quand partent Perdiguier, Arnaud et Moreau le serrurier, entre 1824 et 1836, routes et chemins sont en mauvais état. La suppression des corvées à la Révolution a accéléré leur dégradation. On n'entretient pas. On se contente de boucher les fondrières qui font verser les voitures ou rompent les essieux. Napoléon ne s'est guère intéressé aux routes qu'en fonction des données stratégiques : comment raccourcir les délais nécessaires pour gagner les frontières depuis Paris. Deux de ces

« routes à soldats » alors créées gagnent Rome par le Simplon (la n° 6) et Milan par le Mont-Cenis (la n° 7).

Les campagnes de la fin de l'Empire et des Cent Jours n'arrangent rien. Mais en Angleterre, un certain Macadam met au point un nouveau revêtement, fait de pierres concassées agglomérées avec de l'eau et du sable, tassées au rouleau. A la fin de la monarchie de Juillet, la plupart des routes dites royales sont redevenues utilisables; depuis 1814, plus de cinq cents ponts ont été construits ou améliorés[16]. Le trafic augmente régulièrement et la grande route de la vallée du Rhône, qui est aussi l'axe privilégié du tour de France, supporte le passage de 34000 voitures par an.

Cependant, le moyen de déplacement le plus naturel du compagnon, dans la première moitié du siècle en tout cas, reste la marche. Aucun de ceux qui écriront sur le tour de France n'oubliera d'en parler.

Perdiguier se rappelle ainsi que, pour aller de Sète à Agde, en l'absence de tout chemin, il reste à choisir entre le sable et l'eau. Avec des amis, ils vont à pied par les plages, et le plaisir des premiers pas fait place, après cinq lieues de piétinement dans le sable à peine durci par le ressac, à la fatigue et au découragement : « Nous étions fatigués et, plus que cela, nous avions les pieds chargés d'ampoules[17]. »

A Bordeaux, Abel Boyer s'achète pour 11 F « une paire de bons " chabrats " à bout carnot modèle armée[18] ». Mais lorsqu'il quitte la ville pour Marseille avec un compagnon, Nantais, il décide de faire la route en sabots : « Tout alla bien au début; les premiers sept kilomètres furent tombés en une heure. » Ils vont ainsi un moment, puis les pieds commencent à s'échauffer : « Le foin de mes sabots, qui m'avait semblé doux, m'avait à la longue enflammé la plante des pieds et j'émis le désir de prendre mes souliers de toile grise. » Nantais chausse aussi les siens, et ils repartent. Il leur faut à nouveau bientôt s'arrêter : « On eût dit que je marchais sur des braises. Je ne pouvais plus avancer sans geindre et, pitoyable, je fus m'asseoir sur le bord du fossé. » Par chance, d'une maison proche, une bonne vieille les voit, les rejoint, perce les cloques, enveloppe les pieds douloureux dans des bandes de toile et réquisitionne même le char à banc d'un voisin pour conduire Abel Boyer et Nantais jusqu'au bourg.

Quand il faudra repartir, notre maréchal, en désespoir de cause, chaussera les souliers de Nantais. Cela n'arrange rien. Au village suivant, ils ne trouvent pas de travail : il faut donc continuer. « Mes pieds enfiévrés me faisaient cruellement souffrir, je n'avançais qu'avec peine. Nantais, lui, n'avait pas mal aux pieds, mais aux jambes. Notre allure s'était rudement modifiée : si le matin nous avions le chapeau sur l'oreille, le soir nous avions le dos rond et la visière basse. »

Clopin-clopant, ils arrivent enfin à Toulouse, où ils s'arrêtent, comptant sur les bienfaits d'une nuit de repos. Las ! « Nantais fut debout le premier, les jambes raides, courbaturées, et à mon tour je fus au bas du lit. Mais mes pieds, qui me semblaient lourds, avaient à peine touché le parquet qu'il me sembla les avoir posés sur une plaque de fer rougie au feu. Impossible de tenir debout. » Et ses pieds ont tant gonflé qu'ils ne rentrent même plus dans les sabots[19] !

Boyer en parlera encore, de cette étape Bordeaux-Toulouse, dans un article écrit trente ans plus tard ! Ce sera surtout, il est vrai, pour en tirer le meilleur : « Rien ne lie [mieux] les cœurs que ces randonnées pénibles sur les routes très longues[20]... »

Perdiguier, bon marcheur, a gardé lui aussi un souvenir cuisant d'une étape du même chemin, entre Valence d'Agen et Aiguillon. « Nous étions partis de Valence à six heures du matin; il était midi. En six heures, en marchant bien, nous avions fait trois lieues. Et l'on parle des lieues de Provence ! Que sont-elles auprès des lieues du Quercy ? Nous avions encore trois lieues de même nature à faire pour arriver à Aiguillon. » Ils marchent une heure, deux heures, trois heures. Demandent :

« Combien d'ici à Aiguillon ?

– Une lieue ! »

Marchent encore un moment. Demandent à nouveau :

« Combien d'ici à Aiguillon ?

– Une lieue. »

Finalement, ils n'arrivent qu'à la nuit. « En douze heures, calcule Perdiguier[21], nous avons fait six lieues à la mode du pays; mais elles en valaient quatorze*. » Perdiguier bat tous ses records le jour où, pour son affaire de grappillage et de garde-champêtre, il doit mettre le plus de distance possible entre Chartres et lui.

Avec deux autres compagnons, il se cache chez la mère, où les gendarmes les cherchent en vain. Ils attendent onze heures du soir et la belle lune

* Soit 56 kilomètres, distance réelle de Valence d'Agen à Aiguillon. L'*Indicateur Fidèle* de 1765 rappelle les différentes lieues utilisées à l'époque : lieues parisiennes de 2000 toises, lieues communes de 2282, lieues moyennes de 2450 et grandes lieues de 2853. Une toise valait 6 pieds soit environ 1,94 m et la grande lieue 5,55 km.

pour prendre la direction de Paris, balluchon à l'épaule – les malles suivront par le roulage. A deux ou trois heures du matin, ils sont à Maintenon, boivent une goutte, mangent un morceau. « Nous avançons rapidement, nous sommes intrépides, nos pieds brûlent la route. » A l'aube, ils ont laissé Epernon loin derrière eux. Mais maintenant, avec le jour, c'est la route qui brûle les pieds. Chaleur, lourde fatigue. « Nos yeux se ferment malgré nous. [...] Nous nous laissons tomber sur le bord de la route. » Ils se relèvent pourtant, repartent, passent Versailles. Ils n'en peuvent plus. Soudain, voici qu'une jeune fille les rattrape. Comme eux, elle va à Paris. « Ses jambes sont fermes, ses jarrets sont souples et déliés; à peine ses pieds mignons touchent-ils la terre. Elle ne sent point la fatigue, nous oublions la nôtre : nous arrivons à Paris frais comme des roses[22]. » Du côté de Compostelle, on aurait vu là l'intervention du bon saint Jacques, et les pèlerins l'auraient mise en légende.

Perdiguier et ses amis auront ainsi parcouru plus de vingt-deux lieues – soit près de 90 kilomètres – en moins de vingt heures. En février 1877, Voisin, le charpentier de Cognac, parti de Dijon à quatorze heures, est à Beaune à dix-neuf heures, ayant tenu une moyenne de 8 kilomètres/heure pendant cinq heures. A la fin du siècle, le bourrelier Batard rallie Montpellier à Lézignan, soit 50 kilomètres, en huit heures[23].

Les chansons de route ne manquent pas, qui donnent du cœur aux mollets. On chante le compagnonnage, on chante la ville où l'on va, celle d'où l'on vient, on chante le vin, on chante les filles. Mais le couplet le plus sincère est peut-être celui-ci :

Si par la césure
Ces vers se trouvent estropiés
L'auteur, je vous jure,
Connaît bien la valeur des pieds[24]...

A cette époque, il n'est pas rare de voir les marcheurs aller pieds nus par les chemins, tout au moins pour des distances relativement courtes. Les souliers modernes, moins lourds que les sabots, mettent les nomades au supplice. Ou alors ils sont trop fins et résistent mal aux intempéries. Perdiguier a pu en mesurer la fragilité du côté d'Auxerre : « Les chemins étaient mauvais, nous marchions dans l'eau, dans la boue. Mes souliers en souffrirent, se décousirent, m'abandonnèrent : je fus obligé de marcher nu-pieds. Au premier endroit, un savetier me remit ma chaussure dans un état que je croyais passable : un peu plus loin, il fallut en acheter une autre de 4 F, qui ne valut guère mieux[25]. » Mais c'est là l'ordinaire des jours, et la moindre des épreuves quand on part de chez soi pour se faire compagnon. Il arrive aussi des accidents exceptionnels, et ceux-là sont vécus comme des aventures – on les contera longtemps, à l'heure des moi-qui-vous-parle...

Ainsi, à l'automne 1840, le boulanger Arnaud est à Lyon pour la grande inondation du Rhône et de la Saône. A six heures du matin, la digue de la rive gauche cède. L'eau envahit les maisons dont celle du patron d'Arnaud, qui s'y trouve alors. Il faut se réfugier dans une chambre haute, d'où ils voient les maisons de pisé, nombreuses en bordure des quais, s'engloutir dans de formidables remous d'eau sale :

Et puis j'ai vu les ravages du Rhône
Couvrir de deuil cette grande cité
Quand une nuit il épousa la Saône
Aux cris affreux d'un peuple épouvanté[26].

Les dégâts, tout au long de la vallée, sont tels – le pont suspendu de Saint-Vallier, par exemple, a disparu – qu'Arnaud devra attendre trois semaines, pour pouvoir partir, que la route soit à nouveau utilisable. 1840, année mémorable. Après les eaux de novembre, les glaces de décembre. Pour le retour des cendres de l'Empereur, il fait si froid pendant la prise d'armes que les gardes nationaux ne peuvent tenir leurs fusils, que des chevaux tombent morts. Sur les chantiers, le travail d'extérieur est si pénible que les charpentiers obtiennent l'équivalent de trois journées de paie par nuit travaillée au lieu de deux habituellement. Partout il gèle, la plupart des ouvriers chôment, on meurt de froid et de faim dans les caves, dans les garnis non chauffés. Misère.

En 1887, ce sera au tour de Batard d'être bloqué par le Rhône, entre Beaucaire et Tarascon cette fois, et pour une raison peu banale : le pont suspendu est fermé pour cause de mistral. « Les piétons comme des fétus sont jetés par-dessus les parapets[27] ! »

Le même Batard devait avoir, en Languedoc, une autre mauvaise surprise : les moustiques, dont il ignorait jusqu'à l'existence : « Pour m'en défendre, dit-il, je mis mon mouchoir sur ma tête, retenu par ma casquette; avec les deux pointes, je fis un nœud sous le menton, ce qui me préserva les joues et le cou des piqûres, et mis mes mains dans mes poches[28]. »

Travaillant à Lunel, Abel Boyer a lui aussi affaire aux moustiques. « Gare à vous, dit-il, si vous êtes pris d'un besoin pressant, un prurit se révèle soudain, et chaque coup d'ongle donne naissance à des œdèmes de la grosseur d'un marron[29]... » Pourtant, les gens de Lunel laissent, sur le chemin qui mène aux vignes, de vieux seaux sans fond à la disposition de tout un chacun, chaussant en quelque sorte les chairs les plus exposées dans ces circonstances-là. Mais on n'a pas toujours le temps ni le courage d'aller jusqu'aux vignes, et un jour Boyer trouva une femme en train de se soulager juste devant sa porte, en plein Lunel :

« N'avez-vous pas honte ! » dit-il en patois.

La réponse qu'il s'attire le cloue sur place :

« Eh ! bé, et toi, tu ne chies pas[30] ? »

En dehors de la marche à pied, qui vaut en moyenne ses cinq kilomètres dans l'heure, les compagnons utilisent bien sûr toutes sortes de bateaux et toutes sortes de voitures à chevaux. Batard, quittant Nantes en février 1887 pour la première étape de son tour de France, prend le bateau vers Bordeaux. Il s'abrite tant bien que mal de la pluie sous une bâche, entre deux fûts. Le temps est si gros que le commandant n'ose aborder la haute mer et mouille pour la nuit en rade de Saint-Nazaire. Notre bourrelier souffre du mal de mer. Il ne touchera à Bordeaux que le lendemain après-midi. Arrivant par train à Castelnau-de-Médoc, lieu de son premier emploi, il marche vingt minutes jusqu'à l'atelier de son patron, où il emprunte une brouette pour retourner chercher sa malle à la gare[31].

Arnaud, de Bordeaux, part aussi en bateau : une chaloupe le conduit jusqu'à Royan, d'où il continue à pied vers Rochefort. Plus tard, il prendra le bateau à vapeur qui remonte la Loire de Nantes à Angers, puis, en fin de parcours, celui qui descend la Garonne d'Agen à Bordeaux[32].

Perdiguier prend son premier bateau de Montpellier à Sète, pour traverser l'étang de Thau. Peu après Castelnaudary, ses camarades et lui, fatigués de marcher, se laissent attirer par le canal du Midi, que parcourent les bateaux de poste tirés par des chevaux. Ils embarquent pour Toulouse[33].

Flora Tristan prendra aussi le bateau-poste du canal du Midi, entre Béziers et Carcassonne. André et Julien, les deux enfants du *Tour de la France,* iront de la même façon de Sète à Bordeaux sur le *Perpignan.*

C'est un mode de transport plus propre, plus silencieux et plus tranquille que les voitures sur mauvaises chaussées. « Il est tout aussi prompt, recommande Tascher, un cousin de l'impératrice Joséphine, de prendre la poste par eau (que la diligence). Je me suis donc embarqué dans le coche chargé de marchandises et d'une cinquantaine de passagers. Une chambre fort propre et garnie en velours y est exclusivement réservée aux voyageurs qui ont le cap sur Paris. Quatre chevaux de poste, toujours au grand trot, sont attelés à notre bâtiment qui semble glisser sur les eaux. Mais si nos matelots n'ont pas grande fatigue, en revanche les postillons du bâtiment ont besoin de beaucoup de courage et d'adresse : la rivière débordée couvre à perte de vue les prairies voisines, de sorte que souvent les chevaux des postillons sont à la nage, et ceux-ci debout sur leurs chevaux. Afin que le courant ne les entraîne pas, dans les endroits trop profonds, le bâtiment dépêche une chaloupe pour soutenir la tête des chevaux[34]. »

Perdiguier prend à nouveau le bateau de poste sur la Saône, entre Chalon et Lyon, quelques années avant Flora Tristan – qui regrette que la partie confortable soit réservée aux bourgeois, tandis que le peuple s'entasse « dans la partie étroite et sale[35] » – et cinquante ans avant le charpentier Voisin. Il voit un jeune vacher venir exécuter sur la rive, pour l'amusement des voyageurs, quelques cabrioles et sauts périlleux, puis se mettre en tête d'approcher du bateau pour faire la quête. Voilà toutes les vaches qui se mettent à l'eau derrière lui, et traversent la Saône devant les passagers sidérés : « J'étais loin de me douter, avoue Perdiguier, que les vaches fussent si bonnes nageuses. » Le même jour, le long câble de halage s'accroche dans quelque souche, le coche manque verser[36].

A Vienne, Perdiguier embarque sur un léger bateau à rames pour descendre le Rhône. Les mariniers font de fréquentes pauses dans les auberges qui jalonnent les rives. Au point qu'ils mettent trois jours pour rejoindre Valence, à trente lieues. Notre menuisier en profite pour lire les *Epitres* et *Poésies fugitives* de Voltaire. A Valence, il prend un nouveau bateau de poste, qui le mène le premier soir 70 kilomètres plus loin, à Bourg-Saint-Andéol. Le lendemain, il s'agit de passer le vieux pont de Pont-Saint-Esprit. L'eau bouillonne aux abords des piles et sous les voûtes étroites. Le passage est redouté « comme le cap des Tempêtes ». Au point que beaucoup de voyageurs préfèrent descendre et reprendre le bateau en aval[37].

Perdiguier emprunte encore un bateau pour traverser la Gironde de Bordeaux à Royan, cette fois un petit bateau à voile, et utilise le service des passeurs pour traverser le Tarn. Mais son grand souvenir fluvial reste un trajet imprévu du confluent du Lot et de la Garonne à Bordeaux, sur une embarcation où on veut bien les prendre, son ami Provençal et lui. C'est un transport de vin. Le patron étant descendu à terre, les mariniers déplacent un cercle d'un tonneau, forent un joli trou dans la douelle, soutirent largement de quoi étancher leur soif. Après quoi ils bouchent le trou avec une cheville de bois, remettent le cercle en place, ni vu ni connu, et... s'endorment. La barque dérive jusqu'à s'échouer, sans dommage heureusement. Plus loin, encore pleins de sommeil, ils voient des paysans, sur la rive, lâcher les fourches et courir vers eux en criant. Quand ils finissent par comprendre « Attention au rocher! », il est trop tard. La barque cogne, craque, ploie, se charge d'eau, prend le courant par le travers. Perdiguier se rappelle qu'un compagnon, Médoc la Rose d'Amour, s'est noyé dans la Garonne quelques mois plus tôt dans le naufrage d'un petit canot. Il est prêt à se jeter à l'eau pour gagner la rive, mais les mariniers, priant, jurant et gaffant, redressent la barque et la situation. On se relaie pour écoper et pour ramer. Perdiguier et son ami ont tous deux déchiré leur pantalon dans la bagarre.

Le lendemain, il faut lutter contre la marée qui remonte l'estuaire. Ils croisent un énorme bateau à aubes qui bat l'eau « de ses deux grandes et puissantes nageoires » en crachant une épaisse fumée noire : un bateau à vapeur, « le premier qui eût été construit en France », affirme Perdiguier. Les deux compagnons profitent d'une dernière accalmie avant l'arrivée pour se recoudre mutuellement le fond de leur pantalon. On tire l'aiguille, on s'applique. Perdiguier se sort bien de l'exercice, mais il s'aperçoit que Provençal a cousu ensemble le pantalon et la chemise! « Les deux ne faisaient plus qu'un. Je ne veux pas décrire l'embarras dans lequel il me jeta... » Finalement, notre si pondéré menuisier déchire tout... A Bordeaux, au nom de l'aventure partagée, les mariniers refusent de les faire payer le prix convenu.

Jusqu'au chemin de fer, les voyages et transports par eau resteront importants. « J'ai vu, dit encore Perdiguier, sur le Rhône, étant à Avignon, des trains de dix à vingt barques attachées les unes aux autres, chargées de marchandises, marchant contre le flot et traînées par quarante, soixante, quatre-vingts magnifiques chevaux[38]... »

Reste encore, en ce siècle voyageur, le déplacement en voiture, diligence, patache ou charrette. Les engins ne manquent pas, à voyageurs ou même à marchandises, car le roulier, pour un verre à l'auberge, laisse parfois le trimardeur fatigué se jucher un moment sur son chargement. Les voitures sont bien souvent trop chères pour les compagnons, encore que, le monopole ayant été supprimé en 1817, la concurrence favorise la baisse des prix. La place qui coûtait un franc par lieue de poste en 1789 et 77 centimes en 1806, n'en vaut plus que 60 en 1827, au temps de Perdiguier, et descend jusqu'à 45 en 1840[39].

Cela, c'est le plein tarif, celui que paie par exemple Arnaud à Blois en 1840 lorsqu'il prend la Laffite-et-Gaillard de Paris avec arrêt prolongé à Orléans[40]. Mais Arnaud ne s'est jamais soucié d'économiser. Car on peut voyager à moindres frais. Les entrepreneurs de messageries, prisonniers de leur obligation d'assurer le service, ont en horreur l'idée de voyager à vide, et se montrent parfois accommodants. Ensuite, les diligences ne sont pas à prix unique.

Ah ! les diligences ! En ce temps, elles sont devenues des monstres ventrus pouvant transporter dix-huit passagers, plus ou moins bien installés. D'abord dans le *coupé,* ou *cabriolet* : c'est un compartiment situé à l'avant, au-dessous du conducteur, assez haut cependant pour ménager une bonne vue par-dessus la croupe des chevaux. En arrière du coupé vient l'*intérieur,* le ventre de la voiture, qui avale ses huit personnes, coudes serrés et parapluie entre les genoux. Les incidents ne manquent évidemment pas et, pour éviter que l'on s'écharpe à chaque relais pour les bonnes places – les meilleures sont les coins fenêtre face à la route –, on distribue avant le départ des billets de priorité : les premiers arrivés choisissent pour tout le voyage. En haut, on trouve le *panier* du conducteur, ainsi nommé parce qu'il était autrefois en osier, et qui est devenu une banquette de cuir, partiellement abritée par une capote qui avance comme un auvent de hangar : plusieurs passagers peuvent prendre place aux côtés du conducteur – coups de soleil, poussière et bains de siège garantis – ou derrière lui, dans la *rotonde;* c'est déjà la troisième classe. Reste l'*impériale,* à laquelle on accède par une échelle fixée à l'arrière. Vaste surface encombrée de malles, de sacs, de colis, de ballots au milieu desquels les voyageurs tentent de se faire un nid.

Sa première impériale, Perdiguier en fait l'expérience entre Marseille et Nîmes. Voyage de nuit, bise glaciale, rage de dents. Le matin, il faut descendre de voiture pour traverser le Rhône sur un pont de bateaux. A Beaucaire, chacun reprend place, « et nous trois, pauvres diables nous grimpons sur le toit de la maison roulante ». Mais le soleil maintenant danse au ciel : « Notre place, la dernière pendant la nuit, était la première pendant le jour. » Température agréable, vue magnifique. Un des passagers de l'intérieur a alors le culot de proposer à Perdiguier, scandalisé, de changer de place.

Après Nîmes, toujours sur l'impériale, « place conforme à la légèreté de notre bourse », et toujours de nuit, il profite cette fois de la pleine lune : « Nous pouvions promener nos regards sur la campagne et découvrir tant de choses nouvelles... » Comme ces Bohémiens « faisant la cuisine entre deux cailloux, secouant partout leur vermine, laissant partout des traces, vivant de maquignonnage, de magie, d'un commerce indéterminé, souvent de poules, de lapins, de légumes, de fruits dérobés, d'escroqueries, de vols, de vices[41]... »

Sa troisième expérience de diligence se fera au départ de Nantes, sur la ligne d'Angers, La Flèche et Le Mans. Dans la Sarthe, des groupes d'enfants courent derrière la voiture, mendiant un sou des voyageurs. On ne met jamais les chevaux au galop. L'allure est le pas dans les côtes et les traversées de villages, le trot quand la route est bonne. Le conducteur est le seul maître à bord. C'est un personnage important. Engoncé dans sa limousine crasseuse, le brûle-gueule au coin du bec, la casquette de loutre enfoncée jusqu'aux joues violettes, il tonne contre le ciel qui menace, invective de son haut les passants qui ne se rangent pas assez vite, engueule le postillon. Celui-ci, qui monte l'un des chevaux du brancard et guide les trois autres au fouet et à la voix, porte selon la tradition une veste de drap bleu roi avec collet, revers, parement et retroussis de drap rouge, des culottes de peau jaune, des demi-bottes, un chapeau de cuir verni; ses longs cheveux graissés, tirés et noués en arrière en queue de cheval lui battent le dos au rythme du trot. Habile à mener son équipage, il passe généralement pour hâbleur et volontiers méprisant à l'endroit des passagers qui l'oublient à l'heure du pourboire.

Or voilà que notre Perdiguier, toujours perché sur l'impériale, s'assoupit un instant. Un cahot le réveille. Il s'aperçoit que son chapeau s'est envolé. Il crie, tape, supplie, en fait tant que le conducteur enfin immobilise la diligence. Perdiguier explique l'importance qu'a pour lui son chapeau, les voyageurs parlent en sa faveur. Finalement, le postillon détache un cheval, part au galop et rapporte bientôt le précieux couvre-chef. Perdiguier ne peut donner de pourboire, mais ce postillon est un brave homme : « Il ne fit valoir en aucune manière le service important qu'il venait de me rendre. Sa conscience seule le récompensa par un secret applaudissement[42]. »

Au matin, ils sont à Chartres, après un jour, une nuit et d'innombrables relais. En 1810, il fallait compter en moyenne 45 minutes par lieue, soit environ 5 kilomètres/heure; en 1832, on peut tabler sur la lieue en 26 minutes, soit une moyenne de 10 kilomètres/heure, avec des « pointes » à 15[43]. D'après l'*Etat général des postes,* on comptait en 1811 huit jours pour Paris-Toulouse, quatre pour Paris-Nantes, deux pour Paris-Tours, un jour pour Chartres[44] – soit une centaine de kilomètres par jour. Avec les voitures les plus rapides, Lyon n'est plus qu'à quarante-neuf heures de Paris, Bordeaux à soixante-douze heures.

Quand les compagnons ne sont pas assez riches pour se payer une place en voiture, il arrive qu'ils se cotisent au profit du plus mal en point. C'est ce qui arrive à Arnaud le boulanger, qui fait Avignon-Marseille « sur bourse commune » parce qu'il souffre d'une jambe[45].

Au-dessous de la diligence, on trouve la *gondole,* relevée de l'avant et de l'arrière. On l'utilise, comme Perdiguier celle d'Avignon, pour de courts trajets, des liaisons avec les grands axes de la poste.

Au-dessous encore, reste la *patache.* Perdiguier en prend une aussi, près de Villeneuve-le-Roi : « Vu l'état des chemins, nous jugeâmes à propos de monter dans une patache, et nous roulâmes dans l'affreuse voiture. [...] Je n'avais de ma vie rien vu de grossier, d'insolent, de brutal, de sans-gêne, comme les patacheux bourguignons. » Il explique comment le progrès des transports s'est fait au détriment des pataches, voitures libres, indépendantes, sans règle ni lois*, propriétés de leurs conducteurs, lesquels « ont crié à la spoliation, au meurtre sans que leur plainte m'ait ému le moins du monde, parce qu'ils avaient été sans vertu, sans dignité, sans bonté, sans pitié[46]. » Quand on connaît l'indulgence habituelle du menuisier d'Avignon, on se demande quelles misères ont bien pu lui faire les patacheux bourguignons.

Sûrs de leur monopole, les maîtres de poste

* Ni ressorts.

choisissent et imposent les postillons, procurent les chevaux, multiplient les relais (parfois plus d'un relais pour 10 kilomètres !). Les deux grandes sociétés – les Messageries, Laffite et Gaillard – s'entendent pour contrôler le marché et empêcher les entrepreneurs d'établir de nouveaux services : on se contente, comme l'écrit un voyageur mécontent, « de peindre en jaune les diligences qui étaient vertes ou grises autrefois[47] ». Quand le chemin de fer surgira dans le paysage, il sera trop tard pour améliorer la qualité d'un service soudain dépassé.

Le 14 juin 1830 est inaugurée la ligne de chemin de fer Manchester-Liverpool, avec des trains hardiment qualifiés de *rapides*. En France, c'est en 1842 que fonctionne la première ligne régulière de Saint-Etienne à Lyon : 58 kilomètres en trois heures trente dans le bons sens de la pente, quatre heures dans l'autre. On a distingué quatre classes – en quatrième, on voyage debout – pour lesquelles on paie respectivement 7, 6, 5, et 4 F, ce qui est à peu près le prix de la diligence. « C'est chose merveilleuse vraiment d'aller si vite! » s'écrie le critique dramatique Jules Janin à une vingtaine de kilomètres/heure[48].

Mais tout le monde ne partage pas son enthousiasme. Thiers soutient en 1835 que, de toute façon, il ne s'agira jamais là que d'une distraction pour les badauds des grandes villes. Arago dénonce « les illusions que peuvent donner deux tringles de fer ». L'Académie de médecine de Lyon prédit dans un mémoire que « la translation trop rapide d'un climat à un autre produira sur les voies respiratoires un effet mortel »; ce même mémoire ajoute que les voyageurs souffriront d'affections cérébrales engendrées « par l'anxiété des périls constamment courus ». Le bruit, la fumée, les étincelles vont, dit-on, provoquer des incendies, terrifier les animaux, empêcher les poules de pondre, les arbres de fructifier; le blé tournera, les pommes de terre se gâteront, les femmes accoucheront avant terme. En 1836, un institut médical allemand demande que les voies de chemin de fer soient dissimulées par des clôtures en planches d'au moins cinq pieds de haut, de crainte que la seule vue d'un train en marche ne crée dans le cerveau des spectateurs des désordres graves. Moins de vingt ans plus tard, on voyage à 65 kilomètres/heure, et un arrêté ministériel qui anticipe à peine limite à 120 kilomètres/heure la vitesse autorisée à pleine marche des convois de voyageurs[49].

Le « chemin de fer » a gagné. Il a sabré les paysages, ouvert des pans entiers du pays, enjambé les ravins, creusé les montagnes, messager haletant du progrès, annonçant dans un tourbillon d'escarbilles l'imminence des temps modernes. « En ce premier tiers du XIXe siècle, écrit Henri Vincenot, on n'a pas si souvent l'occasion de participer à une œuvre de cette ampleur-là. Des cathédrales, voire des églises, on n'en construit plus. [...] Mais une entreprise de grandeur et de prestige qui doit apporter le bonheur à tous, voilà qui va nous redonner du cœur au ventre et, dans la tête, la joie d'œuvrer pour une grande idée : le bien du peuple! [...] Les compagnons arrivaient enfin en vue d'un de ces chantiers, et ce qu'ils y voyaient dépassait tout ce qu'ils avaient imaginé en cheminant, car un chantier de construction de chemin de fer, c'était comme une ville[50]. »

A Tarascon, Perdiguier a vu achever la construction du pont de pierre destiné à « ces files de voitures sans chevaux traînées par un monstre grandiose, soufflant, sifflant, hurlant, mugissant, jetant par la gueule flamme et fumée, franchissant, dévorant l'espace [...]. Quelle invention ! Quel progrès ! Quel prodige[51] ! » Le chemin de fer n'affectera guère, parmi nos compagnons, que les pérégrinations de Batard et de Boyer, partis à la fin du siècle, et seulement pour certaines de leurs étapes.

Le bourrelier Batard goûte en Médoc au charme du wagon à plate-forme, d'où il admire le parfait ordonnancement des vignes. Plus tard, embauché par le cirque Pinder, il prend avec le matériel et toute la troupe un train spécial d'Agen à Marmande. Comme Boyer, il lui arrive de coucher dans les gares, d'attendre l'aube dans les salles d'attente. Le maréchal prend souvent le train sur de courtes distances, et même, une fois, en grande tenue de compagnon, pour se rendre à une fête à Montpellier. Son ami Achard lui a prêté un pantalon et une redingote, sa patronne le huit-reflets de son mari malade, et la mère les souliers fins de son fils — ainsi mirobolant, il ne passe pas inaperçu dans son wagon[52].

Les temps changent. Le train, par nature, n'est pas l'ami du compagnonnage, et il concourra même, avec le développement du machinisme et de la grande industrie, à sa décadence. Perdiguier, bien longtemps après son tour de France, mettra au rang de ses meilleurs souvenirs la descente de la Garonne où il faillit se noyer dix fois : « Ce voyage [...] m'a plu; il me plaît. Voyager à pied, puis en bateau; se mêler à ceux-là, puis à ceux-ci; éprouver des contrariétés, des misères, ensuite d'agréables surprises, des instants de joie : rien de si doux, de si charmant... Quatre-vingts lieues parcourues de la sorte, c'est quelque chose, ça compte dans la vie. Mille lieues parcourues en diligence ou en chemin de fer, renfermé dans cette sorte de cachot d'où l'on ne peut sortir, d'où l'on ne peut rien voir, ce n'est rien, absolument rien... Ça ne laisse point de trace. Vivent donc les voyages à pied et en toute liberté[53] ! »

Comme dit le boulanger Arnaud :

Sans nul souci, je passais ma jeunesse
Le sac au dos, parcourant mon pays[54]...

Mais cela, c'est la jolie chanson des souvenirs...

IV

L'EMBAUCHE

Le salut de boutique. – Point de couteau. – L'affaire. – Chapeaux. – La loi Le Chapelier. – Bureaux de placement. – Frais d'embauchage. – Une groce amande. – Chacun pour soi. – Tisser la flanelle. – Jusqu'au jour défaillant. – Un vrai bagne. – Lundi bleu. – Un sou par sabot. – La recette du mendiant.

Le travail est tout mon espoir
Mon culte, ma loi, ma science.
Je voudrais toujours en avoir
Pour assurer mon existence.

Lyonnais la Fidélité
Compagnon tisseur
ferrandinier du Devoir[1].

Arrivant à l'étape, l'affilié va droit *chez la mère,* terme désignant le local d'accueil des sociétés compagnonniques, souvent aussi nommé *cayenne,* où il trouvera à manger, à loger et à travailler, sous l'autorité de la mère elle-même, forte femme et bonne hôtesse, du *premier compagnon* et du *rouleur.*

Des ouvriers comme lui, que la jeunesse, la fatigue, la poussière et le soleil font se ressembler, il n'en manque pas. Des sincères, mais aussi des trimardeurs sans vergogne toujours à l'affût de tout, et des policiers déguisés, et des malveillants, des ennemis ou des feignants traquant le secret. Qui est qui ?

Notre affilié doit commencer par lever le soupçon préalable. « Ils ont des chefs, un mot d'ordre et des signes particuliers pour se reconnaître », signale en 1809 le commissaire général de Lyon[2].

Avant même de s'affilier, Arnaud avait appris de son ami Berniard que le compagnon est « reconnu » par le rouleur : « Après avoir échangé des signes, des attouchements et des paroles que j'ignore, ils s'embrassent avec franchise et amitié[3]. »

Mots de passe et gestes convenus constituent le *salut de l'arrivant,* ou *salut de boutique,* dont la fonction est d'abord de protéger le groupe contre ceux qui n'en sont pas, mais aussi sans doute de faire que s'ouvrent soudain, pour celui qui en détient la clef, les portes et les cœurs.

On connaît quelques saluts de boutiques. Le premier à avoir été divulgué, en 1858, est celui des compagnons cordonniers du Devoir, publié par d'anciens initiés devenus ennemis de la société. « En entrant chez la mère, y est-il dit, on salue en prenant son chapeau avec la main gauche par le côté. Le faire passer de la main gauche à la droite, le pouce et le premier doigt formant le zéro sur le bord du chapeau, le tenant ainsi le temps nécessaire pour qu'un compagnon ait le temps de s'en apercevoir. Alors le C∴ qui s'en aperçoit doit se passer sans précipitation la main gauche sur l'oreille droite et la main droite sur l'oreille gauche, s'approcher de l'arrivant et lui présenter la main gauche le pouce ouvert et les trois doigts et le petit séparés des autres. L'arrivant fait la même chose et doit vous presser la main avec le pouce et vous lui rendez ce signe en pressant fortement le petit doigt sur la main[4]. »

Chez les vitriers – c'est-à-dire, dans l'ancien sens, les verriers – la reconnaissance se fait ora-

* Les trois points, trois sommets d'un triangle, d'origine maçonnique, on souvent été repris par les compagnons à partir du milieu du XIXe.

lement, par une série de questions-réponses : « Mon ancien, j'arrive », doit dire pour commencer le nouveau venu.

L'ANCIEN. – Par quelle voie venez-vous ?
L'ARRIVANT. – De Jérusalem.
L'ANCIEN. – Que nous apportez-vous ?
L'ARRIVANT. – Le mot mystérieux de l'Antiquité.
L'ANCIEN. – Comment se prononce-t-il ?
L'ARRIVANT. – Il ne se prononce pas, il s'épelle...
Et pour finir :
L'ANCIEN. – Quels sont les noms mémorables des compagnons vitriers finis ?
L'ARRIVANT. – Hiram.
L'ANCIEN. – Salomon.
L'ARRIVANT. – Jakhin.
L'ANCIEN. – Hommage à leur mémoire, à l'honneur et à la gloire...
L'ARRIVANT. – ... de tous les jolis compagnons vitriers du Devoir de maître Jacques.

Des signes de main convenus ont accompagné les premières questions et pour finir les deux hommes s'embrassent par trois fois[5].

Chez les blanchers-chamoiseurs, le rite de reconnaissance révélé par un dénonciateur en 1766 ou 1767, s'exécute à table, lors du premier repas chez la mère. Trois fois de suite on demande son couteau à l'arrivant. Les deux premières fois, il répond : « Point de couteau ! » La troisième fois il le donne. On le lui rend d'abord à demi ouvert, il le refuse; ensuite par la pointe, il le refuse encore; enfin par le manche, et il l'accepte, ce qui prouve « qu'il est véritablement du Devoir[6] ».

Le livre de règles des compagnons tourneurs du 9 avril 1731 impose un très long dialogue entre l'arrivant et le rôleur; les deux hommes se parlent en ayant soin « de se couvrir la figure avec leur chapeau à seule fin que personne n'entende rien ». Les huit paroles secrètes de la reconnaissance sont : *Jesu, Maria, Joseph,* et *Sancte Michaele, ora pro nobis,* à dire « 3 en haut et 5 en bas[7] ».

D'après Perdiguier, les rituels de reconnaissance sont beaucoup plus simples dans les sociétés du Devoir de liberté, où « les chefs de la société nous accueillent, nous reconnaissent, et tout finit là », que chez les compagnons du Devoir, où l'arrivant se voit demander, s'il ne respecte pas la convention : « Vous n'en savez pas plus long ? »

Perdiguier, quittant Avignon pour Marseille, est porteur de deux lettres de recommandation qui vont simplifier les formalités, l'une du premier compagnon d'Avignon destinée au premier compagnon de Marseille, l'autre de son patron, M. Ponson, pour un ami, maître menuisier, logeur, professeur d'architecture et de trait. « Je fus partout bien reçu. Je pris mes repas chez la mère, je couchai chez l'ami de M. Ponson[8]. »

Les lettres de recommandation ne sont pas exceptionnelles, mais il existe une sorte de passeport compagnonnique obligatoire, généralement remis lors de la réception : *l'affaire,* déposée chez la mère. « C'est l'usage, dit le règlement des blanchers-chamoiseurs du XVIIIe, de déposer les dites lettres patentes dans une cassette que la mère garde, et le premier en ville en a la clé et doit leur remettre au départ à chacun sa lettre[9]. » Le menuisier Chovin de Die emploi le terme *affaires,* au pluriel, pour désigner « les antiquités des sociétés et plusieurs autres petites choses que je ne puis nommer sans compromettre ma dignité de

U. E. F.

C. E. P.. D. L∴ S.. E. D. T.... L∴ B∴ E.... D. D∴ C.... E. B∴ A.. D. R.. D. P..

N∴ T∴ B∴ C∴ D. D. D∴ C.... E. B∴ N∴ N∴ E∴ A∴ C∴ L. M.. P. Y R. E. M. D. N∴ L.. N.. C∴ P∴ N∴ R.... AT∴ L∴ C∴ D. T∴ D. F.. D. L. R∴ T∴ P.. D.. Q∴ P∴ L∴ D. L. L.... P. E. R∴ L... E. S∴ S∴ L.. F.. A∴ T∴ E. D. L∴ D∴ T∴ S∴ B.... C.. I. N.. AP. D∴ F.. L. M.. C.. V.... D. V∴ P∴ I. AP∴ P∴

P.. L. P∴ — P∴ S∴ L.

P.. — E. P∴

T∴ L. P.. — E.

AMOUR FRATERNEL.

P∴ T∴ T∴ L∴ C∴ D. — L. V.. Q∴ E.. E. C∴ E. V∴ D. Q. N∴ L∴ A∴ L∴ P. M∴ D. R.. P∴ L.. S. P∴ O. I. P.. C∴ E. A∴ D. S∴ S∴ L. D.. M∴ D. R. L. P∴ E. V..

compagnon[10] ». Selon les sociétés, cette *affaire* (cordonniers) ou ces *affaires* sont aussi l'*arriat,* le *bateau,* le *cachet,* le *carré,* le *cheval,* l'*égard,* la *lettre de course* (vanniers), le *mouton,* le *navire,* la *patente,* le *trait carré*[11] (charpentiers) – le trait carré désignant la façon d'élever une perpendiculaire à une droite en se servant d'un compas et d'une équerre, outils de base et symboles du compagnonnage.

L'affaire se présente sous la forme d'un document de papier fort, imprimé d'un seul côté et plié de manière secrète[12]. Le texte, conventionnel, ne porte que la première lettre de chaque mot, de façon à être inintelligible pour le profane. Voici la traduction de l'affaire reproduite au recto :

« UNION ET FORCE.

« Conduite Et Protection De l'Etre Suprême Et De Tous les Bons Enfants Du Devoir Cordonniers Et Bottiers A Donner Réception Du Pays *(ici le nom).*

« Nous Tous Bons Compagnons De *(la ville)* Du Devoir, Cordonniers Et Bottiers, Nous Nous Etant Assemblés Chez La Mère Pour Y Recevoir Et Mettre Du Nombre Le Nommé...

« C'est Pourquoi Nous Recommandons A Tous Les Compagnons Du Tour De France De Le Recevoir Tant Par D'ici (?) Que Par Là, De Le Laisser Passer Et Repasser Librement Et Sûrement Sans Lui Faire Aucun Tort Et De Lui Donner Tous Secours au Besoin, Comme Il Nous A Promis De Faire Lui-Même. Comme Venant De Votre Part, Il A Pris Pour :

« Premier Le Pays...

« Pour Second Le Pays...

« Et Pour Troisième Le Pays...
« Et Pour Témoins, Tous Les Compagnons De *(la ville)* L'ayant Vu Questionné Et Entendu,
« C'est En Vertu De Quoi Nous Lui Avons Laissé Permis De Recevoir Par Lui Son Pays Où Il Passera. Confessons Et Attestons De Signer Sur Ledit Mandat De Réception. Le Premier En Ville[13]. »

Lors de la remise de l'affaire, le texte en est lu, puis, toujours chez les cordonniers, le premier en ville ajoute : « Ce passeport porte les cachets des six principales villes. Pays, cette affaire que vous venez d'entendre n'est pas si bien lisible sur le papier que nous allons vous donner, car il est en initiales que tous les compagnons savent très bien lire; de même nous espérons que vous les apprendrez; les voici[14]. »

Dans certains cas, les lettres de course sont en clair. Coornaert en publie deux, de vanniers, établies l'une à Nantes en 1828, l'autre à Bordeaux en 1834. Il s'agit de certificats de réception « pour servir en cas de besoin ». Elles sont signées du seul premier en ville « faisant pour tous[15] ».

Au temps et dans la société de Boyer (1900), le compagnon ne porte pas le document sur lui : « Il fut convenu que mes affaires, c'est-à-dire les papiers qui nous concernent et qui nous suivent par la poste de ville en ville, partiraient pour Nîmes[16]... » Durant le séjour du compagnon, le document est conservé chez la mère, dans le coffre à trois clefs. Hors de la cayenne, personne ne doit le voir. Pour des raisons de principe et aussi parce que, « outre son sceau officiel et connu, chaque société compagnonnique dispose d'un cachet secret qui scelle « le trait carré » ou lettre de reconnaissance du compagnon et qui ne peut être vu qu'en chambre ou cayenne » par les compagnons du même métier.

On connaît l'histoire d'un jeune cordonnier, Saumur Sans Rémission, envoyé de Paris à Nantes peu de temps après sa réception. En chemin, il croise un compagnon menuisier et, pour une raison qu'on ignore, lui laisse voir l'affaire qu'il porte. Sitôt à Paris, le menuisier se plaint à la société des cordonniers de la légèreté de ses affiliés. Or l'obligation de secret est absolue, et Saumur sans Rémission doit être sanctionné. Il l'est, et comment! Condamné à mort! Comme il était parti de Paris, c'est à Paris que se fera l'exécution. Il y est rappelé sous un prétexte, contrairement à la règle du non-retour. Par chance pour lui, on ne le tue pas aussitôt; il a la possibilité de s'expliquer, d'ébranler les frères compagnons ses juges – il sera seulement chassé du compagnonnage, ce qui est une autre sorte de mort[17].

Donc, reconnu par l'épreuve du rituel, l'arrivée de l'affaire ou la remise de lettres de recommandation, l'affilié est alors reçu comme il convient : « On fait apporter les *bouteilles d'arrivants,* dit Perdiguier à Nîmes. C'est la bienvenue que la société nous doit[18]. » Dans le règlement des blanchers-chamoiseurs de 1814, l'arrivant demande une bouteille sur le compte de la société en même temps qu'il se fait reconnaître. S'il arrive avant midi, les compagnons lui doivent la bouteille et un repas de 30 sous; si c'est le soir, le souper et le coucher pour un maximum de 30 sous[19].

Le *rouleur,* ou *rôleur,* ou encore *chemineur,* et même autrefois *brouette* chez les charpentiers, est celui qui, temporairement, est chargé du placement. Les compagnons sont tenus d'accepter les fonctions de rouleur à tour de rôle, parfois pour une semaine (charpentiers de Paris), un mois (maréchaux-ferrants ou boulangers) ou même trois mois (cordonniers en 1813). On l'appelle rouleur parce qu'il roule d'atelier en atelier pour placer les compagnons, ou rôleur parce qu'il tient le rôle des emplois vacants – le patron qui a besoin d'un ouvrier le fait savoir chez la mère – et des affiliés sans travail, ou encore, explique Chovin de Die, parce que la fonction s'exerce à tour de rôle[20].

Second personnage de la société après le premier en ville, il est également chargé d'annoncer les convocations d'assemblée, de préparer le départ des partants; il fait office de maître de cérémonie lors des fêtes patronales, des bals, des enterrements. Il jouit d'un certain nombre de privilèges mineurs, variables selon les sociétés, comme celui de garder son chapeau quand les autres se découvrent, ce qui vaut à Boyer d'assister, lors d'un enterrement, à une vive algarade dans l'église entre deux chapeautés sourcilleux : un bedeau et un rouleur qui refuse de se découvrir – le suisse restera finalement maître chez lui. Un couvre-chef, c'est ce qui couvre le chef.

Voici, à Avignon, le rouleur emmenant l'aspirant Perdiguier à sa première embauche, chez M. Ponson : « Nous nous présentons devant le *bourgeois,* dans son atelier, rue d'Amphoux. Etant tous les trois en présence, chapeau bas, M. Ponson tire cinq francs de sa poche et les met dans la main du rouleur. Celui-ci me les présente en disant : « Voilà cinq francs que le bourgeois vous avance, j'espère que vous les gagnerez. » Je réponds que j'en gagnerai certainement davantage. Telle est la cérémonie d'embauchage. »

Il est essentiel, explique-t-il, d'ôter son chapeau, décidément bien symbolique, pour signifier que « l'ouvrier doit du respect au maître, et le maître doit du respect à l'ouvrier[21] ». Mais l'aspect le plus original de la procédure est qu'elle laisse, dans le cas des gavots, le patron dans l'ignorance du rang de l'affilié, aspirant ou compagnon.

Il n'en va pas de même chez les menuisiers dévorants – l'une des sociétés les plus importantes en effectifs – où l'avance consentie par le patron, de 5 F pour un compagnon, est de 3 F seulement pour un aspirant, soit environ le salaire d'une journée de travail, et que Chovin de Die justifie ainsi : « Pour soulager l'aspirant fatigué, arrivant de loin et mal vêtu, les patrons ont accepté d'avancer ces quelques pièces à l'arrivant présenté par le rôleur. » Les compagnons s'engagent à en « faire le remboursé ».

« Monsieur Untel, dit le rouleur, je vous embauche le pays X, consentez-vous à lui avancer 3 F ?

– Oui, répond le patron.

– Mon pays, dit alors le rouleur à l'aspirant, voilà 3 F que le patron vous avance, les gagnerez-vous ? »

L'aspirant répond que oui, et, comme chez les gavots, voilà fait l'embauchage[22].

L'embauchage par l'intermédiaire de la société a longtemps fait la force du compagnonnage et facilité son recrutement en même temps qu'il suscitait critiques et interdits. En effet, le placement direct de l'ouvrier par la société supprime le débat individuel entre le patron et l'embauché sur les conditions de travail, et notamment la rémunération. Usant pleinement de la force du nombre et de la garantie de compétence professionnelle, fortes de leur discipline, les sociétés de compagnonnages sont plus à même que l'ouvrier isolé d'obtenir du patron de meilleures conditions et un salaire supérieur. Le règlement des tourneurs prévoit la sanction d'une amende de 3 F pour « tout compagnon qui [...] abaissera les prix ordinaires que les compagnons auront fixés[23] ».

C'est lorsque le rapport de forces, en période de main-d'œuvre rare, a nettement joué en sa faveur que le compagnonnage a fait sur ce point l'objet des critiques les plus vives – notamment sous l'Empire ou à l'occasion des grands chantiers ouverts durant la monarchie de Juillet. « La plus grande force de l'institution réside encore dans l'embauchage qu'il pratique, de telle manière qu'il peut, par ce procédé seul, se rendre maître des salaires et du patronat[24]. »

En principe, la loi Le Chapelier, dans son article 3, ôtait toute possibilité de concertation et de négociation tarifaire. Si « des citoyens attachés aux mêmes professions, arts et métiers, prenaient des délibérations ou faisaient entre eux des conventions tendant à refuser de concert ou à n'accorder qu'à un prix déterminé le concours de leur industrie ou de leurs travaux, les dites délibérations [...] sont déclarées inconstitutionnelles, attentatoires à la liberté et à la Déclaration des droits de l'homme[25]. »

« Il y aura illumination dans les mansardes ! » s'écria Camille Desmoulins, sans doute mal éclairé : en réalité, en voulant imposer au nom de la liberté l'obligation d'un débat individuel entre chaque employeur et chaque ouvrier, la loi n'établissait au profit du patron que la liberté du renard dans la basse-cour.

La loi de germinal an XI condamne notamment les coalitions entre ouvriers pour « enchérir les travaux » en même temps que la coalition des patrons pour « abaisser les salaires ». Bien que légalement non reconnu, le compagnonnage est, à la fin de l'Empire et sous la Restauration, de mieux en mieux toléré. Après « les coups funestes de la Révolution » et « l'absolutisme de l'Empire », un compagnon fait état de « la sévérité des lois » dans les premières années de Louis XVIII. « Les couleurs, dit-il, ne recommencèrent à flotter qu'à la fin de son règne. Un jour on les portait, le lendemain on l'empêchait[26]. »

Dès 1808, le préfet de Police autorise à Paris la création d'une société des maîtres charpentiers, que rejoignent en 1809 et 1810 les entrepreneurs de maçonnerie et de pavage. L'ensemble devient la Chambre syndicale du bâtiment ou de la Sainte-Chapelle, destinée « à veiller aux intérêts généraux de la profession[27] ». La liberté d'association professionnelle sans autorisation préalable ne sera instituée que par la loi du 21 mars 1884, qui est pour partie à l'origine du syndicalisme moderne.

Si, en dépit des mesures réglementaires, le système d'embauchage du compagnonnage n'a jamais cessé de fonctionner, c'est aussi parce qu'il n'était pas sans intérêt pour les employeurs. D'abord parce que les sociétés sont pratiquement en mesure de pourvoir tous les emplois proposés par les patrons avec lesquels elles sont en relation. En cas de besoin, elles peuvent faire appel à d'autres villes pour obtenir le surcroît de main-d'œuvre nécessaire à l'ouverture d'un chantier important ou, pour un travail précis, des ouvriers hautement qualifiés. Ensuite, parce qu'elles ne proposent que des ouvriers compétents et intègres dont elles répondent : la qualification des affiliés est unanimement reconnue. Enfin, le coup de feu passé, l'employeur débauche immédiatement l'effectif en surnombre et remet les ouvriers à la disposition de la société sans qu'il en résulte nécessairement des tensions excessives sur le marché local de l'emploi, la société prenant aussitôt l'initiative de les « pousser » sur le tour de France vers des zones plus favorables.

Autre « service » : un artisan malade ou provisoirement empêché peut se faire remplacer à temps par un compagnon qui lui gardera sa clientèle. C'est ainsi que Boyer remplace pendant plusieurs mois à Lunel un maréchal malade, et part sitôt la guérison de celui-ci. Une autre fois, près d'Arles, il remplace un patron « parti faire ses vingt-huit jours[28] ».

Le compagnonnage ne dispose pas pour autant d'une situation de monopole. Des transfuges créent des sociétés concurrentes, les autorités installent des bureaux de placement pour tenter de contrôler l'embauche. A Angers, le 10 mars 1817, le maire prépose un ancien gendarme de la marine, Paul Venon, au bureau de placement de la ville; on lui paiera 1 F par placement et il apposera son visa sur le passeport de chaque ouvrier partant. Le même arrêté prohibe la constitution de *mères* et formule un certain nombre d'interdictions contre le compagnonnage, notamment celle de s'immiscer dans le placement[29].

Le boulanger Arnaud, encore inexpérimenté, participe lui-même à Bordeaux, avant de s'affilier, à la création d'un bureau de placement dirigé par un patron coiffeur bourlingueur. L'entreprise est un échec, et il regrette d'y avoir pris part : « Faute d'expérience, confessera-t-il, je travaillais avec enthousiasme à l'établissement d'un de ces bureaux qui, toujours et partout où ils ont existé, ont été préjudiciables à nos intérêts[30]. » Plus tard, à Rochefort, il a l'occasion de traduire son repentir en prenant une part active dans une grève de protestation contre l'établissement d'un bureau de placement imposé :

Plutôt mourir, les cris sont unanimes
Que de nous voir régir par un placeur[31] *!*

Et il écrira trois chansons sur le sujet !

Déjà à Bordeaux, d'ailleurs, en 1824, on voit une centaine d'ouvriers boulangers quitter la ville ensemble pour protester contre l'établissement d'un de ces bureaux. Quelques-uns sont arrêtés, et 59 autres le seront pour avoir protesté contre les premières arrestations.

A Lyon, quand il arrive chez la mère, il apprend que vingt boulangers de sa société sont sans emploi : deux placeurs parasites, « très préjudiciables » aux compagnons, placent des non-compagnons et des montagnards, c'est-à-dire des Suisses et des Savoyards « bornant leur émigration à cette ville dont ils ne sortent jamais[32] ». Arnaud n'en finit pas de dénoncer les mercenaires, les marchands de bras qui exploitent « le labeur des prolétaires ».

Mais le bureau de placement le plus mal famé, Abel Boyer le trouve à Paris. C'est la Calebasse, « le déversoir de nos corporations [...]. Les tarés, les véreux y vivaient comme des cloportes dans l'ordure. » Y recrutent les patrons avec lesquels les compagnons refusent de travailler, et les ouvriers qu'ils y trouvent ont souvent été chassés des sociétés pour grivèlerie et malhonnêteté. La Calebasse finit en même temps que son tenancier, assassiné[33].

Notre affilié, donc, vient de recevoir du patron qui l'embauche – le *singe* – une avance de 3, 4 ou 5 F garantie par le rouleur. Le cordonnier Guillaumou, par exemple, a touché 4 F. Il remet immédiatement 2 F au rouleur pour frais d'embauchage – s'il reste moins de quinze jours dans l'atelier, les 2 F lui seront rendus : on ne paie pas de droit d'embauche pour un « coup de main ». Le rouleur conserve 1 F pour se dédommager du temps passé et verse l'autre franc à la caisse des compagnons. Chez les gavots, l'affilié qui vient d'être placé doit au rouleur « un léger repas ».

Chez les blanchers-chamoiseurs, le rouleur n'emmène l'aspirant qui « veut se faire rouler » qu'après qu'il a payé 6 F d'embauchage. S'il lui trouve du travail, il « mange 3 F avec lui » et met 3 F à la *boîte* (caisse commune); s'il n'en trouve pas, il rend 3 F, mange avec lui 30 sous et met à la boîte les 30 sous qui restent. A noter que le rouleur, s'il ne respecte pas ce règlement, est lui-même puni d'une amende de 6 F. Chez les tourneurs, le rôleur, sur les 3 F qu'il reçoit remet 1 F à la caisse et le reste est dépensé chez la mère, à sa discrétion, à celle de l'embauché et des autres compagnons[34]. Chez les maréchaux, un peu plus tard, et chez les bourreliers, les aspirants paient 6 F à la première embauche[35]. (Les bureaux de placement qui fonctionnent alors en dehors du compagnonnage demandent une contribution de 0,75 F pour les ouvriers serruriers, 1,50 F pour les menuisiers, les charrons et les maréchaux[36].)

Moreau, notre serrurier de Château-Renault, aspirant compagnon du Devoir, critique vivement ce « tribut » sur l'embauchage que pratiquent les compagnons, bien qu'il reconnaisse ne pas le payer souvent. L'ancien paysan, d'ailleurs plus âgé que la moyenne des autres aspirants, n'hésite ni à contester ni à revendiquer. Peut-être a-t-il affaire à des rouleurs moins scrupuleux que ne le sera Perdiguier, qui, venu son tour de rouler, prendra sa charge tant à cœur qu'il ne lui restera pas de temps pour subvenir à ses besoins. Certains jours, le rouleur passe le plus clair de son temps à embaucher les arrivants, conduire les partants, aller annoncer les assemblées : le dédommagement qu'il reçoit alors – un simple repas partagé chez les gavots – n'est qu'une modeste compensation de son manque à gagner. « M'occupant sans cesse des affaires de la société, écrira Perdiguier, les miennes en souffrirent. Il me restait peu de temps pour travailler à l'établi. A peine étais-je dans l'atelier [...] qu'on venait me déranger. [...] Il résultait de tous mes chômages forcés, des prêts, des dons que je faisais souvent, que je dus recevoir de mon père en différentes fois, et malgré ma vie sobre, un total de 320 F. Avec cette somme, je pus vivre et, à la fin, m'acquitter envers la mère et la société[37]. » Trois cent vingt francs, c'est une somme, près de trois mois de salaire !

D'ailleurs, sans doute aux environs de 1850, le rouleur commence à ne plus aller présenter lui-même l'affilié chez le patron : il se contente de lui remettre une *carte d'adresse,* garantissant que l'ouvrier est bien envoyé par la société pour l'emploi recherché. Quoi qu'il en soit, la procédure d'embauche prévue par le compagnonnage n'est pas toujours respectée. Dans le livre des compagnons serruriers de la ville de Bordeaux de 1757, alors que les passants paient 3 livres par embauche, on relève les amendes suivantes :

– Une livre au rouleur « pour navoir pas magée (mangé) lambochage d'un aspiran ».

– Une livre pour tous ceux qui ont « travaillié deux fois dans lame (la même) boutique ».

– Une livre au rouleur, c'est-à-dire « une groce amande pour avoir anbauché un naspiran sans la permission du premier compagnon[38] ».

Dans le livre de règles des tourneurs, la seizième prévoit « les amendes d'un compagnon qui s'embauchera tout seul[39] » (1731). Le motif « s'avoir embauché tout seul » est encore fréquemment occasion d'amende dans la première moitié du XIXe siècle, beaucoup moins par la suite : souvent, Arnaud, Batard, Voisin, Boyer n'auront pas le choix. Mieux que beaucoup d'autres symptômes, ce comportement symbolisera une certaine décadence du compagnonnage. En 1861, Perdiguier déplorera : « Au lieu d'être pris par la main par le rouleur, [les ouvriers] vont se présenter d'eux-mêmes aux patrons, chapeau bas, un peu honteux, et ceux-ci les reçoivent froidement[40]. »

On voit même des ouvriers commencer à travailler avant d'être embauchés, pour se faire bien voir. C'est d'ailleurs le conseil que donne au charpentier Voisin l'un de ses patrons : « Vous savez travailler [...]. Ayez pas peur en arrivant sur un chantier, n'attendez pas que l'on vous donne du travail. S'il y a du bois sur la ligne, prenez un plomb et commencez à piquer, vous avez des chances que l'on vous laisse à l'établissage. » Voisin dit avoir suivi ce conseil et ajoute : « Je m'en suis toujours bien trouvé[41]. » Nous voilà loin de la belle unanimité, de la ferveur de la grève des charpentiers en 1845. Mais à l'époque où parle Voisin, l'ouvrier a dans sa mémoire blessée le souvenir des révolutions escamotées de 1830 et 1848. Le chacun-pour-soi est au bout de toutes les désillusions. « C'est le principe d'isolement, d'égoïsme, écrira Perdiguier en 1861, qui fait la guerre au principe d'unité et de fraternité[42]. »

Le « droit au travail », proclamé en 1848, est pour l'ouvrier salué comme la fin d'une malédiction. « Vivre en travaillant ou mourir en combattant » était en 1831 le cri de lutte des canuts au ventre vide. Chômer, c'est mourir. N'importe quel travail, à n'importe quelles conditions, est bon à prendre pour le travailleur isolé hanté par la faim.

Le chômage, saisonnier ou durable, sectoriel ou général, est la première plaie du monde du travail. Les charpentiers, par exemple, doivent s'attendre à être débauchés chaque année à l'entrée de l'hiver, à devoir *faire du pavé,* c'est-à-dire chômer. Voisin perd ainsi une place à Cognac; arrivant à Lyon au début de 1877, il sait qu'il ne lui faut pas compter trouver d'embauche avant la fête patronale, la Saint-Joseph, le 19 mars. Quand, par extraordinaire, le charpentier trouve du travail en hiver, il sait que les conditions seront pénibles : dix ou douze heures au vent glacé. Voisin n'a « jamais eu si froid à chevronner » qu'aux chantiers navals de Saint-Nazaire pendant l'hiver 1875-1876; au chantier des ponts de Cé, près d'Angers, le temps est si rude que la Loire charrie des glaçons et qu'il manque se noyer[43].

La crainte de rester sans travail ferait faire n'importe quoi. Lorsque Arnaud décide de quitter Château-Renault, son ami Charles, avec qui il a quitté Libourne, veut aussitôt prendre sa place au lieu de continuer. Notre boulanger s'insurge : « Est-ce la crainte, demande-t-il, de faire un peu de pavé ? [...] Comme tu t'abuses en croyant que l'ouvrier qui sort d'un atelier aujourd'hui doit ou peut entrer dans un autre demain. Sache donc mon ami que le tour de France ne se fait pas avec autant de facilité que cela et que, trop souvent, ses joyeux enfants restent des mois entiers sans travailler faute d'ouvrage[44]. » Ce qui arrive à Arnaud plus souvent qu'à son tour, notamment à Paris.

La difficulté de trouver une bonne embauche à Paris est d'ailleurs générale, et Batard le bourrelier considère comme une chance exceptionnelle d'être embauché à Villejuif le premier jour ouvrable suivant son arrivée[45]. Perdiguier, comme l'autre menuisier Chovin, regrette d'avoir à faire lui-même les démarches : « Au moment de notre arrivée, le travail n'allait pas fort. [...] Nous courûmes la ville et les faubourgs, nous nous présentâmes dans beaucoup d'ateliers, demandant partout à haute voix : « Embauche-t-on ici ? » Ce qui nous était assez pénible, vu que, jusque-là, le premier compagnon et le rouleur nous avaient épargné toute corvée de ce genre, et que le travail était venu à nous sans que nous eussions à nous en préoccuper[46]. » Finalement, il renonce et passe son chemin.

Abel Boyer aussi a sa part de chômage. Au point, une fois, d'accélérer la marche pour être sûr d'arriver à l'étape avant un autre maréchal qu'il a doublé sur la route tandis qu'il se reposait. A noter que dans le compagnonnage, on ne dit pas chômer, mais *flâner,* d'où l'expression *tisser la flanelle,* qu'emploie Boyer à Nîmes, avant de trouver un remplacement puis de revenir *forger des portions* chez la mère en attendant la prochaine embauche[47].

Dans les sociétés nombreuses et bien organisées, l'arrivant dispose de droits particuliers, et ceux des compagnons qui travaillent ont des obligations envers lui.

Et d'abord l'obligation de mouvement, règle du tour de France : l'arrivant chasse l'installé, le plus récent chasse le plus ancien. En 1900, quand Boyer arrive à Agen, un certain Nantais, aspirant comme lui, se dispose à se sacrifier au nom de l'ancienne tradition : « Mon vieux Périgord, dit-il à Boyer, puisqu'il n'y a pas d'embauche pour toi chez la mère, prends ma place. Je me suis déjà trop attardé par ici. Il est temps que j'aille à Marseille. » Le patron accepte l'échange. Mais c'est Boyer qui refuse. Pour Nantais, et aussi parce que la place ne lui plaît pas trop. Alors Nantais décide de profiter de l'occasion pour s'arracher à cette forge où il s'engourdissait. Il décide de partir avec Boyer. Et les voilà ensemble sur la route, avec 11 F en poche après que Nantais a vendu pour 3 F son réveil à la patronne[48] !

Dans le règlement des blanchers-chamoiseurs de 1814, il est prévu que si l'arrivant, n'ayant pas de travail, décide néanmoins de rester, le rouleur doit réunir l'assemblée des affiliés et demander un volontaire pour partir. S'il ne se présente personne, c'est au plus ancien de laisser sa place, mais il peut s'acquitter en versant 6 F à l'arrivant, en lui faisant la conduite (voir chapitre VII) et en prenant en charge les dépenses que celui-ci a dû faire chez la mère. (Cette règle ne vaut pas pour Paris[49].) En 1842, une obligation nouvelle est introduite pour favoriser le mouvement : les nouveaux compagnons doivent quitter dans les trois mois la ville de leur réception, sous peine d'imposition permanente.

Ches les boulangers d'Arnaud, on ne garantit pas l'emploi, mais l'assistance. L'arrivant sans emploi, s'il est fatigué, peut rester jusqu'à trois jours chez la mère aux frais de la société. Son menu est prévu : 250 grammes de pain, un demi-litre de vin et de la viande pour 30 centimes. On lui remet aussi une petite somme pour lui permettre de gagner la prochaine étape. En province, la société répond de toutes les dépenses des arrivants si elle les autorise à flâner chez la mère. A Paris, cette caution n'est donnée que pour trois jours au plus[50].

A Bordeaux, le serrurier Moreau reste une longue période sans travailler, comme beaucoup d'aspirants, alors que les compagnons, eux, « travaillent tous ». Il éprouve des difficultés à faire respecter son tour d'embauche : « J'ai eu besoin de toute mon énergie pour empêcher un protégé de passer avant moi[51]. » Ailleurs, il se plaindra que les compagnons se réservent « le travail le plus lucratif ».

Et pour quels horaires, pour quels salaires, pour quelle vie, cette organisation, ces récriminations, cette course au travail ?

Une ordonnance du 26 septembre 1806 a fixé pour les ouvriers du bâtiment les horaires encore applicables sous la Restauration, quand Perdiguier fait son tour de France, réduisant généralement d'une heure ou deux ceux qui avaient cours depuis 1791.

Pour les tailleurs de pierre, du 1er avril au 30 septembre, la journée débute à 6 heures du matin et s'achève à 7 heures du soir, interrompue par deux repas, de 9 à 10 et de 2 à 3. Entre le 1er octobre et le 31 mars, la journée commence à 7 heures pour s'achever « au jour défaillant », avec un seul repas, de 10 à 11 heures.

Pour les menuisiers travaillant en boutique, la journée est, en toutes saisons, de 6 heures du matin à 8 heures du soir, avec deux repas entre 9 et 10 et 2 et 3. Ceux qui travaillent hors de l'atelier peuvent quitter le chantier à 7 heures du soir. Les serruriers suivent le même horaire[52]. « Six jours de travail de 5 heures du matin à 8 heures du soir, écrit Perdiguier à Montpellier, et un jour de repos, un seul! C'était peu! Eh bien, il suffisait à nous rendre heureux[53]... »

Et il y a pire. Le règlement des aspirants ferrandiniers de Lyon, en 1832, peu avant la reconnaissance de leur compagnonnage, rappelle les horaires des affiliés : du 1er septembre au 1er avril : de 6 heures à 21 heures, soit quinze heures; du 1er avril au 1er septembre : de 5 heures à la nuit, soit parfois plus de seize heures. Et il ajoute : « Vous ne pourrez dépasser ces heures de travail sans faire infraction au règlement. » Le travail de nuit est interdit sauf accord préalable, et il convient dans ce cas d'exiger une prime exceptionnelle dont la moitié ira à la caisse. Enfin, pour tenter d'enrayer le chômage, il est recommandé d'empêcher les chefs d'atelier de « faire trop d'apprentis[54]. »

Lorsque Moreau est sur le Tour, la journée de treize heures est diminuée d'une heure depuis 1830 grâce, lui dit un interlocuteur, Vendôme, « à l'élan donné par la révolution de Juillet et surtout la propagande des principes bienfaisants de la démocratie ». Pourtant, pendant son séjour à Bordeaux, les aspirants proposent sans succès aux compagnons de demander la réduction de la journée de treize à douze heures afin « qu'il y ait de l'occupation pour tout le monde[55] ».

Un décret du 3 mars 1848 fixe à dix heures la durée légale maximum de la journée de travail, mais cela ne change pas grand-chose sur les chantiers. A 18 ans, en 1875, le charpentier Voisin part bien avant le jour pour rejoindre son chantier à 10 kilomètres, avec 25 à 30 kilos d'outils sur le dos; il doit embaucher au lever du soleil. « C'était un vrai bagne. » L'année suivante, à Beaune, il ne fait que neuf heures, mais très mal payées. En mars 1877, à Lyon, onze heures par jour, « bien payées[56] ». On ne pratique pas impunément de tels horaires : en 1826, à Paris, dans le bâtiment, 240 chutes font 72 morts[57].

En 1900, à Lunel, le maréchal Boyer ferre parfois 40 pieds dans sa journée de douze heures; et pas de fers mécaniques, à demi-préparés : « Il faut tous les sortir du soufflet. » A Beaucaire, dans un atelier de charronnage, c'est pire encore : « Quand dix ou quinze paires de roues étaient prêtes, nous nous levions à 3 heures du matin, le foyer préparé la veille était allumé et, vers les 8 heures, nos roues étaient ferrées. Ce jour-là, on faisait une sieste de quelques heures, et en avant jusqu'à la nuit[58]. »

Hé! Bûchons dur
Creusons fin
Tard couchés
Matin levés[59],

chantent les sabotiers, ajoutant que le dimanche « il nous faut compter maître ». Nous l'avons vu, tout ou partie du dimanche est souvent consacré au travail d'urgence, au rangement des ateliers, à la préparation de l'ouvrage. Il faut pourtant bien souffler un peu. Sinon le dimanche, le lundi. Moreau en parle avec Vendôme : « Nous voyons beaucoup de maîtres, expose celui-ci, qui exigent que leurs ouvriers travaillent pendant les sept jours de la semaine; n'ayant plus ni croyance ni foi, aucune fête nationale, aucune réunion morale et instructive [...], l'ouvrier choisit évidemment le jour qui lui convient le mieux[60]. » Depuis toujours, ce jour est le lundi, cauchemar des employeurs, le vieux *lundi bleu* où les anciens célébraient la lune *(lun*a *di*es).

Un bulletin de police du 14 novembre 1816 constate que les ouvriers restent fidèles à « l'usage ruineux et immoral » de ne pas se présenter le lundi[61]. Sous la Restauration, filatures et fabriques – où l'on ne trouve pas de compagnons – « sont regardées généralement comme des foyers de corruption [...]. Nulle part on ne chôme plus régulièrement le lundi[62]. » Perdiguier lui-même dénoncera après 1860 les chômages volontaires du lundi : « De Bordeaux, de Nantes, de vingt autres villes, on me mande les choses les plus navrantes. On me parle des lundis, des mardis, des ateliers trop souvent silencieux, de l'oubli des devoirs du mari, du père de famille, du gaspillage du salaire journalier, du dénuement de l'intérieur du ménage, des cris de détresse de l'épouse et de la famille. » Et le vertueux menuisier ajoute : « Chacun se dit : je voudrais travailler peu et gagner beaucoup[63]. » Jugement bien sévère quand on voit ce que gagnent alors les ouvriers.

Après une forte progression du pouvoir d'achat jusqu'à la crise de 1811, le coût de la vie à son tour se met à augmenter :

RÉMUNÉRATIONS
(en sous par jour[64])

	Été 1789	Hiver	Été 1810	Hiver
Tailleur de pierre	48	36 à 40	70	50 à 55
Charpentier	40	35	70 à 80	55
Menuisier	38	30	60	50
Couvreur	80	60	120	90
Serrurier / Forgeron	85	85	120 à 180	120 à 180

En 1830, au moment où ils sont frappés par la grande crise, les ferrandiniers voient leur salaire tomber au tiers de ce qu'il a été : 1,50 F par jour pour quinze à seize heures de travail. « Et l'on entend déjà, comme chantera Bruand, la révolte qui gronde. » Leur manifeste s'appelle alors *La Ferrandinière :*

Au parvenu qui nous méprise
Et s'enrichit de nos travaux
Apprenons que notre devise
Est « salaire honnête ou repos » :
Du premier naîtra l'harmonie
Du second naîtrait l'anarchie[65].

Un sabotier creuseur touche 1 sou par sabot; il en fait 30 en moyenne dans sa journée, jusqu'à 50 s'il est exceptionnellement adroit — et il lui faut consacrer son lundi au débit de l'arbre en forêt, quand ce n'est pas à son abattage, et ceci sans rémunération[66].

A la fin de son tour de France, Perdiguier peut

constater que depuis son départ, quatre ans plus tôt, la journée est passée de 5 F à 3,25 F ou 3,50 F. L'ouvrier du textile gagne alors de 2,50 F à 3 F, une femme de 1,20 F à 1,30 F, un enfant de 0,40 F à 0,70 F[67]. A cette époque, un litre de vin vaut 0,50 F, un repas modeste 1,25 F, une chemise 4,50 F. Le charpentier qui gagne 4 F par jour sur un chantier en mange 1,25 à 1,50 F sur place : même s'il ne boit pas, il ne rapporte guère plus de 2 F pour nourrir, loger et vêtir sa famille. Sans parler des longues périodes où il chôme, et ne gagne rien[68].

Sur le Tour, nos affiliés n'ont pas de famille à nourrir, ni d'autres soucis qu'eux-mêmes. A la fin du siècle, Abel Boyer constate qu'un aspirant maréchal – nourri, logé – gagne 45 F par mois à Nantes, de 30 à 35 à Bordeaux, 20 à Agen, 15 à Toulouse et Montauban, de 18 à 25 à Luchon. Un ferreur, habituellement compagnon confirmé, gagne, non nourri non logé, 4 F par jour à Bordeaux, mais la moitié seulement à Toulouse. « Mes 25 F par mois, se rappellera-t-il, ne faisaient pas long feu et, la blanchisseuse payée, il ne me restait pas grand-chose pour aller dans le monde. J'évitais les cabarets et refusais les invitations pour n'avoir pas à les rendre[69]. »

En 1876, à Beaune, le charpentier Voisin gagne 2,70 F par jour et paie 2 F de pension. En déduisant le manque à gagner des jours de pluie et des dimanches, les notes de blanchisserie, il ne peut « joindre les deux bouts » et quitte Beaune. A Lyon, l'année suivante, il gagne 0,55 F de l'heure pour onze heures de travail, soit 6,05 F par jour : « On gagnait bien sa vie. » Un peu plus tard, travaillant aux pièces, il devra travailler la nuit pour payer sa pension : il s'aperçoit que le forfait correspond à 0,25 F de l'heure[70]. Perdiguier paie 22 sous par jour de pension à la mère de Béziers. A Chartres, nourri-logé chez le patron, il gagne 26 sous par jour. Le patron le met aux pièces : le voilà qui gagne maintenant de 2 F à 2,50 F par jour. « M. Vercasson, dit-il, ouvrit de grands yeux, se repentit [...] et nous remit à la journée[71]. » Le bourrelier Batard, travaillant aux pièces à Agen et faisant un collier et demi par jour, gagne 3,75 F : pour sa seule pension, il dépense 3,50 F[72].

Le serrurier Moreau, de passage à Lyon, comprend que les luttes d'atelier provoquent entre les ouvriers une concurrence ruineuse : « De là la baisse des prix des salaires, qu'on obtient le plus souvent en opposant les sociétés les unes aux autres[73]. » Il commence à penser que des réformes s'imposent. Il n'est pas le seul. Par d'autres chemins, pour d'autres raisons, Perdiguier arrive aux mêmes conclusions : quelque chose doit changer dans le compagnonnage.

En attendant, les sociétés de compagnons évitent à leurs affiliés d'être broyés par ce siècle terrible, les mettent au moins à l'abri de la solitude et de ce dénuement total qui est le sort de trop d'ouvriers. L'épreuve est lente et longue, qui mène l'aspirant aux portes de sa nouvelle condition. Peu sans doute y parviendraient s'ils ne pouvaient s'appuyer, tout au long de leur cheminement, de leur quête confuse, sur des structures, des règles et des valeurs éprouvées. Car il faut de la vertu, pour vouloir s'accomplir dans un métier qui rapporte 3,75 F par jour pour douze heures de chantier quand on apprend, comme le note le petit Deruineau à l'époque, qu'un mendiant simulateur et sa fausse famille font dans le même temps de 10 à 15 F de recette[74].

De la vertu, de l'espoir et la conviction qu'au bout de ce tour de France, l'apprenti devenu compagnon aura dépassé la malédiction biblique. Tu gagneras ton pain à la sueur – et quelle ! – de ton front, mais ton salut est entre tes mains.

V

LA REGLE

Pays et coteries. – Parole d'évangile. – L'entrée en chambre. – Rubis sur l'ongle. – Le premier en ville. – Dans les broussailles. – Renégats. – Le dernier des derniers. – N'êtes-vous pas Chalonnais ? – La chasse au brûleur. – Conduite de Grenoble. – Salut et bénédiction. – Mettez le feu. – Cris et hurlements. – Loups-garous. – La guilbrette.

Aspirant, ma muse ici vous trace
Les détails de notre tableau
Parmi nous prenez une place
Vous ne verrez rien d'aussi beau.

La Réjouissance de Bordeaux[1].

« PAYS, il faut que tu viennes aux réunions du soir ! » Cette invite, le jeune maréchal Abel Boyer l'a prise comme il convenait, gravement. Affilié, il mène à Bordeaux la vie des aspirants compagnons du Devoir, s'efforçant de se montrer digne de la grande légende des Enfants de maître Jacques. Il se sait regardé, dans sa vie et dans son métier, mais c'est la moindre des contraintes pour qui veut être jugé digne du compagnonnage. « Lorsqu'on est une sélection, dira-t-il, il faut le prouver[2]. »

Peu à peu, l'aspirant se met au fait des usages de sa société. Il apprend vite à appeler les frères *pays* ou *coterie;* le « monsieur » est interdit. « Soyez Allemands, explique Perdiguier, Espagnols, Turcs, Italiens, Russes, Anglais, Kalmouks, Américains, Asiatiques, Africains, Français, c'est tout un : vous êtes tous des *pays.* Le compagnon est cosmopolite. Il n'y a pour lui qu'un ciel, qu'une terre, qu'un monde, qu'un seul pays. Aussi est-il partout dans son pays; aussi tous les compagnons sont-ils ses *pays*[3]. » Le titre est si caractéristique du compagnonnage qu'on l'utilise comme signe particulier; témoin ce décret, relatif à la fabrication des assignats, pris en pleine Terreur, le 7 juin 1793 : « Celui qui introduira dans les ateliers de fabrication des compagnons étrangers ou voyageurs connus sous la dénomination de *pays* sera puni de six mois de prison[4]. »

L'affilié, d'ailleurs, devient véritablement un pays, puisqu'il n'est jamais appelé chez la mère autrement que par le nom de sa ville ou de sa région d'origine. Boyer est ainsi devenu Périgord; Perdiguier, Avignonnais; le boulanger Arnaud, Libourne; Guillaumou, Carcassonne; Chovin, Dauphiné; Voisin, Angoumois; Moreau, Tourangeau...

Seuls les compagnons *passants* et *étrangers* s'appellent entre eux *coterie** : « Le mot " Monsieur ", précise un règlement des compagnons étrangers tailleurs de pierre, est considéré comme une insulte, selon qu'il sera prononcé chez la mère ou aux assemblées par quelque sociétaire. Il sera remplacé par " coterie " en usage[5]. »

Selon les états et les degrés, les affiliés se tutoient ou se voussoient. Dans le Devoir de liberté, il est interdit de se tutoyer chez la mère. Au-dehors, chacun est libre. « Mais, dit Perdiguier, l'habitude du vous étant une fois contractée, on s'y conforme très facilement[6]. » Dans le Devoir, les aspirants se tutoient entre eux, les compagnons entre eux, mais de compagnons à aspirants,

* C'est-à-dire les tailleurs de pierre d'une part et les charpentiers et leurs enfants (plâtriers, couvreurs) d'autre part.

il faut se vouvoyer. C'est ainsi que Boyer, encore aspirant, retrouve un jour un camarade déjà reçu compagnon : « De ce fait, il me vouvoye. Bon sang! Quand est-ce que, moi aussi, je serai " fini "[7]? »

En attendant, Périgord, notre maréchal, se rend trois fois par semaine et le premier dimanche de chaque mois à la *tenue de chambre,* c'est-à-dire à l'assemblée régulière des affiliés. Cela se passe chez la mère, les compagnons dans une pièce, les aspirants dans une autre. Le premier aspirant, assisté du deuxième aspirant, ouvre la séance, fait l'appel de ceux qui travaillent en ville – ils sont à ce moment une trentaine –, prend des nouvelles des uns et des autres. Puis il passe *la revue de correction,* distribuant les amendes à ceux qui ne sont pas en tenue « correcte ». La revue terminée, se font connaître les arrivants, les partants, les flâneurs. Puis sont bus les litres d'admission, d'embauche, d'arrivants, d'amende. Le tout selon un rituel intangible qu'il n'est pas question de transgresser quand on a dix-sept ans, qu'on vient d'entendre la lecture de la règle de la société et qu'on se sent investi soudain de la mémoire des siècles.

La règle, c'est parole d'évangile – transgressions et sanctions comprises. Le règlement de 1814 des blanchers-chamoiseurs rappelle solennellement aux compagnons de ce Devoir qu'il doit leur être « ce que sont le Talmud pour les juifs, l'Alcoran pour les turcs, la Bible pour les chrétiens[8]. » Il n'en existe que quatre exemplaires, un par ville de boîte, ainsi nommée justement parce que le règlement y est serré dans une *boîte,* le *maître* chez les tailleurs de pierre, coffret de bois à triple serrure. Le document n'est que rarement exposé. Non seulement on ne peut le sortir devant un étranger mais, dans la plupart des sociétés, il ne peut même être montré aux aspirants. Exposer le livre de règles, c'est exposer maître Jacques, c'est montrer le Maître : lors de cette cérémonie, les frères doivent garder une attitude respectueuse*.

Cela se passe dans la *chambre,* pièce réservée aux seuls affiliés, dont l'accès est particulièrement surveillé quand d'autres personnes consomment ou logent chez la mère. Idéalement, c'est une cave sombre à l'abri des indiscrétions, mais la *chambre* est souvent à l'étage. Ici ou là, y aller, c'est *monter en chambre;* en sortir c'est *descendre de chambre.* Toujours chez les blanchers-chamoiseurs, où la *tenue de chambre* se fait le dimanche après-midi, l'arrivant devra attendre quinze jours avant d'y être admis, le temps nécessaire, sans doute, pour que le rejoignent d'éventuelles lettres de mise en garde expédiées des étapes précédentes. Le règlement intérieur des boulangers précise que « l'entrée en chambre ne sera accordée qu'à tout compagnon possesseur de ses affaires ». « Chers pays et frères, écrivent le 20 décembre 1812 les compagnons cordonniers d'Angers, la présente est pour vous informer de l'état de nos santés, et pour vous prier de nous faire passer l'affaire du pays Manceau l'Ami du Devoir, vu que voilà deux ou trois mois qu'il travaille à Angers sans monter en chambre, vu qu'il n'a pas son affaire[9]. »

* Roger Lecotté a recensé une vingtaine de livres de règles encore exploitables. Mais aucun des cinq livres de règles ou de cérémonies exposés au musée du Compagnonnage de Tours (tondeurs de drap, tanneurs, sabotiers, toiliers, cordiers, tourneurs, cloutiers) ne concerne les métiers du bâtiment de haute tradition encore actifs.

Papiers en règle, encore faut-il que les affiliés portent une tenue convenable. Il s'agit à la fois de traduire une exigence morale et de se distinguer du prolétaire sans ambition. L'habit aussi fait le compagnon. On ressemble à ce qu'on veut devenir, et ces ouvriers en redingote et huit-reflets, bientôt maîtres dans leur art, portent déjà la parure respectable du bourgeois. En 1840, les compagnons charpentiers travaillent en gibus et, avertit Boyer, « il n'aurait pas fait bon aller leur rire au nez[10] ».

Il est difficile de distinguer la part de la tradition et celle de la coquetterie dans certaines tenues, comme celle de ces cloutiers que Perdiguier a vus à Nantes en 1826, portant cheveux longs et tressés, commandant leurs grandes cérémonies en culotte courte et chapeau monté. Dans certaines professions, les compagnons s'accrochent rituellement des boucles aux oreilles, des *joints,* dit-on. On les appelle les compagnons *bouclés.* Les charpentiers de Soubise agrémentent souvent leurs joints d'une équerre et d'un compas à une oreille, d'une bisaiguë à l'autre, les maréchaux, d'un fer à cheval; les couvreurs, d'un martelet et d'une assette; les boulangers, d'une raclette... En outre, les maréchaux s'ornent souvent le torse et les bras de tatouages caractéristiques de leur métier[11].

Les blanchers-chamoiseurs ne peuvent monter en chambre en veste, sans cravate, nu-jambes ou en sabots; ils doivent être proprement habillés, la redingote ou l'habit agrafé du côté gauche à la troisième boutonnière. Les compagnons menuisiers du Devoir sont aussi tenus d'être mis proprement, d'avoir un paletot ou une redingote et un chapeau; ceux qui le peuvent portent l'habit le dimanche et les jours de fête. Le jour de sa réception, le nouveau compagnon doit donc « garnir un peu sa malle ».

Aussi stricte que celles des compagnons, la tenue des aspirants est moins solennelle : « Deux cottes, deux blouses, une casquette et quelques chemises » suffiront, tout au moins chez les menuisiers du Devoir[12]. Car, à Bordeaux, chez les maréchaux, notre ami Boyer se fait reprendre dès sa première assemblée : « Il fallait n'avoir ni casquettes ni savates, être en chapeau et cravaté. Justement, j'avais un de ces maillots bleus de marin, et cela se portait sans cravate, je fus à l'amende d'un litre[13]. »

Perdiguier, comme on le pense, ne plaisante pas sur la tenue; il déconseille ainsi la blouse, qui, dit-il, « subalternise[14] », mais qui reste la tenue la plus fréquente de l'ouvrier en chemin. Pourtant, à Montpellier, un jour de grosse chaleur, on le voit quitter chez la mère veste et cravate. Ils sont onze à faire la même chose : le premier compagnon prononce onze amendes d'un litre, à boire sur-le-champ. Succès total du détournement de règlement, avec une prime imprévue : le premier compagnon rate une marche dans le rituel de la *santé* et y va à son tour de ses chopines.

C'est que les santés, comme tous gestes compagnonniques, doivent respecter les méticuleuses exigences protocolaires. Voici comment on *boit en règle* : « On prend son verre à pleine main et quand on vient pour choquer, on doit avancer l'indicateur (index) à l'autre bout du verre afin que celui de votre frère se touche par le même mode. Après, l'on se fixe, l'on porte le verre à la bouche en deux temps, le premier simulaire, le second pour boire. » Le tout en disant « certains mots » et « sans broncher[15] ». Selon les occasions, les *santés* sont différentes. Celle du premier en ville avec l'arrivant, dite *petite santé,* doit être bue *rubis sur l'ongle,* « comme elle mérite » : il s'agit de vider son verre de façon qu'il n'y reste qu'une goutte de vin; versée sur l'ongle, celle-ci a la taille et l'apparence d'un rubis[16].

Le pain et le vin jouent un rôle essentiel dans les rituels du compagnonnage, tenue de chambre dominicale, accueil d'arrivant et bien sûr réception d'un nouveau membre. Chez les blanchers-chamoiseurs, quand les compagnons sont entrés en chambre, la porte est fermée. On étend sur la table une serviette nommée *quadrangulaire,* dont les quatre coins figurent les quatre coins du monde – quiconque ouvrira la porte à partir de ce moment paiera 1 F d'amende.

« La serviette doit former un carré parfait; une bouteille de vin doit être placée au milieu et deux verres sur l'angle de l'Orient; l'un à droite du premier en ville est à demi-plein de vin et il contient un morceau de la croûte de dessus d'un pain taillé en rond; ce verre se nomme *pavillon.* L'autre doit être vide et placé à gauche du premier en ville; on l'appelle la *coupe fraternelle.*

« Un couteau dont la pointe est fichée à l'extrémité d'un morceau de pain taillé en long en forme de mouillette est placé entre les deux verres, le tranchant tourné du côté de la coupe fraternelle, le bout du manche à environ deux doigts de l'extrémité de l'angle.

« Quatre autres morceaux de pain taillés en carré sont placés chacun aux quatre angles. Ces morceaux doivent être pris dans la croûte de dessous[17]. »

Le rite d'entrée en chambre des vitriers est une

procédure longue et méticuleuse où gestes, questions et réponses sont souvent faits et dits trois fois. Si on accueille un arrivant, on lui offre pour se reposer une chaise qu'il doit refuser. Avant de manger le pain, il lui faut se laver les mains. « L'arrivant, ainsi que tous les compagnons, ne doivent point, en prenant le pain, le laisser tomber par terre. Et ne doivent point manger avant l'ancien. » Le rôleur verse le vin dans les verres « et doit observer de ne point le laisser tomber sur la nappe ou par terre[18] » – il ne faut pas s'étonner que les docteurs en Sorbonne aient, au XVIIe siècle, condamné ces rituels comme des « simulacres » de la célébration de la messe. Il est vrai que, dans nos cultes, le pain et le vin sont des symboles sacrés élémentaires et familiers. Il est vrai aussi qu'étymologiquement le *compagnon* est celui avec qui on partage le pain.

C'est le premier compagnon, ou premier en ville, ou capitaine, ou ancien qui veille à la stricte application du règlement. Chez les blanchers-chamoiseurs, il est le plus instruit et détient seul la clef de la boîte[19]; chez les tourneurs, il est en principe le plus ancien[20]; mais plus généralement il est élu par tous les affiliés pour trois ou six mois. Le jour de l'élection chez les gavots, le premier en ville et ceux qui ont déjà exercé cette charge se retirent pour délibérer après avoir indiqué que « ceux d'entre les compagnons finis qui auraient des raisons de ne pas être présentés comme candidats, viendront un à un faire leur réclamation ». Il s'agit donc non pas de présenter sa candidature mais d'avancer au contraire toutes les raisons pour lesquelles on pense être un mauvais candidat. Le 17 décembre 1827, à Lyon, Perdiguier, reçu compagnon depuis un an, assure ainsi qu'il est bien trop jeune, avec ses vingt-deux ans. Sans supprimer calculs ni arrière-pensées, la procédure a le mérite de réduire les intrigues.

Les anciens choisissent finalement trois compagnons, qu'on isole pendant le vote qui les départagera. Chaque votant inscrit l'un des trois noms sur un bulletin, puis les trois « candidats » votent à leur tour. Les bulletins sont enfermés « avec beaucoup de soin et le tout très bien scellé » : on ne les ouvrira que huit jours plus tard, en grande cérémonie.

Cette fois-là, le 25 décembre 1827, l'assemblée se réunit après la messe de Noël. Les scellés sont brisés. Les bulletins, dépouillés par trois compagnons, sont distribués dans trois chapeaux puis comptés. C'est Perdiguier qui sera élu et recevra l'écharpe de dignitaire. Le nouveau premier en ville désigne aussitôt celui qui sera le secrétaire, en lui remettant un bouquet. Bans, santés, chansons, discours. Toujours prévoyant, notre menuisier a composé quelques couplets de circonstance :

Puisqu'en ce jour votre choix me préfère,
Puisqu'au pouvoir vous me faites monter,
Ce grand honneur je veux le mériter :
Je veux agir, vous servir et vous plaire[21].

A Chartres, en 1833, on voit chez les serruriers le premier compagnon sortant, Carpentras le Cœur fidèle, remettre sa charge à son successeur en lisant le discours qu'il a préparé : « Mes pays, voicit le prit le plus gloryeux, que l'ont puise auffrir à un manbre de notre société, nous avont tous le droit dit prétandre si nous avont tous les talan et les vertu qu'il faut avoir. [...] Dignitère en vous remaitant ma place jozon croire que les veux de la société ont tout lieu d'être renpli[22]... »

Il ne faut jamais oublier, en regardant vivre ces aspirants et ces compagnons, en les jugeant selon nos critères, que les ouvriers de la première moitié du XIXe siècle sont pour la plupart quasi analphabètes. C'est en chemin que les Perdiguier, Moreau, Arnaud et Voisin apprendront à réfléchir et à s'exprimer – et ceci explique notamment que les textes qu'ils nous ont laissés, loin d'avoir la spontanéité de notes prises au jour le jour, sont rédigés avec le recul et la distance qu'imposent le temps ou la volonté de démontrer. « L'esprit et l'intelligence de l'homme se développent peu à peu sur le tour de France, écrira l'ancien paysan Moreau. [...] L'homme qui a fait son tour de France peut raisonner juste sur plusieurs choses qui intéressent également l'artisan et le citoyen[23]. »

Le premier en ville que remplace Perdiguier, c'est-à-dire le compagnon le plus apte à remplir les fonctions de premier dignitaire de la ville de Lyon, un certain Montpellier l'Amour fidèle, ne savait ni lire ni écrire. C'est sans doute, comme dit fièrement Carpentras, qu'il avait d'autres « talan ». Le compagnonnage étant tenu pour universel, rien n'interdit même à un étranger de devenir premier en ville, pourvu qu'il comprenne le français : « J'ai vu, dit Perdiguier, des Espagnols, des Allemands, des Américains, des Belges, des Suisses, des Italiens, des Savoyards, des Marocains l'emporter dans nos élections sur des Français et devenir [...] dignitaires de notre société. Voilà du Beau, voilà qui réjouissait mon âme[24]. »

Le premier en ville ne manque pas d'occupation. Responsable des relations avec les maîtres, il tente de susciter de nouveaux emplois, supervise l'activité d'embauchage du rouleur, intervient dans les conflits entre maîtres et affiliés, arbitre les querelles entre compagnons, négocie avec la mère sur la qualité des repas ou le renouvellement d'une literie, reçoit les arrivants – ceux qui *tombent,* dit-on chez les tailleurs de pierre, pour travailler ou pour être reconnus en passant –, *commande* les assemblées et les préside, surveille tout particulièrement le livre de comptes, l'une des pièces maîtresses de la vie de toute communauté.

Liste de tours de rôle et de cotisations, son humble vocabulaire du jour-le-jour traduit à sa façon les grands principes des compagnons, transmis avec ce souci d'application tatillonne et quasi religieuse qui lui a permis de triompher des attaques et des crises. Le livre des serruriers de Bordeaux, en 1857, comporte les rubriques suivantes :

– une « table des groses amande » (liste des amendes pour fautes graves);

– une « tablée d'arrivant » (cotisations diverses pour l'arrivée, la levée de sac ou une place perdue);

– une « table de seus à qui la bource atavancé » (prêts de la société);

– une « table de seus qui ont a vancé à la bource »;

– une « table de changement de boutique » (taxe de réembauchage de 5 sols);

– une « table de messe perdues » (amende pour absence à la messe);

– une « table daupital » (tour de visite aux compagnons hospitalisés);

– une « table de prisson » (tour de visite aux compagnons emprisonnés);

– une « table Danbauchage » (une livre et dix sols par embauche);
– une « table de livrée » (accessoires vestimentaires obtenus par l'intermédiaire de la société);
– une « table de chapeau perdu » (sans doute prêté par la société);
– une « table de petite conduite » (accompagnement des partants);
– une « table dantermant » (assistance aux enterrements); etc.[25].

On profite généralement des assemblées pour demander à chacun de se mettre en règle avec les cotisations – contre lesquelles évidemment s'est élevé le serrurier Moreau, qui prétendait injustifié de donner à la société 1 F ou 1,50 F par mois. « Cela ne devrait point étonner, répond Perdiguier à ceux qui demandent la suppression de la cotisation. On a une salle d'assemblée, il faut en payer le loyer; des maîtres viennent quelquefois chez la mère, soit pour demander des ouvriers, soit pour autres choses, il faut les recevoir comme les gens du peuple reçoivent ordinairement leur monde, je veux dire cordialement; on a des arrivants à accueillir, des partants à accompagner. [...] Il faut soutenir des correspondances, soulager des infortunes, payer pour ceux qui ne paient pas[26]... »

Seuls sont parfois dispensés de cotisations et d'assemblée ceux qui travaillent *dans les broussailles,* c'est-à-dire à la campagne, loin de la mère. Chez les menuisiers du Devoir, l'aspirant qui n'a pas laissé sa carte à la caisse avant de partir pour la campagne ne doit pas de cotisation, mais n'a pas droit non plus à un éventuel secours[27]. Tout manquement à la discipline de la société est sanctionné selon une échelle pénale qui distingue généralement quatre degrés :

— l'*amende,* de quelques sous à plusieurs dizaines de francs, pour toutes les infractions au règlement concernant la vie courante de la société. Chez les gavots, les contraventions bénignes sont sanctionnées par des amendes à boire, ce qui fait, regrette Moreau, « que c'est presque toujours les plus débauchés » qui veillent à l'application du règlement[28];

— la *mise hors chambre,* c'est-à-dire l'interdiction de participer aux assemblées et à la vie de la société, pour une durée de six semaines à trois mois, assortie d'une amende proportionnelle. La peine n'est pas infamante et n'a pas à être divulguée; les blanchers-chamoiseurs prévoient d'ailleurs une amende de 6 F pour ceux qui en feraient état à l'extérieur;

— la *mise hors société* peut être prononcée à la quatrième mise hors chambre. On *écrit* le condamné sur le tour de France, c'est-à-dire qu'on informe par lettre toutes les villes de la sanction. On brûle son affaire. Il est condamné à vivre en marge du compagnonnage, où il ne pourra rentrer que six mois plus tard après avoir fait preuve d'une conduite exemplaire et payé 20 F d'amende. Si un compagnon vient à faire l'objet d'une deuxième mise hors société, il sera automatiquement puni de la peine de *renégat,* appelée *chassement* chez les cordonniers;

— la *mise au renégat* déshonore pour la vie celui qui en fait l'objet. On lui donne sur le Tour toute la publicité qui convient. Peine si grave que les blanchers-chamoiseurs ne peuvent la décider sans en référer à Bordeaux, leur ville de fondation. « La société lançait (contre ceux qui étaient mis au renégat), explique Moreau, une espèce de bulle d'excommunication[29]. » Leur signalement est transmis dans toutes les villes, ils ne peuvent plus espérer trouver « ni travail, ni secours, ni crédit, ni amis sur le tour de France ». La peine s'accompagne dans certains cas, on le verra, d'un rituel infamant appelé *conduite de Grenoble* *.

Parmi les peines légères, un certain nombre de motifs d'amendes touche à la tenue des assemblées : chez les blanchers-chamoiseurs, il est interdit de s'asseoir, de s'appuyer aux meubles ou aux murs, de croiser les bras, de rire, de manger, de fumer, de jurer, d'avoir des fleurs sur soi, de marcher sur la serviette, de conserver son chapeau, de choquer le verre, le couteau, la bouteille, sous peine de 5 sous par faute.

L'ivresse, la colère, la grossièreté et le blasphème entraînent une amende de 1 F; les menaces, de 2 F; les batailles avec un frère, de 6 F — et le double si le pugilat a lieu devant des témoins étrangers à la société. Tout compagnon qui aura *flatté contre d'autres* (dénigré) auprès d'un bourgeois et méprisé leur travail paiera 6 F aussi, 12 avec obligation de quitter la ville sous peine de mise hors société si la victime du dénigrement est licenciée[30].

Les motifs variés ne manquent pas chez les serruriers de Bordeaux en 1757 :

— « avoir noyé les afair des compagnion » : 2 livres;

— « navoir pas magée lambochage d'un aspi

* Le livre des renégats de Nantes (1834-1888) fait état de la réintégration du pays Duclos, dit Normand Sans Reproche, reçu à Bordeaux en 1878 et mis au renégat à Nantes pour « falsification aux affaires »; une mention portée en travers de la condamnation précise : « Rentré le 29 février 1890 ». Le nom qui précède le sien sur le registre est celui de Tourangeau la Prévoyance, condamné pour dette en 1866. L'écart de dates permet de penser que la mise au renégat était rare. Le document est visible au musée de Tours. (Archives de l'U.C.)

ran » : 1 livre (avoir conservé le droit d'embauche);

— « avoir frape un compagnion » : 2 livres;

— « navoir pas aporte le bibi et daigant » (avoir oublié son chapeau et ses gants) : 1 livre;

— avoir mis une bouteille a la resepesion dans sapoche » : 2 livres;

— « avoir quassé le meuble du père » : 2 livres;

— « avoir manque lassanblé par trois sans esquse » : 1 livre[31].

Le règlement des tourneurs, à la litanie des motifs prévus par les blanchers-chamoiseurs sur la tenue en assemblée, en ajoute d'autres : « faire un vent » ou « faire des grimaces pour faire rire les autres » et « dire une simplicité qui fera rire les autres ». Le compagnon tourneur qui s'embauche tout seul « payera 6 F à la boîte et s'il s'y refuse de payer ladite somme de suite, il passera pour renégat et dernier des derniers ». « Tout compagnon qui abaissera les prix ordinaires que les compagnons auront accepté payera 2 F d'amende et mis hors charge (*chambre* ?) pour deux mois, et sera obligé de changer de boutique ou de battre aux champs. » Celui qui frappe un compagnon le jour de la Saint-Michel est mis hors de chambre pour trois mois, celui qui « met un nom de sot briquet à un autre » est à l'amende de 5 sols[32].

Au XIXe siècle, la plupart des sanctions graves s'appliquent à des histoires d'argent, dettes non remboursées, grivèlerie, vols. Perdiguier, premier compagnon à Lyon en 1828, trouve la boîte en mauvaise situation : la société doit 900 F. Il s'emploie à poursuivre les mauvais payeurs et fait chasser ceux qui ne s'exécutent pas, huit compagnons et deux aspirants. Certains complotent alors de rosser Avignonnais, mais l'un des exclus, Montpellier sans Rémission, prend sa défense : « Loin de vouloir du mal à Avignonnais, dit-il, je lui veux du bien. Il a fait son devoir. [...] Est-ce qu'on pourrait nous conserver dans la société sans lui porter le plus grand préjudice? [...] La société avant tout!... Et si l'un de vous a le malheur de lui chercher dispute, je lui casse les reins[33] ! »

On appelle *brûleurs* ceux qui ont quitté une ville en y laissant des dettes. Ceux-là, qui portent atteinte au renom du compagnonnage et à ses finances – la société rembourse certains créanciers – sont mis hors société et écrits sur le Tour. Un matin que Perdiguier, toujours à Lyon, surveille l'embauche des flâneurs, un compagnon s'avance vers lui :

« Et moi?

– Vous... Mais n'êtes-vous pas Chalonnais?

– Si.

– Eh! Quoi! avez-vous oublié de quelle manière vous êtes parti de Chartres? Vous avez brûlé. Vous êtes écrit. Nous avons ici sur nos registres votre nom, votre signalement, votre histoire. Retirez-vous, nous n'avons pas de travail pour les gens de votre espèce[34]. »

Ces histoires d'argent empoisonnent la vie du compagnonnage au XIXe siècle. En 1862, lors d'une mise à jour des comptes à l'occasion d'un changement de mère, on découvre que cent dix-neuf compagnons ont quitté la ville sans acquitter leurs dettes[35]. A Chalon, Perdiguier rencontre « un Rouergue, un Albigeois, un Languedoc » qui se vantent d'avoir fait des dupes parmi les fournisseurs de la ville qu'ils viennent de quitter[36].

Un aspirant ne peut être fait compagnon s'il a

des dettes. Lors de sa réception, Chovin de Die verra ainsi refuser un aspirant menuisier : « Larmes, supplications, promesses, tout fut employé. Mais les compagnons se montrèrent inébranlables. »

Travaillant à Marseille, le forgeron Boyer est appelé à Avignon pour représenter les compagnons dans un concours professionnel; mais il doit 40 F à la mère, et le premier compagnon refuse de le laisser partir, à moins qu'il ne laisse sa canne en gage. Finalement, un ancien qu'on nomme le Président accepte de le garantir personnellement. Boyer part pour Avignon où il n'est accueilli qu'officieusement : son compte reste à Marseille. Mais il remporte le premier prix du concours et peut ainsi solder sa dette[37].

Dans un cas semblable, le blancher-chamoiseur ayant plus de 10 F de dette chez la mère et désirant partir doit laisser son sac en gage jusqu'au règlement de l'arriéré. Après six mois, il est mis hors société. Le sac sera vendu au bout d'un an et un jour; s'il reste un solde débiteur, le compagnon est mis au renégat. Une technique de dissuasion consiste à faire payer 5 sous d'amende par dimanche tout compagnon qui s'endette de plus de 30 F en province et 50 F à Paris. Pour 40 ou 60 F, l'amende passe à 10 sous et le sac est saisi, sauf en cas de maladie ou de chômage[38].

Chez les tourneurs, le débiteur qui ne rembourse pas dans les trois mois « sera mis renégat et dernier des derniers ». Un compagnon endetté qui veut partir doit laisser un gage de valeur équivalente. Mais celui qui se met en règle est couvert par le secret de l'amnistie. Une amende de 1 F et 10 sols est prévue pour qui « dévoile les dettes d'un compagnon[39] ».

La chasse au brûleur est un souci permanent du premier compagnon. Mais un brûleur, s'il rembourse et fait amende honorable, peut encore être repêché; un voleur jamais. Le cas n'est pas fréquent, et le compagnonnage lui réserve sa sanction la plus symbolique, la plus infamante, la *conduite de Grenoble.*

A Bordeaux, un voisin de lit de Perdiguier, Poitevin, découvre un matin que sa montre a disparu. Dès dix heures, le même jour, tous les compagnons et aspirants, quittant les chantiers, sont réunis chez la mère. Le premier compagnon ordonne une fouille générale : « Rouleur et vous, Poitevin, parcourez toutes les chambres, visitez toutes les malles et commencez par la mienne, dont voici les clefs. » La fouille ne donne rien. Un certain Lansargue, aspirant, paraissant suspect à plusieurs, on le fait fouiller : on trouve sur lui deux pièces de 5 F –, alors qu'il a demandé du crédit chez la mère. Il nie pourtant.

Le premier compagnon suspend la séance jusqu'à quatorze heures. Tandis que Lansargue reste sous la surveillance de quatre compagnons, les autres partent en ville, reconstituent ses moindres déplacements et trouvent l'aspirant du Devoir à qui Lansargue a vendu la montre. Ils la rachètent. Dans le même temps, Lansargue finit par avouer au père venu lui apporter à manger et lui faire la leçon.

Tous les compagnons revenus, on met Lansargue à genoux au milieu de la salle. « On lui fait demander pardon à Dieu et aux hommes, raconte Perdiguier, on lui fait jurer qu'il ne se vantera jamais d'avoir appartenu à quelque titre que ce soit à la société des compagnons du Devoir de liberté. Ensuite on fait apporter du vin. Les compagnons et les affiliés trinquent ensemble, environ dix par dix, et boivent à l'exécration des fripons, des escrocs, des voleurs. Chaque fois qu'un groupe d'une dizaine d'hommes choquait et vidait un verre de vin, le patient devait avaler un verre d'eau; et lorsque son estomac n'en voulait plus, on la lui jetait à la face. » Puis le verre dans lequel il a bu est solennellement brisé. Pour un compagnon, on eût brisé aussi sa canne et détruit ses couleurs.

On relève Lansargue. Le rouleur lui fait faire une première fois le tour de la salle et chacun lui donne au passage un semblant de soufflet. Au deuxième tour, une canne passe de main en main pour lui frapper légèrement le dos. Enfin il peut partir, avec en guise d'adieu un coup de pied au cul donné par le rouleur. Les coups sont symboliques, mais la honte est extrême : « Ceux qui assistent à une conduite de Grenoble, conclut Perdiguier, ne sont pas tentés de la mériter[40]. »

En 1840, un compagnon accusé d'un vol et se disant innocent se réfugie auprès d'un patron et de Moreau qui se trouvait là. Le sort qu'il craint est plus violent que celui de Lansargue : mains liées dans le dos, il devrait boire dans un seau l'eau d'infamie; « ils viendraient me flageller, me cracher au visage et me frapper à coups de poing ou à coups de pied. » Moreau ne désapprouve pas la sanction elle-même, mais craint qu'elle puisse être appliquée en l'absence de preuves suffisantes*.

* D'après une réponse fournie par *L'intermédiaire des chercheurs et des curieux,* en 1864, l'expression *conduite de Grenoble* trouverait son origine dans le caractère « abrupt et peu gouvernable » des Dauphinois. « On dit, écrit Michelet dans son *Histoire de France,* " reconduite de Grenoble " pour reconduite à coups de pierres[41]. » En réalité, l'expression serait d'origine militaire. Des recherches en cours tendent à l'établir.

A noter le règlement particulièrement sévère des charpentiers bons drilles, encore dans la seconde moitié du siècle :

– pour un petit vol, le fautif est « dépouillé »; nu, il est frappé de verges par les douze plus jeunes compagnons;

– pour un vol important, le trait carré est trempé dans l'huile puis lié à la main du coupable par un fil de fer. « On y met le feu jusqu'à ce qu'il soit entièrement consumé. » Il semble que ce supplice ait été infligé à Tours en 1876 à un charpentier qui, contrairement aux engagements, avait pris des repas en dehors de chez la mère[43];

– pour divulgation de secrets, la peine prévue est la mort à coups de canne, et enterrement dans la cayenne. Le charpentier intrépide qui a rendu public ce règlement ajoute que de telles exécutions ont eu lieu de 1791 à 1840, mais que la surveillance de la police a fini par les rendre impraticables[44].

Toutes les villes du Tour sont averties d'une mise au renégat. « Nous vous écrivons, lit-on dans une lettre saisie à Toulouse, au sujet de Couve le Bourguignon, que nous avons écrit en renégat pour ne jamais rentrer d'après la décision du tour de France. Pour vous le dépeindre, c'est un renégat de la taille de cinq pieds six pouces, portant une levitte brune, culotte courte du même, chapeau rond à poil, grand putassier enjôleur dans ses paroles[45]... » Chassé des sociétés de compagnons, le renégat devient *esponton,* c'est-à-dire travailleur indépendant, sort peu enviable si l'on en croit le cordier Emmanuel Collomp :

Chassé, éloigné du mystère
Hélas! Hélas! Je suis fait esponton.

Je ne puis vivre plus longtemps
Le regret me tue, je succombe
Je meurs, adieu chers compagnons
bis *Et que l'on grave sur ma tombe*
Ci-gît le corps d'un esponton[46].

Etant donné la nature du compagnonnage, il n'est pas question pour les sociétés de faire appel à la police. Tout se règle en famille. Et le secrétaire, là où il y en a, le premier en ville s'il n'y a pas de secrétaire, passe une bonne partie de son temps en écritures : « Que de lettres, gémit le scrupuleux Perdiguier, écrites sur le tour de France dans l'intérêt des mœurs, de l'ordre, de la probité, de la moralité! Que de missives pour contraindre celui-là à payer son tailleur, celui-ci son boulanger, cet autre son aubergiste[47] ! »

La correspondance n'échappe pas à l'extraordinaire formalisme des sociétés. Les lettres doivent respecter certaines obligations. Celle expédiée en 1753 par les vitriers de Tours à ceux d'Orléans doit être tenue pour modèle*. Formule de tête : « Salut et bénédiction à tous les jolis compagnons vitriers de la ville et faubourgs d'Orléans, particulièrement à vous, l'ancien. » Puis on parle santé : « Nos camarades, celle-ci est pour faire réponse à la vôtre par laquelle vous nous marquez que vous êtes en parfaite santé. Nous en sommes charmés. Pour à l'égard des nôtres, elles sont bonnes, Dieu merci. » On peut alors en venir au fait, avant de conclure : « Autre chose n'avons à vous mander par le présent, sinon que nous sommes tous Enfants de maître Jacques, qu'estimons mieux

* Ce document, daté par Martin Saint-Léon du 16 juin 1753 et coté B 1988, portait en réalité la cote B 1980 et était daté du mois de mai de la même année, selon les archives du Loiret. Il a été détruit en 1940.

battre aux champs que de souffrir aucune lâcheté. En foi de quoi nous avons tous signé en chambre du Devoir des compagnons vitriers. »

Autre formule d'adieu : « Rien de plus à vous marquer pour le présent sinon que tous, chez la mère, tenant le verre en main, buvons à votre santé, comme vous boirez à la nôtre[48]. » Un manquement serait relevé par des destinataires aussi zélés que les vitriers de Tours : « De surplus, nous tous, compagnons vitriers en chambre de Devoir, avons jugé à propos de vous renvoyer votre lettre, attendu qu'elle n'est point faite à la manière accoutumée... »

Autre particularité : le pliage. « Il sera facile, dit le dénonciateur des blanchers-chamoiseurs au XVIIIe, de découvrir bien des affaires ou avis de tous les dévorants, attendu qu'ils ont coutume de plier leurs lettres différemment du public. Tous les facteurs le connaissent. C'est de cette façon qu'ils font aller leur avis d'un bout du royaume à l'autre, si bien que la personne pour qui est la lettre la reçoit toujours, même si elle est battante aux champs[49]. »

On ne saurait signer ni lire une lettre seul. Il faut attendre une assemblée. Si la lettre est écrite « en diligence », et qu'on ne puisse attendre la prochaine assemblée régulière, il est impératif que des compagnons assistent au décachetage. Certaines sociétés transcrivent sur un registre les lettres reçues, mais l'usage le plus fréquent est au contraire de les détruire à date régulière, comme chez les tailleurs de pierre tous les 30 juin : « Moi, premier compagnon, ai ouvert la boîte et donné le détail exact de tout ce qui est enfermé en sortant toutes les lettres qui doivent être brûlées et, après les avoir fait voir à tous les compagnons, j'ai pris un plat, je les y ai mises toutes dessus. J'ai remis le plat à deux compagnons, puis j'ai dit : « Coteries, consentez-vous à ce que je mette le feu à ces lettres? » Tous les compagnons y ont consenti. Avant, je leur ai dit : « Mes coteries, si nous brûlons ces lettres, ce n'est pas pour mépris pour les compagnons qui nous les ont envoyées, ce n'est que pour éviter une grande quantité que nous ne saurions garder ni ou placer et que par cet effet elles pourraient s'écarter, ce qui pourrait nous être très préjudiciable, et qui suivant les règles de nos anciens les lettres seront brûlées tous les ans une fois le lendemain de Saint-Pierre. Ensuite j'ai dit trois fois : " Mettez le feu. " Les compagnons ont répondu chaque fois " oui ". A la santé de tous les jolis compagnons qui sont sur le tour de France et tous les autres compagnons ont bu une autre santé qui est : A la santé des compagnons tailleurs de pierre et maîtres de l'œuvre. Ensuite j'ai mis les lettres au feu, j'ai fait jeter les cendres par le plus jeune compagnon[50]. »

Ces lettres qui *courent* sur le tour de France ne sont pas seulement destinées à dénoncer des brûleurs. Il s'agit aussi d'une procédure d'avis ou de consultation. Chovin explique que lorsque les compagnons d'une ville de devoir « veulent inaugurer ou modifier telle ou telle chose concernant la généralité des compagnons du tour de France », ils soumettent par lettre leur projet aux autres villes de devoir, où les compagnons le discutent et se prononcent à la majorité des voix. Chaque ville envoie le résultat de sa consultation, approbation ou rejet, à la ville qui a pris l'initiative de la consultation; et c'est elle qui donne connaissance du résultat sur le tour de France : « C'est ce qu'on appelle, dit Chovin, faire courir la décision[51]. »

On voit Perdiguier, à Lyon, utiliser la procédure. Nommé premier en ville, pour assainir la situation de sa boîte et restaurer la réputation des menuisiers du Devoir de liberté, il propose que les dettes contractées auprès d'un quelconque commerçant par un affilié ayant quitté la ville soient considérées avec la même rigueur que s'il s'agissait de dettes envers la mère. Il convainc d'abord les compagnons de Lyon, qui signent avec lui, en deux exemplaires, la lettre dans laquelle il formule sa proposition. Une copie part pour Valence et le sud, l'autre vers Chalon et le nord. Les lettres reviendront unanimement approuvées : « Notre proposition était devenue une loi obligatoire, conclut Avignonnais. Chacun devait s'y soumettre ou être frappé par elle[52]. » Un compagnon accusé à tort peut de la même façon faire courir sa défense sur le Tour, comme le menuisier Bédarieux la Victoire en 1848[53] ou, comme nous le verrons, le cordonnier Guillaumou.

L'usage et le règlement fournissent une réponse à tous les cas qui peuvent se poser, même l'abus de pouvoir des responsables ou leurs manquements — les amendes qui frappent le premier en ville sont généralement le double de celles qui frappent les affiliés ordinaires... Quand Moreau passe à Agen, il n'y trouve qu'un compagnon régnant sur un petit groupe d'aspirants qui se plaignent de « son caractère violent, son despotisme, son intolérance, son originalité et sa cupidité ». Les patrons les engagent à en référer aux compagnons de Bordeaux. Quelques jours plus tard, ils reçoivent l'autorisation d'interdire à leur abusif ancien l'entrée du domicile de la mère[54]. Et le jeune Périgord, écopant sa première amende pour sa première montée en chambre —

absence de cravate – se félicite que les aspirants victimes d'abus d'autorité puissent « se faire rendre justice » par les compagnons, « qui cassaient les coupables sur le champ[55] ».

L'apprentissage des aspirants couvre tous les pans de leur vie, le travail aux heures d'atelier, la discipline et la morale communautaires chez la mère. Ils ont sous les yeux l'exemple des compagnons, et si ceux-ci venaient à manquer, celui de la règle. L'esprit des anciens n'est jamais loin et c'est en lui que communient tous ces jeunes gens – aux racines, on connaît l'arbre. Ils regardent, ils écoutent, ils apprennent; eux aussi transmettront maîtres mots et maîtres gestes, avec d'autant plus de zèle que leur métier est compagnonnique de plus fraîche date.

Au temps de Perdiguier, d'Arnaud et de Moreau, il n'y a plus guère que les maréchaux, les cordonniers et les boulangers pour pratiquer par exemple les *cris* et *hurlements.* Pour Avignonnais, il s'agissait à l'origine d'un « langage particulier et simple » inventé par les compagnons « pour se reconnaître entre eux, de quelque pays qu'ils fussent, et cela sans avoir à redouter les oreilles profanes » : mots incompréhensibles aux non-initiés, impossibles à répéter « avec le ton qui leur est propre et qui fait toute leur valeur[56] ». Au XIXᵉ siècle, ces mots de passe inarticulés – *Jésus-Marie-Joseph* devenant ainsi, par abolition des consonnes, *é-u-a-i-o-è,* et finissant sans doute, chez les Soubise, en *a-e-i-o-u,* qui se crie *aeiou*[57] – et strictement utilitaires sont devenus des hurlements formidables que les compagnons poussent en public, moins désormais pour se reconnaître que pour s'affirmer. « Ce public a d'abord ouvert de grands yeux et de grandes oreilles, dit Perdiguier, il a été étonné, ébahi, émerveillé; dans la suite, il a fini par rire, et le compagnonnage a perdu de son prestige[58]. »

Et comme tout doit se rattacher aux origines, les compagnons du Devoir disent perpétuer la fidélité du chien de maître Jacques, hurlant à la mort sur la tombe où l'on avait enfoui le corps du glorieux architecte assassiné. Le chien, symbole de fidélité, est toujours représenté dans l'imagerie traditionnelle des Enfants du Devoir, et cette coutume de *hurler* n'est peut-être pas étrangère aux noms d'animaux dont les compagnons se baptisent ou affublent leurs adversaires; *loups* sont dits les tailleurs de pierre étrangers (Devoir de liberté); *loups-garous,* les tailleurs de pierre passants (Devoir); *chiens,* les Enfants de maître Jacques, dits aussi, on l'a vu, *dévorants* par corruption de devoirants; *chiens blancs,* les boulangers.

Une autre façon de communiquer secrètement est de se parler à l'oreille. Les rites compagnonniques prévoient deux procédures, elles aussi très précisément codifiées : d'utilitaire, le geste devient parade. *L'accolade,* ou *baiser fraternel;* les deux compagnons s'approchent face à face; croisent leurs bras droits sur leurs poitrines tandis que le bras gauche, dont la main tient le chapeau de manière conventionnelle, étreint le frère. On se chuchote alors de bouche à oreille les mots ou informations que les autres ne doivent pas entendre*.

La *guilbrette* est plus solennelle, et son déroulement peut varier selon les circonstances et les sociétés. Entre rouleur et dignitaire, la guilbrette

* Les compagnons, entre eux, appellent l'accolade *dialogue sous le chapeau.*

des cordonniers commence par un coup de canne du dignitaire sur le sol. Alors :

le rouleur se place à trois pas du dignitaire,

ils sont tous deux à l'ordre et la canne à la main, l'embout touchant le pied droit,

élèvent leurs cannes de façon que l'embout de l'une touche la pomme de l'autre,

font ainsi un pas en avant,

déposent leurs cannes sur le sol, où elles se croisent, se relèvent avec précipitation,

portent la main en griffe à leur poitrine, sur leur cœur,

font en arrière deux petits pas rapides,

puis,

s'avancent en posant leur pied droit dans chacun des triangles opposés formés par les cannes et qui leur font face,

se prennent la main droite,

se couvrent l'oreille du chapeau qu'ils tiennent de la main gauche,

et là, joue à joue, ils se donnent avec mystère le mot de passe puis le baiser fraternel[59].

Certaines guilbrettes, en particulier à l'occasion d'un départ, s'accompagnent d'une santé qui se boit bras enlacés : « Cela signifie qu'ils s'unissent étroitement pour porter à la santé du Grand Architecte de l'Univers. » Le geste (encore pratiqué par les compagnons et étudiants allemands, qui disent « faire fraternité » ou « boire en frères »[60]) est le même que celui de l'antique serment par le sang, avant-bras sur avant-bras. Chez les gavots, à la veille de la Sainte-Anne, fête patronale des menuisiers, premier en ville, secrétaire et rouleur font le tour des ateliers en grand apparat pour *commander en règle* l'assemblée du lendemain. Tous les affiliés sont commandés à tour de rôle par les trois hommes, mais lorsque le premier exécute la guilbrette, on étend à terre ce tapis précieux qu'est le tablier de l'ouvrier[61].

Dans certaines sociétés, la guilbrette est réservée aux compagnons et s'opère à l'écart des aspirants. Les serruriers, d'après Moreau, l'exécutent assez simplement, mais il faut, dit-il, « beaucoup d'appareil » aux forgerons : « Ils chuchotaient et faisaient quelquefois tous ensemble des cris plaintifs ou hurlements qui impressionnaient fortement les novices aspirants, et sortaient tour à tour pour faire avec le partant les gesticulations appelées guillebrette. » Deux aspirants, cachés derrière une haie pour surprendre « les mystérieux secrets de maître Jacques » sont un jour découverts et bastonnés à coups de canne[62].

En 1900, quand Boyer est sur le Tour, la guilbrette s'exécute toujours pour les occasions traditionnelles et « devant le billot des enclumes ». Mais le rituel s'est simplifié, désacralisé. Un jour, Périgord se trouve à un bal de Saint-Eloi auquel les forgerons, dont c'est la fête patronale, ont invité les boulangers et les cordonniers. « Le vieux Chadeau en redingote et gibus ainsi que le premier en ville vont faire le Devoir. Ils font la guilbrette à l'ancienne mode et hurlent. J'ai envie de rire, il faut se retenir, sinon scandale. A leur tour, les boulangers nous font entendre comment hurlent les chiens blancs, les cannes se croisent, virevoltent cérémonieusement. Je ne sais si c'est très beau, mais ce jeu m'intéresse[63]... »

Avant cette Saint-Eloi de Nîmes, il reste à l'aspirant Périgord bien du chemin à faire, des preuves à donner et des leçons à prendre. Il est encore à Bordeaux, à répéter religieusement les chansons du compagnonnage en fin d'assemblée chez la mère, à écouter la petite chronique du tour de France, les « racontars », les nouvelles des uns et des autres, les surnoms, les coups pendables, et les merveilles des villes à venir. « Et quand les compagnons descendaient de leur réunion, ils nous écoutaient sans rien dire et nous lisions sur leur visage leur entière satisfaction. Alors nous nous taisions. Eux, assis à leur table, se remettaient à chanter ces chansons au sens un peu mystérieux, et en nous le désir grandissait de mériter un jour ces longues cannes qui pendaient le long des murs et auxquelles il nous était défendu de toucher[64]. »

Le désir, dit-il. Le long désir qu'est le compagnonnage.

VI

CHEZ LA MERE

Détresse. – Les yeux d'Augustine. – Rendez-vous chez le père la mère. – Les besoins des passants. – Faire mère à part. – Service à la portion. – Le coup du porte-monnaie. – Méfiance. – Le vin à six sous. – Le cœur gros. – La mère Jacob. – Un talisman en tissu bleu.

Peut-être un jour au divin Elysée
L'Etre Suprême nous réunira
Nous reverrons notre mère adorée
Et sur son sein elle nous pressera

J.B.E. Arnaud
Libourne le Décidé[1].

Un soir, Boyer et son ami Chadeau arrivent à Montauban avec 4 F en poche. « Première préoccupation : où coucher ? où dîner ? A Montauban, notre société ne possédait aucun siège. Ceux qui n'ont pas fait l'épreuve de cette situation, sans ressources, sans foyer, sans adresse où aller de la part d'un ami, d'un parent, n'auront jamais éprouvé la détresse qui nous étreignit dès que nous ne sentîmes plus planer sur nous l'aile protectrice de notre société. »

Quelques jours plus tard, ils sont à Toulouse, haut lieu du compagnonnage, mais où les maréchaux, y gagnant mal leur vie, ne s'arrêtent plus : « Il n'y avait plus de mère, plus de lieu pour nous recevoir, plus d'adresse où aller. » Un agent de police les dirige vers un bouge qu'ils quittent aussitôt pour fuir la vermine et se présentent au siège des charpentiers du Devoir de liberté, où on les accepte. « Ah! vraiment, s'écrie Boyer, le compagnonnage, partout où il pouvait nous créer des foyers, nous protégeait plus efficacement que les lois sociales de cette époque où l'on confondait le travailleur et le paresseux, l'honnête homme et la fripouille[2]. » Chez les tailleurs de pierre de Marseille, à la fin du XVIIIe siècle, la règle réserve au compagnon l'accueil traditionnellement fait au pèlerin dans les établissements de charité : le préposé « le mènera coucher le premier soir avec lui et aura soin de porter un bassin et une serviette blanche [...] et il sofrira à le déchosser et lui laver piets et il lui essuera avec la serviette[3] ».

C'est à Toulouse encore que le bourrelier Batard, faute de trouver une mère de sa société, s'arrête chez une logeuse d'ouvriers comme il en existe beaucoup au XIXe : un restaurant et quelques chambres occupées par des travailleurs de passage. « Plutôt un bureau de placement qu'une auberge de mère », commente-t-il.

La *mère* est l'un des personnages, en même temps que l'une des organisations les plus caractéristiques du compagnonnage*. Logeuse des affiliés dans une ville, elle représente à la fois la mère des compagnons et le siège de la société; elle est la femme et la maison : c'est tout une. Elle-même, son mari (le *père*), ses fils (les *frères*) et ses filles (les *sœurs*), sont aussi la nouvelle famille du jeune ouvrier sur le Tour. A dix-huit ans, malgré les nouveaux airs qu'on se donne, on a encore besoin de ces tendresses-là.

La personnalité de la mère fait l'atmosphère de

* Les Auberges de Jeunesse ont adopté les termes de père et de mère pour les responsables de chaque établissement; mais si l'intention est identique – faire que l'endroit ne soit pas une pension anonyme – les personnages n'ont pas le même rôle.

la maison. A Tours, Boyer passe quelque temps à l'hôtel de la Croix-Blanche, cayenne des maréchaux, chez le père et la mère Brault, « de très braves gens, [...] un tantinet sévères ». Il ajoute : « Il faut bien se tenir là-dedans; on n'y rentre pas avec une fille au bras, on ne joue pas avec la literie. » On chante trois fois par semaine, à chaque arrivée et à chaque départ, « mais pas des gaudrioles ». Et on respecte les deux filles de la mère : « Cette femme prude n'a qu'à paraître et la discipline s'établit toute seule. »

A Nîmes, il loge 42, rue Nationale, « entre la Louve et la Maison Carrée », chez le père et la mère Reboul et leurs trois filles, Augustine, Anna et Marinette. Le père est un ancien gabelou. On ne paie que 60 à 70 centimes par repas « et pas dans des assiettes à dessert », et 5 sous par nuit « pour de bons lits en des chambres claires et nettes ». La mère de Nîmes lui servira longtemps de référence : « Décence, ordre, propreté [...] tout respirait l'honnêteté, la bonté. » Il est même un moment logé dans la chambre du fils, parti au service militaire. « Comme il faisait doux autour de la mère! » se rappellera-t-il à l'heure des souvenirs. Mais peut-être alors confondra-t-il un peu avec la fille : « Augustine avait des yeux de velours qui me troublèrent un instant mais à qui je n'aurais jamais osé avouer qu'elle avait éveillé en moi une passion inconnue faite de respect et d'admiration[4]... »

Bref, chez les mères, les aspirants et les compagnons trouvent la nécessaire contrepartie à leur errance : le lit, la soupe et la tendresse. Seule femme parmi tous ces jeunes hommes, investie d'une autorité exceptionnelle, les dévotions que suscite la mère ne sont pas sans rappeler parfois celles que les templiers, rudes moines-soldats, réservaient à la Vierge Marie, autre image de la femme, sublime. Les règlements du compagnonnage protègent et honorent tout particulièrement la mère et sa famille. Chez les tourneurs, « celui qui lui dira une sottise ou plaisanterie grossière qui peut fâcher payera 1 F d'amende et si la sottise est très grave, il payera à la volonté des compagnons[5] ».

Pour la Saint-Joseph, fête des charpentiers, les bons drilles de Paris s'assemblent chez leur mère, rue de Flandres, dans la matinée. A onze heures, ils se dirigent en cortège vers l'église Saint-Laurent. La mère, en grande toilette, est au bras d'un ancien ou du premier compagnon, en voiture s'il pleut. Les compagnons, en habit ou redingote, coiffés, suivent sur deux rangs par ordre d'ancienneté, canne en main et couleurs au chapeau. Dans le cortège, on porte le chef-d'œuvre de la société. Une musique de régiment ouvre la marche. A l'église, le chef-d'œuvre est placé devant l'autel et la mère gagne sa place réservée, seule dans le chœur. Le soir, après avoir présidé le souper de dix-sept heures, elle ouvrira le bal avec le premier compagnon, et le fermera[6].

C'est encore la mère qui, lors de l'enterrement d'un compagnon, marche au premier rang. Si une mère vient à mourir alors qu'elle exerce sa charge, les compagnons l'enterrent avec solennité, comme en témoigne ce faire-part des gavots de Mâcon au milieu du XVIIIe :

« Nos très chers pays,

« Après vous avoir salué, ces lignes sont pour vous assurer de nos très humbles respects et en même temps pour vous apprendre que notre mère, que Dieu a rappelée de ce monde à l'autre, est morte en bonne chrétienne [...], et elle se nomme Claudine Dubus, dite veuve Vauriot, âgée de soixante ans, que depuis vingt-quatre ans, les compagnons sont chez elle.

« Nous l'avons fait enterrer en grande cérémonie; nous prions les compagnons qui sauront la nouvelle de sa mort de dire un pater et un ave pour le repos de son âme. [...] Nous vous prions de faire courir ladite lettre de ville en ville jusqu'à Angers[7]... »

Mme Joanni, mère des compagnons du Devoir de liberté à Paris, choisit de prendre sa retraite après vingt ans de services. Cette fois, c'est elle qui chante :

Oh! pour moi c'était un bonheur
De vous voir et de vous entendre.
Vos accents parlaient à mon cœur
Et s'en faisaient toujours comprendre[8]...

Le choix d'une mère, toujours difficile, est l'objet d'une délibération de l'assemblée des compagnons. Ce ne peut être une femme trop tôt veuve et jeune encore. Elle est souvent fille ou épouse de compagnon. Son mari et elle doivent être de bonnes vie et mœurs et présenter leur certificat de mariage[9]. Dans certaines sociétés, la mère est initiée, selon des rites particuliers dont le secret a été bien gardé. Chez les charpentiers, la marque de son affiliation est un bracelet de fer rivé à son poignet gauche : il reste la propriété de la société et lui sera retiré à sa retraite ou à sa mort. Comme les compagnons à leur réception, elle prête serment de conserver le secret. Elle a droit à des couleurs particulières, une écharpe à dominante blanche[10].

D'après un rapport du préfet du Rhône en 1821, les forgerons de Lyon ont une mère plus honorée que les autres : « On l'appelle la " mère sacrée " parce que, dit-on, elle est initiée aux mystères de la société : il n'y aurait en France que trois femmes ainsi initiées; il existe bien d'autres mères, mais ces dernières ne connaissent aucun secret[11]. » Rien ne permet de confirmer l'existence de cette « mère sacrée ». Quant aux autres mères, il paraît bien qu'elles limitent leur autorité à l'accueil et à l'entretien des compagnons; et s'il est interdit d'évoquer devant le père et la mère ce qui se dit à certaines assemblées, c'est bien qu'ils n'assistent pas à toutes.

D'ailleurs, ici encore, faut-il faire la part de l'ordinaire et de l'exceptionnel, avec toutes les variations possibles dans le temps, selon les sociétés et les états. C'est ainsi que la mère peut être un couple – dans ce cas, le père n'est que le mari de la mère, comme Joseph n'était que l'époux de Marie –, et même un homme seul; on l'appelle le père, mais la tradition et le symbole sont si forts qu'on nomme néanmoins son auberge *la mère* – on a même vu des compagnons se donner rendez-vous « chez le père la mère »!

Durant son tour de France, Perdiguier rencontre ainsi un Bordelais le Résolu – un menuisier avec lequel il s'est battu à Lyon – devenu père des compagnons à Bordeaux, un Lyonnais le Constant, logeur et père, à Paris, 205, rue Saint-Denis, des tanneurs du Devoir. A Paris toujours, quand Arnaud y arrive, le père des boulangers est un ancien compagnon, Berry le Flambeau d'amour. Toujours à Paris, en 1839, quand les menuisiers du Devoir quittent leur maison du Petit-Carreau, c'est un compagnon qui « monte quelques lits » rue Saint-Denis avec l'aide de sa belle-sœur; convoqué en assemblée parce que l'installation est insuffisante, il doit chercher un associé pour tenir le restaurant : ce sera un autre affilié, Chambéry.

Mais ces pères-mères n'ont guère laissé de souvenirs d'affection et de gratitude, ce qui est somme toute dans la nature des choses. Tandis que la mère... A Lyon, alors qu'il est sur le point d'achever son tour de France, elle accompagne Boyer au « Pauvre Jacques » pour l'aider à choisir des vêtements neufs pour rentrer chez lui[12]... A Tours, elle invite le boulanger Arnaud à manger à sa table : « Ce fut une marque d'une bien grande estime [...] car les flâneurs mangeaient ordinairement à une table particulière[13]... » Attentions maternelles, petits et grands services, conseils, tisanes : tout cela constitue le surcroît, et ne figure pas au contrat.

Car des contrats sont signés « sous seing privé » entre la mère et les compagnons. Sont énumérées les conditions aux termes desquelles la mère met à la disposition de la société une salle réservée et fermée pour les tenues d'assemblée; organise l'accueil; fournit selon les cas la nourriture et la literie. Les conventions qui lient une mère à une société compagnonnique sont minutieusement détaillées, prévoient la conduite à tenir à l'occasion d'une arrivée, d'un départ, d'une assemblée, d'une réception, d'une fête patronale. « La mère aura un registre où elle inscrira les amendes et les dépenses faites par la société. Ce registre sera représenté à chaque assemblée mensuelle. Le tout sera soldé intégralement et la mère y mettra son acquit[14]. » Arnaud apprend de son ami Berniard que « ce qu'on appelle, je crois, le compte courant, consiste en dépenses faites pour les besoins des passants, pour les ports de lettres et pour les secours donnés aux malades; le tout est exactement payé, c'est une dette sacrée[15] ».

Les « besoins des passants » sont des prestations que la mère fournit sans demander de règlement, car elles correspondent à des assistances prises en charge par la société : chez les Soubise, l'arrivant a ainsi droit à trois repas gratuits en attendant de trouver une embauche. Le menu de ces repas gratuits et jusqu'à la quantité de vin à servir sont parfois fixés exactement. Au-delà, l'arrivant doit, comme tous les affiliés, écrire lui-même sur une ardoise ce qu'il consomme, sauf si, comme il arrive souvent, la mère propose un menu fixe et un forfait : on n'inscrit alors que les présences. Si, après quelques jours, l'ouvrier est toujours flâneur, c'est à la mère de juger si elle peut continuer à lui faire crédit; ce sera à ses risques et périls : la société plafonne en effet sa garantie à 40 F par compagnon et 15 F par aspirant chez les forgerons, 90 F par compagnon et 30 F par aspirant chez les maréchaux-ferrants, vers 1900[16].

Soucieuses de ne pas laisser la mère se mettre elle-même en difficulté, les sociétés surveillent le crédit qu'elle accorde au-delà de leur garantie et interdisent souvent que la dette dépasse un certain niveau : « Tout compagnon, dit la 23e règle du livre des tourneurs en 1731, ne pourra devoir plus de 15 F chez la mère[17]. » Sans travail, le boulanger Arnaud utilise jusqu'au bout le crédit qu'il peut avoir chez la mère des boulangers de Paris, rue Babille : quinze jours de pension. Il doit ensuite partir; cette fois, il ira loger chez Rousselot, un ancien ouvrier de son père qui tient une gargote rue Saint-Germain-l'Auxerrois[18].

Il arrive qu'on ne puisse manger chez la mère. A Lyon, en 1821, la mère des maréchaux, la femme Bouvard, loge trente-cinq compagnons, mais ceux-ci vont prendre leurs repas un peu plus loin dans la rue, chez Romain[19]. Les repas sont parfois occasion d'injustice et de récrimination, non tant dans la composition des menus que dans l'importance des portions. A Lyon, toujours, Perdiguier a entendu parler « cent fois » de ces dignitaires (troisième ordre créé chez les gavots en 1803 et supprimé en 1843) qui, au moment d'une scission, « avaient donné de l'argent à la mère qu'ils s'étaient choisie, afin qu'elle servît, pendant un temps, de plus fortes portions; et lorsqu'ils rencontraient quelques affiliés ou quelques compagnons dont ils soupçonnaient la faiblesse, ils les abordaient et leur conseillaient d'aller manger chez leur mère, leur assurant qu'on était mieux servi que partout ailleurs[20] ». Chovin affirme que c'est parce qu'ils avaient à se plaindre de la nourriture que les aspirants menuisiers du Devoir se sont révoltés, à la Noël 1853 à Bordeaux : ils ont attaqué les compagnons pour reprendre leurs cartes et ont décidé de *faire mère à part*[21].

Les sociétés s'efforcent de faire respecter leurs engagements contractuels. A Paris, les blanchers-chamoiseurs qui couchent en ville doivent néanmoins payer le lit qu'ils n'occupent pas, et ils n'ont le droit de se mettre dans leurs meubles qu'au bout de six années. A Tours, en 1876, les charpentiers exigent encore le logement chez la mère. Il semble, nous l'avons vu, que le supplice du trait carré brûlé sur la main ait été cette année-là infligé à un affilié qui prenait ses repas ailleurs, contrairement aux engagements de sa société[22].

Il arrive pourtant que les mères connaissent des déboires par la faute des compagnons. A Toulon, Mme Martin est mère des serruriers en 1830, quand l'expédition d'Alger amène en ville un surcroît d'ouvriers. La société demande à la mère et au père de s'agrandir, en échange de l'engagement de ne jamais quitter leur établissement « sans motifs légitimes ». Les ouvriers continuent d'affluer et la salle des aspirants se révèle trop petite à l'usage, alors que les compagnons, au nombre de six, quatre forgerons et deux serruriers, occupent une grande et belle pièce. La mère leur demande de bien vouloir changer de salle, ou d'accueillir les aspirants, mais ils refusent : ce serait « porter atteinte à leurs prérogatives ». De plus, en manière de représailles, ils trouvent une autre mère et exigent que les aspirants les suivent[23]...

A Paris, J. Gosset, père des forgerons rue Beaubourg, a eu l'idée de publier en 1842 un *Projet tendant à régénérer le compagnonnage sur le tour de France, soumis à tous les ouvriers.* Lui-même ancien compagnon forgeron, il propose un nouveau règlement. Trois compagnons forgerons l'invitent à monter en chambre, lui reprochent d'avoir écrit contre le compagnonnage et lui demandent de leur remettre ses livres afin qu'ils les brûlent. Ils les paieront, ajoutent-ils, mais il devra s'engager à ne plus écrire sur le compagnonnage. Gosset refuse et demande la séparation.

En assemblée, les compagnons exigent de Gosset quittance pour solde d'un règlement « sans détails et insuffisant ». Il accepte finalement de libérer la société, mais non les affiliés encore débiteurs d'un excédent au-delà de la garantie. Au bout d'un mois, les anciens s'en mêlent. Ils ont cherché en vain les débiteurs et proposent de régler à leur place, mais à condition que Gosset accorde un rabais[24]... Gosset se fera libraire et écrira une nouvelle brochure : *Détails sur quelques compagnons forgerons relativement à leur changement de mère.* Nous le retrouverons.

A Paris, décidément, les institutions compagnonniques connaissent de sérieux ratés. En 1848, alors que les flâneurs se multiplient, le père des menuisiers du Devoir, un certain R... que Chovin ne veut pas citer, « fait le pauvre », « parle du loyer », et finalement obtient des compagnons de nourrir et loger d'autres ouvriers, « à condition qu'ils ne parlent pas contre la société[25] ». Ce n'est pas exceptionnel. Il arrive qu'en cas de nécessité, ou de sympathie particulière – ce fut longtemps le cas entre serruriers et menuisiers –, plusieurs sociétés *fassent mère ensemble.* C'est le cas lorsque Boyer loge, à Paris, chez la mère Basse, 50, rue Chapon, où les compagnons couvreurs font mère aussi[26]. A Tours, place Saint-Clément, la maison Legeais, café-restaurant, annonce « Mère des compagnons tonneliers-doleurs et cordonniers du Devoir » et précise « service à la portion[27] ». Quatre autres corps y font mère aussi.

Chez ce père R..., donc, arrivent les cordonniers, des ferblantiers, des gavots et, selon Chovin, « toutes sortes d'ouvriers plus ou moins honnêtes ». Un peu plus tard, alors que les compagnons se trouvent divisés à la suite d'une révolte des aspirants, R... en profite : « Ici, proclame-t-il, on ne connaît pas de compagnons ! Que l'on vienne avec de l'argent et on sera toujours le bienvenu ! » Ce n'est plus une mère, c'est un garni. R..., fortune faite, peut bientôt vendre son fonds de logeur et de marchand de vin et se retirer sur les bords de la Seine. Sans doute peut-il s'estimer heureux : en 1835, le père destitué des cordonniers d'Avignon fut assassiné à l'initiative de la société[28].

Il est difficile d'établir si l'activité de mère est rentable, mais les compagnons sont, en tant que clients, enclins à le penser. « N'oubliez pas, dit Chovin dans un appel aux mères, que vous êtes redevables aux compagnons et aspirants de la fréquente amélioration de votre position[29]. » Perdiguier garde la même impression quand prend sa retraite le père des gavots à Lyon, M. Achard : « Un fin matois, se rappelle-t-il, il avait l'œil des plus perçants. Nous devions le quitter pour aller chez M. Courtois. Il s'informa, sut le nom de son successeur, alla le trouver, proposa de lui céder son fonds, son bail; ils s'arrangèrent ensemble. Nous changions donc de père, de mère, sans changer de maison... Mais il fallait régler nos comptes avec M. Achard. Ils étaient longs, compliqués, embrouillés[30]... » S'il voulait suggérer que ce M. Achard grugeait les compagnons, notre bon Avignonnais ne s'y prendrait pas autrement.

Vers 1825, il est fréquent que l'ouvrier soit nourri et logé par son patron. C'est le cas de Perdiguier à Marseille : « Depuis que je travaillais chez M. Padoura, je n'allais chez la mère que le soir après mon souper et encore, pas tous les jours. Le dimanche, j'avais du temps, et c'est avec un réel plaisir que je me rendais auprès de mes camarades[31]. » Il s'agit alors de participer aux assemblées, de chanter un peu autour d'une bouteille, de prendre des nouvelles du tour de France, de chercher des embauches. On fume, on joue aux cartes et aux dominos, on fait des blagues de grands gosses – Boyer se rappellera longtemps ce porte-monnaie vide qu'ils abandonnaient sur le trottoir et auquel ils attachaient une ficelle; les voilà, les aspirants et les compagnons, à guetter aux carreaux de la mère le premier passant qui se baissera pour faire fortune. Oh! les rires quand, au bout de la ficelle, le porte-monnaie échappe soudain à la main qui s'approche[32]! Les plus studieux passent une partie des soirées à lire ou travailler le *trait* (voir chapitre VIII), mais on ne les admire pas pour autant : « L'ouvrier qui lisait, dit Perdiguier, était, à moins que son caractère ne commandât fortement le respect, un objet de raillerie[33]. »

Chez la mère, les compagnons sont chez eux. On le voit d'ailleurs à la méfiance dont ils font preuve à l'entrée d'un inconnu. Un jour qu'Arnaud est à Tours, chez le père des corroyeurs, et qu'on chante, voilà qu'entre un engagé volontaire. Aussitôt, les compagnons se taisent : « Ils regardèrent l'arrivant avec cette défiance et cette inquiétude que provoque toujours l'arrivée d'un étranger chez une mère[34]. »

Soixante ans plus tard, à la fin de 1898, Martin Saint-Léon, préparant son *Histoire du compagnonnage,* entre chez la mère des charpentiers de Liberté de Paris, au 10 de la rue Mabillon. Il y trouve soixante ou quatre-vingts ouvriers en train de dîner : « L'arrivée d'un étranger, d'un bourgeois, fit cesser momentanément les conversations, et, pendant une minute ou deux, le bruit de fourchettes et des verres fut interrompu. » A la mère, assise au comptoir, il demande à rencontrer le premier en ville. Celui-ci l'invite à une table. « Les conversations reprennent : ce que l'étranger peut avoir à dire au premier en ville ne regarde personne[35]. »

Méfiance bien naturelle, tant les compagnons ont connu d'interdictions, de surveillances, de perquisitions. Les sociétés closes ne craignent rien tant que les espions. « Ils choisissent un cabaret qu'ils appellent la mère, disent les attendus de la condamnation du compagnonnage par la Sorbonne en 1655, parce que c'est là qu'ils s'assemblent d'ordinaire comme chez leur mère commune, dans lequel ils choisissent deux chambres commodes pour aller l'une dans l'autre, dont l'une sert pour leurs abominations et l'autre pour le festin[36]. » Quand on est soi-même suspect, on est porté à voir partout des suspects. Les compagnons, il faut dire, ont appris à se méfier, et tout autant de la justice que de la police.

Dijon, 18 décembre 1670 : Marguerite Joly, veuve Bonvalot, depuis quarante ans mère des menuisiers à la Croix de Lorraine, est condamnée à 50 livres d'amende[37].

Dijon, 24 juillet 1677 : à sept heures du matin, le « vicomte mayeur », accompagné de deux échevins et d'un procureur syndic, perquisitionne chez la mère des menuisiers, au Cheval Blanc, saisit un sac de toile contenant du courrier, des livres de rôle et une somme de 9 livres 10 sols. Cette perquisition est suivie d'une interdiction aux hôteliers et cabaretiers d'abriter des assemblées de compagnons[38].

Dijon, 16 juillet 1717 : à neuf heures du matin, le procureur saisit chez Perron, père des serruriers, le coffre où sont contenues leurs affaires. Mais cette fois les maîtres témoignent qu'ils n'ont aucun sujet de plainte contre les compagnons, et le coffre est rendu[39].

Dijon, 2 mai 1762 : une rixe, aux Cinq-Rues, oppose serruriers du Devoir et gavots. Le 9 juin, le cabaretier Jean Souverain est arrêté. Bien qu'il nie avoir la qualité de père, une perquisition est opérée chez lui : on saisit une *Liste des arrangements parmy le père et les compagnons,* un journal de dépenses et de crédit. Condamné à une amende de 20 livres, il reçoit « expresses défenses ne recevoir en son cabaret à l'avenir aucuns compagnons menuisiers ou autres garçons de métier de quelque profession que ce soit, et en quelque nombre que ce puisse être, à peine d'être déchu de la maîtrise de cabaretier, son cabaret muré et puni corporellement s'il y échoit ». De plus, la Chambre ordonne dans son jugement que « les livres et accords trouvés en la puissance de Souverain demeureront assoupis au secrétariat[40] ».

On pourrait pour chaque ville du tour de France établir une semblable chronique : il n'est pas de tout repos d'être mère de compagnons. Enfin, dans un arrêt du 7 septembre 1778, le parlement de Paris tente d'en finir :

– l'article 3 enjoint à ceux qui « sous la dénomination de pères et de mères » logent des ouvriers et aident à les placer, d'en faire la déclaration dans la quinzaine à peine de 500 livres d'amende et interdiction d'exercer;

– l'article 4 leur interdit de recevoir des assemblées de compagnons à peine de fermeture et de privation d'état;

– l'article 5 leur enjoint de dénoncer sur-le-champ tout attroupement de compagnons sous peine d'être poursuivis comme complices;

– l'article 6 leur interdit de servir à boire aux compagnons après neuf heures du soir en hiver, dix heures en été[41]...

Rien de changé pourtant quand, le 3 juillet 1809, le commissaire de Lyon se plaint des compagnons : « Ils sont sous la direction d'une mère chez laquelle tout ouvrier doit se présenter en arrivant[42]. »

Sous l'Empire, certains responsables de l'ordre public commencent à changer d'attitude devant cet irréductible compagnonnage : « Il y a intérêt à le laisser subsister, décide le préfet de Police de Paris. S'ils commettent quelque méfait, il est facile de les retrouver à la cayenne, où les mères leur prodiguent de bons conseils et soins, et, à l'occasion, procurent des renseignements à la police[43]. »

Un précurseur du ministère avait exprimé cette tendance réaliste dès 1782 : au procureur général de Toulouse qui demandait un renforcement de la répression, il avait répondu qu'il y aurait « danger de supprimer l'usage où sont les ouvriers d'avoir des mères dans les différentes villes, parce que d'un côté c'est un moyen de les contenir plus facilement dans le devoir, attendu qu'elles répondent en quelque sorte d'eux et peuvent donner d'utiles indications sur leur conduite; et que d'un autre côté elles sont dans l'usage d'accorder à ces ouvriers des petits secours sans lesquels ils seraient souvent exposés à donner dans des écarts dangereux[44] ».

Ecarts ? Le jeune peintre en décor Deruineau, qui est parti de chez lui à quinze ans, ne sait que faire de ses dimanches parisiens. Son métier n'étant pas compagnonnique, il n'a pas d'endroit où se poser. « Je courais et j'allais de tous côtés, dit-il, et surtout aux barrières, le rendez-vous des ouvriers, lieu de prédilection du prolétaire, et où le travailleur vient noyer dans un litre de vin à six sous la fatigue de toute la semaine. » Il ajoute que le vin est frelaté, et qu'il « étourdit promptement[45] ».

Loin de chez eux, ces jeunes hommes ne voient pas encore le bout de leur tour de France. Ils ne sont plus ici, ils ne sont pas encore là. Déracinés, ils ont l'âge des grandes mélancolies, et le mal du pays un jour ou l'autre les prend au cœur. Pour Perdiguier, cela arrive à Marseille, et devant la mer. Il sait bien, Avignonnais, que pour gagner Nîmes, il devra passer non loin de son village : « Et si j'y vais, aurai-je le courage de lui dire adieu une seconde fois ? » Arrivé à Nîmes, il se méfie encore de lui-même : « Je me sentais encore trop près d'Avignon, je craignais d'être tenté d'y retourner avant le temps[46]. »

Un jour de Pâques, Boyer se trouve à Savenay, près de Saint-Nazaire, un bourg sans mère. Tous ces gens en dimanche, le chant des cloches sur les toits, solitude. « Ces cloches m'attiraient, raconte Boyer, et peu à peu, instinctivement, je franchis le seuil du parvis. Personne ne me connaissait, personne ne faisait attention à moi. J'étais gêné, j'aurais désiré trouver des visages amis, mais tous m'étaient fermés, j'avais le cœur gros[47]. »

A Paris, le peintre Deruineau tombe malade. « Eloigné de ma famille et de mon pays, je me voyais malade et privé des soins affectueux d'une mère. C'était la première fois que je ressentais l'amertume de l'absence[48]... »

A Tours, le boulanger Arnaud, sortant de l'hôpital, se rend chez la mère des boulangers :

« Pauvre enfant, lui dit celle-ci, vous avez grand besoin de revoir le clocher du village.

– Oui, bonne mère, jamais je n'en eus si grand besoin[49]. »

Il a alors vingt et un ans. Il retourne à Libourne, mais ne pourra s'empêcher de reprendre la route, et de revenir chez la mère de Tours, la plus célèbre peut-être des mères de compagnons, la mère Jacob. Arnaud, instable, léger, aimable, est un bon client pour les mères du tour de France; elles ouvrent tout naturellement à l'incorrigible Libourne crédit d'argent et d'affection – il rembourse en couplets.

A mère Reynaud, mère des boulangers à Saumur :

L*oin de Saumur, mère Reynaud chérie*
I*l faut encore que je guide mes pas*
B*onne maman, toi, notre douce amie*
O*ui pour toujours mon cœur te sourira*
U*n jour si Dieu veut, qu'ici je retourne*
R*evoir ces lieux que j'ai tant admirés*
N'*oublie pas que Décidé Libourne*
E*n te voyant par toi fut inspiré*[50].

A mère Jacob, mère des boulangers à Tours :

L*e jour si cher de votre anniversaire*
I*ci ce soir nous retrouve joyeux*
B*onne maman votre gai caractère*
O*ffre pour nous des attraits merveilleux*
U*n jour viendra que le destin prospère*
R*éunira dans les divins séjours*
N*os devoirants et notre bonne mère*
E*nfants, prions pour conserver ses jours*[51] !

Ne manquent pas les chansons et les poèmes qu'il dédie à la mère Jacob, avec ou sans acrostiche. Mais il n'est pas seul à dire que « la mère Jacob, cet ange tutélaire, était des compagnons la plus aimable mère[52] ». Une biographie lui a été consacrée par L. P. Journolleau, dit Rochelais l'Enfant chéri; et sur sa tombe les compagnons boulangers ont érigé en 1865, deux ans après sa mort, un monument en bronze qui porte en guise d'épitaphe :

Concession à perpétuité
Souvenir
des compagnons boulangers du Devoir
A leur mère Jacob
la doyenne des mères du tour de France
décédée à Tours le 24 septembre 1863
à l'âge de 68 ans
Priez pour elle!

Née dans un moulin à foulon à Neuville-le-Lierre, elle était devenue cuisinière à Tours, à l'hôtel du Croissant, rue Chaude, en 1815, et les Prussiens campaient sur les bords de la Loire quand elle rencontra son époux, en compagnie de qui elle prit « la tâche épineuse et militante » de mère des boulangers au 7 de la rue de la Serpe. Gaie, affectueuse, charitable, elle était plutôt grande, les yeux et les cheveux noirs – « beaucoup d'apparence », écrit Rochelais. Courageuse aussi. Les rixes et les agressions entre sociétés n'étaient alors pas rares. Un jour, en l'absence de « ses » boulangers, des ouvriers entrèrent chez elle préparer un mauvais coup. Elle refusa de les servir. Ils ravagèrent la salle, brisèrent meubles et fenêtres, la blessèrent elle-même. Son biographe lui fait alors dire noblement : « Je me suis chargée d'une mission divine et sacrée; je la remplirai fidèlement jusqu'au moment fatal où la mort seule viendra m'en arracher. »

Pour l'inauguration du monument élevé à sa mémoire, trois cents compagnons, le 15 avril 1865, suivent un char « décoré avec soin de tous les attributs symboliques de la mort », portant la statue. Discours, émotion. La cérémonie est suivie d'un dîner qui dure quatre heures – on n'oubliera pas la mère Jacob[53].

Quand Arnaud l'a rencontrée, elle avait trente-huit ans. « Celui qui la voyait une fois, écrira-t-il longtemps après, ne pouvait l'oublier. » Alors qu'il préparait son départ pour Blois, elle s'est approchée de lui et lui a passé au cou une petite gourde de voyage garnie de tissu bleu : « Mon cher fils, a-t-elle dit, conservez bien ce don d'amitié. C'est un talisman qui vous portera bonheur. » On s'imagine Arnaud, ému aux larmes, s'éloignant sur la route du bord de Loire, serrant le talisman de tissu bleu, jurant de le garder toujours...

A Montélimar il l'aura déjà perdu[54].

VII

SUR LES CHAMPS

La quinzaine. – Chapeau bas. – Une chapelière à 11 F. – Conduite en règle. – Une bonne bouteille. – A qui est la pomme ? – Le baiser d'adieu. – Fausses conduites. – La soupe populaire. – Des bêtes affreuses. – Un tantinet de frayeur. – Castros Pantaleone. – Embuscade. – J'ai vu, j'ai vu. – Une peau d'homme tannée. – Exécution. – Remarques. – Le bien némé. – Tope ! – Bel Amour le Saintongeais.

Chers compagnons, au frère qui nous quitte
Disons adieu, mettons-le sur les champs
Que nos chansons égayent sa conduite
Embrassons-le (bis) en parfaits devoirants.

Vendéen la Clé des Cœurs[1].

Devant nous serpente la route
Nous avançons d'un pas hardi
Du ciel nous contemplons la voûte
Et nous marchons vers l'infini.

Agricol Perdiguier
Avignonnais la Vertu[2].

LE compagnon peut quitter la ville quand il le désire, à seule condition d'être en règle avec son patron, avec la mère et avec la société.

L'heure de mon départ s'approche
Sur ma conduite examinez
Si vous avez quelques reproches
Faites-les moi sans plus tarder[3].

Le premier en ville peut s'opposer au départ d'un compagnon s'il a besoin de lui sur place pour un travail urgent, mais il ne peut le retenir plus de deux semaines : c'est l'*obligation de quinzaine.* Il peut aussi le diriger vers une autre destination que celle où il a prévu d'aller s'il y a demande de compagnons.

A Nantes, Perdiguier a été gravement malade et, hospitalisé, n'a pas eu toutes les visites que prévoit la règle. Aussi, dès sa sortie d'hôpital, décide-t-il de quitter cette ville qui l'a déçu. Recevant un peu d'argent de ses parents, il annonce son départ pour Chartres. Le premier compagnon, un serrurier – à cette époque, à Nantes, menuisiers et serruriers font mère ensemble –, convoque l'assemblée et fait adopter la décision de retenir Perdiguier pour quinze jours : « La ville manque d'ouvriers. » Avignonnais plaide qu'il est encore malade, qu'il n'est pas en état de travailler. Il se dit prêt à aller à Tours, ce qui permettrait à la société de recevoir un autre ouvrier en échange. Rien n'y fait : « Si vous partez, la société ne compte plus sur vous. »

Perdiguier est un modèle de compagnon, et il n'a jamais songé à transgresser une règle. Mais cette fois, il a sa conscience pour lui. Bravant l'interdiction, il fait viser son passeport pour la Beauce et retient pour le lendemain sa place de diligence. Il est prêt à faire appel à la société tout entière contre les gavots de Nantes. Sa détermination est telle qu'il a gain de cause – tout juste tente-t-on de l'envoyer à Tours plutôt qu'à Chartres[4]...

L'obligation de quinzaine s'applique aussi à celui qui, traversant une ville où il n'a pas l'intention de s'arrêter, se voit retenu quand il vient signaler son passage – formalité obligatoire. Cela arrivera à Perdiguier à Chalon, alors qu'il voudrait gagner Lyon au plus vite avec son ami Vivarais le Cœur Content : « Nous pensions ne faire que passer dans cette ville; mais il y avait presse de travail, et la Société en ordonna autrement : elle exigea que nous fissions la quinzaine. Nous ne pouvions moins faire que d'obéir à la règle commune. » Et les voilà engagés chez M. Monin, un géant qui tient un atelier de menuiserie et un bureau de tabac[5].

Si rien ne s'oppose au départ du compagnon, on procède d'abord à son *levage d'acquit* chez le patron : il s'agit de s'assurer que les deux hommes se séparent sans grief et sans rien se devoir l'un à l'autre. Le rouleur amène le *partant* devant le patron. Les trois hommes se placent en triangle, chapeau bas, comme pour l'embauchage. Le rouleur demande au patron si l'affilié a fait son devoir, si les comptes sont réglés, s'il est libre à son égard. Puis les mêmes questions sont posées au partant. « Que de fraudes, dit Perdiguier, que de friponneries on évite par de telles précautions ! » Et une fois de plus il se félicite que patron et ouvrier soient interrogés de façon absolument symétrique : « Il y a égalité dans nos rapports[6]. »

Chez les tourneurs, le rituel de 1731 est plus formaliste encore. Celui qui veut partir salue par un chant le rôleur qui répond de même, et tous deux font la guilbrette. Le partant alors formule sa demande : « Mon pays, permettez que je vous mette en débauche, pour lever mon acquit et me faire prendre congé de la ville et de tous les compagnons. »

Le rôleur accompagne le partant jusqu'à son atelier : « Il se placera à la sortie et le compagnon sortant se placera au fond, faisant tous deux la guilbrette sur le paquet du sortant; le rôleur dira tout bas à l'oreille droite : « Mon pays, n'y a-t-il rien dans votre paquet qui appartienne au bourgeois ? » Le compagnon répondra oui ou non; le rôleur dira : « Etes-vous content du bourgeois ? » Le partant répondra oui ou non. Puis, se retirant vers le bourgeois, le rôleur lui dira : « Bourgeois, voici un compagnon qui sort. Voulez-vous bien regarder dans ce paquet s'il y a quelque chose qui vous appartienne? » Ensuite demandera : « Etes-vous content de lui[7]? » La guilbrette sur le paquet a pour but d'éviter aussi bien le vol d'outils que l'accusation de vol.

Le principe du levage d'acquit fonctionne même en cas de départ brusqué. A Béziers, chez M. Garadot, Perdiguier, faute de trouver un morceau de couenne pour graisser sa scie, a utilisé le cul de la chandelle qui éclaire son établi. Garadot en a fait toute une histoire. Perdiguier, exaspéré, lui a alors tendu un sou et demandé son compte. Le rouleur est venu faire le levage d'acquit, et Perdiguier a ajouté au rituel : « Donnez à monsieur pour me remplacer un bon ouvrier, et recommandez-lui bien, surtout, de ne pas toucher à la chandelle! » Les deux autres compagnons travaillant alors chez Garadot ont suivi Avignonnais.

Autre départ brusqué de Perdiguier, à Chartres, chez M. Vercasson, où il travaille avec un Vivarais, un Marseillais, un Languedoc. Un matin, les ouvriers sont en retard : ils arrivent à cinq heures trente au lieu de cinq heures. Il faut dire qu'on est lundi et qu'on a poussé le couplet tard dans la nuit. M. Vercasson commence à moquer les chansons et l'accent du Midi, Perdiguier répond pique pour pique. Le ton monte. On en vient à se traiter de « bête » et de « cochon ». Le patron et l'ouvrier s'empoignent, roulent dans les copeaux. Les deux autres les séparent. M. Vercasson s'empare alors d'un maillet. Perdiguier rompt et quitte l'atelier.

Il ne reviendra qu'avec le rouleur faire son levage d'acquit : « Des deux parts, il est convenu, déclaré, que nous ne nous devons rien et que nous n'avons aucun reproche à nous faire. Nous nous séparons sans rancune. » Avignonnais regrette de quitter l'endroit, où il avait un travail intéressant, une table honnête, un bon gîte : « Si le rouleur eût été plus habile, il n'aurait pas eu de peine à nous remettre ensemble[8]. » Il trouvera une autre embauche à Chartres même.

Au temps de Boyer, en 1900, l'intervention du rouleur, lors de l'embauche et du départ, est devenue rare, en tout cas chez les maréchaux. L'ouvrier se débrouille seul, avec les inconvénients qu'évitait justement le rituel du levage d'acquit : contestations et mauvaise foi.

A Marseille, injustement accusé d'avoir encloué une jument, c'est-à-dire de l'avoir blessée en la ferrant, Périgord demande son compte : l'accident venait d'un mauvais clou qui s'était divisé, et l'accusation du patron, M. David, est déshonorante pour un ouvrier qui met toute son adresse à ne pas la mériter. « Quelques jours plus tard, raconte-t-il, réunis en chambre chez la mère, le compagnon Faure transmit au bureau une plainte de M. David pour la façon brusque dont je m'en étais séparé, mais le compagnon Rossi s'opposa à ce que l'on m'inquiétât, et tout fut dit[9]. »

S'embauchant près de Tours, le même Périgord partage avec un aspirant une chambre infestée de punaises, et demande son compte au bout de quelques jours. Le patron fait désinfecter et repeindre, mais Boyer part quand même : « La patronne, explique-t-il, était brouillée avec les devoirs de sa charge. Nos lits n'étaient jamais faits et la popote laissait beaucoup à désirer. Et quand la patronne ne vaut rien, la place est intenable. » Le patron ne peut s'opposer à son départ, mais il menace : « Je vous ferai voter un blâme par les compagnons de Tours ! » Boyer n'en entendra jamais parler[10].

Après l'atelier, il faut *lever l'acquit* chez la mère. C'est-à-dire que le compagnon doit régler son compte, rembourser ses dettes à la mère et éventuellement à la société. S'il ne peut tout acquitter, il doit le dire devant les compagnons réunis en assemblée; il pourra partir, mais en laissant « des effets au moins pour la valeur de la somme ». S'il tarde à envoyer l'argent qu'il doit, les effets seront vendus et, chez les tourneurs, « le dit compagnon sera mis hors de chambre pour trois mois, au bout duquel terme s'il ne répare pas sa faute, il passera pour renégat et dernier des derniers[11] ».

Le levage d'acquit vis-à-vis de la mère est très semblable à celui qu'on fait avec le bourgeois : rôleur et compagnon exécutent la guilbrette sur le sac et éventuellement la canne du partant. « Se parlant à l'oreille droite, étant couverte chacune par leurs chapeaux avec grande précaution, le rôleur dira tout bas : « Mon pays, devez-vous quelque chose à la mère ? » Le partant répondra : « Non, mon pays ! » Le rôleur dira : « Etes-vous content de la mère ? » Le partant répondra : « Oui, mon pays. » Les mêmes questions sont ensuite posées à haute voix au partant et à la mère, et chacun doit se déclarer satisfait, « attendu que s'il y avait quelque différend, tant de part que d'autre, l'on ne doit pas attendre à ce moment pour en parler[12]. » En 1900, la règle est toujours appliquée, puisqu'on a vu Boyer, retenu à Marseille tant qu'il n'aura pas réglé ses dettes, ne partir pour Avignon qu'avec une dispense exceptionnelle. A Paris, toutefois, on a vu aussi Arnaud quitter la mère après y avoir épuisé son crédit et, apparemment, ne plus se soucier de le rembourser.

Le partant lève enfin en assemblée son acquit

vis-à-vis des autres compagnons : « Chacun est libre de se plaindre si j'ai des torts à son égard. » C'est l'heure des réclamations. S'il n'y en a pas, on se déclare « tous quittes et bons amis ». A Nantes, justement, malgré le ressentiment qu'il nourrit vis-à-vis de la société qui ne l'a pas visité à l'hôpital et qui, de plus, veut le retenir, Perdiguier ne se plaint pas en assemblée. Et le premier, Clermont le Cœur Royal, le lui reproche à la sortie : « Quand je vous ai demandé si vous aviez des réclamations à faire, il fallait parler, et tous ceux que vous auriez signalés comme ayant manqué de vous faire visite auraient été forcés de vous payer ce qu'ils vous doivent. » Mais Perdiguier ne voulait pas du dédommagement prévu par la règle. Il avait besoin de réconfort plus que d'argent. Et celui contre qui il avait des griefs était justement ce Clermont : « Le troupeau marche comme le berger le conduit[13]. »

Enfin voilà le partant en règle. S'il est compagnon, on lui rend son *affaire*, s'il est aspirant menuisier du Devoir, sa carte de départ, qui a été conservée par les compagnons — ce qui sera souvent prétexte à réclamation ou révolte de la part des aspirants. Le règlement de 1858 prévoit : « Chaque aspirant qui se disposera à partir devra en avertir les premiers en ville pour qu'ils lui délivrent en présence d'un membre du comité sa carte de départ qui portera ses nom, prénom, lieu de départ, nom de province et de département et la date du jour où il partira. » S'il est en règle, on y appose le cachet de la société, sans lequel il ne serait pas reçu dans la prochaine ville. A noter que la société limite sa garantie : « Le père ne pourra réclamer que 3 F pour chaque aspirant qui partirait sans payer[14]. »

C'est l'heure des bagages. Habituellement, le partant ne garde que quelques effets qu'il portera en balluchon au bout de sa canne. Le reste, avec les outils encombrants pour ceux qui en transportent, est rangé dans la malle. Boyer a dû remplacer la caisse à sucre que lui avait arrangée sa mère : « Ma malle cercueil avait fait place à une belle chapelière [...] sur laquelle j'avais fait graver mes noms et surnoms du tour de France, rehaussée de fers symboliques. Elle m'avait coûté 11 F[15]. » La malle suit par le roulage. Il n'y a pas le choix, malgré le prix : « Je vis arriver ma malle, écrit Perdiguier à Rochefort. J'eus à compter 4 F au commissionnaire : il prétendait être venu tout exprès de Royan[16]. »

Pour la route, le compagnon s'habille commodément, comme ce Bonaventure Caussinière que l'on voit quitter Paris à pied en 1866 en direction de Nohant, où il va faire quelques travaux de menuiserie chez George Sand : blouse bleue, foulard rouge et casquette à pont. En vérité, chaque corps de métier a sa façon. Les charpentiers, par exemple : « C'était merveille de voir s'encadrer dans la porte ces belles statures rablées, coiffées d'un large feutre, vêtues de velours, avec de larges braies à la hussarde, des poches desquelles émergeaient le compas, le double mètre, le crayon bleu[17]. » La braguette se boutonne à gauche pour ne pas que s'y prenne la tarière dans le mouvement tournant de la main. Mais cela, c'est la tenue d'aise. Auparavant, il va y avoir la *conduite,* l'un des rites les plus spectaculaires du compagnonnage, et pour lequel on sort ou emprunte la redingote et le chapeau de cérémonie.

Amis le signal est donné
Préparez-vous pour la conduite
Et que chacun se tienne prêt
Le rouleur va partir de suite
Prenons nos cannes et nos couleurs[18].

Il s'agit, comme on raccompagne un ami sur le palier ou à la grille du jardin, de *conduire* le partant hors de la ville, de le mettre *sur les champs.* La privation de conduite est une punition. Toujours aussi formalistes, les blanchers-chamoiseurs prévoient trois types de conduite :

– la conduite simple : le partant n'est accompagné que du rouleur;

– la conduite ordinaire, la plus fréquente, avec tous les frères, qui doivent éviter d'être nu-jambes et sans cravate;

– la conduite générale, réservée à ceux qui ont bien ou longtemps servi, que l'on veut particulièrement honorer, se fait en grand apparat.

La présence d'au moins six compagnons est nécessaire pour une conduite générale. Si la ville ne compte que trois compagnons, la règle prévoit que la conduite ne devra pas coûter plus de 3 F[19]. Pour les cordonniers, c'est le nombre de couleurs qui détermine la conduite générale; un compagnon reçu en porte quatre et reçoit ensuite une faveur dans chaque nouvelle cayenne visitée : « Celui qui à la fin de son tour de France en possède six a droit à une conduite générale, mais il doit savoir par cœur le *grand battant aux champs* d'après les tanneurs, et savoir danser comme les tondeurs. » Chez les boulangers, la *conduite en règle,* avec cannes et couleurs, est réservée à ceux qui ont travaillé six mois dans une même cayenne, ont été six mois premier en ville ou ont fait le pèlerinage de la Sainte-Baume[20].

Avec des variantes selon les corps d'état et les époques, la conduite en règle obéit à toutes les lois du rite de séparation*. La plus détaillée que nous connaissions est celle des compagnons tourneurs. La conduite quitte la ville et s'installe sur le champ pour faire le devoir. Les compagnons forment un cercle au milieu duquel le rôleur pose le sac et la canne du partant. Quatre personnages – le partant, le premier, le rôleur et son adjoint le *cottery* – multiplient, selon un ordre bien établi, les guilbrettes, les pas en avant et en arrière, les jeux de chapeaux, les appels chantés, les fausses santés.

« Mon pays, dit le partant à l'oreille du premier, je pars pour..., quelles recommandations avez-vous à faire au père et à la mère, et à tous les jolis compagnons tourneurs de la ville et faux-bourgs de..., tant passant par-ci que par-là ?

– Mon pays, répond le premier, vous ferez bien mes recommandations au père, à la mère et à tous les jolis compagnons tourneurs de la ville et faux-bourgs de..., tant passant par-ci que par-là.

– Mon pays, le messager vous remercie !

– Mon pays, que regrettez-vous de cette aimable ville en partant ?

– Mon pays, je regrette le père, la mère, la chambre et son bon vin.

– Tandis que nous en avons, buvons-en ! »

Ils boivent une gorgée.

* En couverture de ce livre, le dessin représente la conduite de La Brie l'Ile d'Amour, dit le Désiré, compagnon charpentier bon drille, à Bordeaux, aux environs de 1825.

« Mon pays, demande encore le premier, savez-vous chanter ?

– Oui, mon pays.

– Mon pays, chantez !

– Jesu...

– Maria...

– Joseph. »

Ils terminent leurs verres.

Le partant alors trinque et fait la guilbrette avec tous les compagnons à leur tour, tandis que le rôleur et le premier font la guilbrette et se parlent à l'oreille :

« Mon pays, demande le rôleur, voici le pays... qui part, vous doit-il quelque chose ?

– Non, mon pays !

– Et vous, mon pays, vous ne lui devez rien ?

– Mon pays, je ne lui dois que l'honneur et le respect qui sont dus à tous les jolis compagnons tourneurs qui sont sur le tour de France !

– Mon pays, le partant vous remercie d'avoir bien assisté à sa conduite. Et s'il vous rencontre, il vous payera un chapon, une salade et une bonne bouteille de vin de Bordeaux. »

Nouveaux adieux, puis le rôleur, prenant la canne et le sac témoignera des regrets du partant à chaque compagnon en les faisant trinquer, chacun à son tour, avec le vin que verse le cottery. Quand tous ont bu, le rôleur rejoint le partant, lui remet son sac et sa canne et lui fait ses adieux. Le partant alors s'en va sans se retourner, dialoguant avec le rôleur au moyen de chants convenus. Puis, brusquement, il ôte son chapeau et le pose à terre. Le rôleur va le ramasser, dépasse le partant, l'attend et lui remet son chapeau. Tous deux font la guilbrette :

« Mon pays, demande le rôleur à l'oreille du

partant, à quoi reconnaissez-vous ce chapeau?

– Mon pays, faites trois pas en arrière et trois pas en avant, et je vous le dirai. »

Nouvelle guilbrette.

« Mon pays, reprend le partant, je le reconnais par la vue et lumière que Dieu lui a données, à la forme et rondeur de ma tête, laquelle est entre les mains des jolis compagnons qui en disposeront à volonté. »

Aussitôt, le rôleur lève leurs deux chapeaux et les compagnons doivent lever le leur, « tous bien dans le même instant ». Il s'agit de la *reconnaissance du chapeau.* Vient ensuite, de façon analogue, la *reconnaissance de la canne.* Comme pour le chapeau, le partant pose sa canne à terre, le rôleur la ramasse et la lui rend, puis ils font guilbrette :

« Mon pays, demande le rôleur, à qui est la pomme?

– Mon pays, la pomme est au roi! »

Ils font trois pas.

« Mon pays, à qui est le cordon?

– Mon pays, le cordon est à la reine! »

Encore trois pas.

« Et la canne?

– Elle est à moi! »

Trois pas.

« Et la pointe?

– Mon pays, la pointe est pour les gavots ou espontons, et pour tous ceux qui les soutiendront! »

Au XIXe siècle, les conduites tendent à se simplifier, mais continuent de respecter les mêmes schémas, d'observer les mêmes principes rituels de séparation, avec mise en règle, faux départ, rappels, simulacres symboliques. A Nantes, Perdiguier observe une conduite de maréchaux : « Ils étaient dans un champ, à côté de la route. Ils faisaient ce qu'on appelle le devoir. C'était une cérémonie de plein vent, une conduite en règle à propos d'un partant.

« Leurs cannes sont plantées en terre. Flottent à leurs boutonnières des rubans rouges, blancs, verts. Ayant coudes contre coudes, ils forment une immense circonférence et regardent tous vers son centre. Un des leurs, portant dans sa main droite un verre de vin bien coloré, se met à courir, fait le tour extérieur de cette circonférence en criant, en hurlant, et se rapproche de sa place, où un compagnon, le partant sans doute, l'attendait, tenant aussi le verre en main. Ils se dressent vis-à-vis l'un de l'autre, se regardent fixement, font des signes, avancent, inclinent sur un côté, passent leurs bras droits l'un dans l'autre, portent chacun son verre à la bouche et boivent tous deux en même temps. » Le partant répète la même opération avec chaque compagnon. « Il y a aussi, ajoute Perdiguier, quelques cris d'ensemble[22]. »

C'est aussi à la sortie de Nantes que le serrurier Moreau observe une conduite de forgerons. Il remarque qu'il leur faut « beaucoup d'appareil ». Cannes et bouteilles sont au centre du cercle. On entend des « cris plaintifs », des « hurlements ». Les aspirants se tiennent en retrait, sans prendre part au rituel[23].

Quand il quitte Lyon, le 17 août 1828, Perdiguier a l'honneur d'une conduite en règle. « Après avoir dit adieu à une foule de maîtres, de braves gens de la ville, embrassé le père et la mère, je me mets en marche. [...] Un grand nombre de compagnons, d'affiliés, de jeunes gens du pays, les serruriers avec leur dignitaire Sommières l'Ami des Arts en tête, me font la conduite. » Il n'en dit guère plus sinon qu'ils s'arrêtent tous pour trinquer dans un cabaret de la route de Vienne, avant « les embrassades et le vrai départ[24] ».

Chez les cordonniers, partant et rouleur s'interpellent par de légers cris « entre les dents ». L'un dit : « A moi, rouleur! », et le rouleur « Me voilà ! ». Ils font la guilbrette et la conduite se met en route. Appelé par son nom de province, le partant fait un signe négatif de la main gauche. Même chose quand le rouleur l'appelle par son nom de compagnon. Au troisième appel seulement, il met un genou en terre, lève le bras, et tous le rejoignent. On installe la serviette, un verre à chaque coin et du pain et du fromage. « Le partant exécute entre chaque verre un pas de danse en chantant un couplet [...] et à chaque fois qu'il a chanté et dansé, il boit en passant son verre par-dessus sa jambe. Puis il jette son verre. Le rouleur qui le suit ramasse les morceaux de pain et de fromage et les lui met dans les poches, après quoi il le pousse dans le dos — et le partant s'en va. Trois fois encore le rouleur l'appelle, mais, sans se détourner, il répond par un signe négatif; au troisième appel, il met son chapeau au bout de sa canne, fait un dernier signe et part sans regarder derrière lui[25]. »

Chez les boulangers, à la fin du Devoir, le partant se met à genoux. Le premier lui adresse une petite allocution et demande à l'assistance si quelqu'un a quelque chose à reprocher au partant. On répond que non. Le premier met alors le sac sur l'épaule du partant qui feint de s'éloigner, mais, comme il n'a pas encore reçu ses affaires, le premier le rappelle et le tope trois fois. A la troisième fois, le partant jette sa canne dans un champ. Le premier va la lui chercher, la lui rend et lui tend ses affaires. Ils se donnent le baiser d'adieu et se séparent[26].

Pour les blanchers-chamoiseurs du XVIIIe siècle, alors que le partant s'éloigne, on le rappelle, il fait signe que non : « Notta que s'il se détournerait, son sac seroit la victime de sa sottise, car il seroit mangé (saisi) ou bien (il paierait) une forte amende. Mais si au contraire il avait oublié quelque chose, il se mettrait à genoux, et alors on va sçavoir ce qu'est. Voilà le tour fini[27]. »

Toutes les conduites s'achèvent par cette *tentation du partant.* A Tours, l'appel d'usage est : « Revenez donc, il y a de belles filles en Touraine[28] ! » Et malheur à celui qui tournerait la tête ! Dans la conduite des maréchaux de Nantes, tout semble confondu, la reconnaissance du chapeau et la tentation du partant : « (Il) s'éloigne, ayant son sac en peau de chèvre sur le dos, sa longue canne à la main, sa gourde pendante au côté; deux belles boucles d'or ornées d'un fer à cheval brillent à ses oreilles. Chacun de l'appeler et de l'appeler encore. La tentation n'a pas de prise sur son âme : il s'en va sans détourner la tête, sans montrer aucune faiblesse. On redouble d'agaceries, de séductions; rien n'y fait : il marche fièrement devant lui. Tout à coup, il prend son chapeau dans ses mains, le jette par-dessus sa tête, bien loin derrière son dos, et se met à fuir. Des compagnons courent le ramasser, poursuivent le fuyard, l'atteignent à la longue et le lui enfoncent sur la tête. Le partant reste insensible; il ne sait, il ne veut pas savoir qui lui a rendu son couvre-chef : il marche d'un pied ferme, sans se détourner ni à droite ni à gauche. C'est un bronze, rien ne l'étonne, rien ne l'émeut, rien ne peut le forcer à faire un mouvement oblique. Les autres compagnons retournent sur leurs pas[29]. »

La conduite est achevée. On rentre en ville, souvent en chantant et, vaut mieux, sur le qui-vive. Car une conséquence des conduites est de susciter de *fausses conduites,* dont l'objet est d'intercepter le cortège d'une société rivale pour l'affronter, le disperser, lui enlever cannes et couleurs. « On appelle fausse conduite, définit le boulanger Arnaud qui en verra de près, la réunion d'un ou plusieurs corps pour aller attaquer une véritable conduite. Il vaut mieux appeler ça un guet-à-pens[30]. »

Pour m'accompagner mes amis
Vous prenez vos cannes charmantes
C'est pour combattre nos ennemis
Si toutefois il s'en présente[31].

Et s'il s'en présente, disent les cordonniers, « il faudrait livrer bataille et nous aurions le chagrin de voir des blessés et des morts ».

Ces affrontements fréquents sont la raison principale de l'hostilité des pouvoirs publics aux conduites. Mais pour les patrons s'ajoute l'inconvénient de voir les ateliers désertés : « Même, quand il leur plaict, dit une supplique de 1626 adressée aux échevins de la ville de Dijon, ils sortent des bouticques des maistres pour s'aller promener et contraignent tous ceux qui sont inscriptz dans lesdits roolles de les suivre, et marchent en ceste ville toujours en troupe de vingt ou trente, menacent les maistres de les battre ou outrager lorsqu'ils leur font des remontrances, et en effect ils méprisent et l'autorité du magistrat et les statuts dud. mestier[32]. »

D'où les fréquentes interdictions de conduite renouvelées aux XVIIe, XVIIIe et XIXe siècles. On voit même, en 1822, condamné à 100 F d'amende – en vertu de lettres patentes de 1749 pourtant abrogées par le Code pénal – un Marais la Bonté, compagnon tailleur de pierre devenu entrepreneur parce qu'il a fait l'objet d'une conduite honorifique[33].

A Nantes, en 1743, une ordonnance confirmée par le parlement de Bretagne « fait défenses à tous compagnons de métiers de s'assembler sous prétexte de conduire ceux qui sortent ou d'aller au-devant de ceux qui arrivent, à peine de prison et de 50 livres d'amende. » En 1802, un arrêté préfectoral stipule que les ouvriers qui, sous prétexte de conduite, se permettraient de faire des promenades en chantant et en portant des couleurs distinctives seraient arrêtés comme faisant partie d'attroupements séditieux et poursuivis pour trouble de l'ordre public[34].

Pendant que Perdiguier est à l'hôpital de Nantes, le premier en ville des gavots est arrêté le jour de la Sainte-Anne alors qu'il se rend « de chez la mère à l'église avec la société tout entière, marchant en tête, précédant le cortège paré de sa belle écharpe, tenant en main sa canne décorée de rubans »: on le garde trois jours en prison, puis il part pour Bordeaux[35].

En 1845, après une fausse conduite menée contre les boulangers, un arrêté préfectoral interdit aux ouvriers se disant compagnons de se réunir et de marcher en troupe sans autorisation préalable du maire; de revêtir en public les insignes du compagnonnage ou tout autre signe de ralliement, notamment sous prétexte de faire la conduite[36].

Et pourtant les compagnons continueront d'aller mettre le partant sur les champs. Sans doute, Batard le bourrelier, quittant Bordeaux avec un ami coiffeur, n'aura pour l'accompagner sans cérémonie que quelques flâneurs; mais c'est aussi que sa société n'est ni bien nombreuse ni bien riche. Dans un compagnonnage plus actif, comme celui des maréchaux, la coutume est encore vivante en 1900, et Boyer la chante même :

Quand l'heure du départ a sonné
Mes frères me font la conduite
Aux yeux du profane étonné
Les corps défilent à la suite
bis *Et puis les rouleurs rendent les hon-*
[neurs
A ce compagnon qui les quitte[37].

Dans la vie du compagnon, le départ est un temps fort, d'abord parce qu'il marque une nouvelle étape, un nouveau progrès sur le chemin du Tour et de l'accomplissement personnel. Ensuite parce qu'il implique qu'on rompe avec des habitudes peut-être agréables, des amis, des amours, qu'on laisse derrière soi des moments heureux :

L'Estimable ici console
Son amante et pour toujours
D'un pas vigilant s'envole
Pour continuer son Tour[38]...

A l'âge des souvenirs, la conduite symbolisera pour beaucoup les temps heureux du compagnonnage, avec ses cérémonies, sa fraternité et ce désir qui toujours pousse aux départs. Le compagnon Bouchard, l'enfant que nous avons vu devenir chapelier pour trouver sa place dans un cortège éblouissant, chantera, longtemps après son retour au pays :

Vous souvient-il de nos jours de conduite
Où l'un de nous se mettait sur les champs ?
Les aspirants marchaient à notre suite,
Nos voix en chœur confondaient tous les
[chants[39]...

Voilà le compagnon parti sans se retourner. Une autre ville l'attend, un autre travail, d'autres amis. Et pour commencer, ce chemin qui s'ouvre pas à pas et déplie lentement le paysage devant lui.

Dans mon chemin j'aurai pour compagnie
Le doux concert des petits oisillons
La canne en main et la gourde remplie
Je marcherai en chantant nos chansons[40]...

On se doute bien qu'il y aura d'autres rencontres que celle des p'tits oiseaux. La vie de qui *bat aux champs* est faite de bonnes et de mauvaises fortunes, de bonheurs et de peurs, de nuits, de villes nouvelles, de nouvelles chansons et de nouveaux visages sous de vieux uniformes. Et d'abord les gendarmes, qui font comme les compagnons partie du décor, et qui parfois vérifient les papiers. Le bourrelier Batard arrive à Castelnaudary en même temps que deux gendarmes à cheval; ils contrôlent son livret d'ouvrier et, comme il cherche un hébergement charitable, l'envoient à la distribution de soupe populaire d'une communauté religieuse. Pour la nuit, ils lui proposent, à la gendarmerie, la planche réservée aux vagabonds; ils lui procurent même une paillasse[41]. Quant à Boyer, entraîné par l'ami Nantais qui marche avec lui, il se laisse parfois aller à reprendre le vieux refrain des trimardeurs que réprouve le compagnonnage :

Sur la rout' nationale
Où les trimards s'en vont
Chiner de port'en porte
Pour avoir du brichton
Mais souvent il arrive
Que dans un patelin
Les cognes veul'ent qu'on les suive
Quand on n'a pas l'rotin[42].

Boyer n'est pas riche, mais les gendarmes ne lui feront pas de misères. De façon inattendue, celui qu'on retrouvera au poste est l'ami Perdiguier. Un soir, à Montpellier, quelques jeunes sont là, face aux deux fontaines du Courreaux; on a bu un peu, on fait du bruit, on houspille deux crieurs de nuit qui ont arrêté une charrette pour la fouiller. Les crieurs sifflent à l'aide et tout le monde s'enfuit — sauf Perdiguier, qui passera la nuit au poste, en compagnie d'un ami d'Avignon revenu lui tenir compagnie. Ils seront relâchés à quatre heures du matin[43]. Perdiguier ne retournera en prison que vingt-six ans plus tard, et dans des circonstances bien différentes.

Cependant, Batard, en route vers Sète, trouve au bord de l'étang de Thau une cabane en planches; il s'y fait un lit d'algues et s'endort. Il est réveillé à quatre heures du matin : des douaniers qui viennent prendre leur affût et le mettre dehors. Il arrive à Sète, c'est dimanche : « Je détonnais, avec mon balluchon, parmi ces gens bien habillés. » Gendarmes, contrôle : « Bon, filez ! Où allez-vous ? Montpellier ? Vous n'êtes pas encore arrivé[44] ! » Quand il n'y a pas de mère là où l'on arrive, quand le temps ne permet pas de coucher à la belle étoile, il faut avoir recours aux auberges – enfin, aux auberges que peuvent se payer les compagnons, et qui ne sont pas toujours lieux recommandables.

Perdiguier, un soir, peu après Aiguillon, dort dans une cabane « au travers de laquelle le vent et la pluie avaient libre passage », et qu'on lui a présentée comme sa « chambre » : un peu de vieille paille sur le sol et deux mauvais draps. Il s'enroule un drap sur la tête et, le lendemain, doit faire la guerre aux « bêtes affreuses » qui l'ont envahi : « Bien que nous ne soyons que des ouvriers, des prolétaires, conclut-il, nous aimons la propreté[45]. »

Deruineau, à la même époque, loge, à Rennes, dans un hôtel bourré de mendiants, de simulateurs d'infirmités, de loueurs d'enfants estropiés ou disgraciés, de joueurs d'orgues, de chanteurs, de baladins. Une veille de foire, on enfourne dans sa chambre des nouveaux venus avec un « Occasion n'est pas coutume ! » qui sert d'excuse. Ce sont les punaises qui le chasseront : il ira dormir dans le foin[46].

Batard, ralliant Montpellier, se présente à un asile où on lui sert d'abord une copieuse soupe de légumes; puis, au dortoir, on lui prend tous ses vêtements pour lui laisser un sac de couchage propre. Au réveil, ses vêtements sont brossés, son linge est lavé. Un bol de café et du pain : il faut être parti à sept heures. Il trouve ensuite un hôtel bon marché. Trop bon marché peut-être. Des piqûres le réveillent. Et le voilà au milieu de la nuit,

« en chemise, debout sur (son) lit, une bougie dans la main gauche et, de la droite faisant des virgules sur le mur en écrasant des punaises[47] ».

Arrivant à Agen fonds bien bas, Boyer et son camarade Nantais sont dirigés, rue Saint-Charles, vers un hôtel que fréquentent, leur dit un agent, les ouvriers de passage. Maigre dîner : « Soupe et haricots, un peu de vin. » Puis ils vont se coucher : « Là, j'eus la curiosité d'examiner les draps, dont la blancheur douteuse m'inquiétait. Nantais était déjà déshabillé. On découvre le lit, et qu'est-ce que j'aperçois ? des petites bestioles que les trimards appellent la mie de pain mécanique : des poux ! » Nantais serait bien resté, mais Périgord l'entraîne : pas question de dormir ici. L'aubergiste les rembourse : « Que voulez-vous pour 10 sous par nuit, je ne peux pas faire mieux[48] ! »

Le « mieux », c'est parfois, selon la saison et le temps, la forêt, le fossé, le pailler, à tu et à toi avec la terre et le ciel. Comme le cordonnier Guillaumou :

Un soir, sous un épais feuillage
Reposant mon corps engourdi
Des fatigues d'un long voyage,
Pays, je m'étais endormi[49]...

Mais la nuit reste le monde de l'inconnu. « La nuit est venue, dit Boyer alors qu'il tente de rallier Saint-Maximin. La nuit est toujours effrayante, même quand on a vingt ans. Toutes les superstitions ne se sont pas évadées de nos âmes d'adolescents d'hier, et rien n'est tel pour se donner du courage que de chanter dans la nuit, et je débite aux étoiles tout mon répertoire... » Soudain, une lumière au loin. Et « le carillon d'une enclume » : c'est Saint-Maximin.

Une autre fois, le même Boyer va travailler à Monoblet, dans les Cévennes, entre Anduze et Saint-Hippolyte-du-Fort. Etrange impression à l'arrivée. Une église, deux temples, deux cimetières. Des gens peu loquaces. « Un relent de guerre civile monte de partout. » Il s'agit des séquelles des guerres de religion : « Dans l'épaisseur des murs de la forge, les ancêtres du patron sont murés. Derrière l'atelier, au jardin, trois tombes : les parents du patron et un fils ! C'est lugubre. Je couche au-dessus de l'escalier. Je vis dans un cimetière familial. Quand je grimpe l'escalier pour aller dormir et que l'obscurité est complète, j'ai comme un tantinet de frayeur. Les morts parlent-ils ? reviennent-ils ? Je n'y crois pas, mais tous les contes, les légendes des veillées de « dénoisage » me reviennent à l'esprit[50]. »

Et puis voici les loups – du côté de la nuit, ils sont un peu les cousins des morts. A cette époque, ils font plus de mal aux troupeaux qu'aux voyageurs, mais on en a encore tué 7200 en France pendant la seule année 1892... Aux risques et aux peurs du chemin peuvent s'ajouter, pour créer ce sentiment de solitude qu'éprouvent parfois les voyageurs, les difficultés liées aux changements de langues et aux caprices des monnaies.

A Maintenon, Perdiguier est entré dans un cabaret et s'est fait servir du pain, du fromage et un verre de vin. Il donne 5 F à l'hôtesse : « Payez-vous ! dit-il. » Elle lui rend sa monnaie, mais il ne s'y reconnaît pas. Il demande :

« Que me donnez-vous là ?

– Des pièces de six liards.

– A d'autres ! Je ne veux pas de ces jetons !

– Prenez ! Prenez ! C'est de la bonne monnaie...

– ... Que je ne connais pas et dont je ne veux pas. Donnez-moi des pièces blanches.

– Je ne puis. Ça ou des sous, choisissez.

– Eh bien, des sous ! »

« J'avais dépensé, calcule-t-il, 40 centimes : il me fut rendu 92 sous, tant en cuivre qu'en fonte. Ma poche en était pleine, j'en étais chargé, cela faisait du volume et du bruit : on m'aurait pris pour un millionnaire. Dans mon pays, nous avions des demi-sous, ou pièces de deux liards; à Montpellier, on appelait six-blancs deux sous et demi; je voyais à Maintenon des pièces de six liards pour la première fois. On s'en servait aussi à Paris. Ce ne fut qu'à Lyon, au passage des ponts de bois, que je vis des centimes et des liards être reçus comme monnaie[51]. »

Ce qui vaut ici ne vaut pas là : c'est une des grandes découvertes de ces jeunes qui n'avaient que des récits pour se figurer le monde. Que les haricots, par exemple, se disent *favioux* à Avignon, *favaros* à Montpellier, *mongettes* à Bordeaux, les étonne et les amuse, et Perdiguier découvre en Saintonge la frontière séparant dans l'Ouest la langue d'oc de la langue d'oïl[52].

Pour qui prend le temps de voir et d'écouter, les jours de chemin ne sont pas trop longs, d'autant qu'on sait bien qu'on ne voyagera pas toujours. Le petit Deruineau se dit « avide de tout voir, de tout entendre, de tout connaître ». « La hardiesse de son entreprise, note-t-il à propos de l'ouvrier qui voyage, agrandit pour ainsi dire la sphère de son intelligence et lui suggère des idées que probablement il n'aurait pas eues dans le calme et la solitude du lieu de sa naissance[53]. » Et tout est bon à prendre, tout est merveille et découverte – le goût du cidre pour Perdiguier au Mans comme celui de la tomate pour Batard à Carcassonne[54]...

A Savenay, Boyer s'apprête à partir pour Tours quand on lui propose une place à Saint-Nazaire, où il court aussitôt : « Pensez, je n'avais jamais vu la mer de près, et elle m'attirait [...]. Voir la mer, c'était pour moi une chose considérable, mes vœux comblés. » Il n'est pas déçu. Mais vite les grands bricks chargés de toile le retiennent plus que les vagues, les trois-mâts et les quatre-mâts au repos entre deux défis à la « force sauvage » du vent. Ce sont les derniers ou presque. Déjà les concurrencent les navires à moteurs. Et si Perdiguier a croisé sur la Garonne le premier bateau à vapeur, Boyer fasciné visite à Bordeaux les salles des machines « où les moteurs verticaux semblaient avec leurs longues jambes pédaler sur les monstrueux vilebrequins actionnant les hélices ».

Mais il est encore plus curieux d'assister au débarquement des passagers : « J'ai vu descendre de ces bateaux bien des êtres bizarres, dit-il, ce furent une fois des hommes de si petite espèce qu'on eût dit des poupées, ils étaient noirs mais bien proportionnés. Une autre fois, ce furent de petits chevaux, dont la taille ne dépassait pas celle d'un terre-neuve. Que c'est beau, à cet âge, de voir tant de choses nouvelles ! Aussi écrivais-je souvent à mes parents, à mes sœurs, pour leur conter toutes ces merveilles[55]. »

Il n'a pas fini d'écrire, le jeune Boyer. Car « le plus magnifique des tableaux que [son] imagination eût pû rêver », il le trouve en allant en train à Bagnères-de-Luchon : « Quelle extase ! Au loin, dans le sud, une barrière bleue, d'un bleu très vif, droite comme un mur gigantesque. Au-dessus, un panache blanc, rose, violacé, pourpre, que je prenais pour des nuages. C'était la neige. Spectacle merveilleux et étrange! Mon cœur se gonfle d'émotion, je voudrais battre des mains d'admiration, pouvoir conduire l'univers dans cette plaine pour lui montrer ce que je découvre là-bas! » C'est encore dans les Pyrénées qu'il verra pour la première fois, « sur des mamelons rocheux, des tours carrées massives, noires, où le télégraphe de Chappe est venu remplacer les anciens feux qu'on y allumait pour envoyer les messages de bonnes ou mauvaises nouvelles ».

C'est aussi de Bagnères qu'il se rend, à deux reprises, en excursion en Espagne. Dans une hôtellerie, il s'empare d'un accordéon et on lui réclame *La Marseillaise.* Il fait signer son livret d'ouvrier par le « caporal des carabiniers de la Reine », Castros Pantaleone. Les maisons le font penser à « des forges abandonnées » et les Espagnoles lui paraissent « en grève de propreté ».

Boyer est d'ailleurs sensible à l'hygiène des particuliers, et il s'étonne, à Béziers, qu'on vide dans la rue les vases de nuit. « Cette rue de l'Orb m'a laissé d'autres souvenirs : celui de nombreuses charrettes remisées le long des murs et, sous ces charrettes, les braves Biterrois s'y soulager avec l'aisance que seule l'habitude consacre. » Ce n'est pas mieux à Agde : « Si les dames se réservaient Jules, ces messieurs étaient réglés sur les nuits sans lune, car la nuit crée la sécurité suffisante, nécessaire, à ce délestage. »

Fatigué de trouver chaque matin, devant la forge, les mulets qu'il doit ferrer pataugeant dans l'excrément, notre maréchal décide de tendre une embuscade aux habitués. Il s'arme d'une vieille gamelle en terre cuite et passe la nuit à l'affût. Du haut d'un mur, il repère enfin un « agresseur », lance son arme et rate de peu sa cible — qui s'enfuit à petits pas précipités, le pantalon sur les chevilles. Boyer surpris reconnaît M. Casse, son patron !

D'Agde, il conserve un autre souvenir, plus plaisant, celui des joutes et de la course à la brigue : « Un mât horizontal bien suiffé; au bout de ce mât effilé, un bâton sur lequel est fixé l'enjeu. Que de plongeons avant d'atteindre le but ! » Au Mus, à proximité de la Camargue, il assiste à une corrida de village, avec ses « hurlements, sifflements, coups de pistolet » et l'éparpillement dans les vignes des taureaux et des chevaux[56]... En auront-ils à raconter ! J'ai vu, j'ai vu...

Perdiguier à Montpellier : « Je vis des femmes et des hommes étaler dans les rues et sur les places des plaques de cuivre chargées de marc de raisin, les laisser là du matin au soir, ensuite les retirer, renverser le marc, les gratter et cueillir le vert-de-gris qui s'y était formé en croûtes assez épaisses dans le courant de la journée. Ce sont principalement les femmes qui s'occupent de la récolte du vert-de-gris. » A Castelnau, en Languedoc, sur les bords du Lez : « Je vis là dans le milieu (du) courant, des femmes frotter, battre, tordre chemises, draps, serviettes, robes, mouchoirs. Elles étaient dans l'eau et en avaient jusqu'aux hanches. Leurs jupes étaient flottantes, balancées par le courant; leurs jambes étaient nues, rougies par le froid. Cela me fit éprouver un frisson. »

Il a vu « les Béarnais, avec leurs culottes courtes, leurs vestes rondes, leurs petites toques ou bérets couleur sépia sur l'oreille, leurs paniers d'osier sous le bras... » Il a vu « les paysans des Landes, couverts d'une peau de bête avec son poil, montés sur de hautes échasses, s'appuyant sur un long bâton... » Il a vu « les paysans de la Saintonge, avec leurs vêtements d'étoffe grise, culottes courtes, grosses guêtres, longs cheveux, chapeaux à immenses rebords et ayant trait à un fond de tonneau... » Il a vu les Arlaises « avec leurs larges rubans de couleur ou de velours noir leur serrant le devant de la tête [...] leurs petits souliers se nouant autour de leurs jambes qu'elles ne cachent pas trop, et pour cause, leurs tailles bien faites et leurs nombreux bijoux... » A Toulouse, il a vu des porteurs d'eau, s'annonçant avec des clochettes : « Vendre de l'eau nous paraissait une chose exorbitante! Nous n'avions encore rien vu de pareil!... De là notre surprise. Nous pensions au liquide, à son abondance, et nullement à l'action du porteur, à sa peine, à son travail, à la rétribution qu'il avait méritée. Nous étions des enfants. »

Pourtant, de tout ce qu'il voit, il s'efforce de tirer une leçon, une morale; il s'élève souvent contre l'aspect négatif des traditions – comme celle qui oblige les femmes de La Rochelle à porter la coiffe – « ruineux, ce grand, ce laid, cet embarrassant, ce détestable bonnet », sous prétexte que les mères, les grand-mères, les aïeules le portaient aussi : « Oh! l'habitude! » Et, une autre fois : « Rien d'obstiné, de têtu comme l'habitude : elle ferme les yeux et se détourne de toute amélioration. »

A Sète, comme à Marseille et à Montpellier, comme à Chartres, il s'étonne de l'existence des *crieurs de nuit* chargés de dire aux gens le temps qu'il fait, l'heure qu'il est, et de leur souhaiter bonne nuit : « Bien souvent, en vous criant « Dormez! », ils vous réveillent. Pourquoi conseiller de dormir aux gens qui dorment? » Quand il est à Chartres, il assiste à un terrible incendie au

Coudrai. Il se joint aux gens qui luttent contre le feu et voit près de lui un homme périr dans le brasier en tentant d'arracher les chaumes qui s'enflamment. L'évêque arrive, jette quelques gouttes d'eau bénite, dit une prière. « Et les flammes s'éteignirent. Non, pas tout à coup, mais bientôt après – et quand ? quand ? Quand elles eurent tout dévoré, quand elles manquèrent d'aliment, quand soixante-dix maisons eurent disparu, quand le village eut été réduit en cendres. Ce fut alors seulement que le miracle éclata et vint tout sauver. » Ce « monseigneur de Chartres » le fait voir rouge, à peu près comme les patacheux de Bourgogne : « Eteindre le feu lorsque tout a brûlé, demande-t-il, à quoi bon ? »

Autre fait divers, singulier celui-là. Près de Montpellier, on a jeté sur le Lez un pont suspendu que les troupes du génie doivent faire sauter : ce sera le clou des grandes manœuvres. Bon. Mais pour tester sa résistance avant d'y placer la dynamite, on n'a pas imaginé autre chose que d'y faire passer une compagnie du génie. Elle arrive, « s'arrête, pèse de tout son poids, se remue, se secoue, s'agite avec ensemble... » On devine le reste. Le pont s'effondre : « Les soldats chargés de leurs sacs, de leurs gibernes, de leurs pelles, de leurs haches, de leurs sabres, de leurs fusils, tombent les uns sur les autres dans la rivière. Il y eut beaucoup de blessés et quelques morts. »

A Béziers, au moment du carnaval, il assiste à une paillade : « C'était un homme en jupon, une femme en pantalon : celle-ci maltraitait celui-là. Et des chœurs se mêlaient à l'action par des chansons patoises et des danses grotesques. Cette paillade, ou parodie, ou satire, était dirigée contre un perruquier et sa moitié, ménage mal assorti. [...]

Malheur au pauvre ami que sa femme berne! Il sera encore berné par le public. Fatale destinée! »

A Montpellier, il visite le musée de la médecine. « Je vis là pour la première fois une peau d'homme tannée, celle de Marcamaou, fameux assassin, ce qui m'impressionna beaucoup. » Puis on le mène à un amphithéâtre de la faculté : « Je vis là deux cadavres masculins, l'un pendu par les pieds, l'autre par les bras : ils avaient les ventres ouverts, les peaux enlevées, les chairs découpées. Je vis un cadavre de femme étendu sur une table, les seins lacérés, écorchés, mutilés. Je vis des bras d'un côté, des jambes de l'autre, des amas de chair dans un coin, des cervelles adhérentes au plafond; partout du sinistre, du dégoûtant. Cela me fit mal; et je ne fus pas tenté de le revoir. »

A Paris, pourtant, la morgue est au programme. C'est une petite maison basse, carrée, près du pont Saint-Michel dans la Cité : « Entrez par la grande porte, tournez la tête à gauche : vous verrez derrière un vitrage sur des dalles un peu inclinées, des cadavres d'hommes, de femmes, nus, bleuâtres, violacés, meurtris, écorchés par endroits, portant encore sur le visage l'empreinte de la souffrance; leurs vêtements sont appendus à côté d'eux. Ce sont là des noyés, des assassinés qu'on a retirés de l'eau ou retrouvés le matin dans les rues de Paris. On les a recueillis, apportés, déposés là en attendant que quelque ami, que quelque parent vienne les reconnaître, les enlever, leur donner la sépulture. Beaucoup de curieux sont groupés devant le vitrage; les uns entrent, les autres sortent, c'est comme une procession. Je ne pris pas plaisir à ce spectacle, il m'affecta singulièrement[57]. »

Mais dans le macabre, Boyer fait mieux. Il est à

Toulouse, et sur le point de partir. Ses amis lui font retarder son départ pour lui « procurer ce qu'ils croyaient être le plaisir d'un spectacle qui m'effrayait plus qu'il ne me tentait » : l'exécution du parricide Allières, meurtrier de sa mère. La foule s'amasse dès la veille au soir sur le lieu de l'exécution, le Port-Gareau. Chacun cherche « la meilleure place pour mieux voir », on bricole des échafaudages de fortune, on grimpe partout où on domine, on s'entasse en plaisantant – un immense éclat de rire salue la rupture d'une branche surchargée qui déverse sa grappe humaine dans la Garonne. A l'aube, on dresse la guillotine, dont le couteau fonctionne à vide à plusieurs reprises. « Je me sentais le cœur serré, j'aurais désiré être ailleurs. [...] Il me semblait que je commettais une mauvaise action d'assister à ce meurtre légal. »

A l'arrivée du fourgon, le silence s'établit. Les choses vont leur cours. « Tout le monde fixe le couteau. Les fantassins font demi-tour et de cinquante mille poitrines sort un « Aïe ! » comme l'on en pousserait si l'on vous coupait un membre, un « Aïe ! » que doit pousser celui qui tombe sous un coup mortel. Ce cri déchirant sorti spontanément des poitrines quand le couteau glissa est resté dans mon oreille et pour rien au monde je ne voudrais l'entendre à nouveau. »

La foule se disperse. On ne rit plus ni ne plaisante : « On eût dit que chacun de nous se sentait un peu l'assassin d'un assassin et chacun se faisait sans doute la vision du supplicié, son agonie dans le panier de son[58]. »

« Châtier le mal c'est bien, le prévenir c'est mieux », comme dit Perdiguier à Rochefort après une visite au bagne. « Les galériens, couverts de vêtements rouges et verts étaient enchaînés deux, trois, quatre, cinq ensemble et plus : ils allaient, venaient sans pouvoir se séparer jamais. Il y en avait quelques-uns d'isolés. Mais tous portaient un énorme anneau au bas de la jambe, près de la cheville du pied. Les uns circulaient dans l'enceinte du bagne, d'autres pouvaient en sortir et parcourir les rues de la ville. » Il achète quelques objets de leur fabrication : des cordons en cheveux, des boîtes en coco, des étuis recouverts de pailles de couleur[59].

Mais le Tour, ce sont aussi les « monuments », les merveilles naturelles dont sont si friands les voyageurs de ce temps : chacun va juger à sa propre mesure les lieux fameux, dont la beauté s'enrichit au fil du temps de la gloire de ses visiteurs : ainsi Arnaud le boulanger, qui admire les arènes de Nîmes puis, « sous l'influence de Jean-Jacques Rousseau », dit-il, va voir le pont du Gard[60].

Jean-Jacques Rousseau, Perdiguier n'en a pas encore lu *Les Confessions* quand il visite la grotte de la Roche-qui-pleure, près de Lyon. Il ignore encore qu'elle a « contenu et charmé le philosophe par sa beauté simple et grande », mais son émotion, toute romantique, pourrait être pourtant celle d'un disciple : « Oh mon Dieu ! écrit-il. Que ce lieu est beau ! Qu'il est frais ! Qu'il est charmant ! Que je suis heureux !... Fut-il jamais un bonheur plus grand ? O nature ! nature !... Je te remercie... Tu me fais goûter la plus douce, la plus pure volupté... Mon âme s'élève, se perd dans l'infini; mon cœur s'émeut, nage dans la joie, dans les délices. J'aime ! J'aime ! Je ne sais quoi... J'aime l'humanité... Je me mêle à tous les êtres, à la terre, au ciel, aux hommes, à Dieu, à l'espace sans bornes... »

Perdiguier est aussi le plus appliqué des voyageurs. De Lyon, il dit : « Comme partout, je faisais une étude de la ville que j'habitais. » Il y achète des livres, y va au théâtre voir jouer le *Tartuffe* de Molière et, aux Célestins, des mélodrames que l'on regarde debout. A Paris, outre la morgue, il pratique tous les musées d'art, de métier, d'artillerie, de médecine, d'histoire naturelle, les bibliothèques, prend le temps de se promener aux Tuileries, de visiter les Invalides, le Louvre, le Palais de Justice, le Luxembourg et la Bourse, le Père-Lachaise, les statues et les fontaines... Mais il n'y reste pas. Il ne travaillera pas dans une ville où l'ouvrier doit s'embaucher lui-même, c'est-à-dire en quelque sorte quémander. Et où, de plus, il faut fournir ses outils[61].

Avec Arnaud, c'est une autre affaire. Sans doute Paris ne donne pas de travail, mais alors autant en profiter. Il se mêle à une bande joyeuse de cinq compagnons, « cinq hommes de première force du tournant de la halle au blé », là où se tiennent ordinairement les flâneurs boulangers, qui « ne vivent que des bonnes fortunes de leur vie amoureuse ». Il les appelle les Enfants de la Jubilation; l'un d'eux, Poitevin sans Rémission, trouve ainsi une bourse contenant 14 pièces de 20 F en or, « à l'effigie de plusieurs monarques »... « Je m'associai pendant quelque temps, dit-il sans vergogne, à cette réunion de gais viveurs dans le but de butiner quelques bons renseignements pour ces mémoires. » Les excès ne lui font pas peur, et le voilà bientôt « sous l'influence d'une de ces enchanteresses qui nous conduisent en droite ligne à l'Enfer de Dante[62] »...

Paris, on le sait déjà, ne réussit guère aux compagnons. Et ce n'est pas là qu'on trouvera les plus belles *remarques* du Tour – détails secrets des monuments dont la description permet de prouver qu'on est bien passé là. A Montpellier, par exemple, « les compagnons remarquent, dans l'intérieur du château d'eau, un bas-relief figurant une anguille qui s'échappe à travers une trop grande maille du filet qui la retient prisonnière; et dans l'entablement dorique de la porte du Peyron, au-dessous des triglyphes, quelques gouttes pendantes non découpées. Qui n'a pas aperçu, distingué ces particularités, n'a pas vu Montpellier !... Ils disent aussi que la cathédrale a trois clochers et *deux cents* cloches, c'est-à-dire *deux sans* cloches[63] ».

C'est vrai qu'ils sont friands de ces jeux de mots et de ces jeux de pierres, que seuls les initiés pourront déchiffrer. « Les compagnons étrangers autant que passants (tailleurs de pierre), expliquera Abel Boyer en 1925, savaient par certaines dispositions savantes de la pierre ou de leurs figurines faire se détacher sur l'espace des tableaux dont la révélation par position visuelle restait leur secret. Combien de ces secrets sont partis dans la tombe avec nos tailleurs de pierre ! Il n'est plus le temps où dans leurs topages, pour s'assurer contre l'imposture, ils s'entre-disaient : « Qu'avez-vous remarqué de remarquable, la Coterie, en passant par Montpellier[64] ? » De Marseille, il faut pouvoir expliquer un bas-relief usé de la Tourette, à l'entrée du port, qui représente, assure-t-on, Marseille en personne; de Nîmes, une statue, non loin des Arènes, qui en est, dit-on de même, la représentation exacte; de Béziers, Pupujus – « sans cela on n'avait rien vu, assure Perdiguier, pas même Béziers[65] ».

Le pont du Gard est un haut lieu compagnonnique* au même titre que les chefs-d'œuvre des compagnons : le grand théâtre de Bordeaux, construit en 1780, le pont-canal d'Agen, l'hôtel de ville de Marseille, qui, « rue de la Loge, possède une voûte cylindrique renfermant d'autres voûtes hémisphériques par appareil d'enfourchement », prouesse professionnelle de tailleurs de pierre.

A Avignon, il ne fallait pas manquer « le Pendantif », qui se trouve sous le portique donnant accès dans la cour du château : « Ce pendantif est une voûte en arc de cloître et formant voûte d'arête sur un point où il semblerait nécessaire qu'une colonne soutînt cette partie. Le grand tour de force de nos pères est justement d'avoir su se passer de ce point d'appui. Ce chef-d'œuvre provoque à la fois une impression de terreur et d'admiration devant l'imposante symétrie de cette masse de pierre suspendue dans le vide[66]. »

Les monuments traditionnellement visités par les compagnons portent leurs signatures – on a déjà vu Abel Boyer se fabriquer un marteau et un burin pour graver son nom à la Sainte-Baume. « C'est une vieille manie, dit-il, que de vouloir laisser la trace de soi-même; on l'a même ridiculisée en disant que le nom des ânes se trouve partout. Ane ou mulet, j'ai ainsi gravé mon nom au sommet du clocher natal quand j'étais chargé d'aller graisser les cloches; des compagnons m'ont rapporté l'avoir lu au haut de la tour Magne, sur les appuis du petit jardin de la fontaine, à Nîmes, et (à la Sainte-Baume). » Pour lui, découvrir ainsi des noms de compagnons, c'est une occasion de remettre les choses en place : « Nos pères ont

* Les arcades du réfectoire de la maison de compagnonnage de Lyon, 15, rue Tissot (A.O.C.D.), sont faites d'une pierre claire tirée des carrières où les Romains trouvèrent les matériaux du pont du Gard.

passé par là et, souvent seul avec moi-même, j'ai médité devant ces pierres qui ont vu naître et disparaître tant de générations, assisté inertes à tant de convulsions sociales, tandis qu'elles sont encore là, debout, défiant les siècles[67]. »

C'est sur les pierres de la vis de Saint-Gilles du Gard, de la tour Magne, des arènes et du temple de Diane à Nîmes, du pont du Gard, de la basilique de Saint-Maximin qu'on trouve le plus de signatures, parfois accompagnées d'une date ou d'outils symboliques. En haut de la vis de Saint-Gilles, Perdiguier inventorie « des marteaux taillants, des compas, des équerres, des niveaux, des noms et des millésimes, dessinés et gravés profondément dans la pierre rongée par les ans ». Il relève les noms de :

> Joli Cœur de Laudun, 1640
> l'Invention de Nanci 1646
> l'Espérance le Bérichon 1655
> la Verdure le Picard 1656*[68]

A Lyon, dans l'église Saint-Nizier, « au-dedans des petites voûtes qui percent les contreforts de l'abside pour laisser passer le balcon qui règne tout autour, à l'intérieur, face à la rue des Forces », on peut voir que sont passés là :

> Nantois Lennemi du repos
> Bayonne le bien némé
> Bourginio l'incrédule[69]...

* Les deux premiers correspondent au mode de composition des noms en usage chez les tailleurs de pierre du Devoir de liberté (compagnons étrangers), les deux derniers aux noms en usage chez les tailleurs de pierre du Devoir (compagnons passants). Le relevé de Perdiguier est incomplet pour le deuxième nom, qui est en réalité : « LA PLUME LINVENTION DE Nancy en Lor. » La date est 1657.

Et de Nîmes à Lyon, de Montpellier à Bordeaux chante la litanie des noms de compagnons un jour passés là, ajoutant leur signe aux signes — défiant eux aussi les siècles. « Vous êtes sur le bon chemin », semblent dire les remarques et les signatures à qui sait les voir.

Et si le compagnon oubliait qu'il est sur le Tour, le *topage* viendrait bien vite le rappeler à la contondante réalité. *Toper,* c'est interpeller celui qu'on croise en chemin pour lui demander de s'identifier :

> *... Voici la route*
> *Où l'on me topera sans doute*
> *Pour savoir à qui j'appartiens*[70].

Soient donc un chemin et deux hommes qui marchent l'un vers l'autre. Leur œil exercé reconnaît dans la silhouette de qui vient là-bas un possible compagnon. Ils s'immobilisent à vingt pas l'un de l'autre :

« Tope ! dit l'un.
— Tope !
— Quelle vocation ?
— Charpentier. Et vous, le pays ?
— Tailleur de pierre.
— Compagnon ?
— Oui, le pays. Et vous ?
— Compagnon aussi. »

« Alors, explique Perdiguier, ils se demandent de quel côté et de quel devoir. S'ils sont du même, c'est une fête, ils boivent à la même gourde; si un cabaret se trouve près de là, on va choquer les verres. Dans le cas contraire, ce sont les injures d'abord, et puis les coups[71]. »

C'est ainsi qu'un certain Joannès Gilibert, dit Forézien le Prévoyant, compagnon tisseur-ferrandinier de Saint-Etienne, victime d'un topage par un *marpeau,* tisseur de la société opposée, en a fait une chanson :

J'étais déjà au comble du bonheur
Quand sur mes pas un compagnon s'élance
En s'écriant d'un ton provocateur :
Tope! A ce mot sans plus de résistance
Il fallut s'arrêter
Combattre et triompher
Et d'un choc vigoureux
Nos cannes retentissent
Nos visages pâlissent
C'est à qui de nous deux
Sera victorieux[72].

Dans l'autre cas, se reconnaissant de même rite et de même métier, les compagnons de certaines sociétés s'approchent l'un de l'autre en faisant la guilbrette et s'échangent à l'oreille les fameux mots de guet qui les identifient formellement. Sans doute, parmi tous les symboles qui nourrissent le topage, peut-on trouver l'ancienne tradition de l'épreuve, de la quête du Graal où, pour Perceval et Lancelot, chaque rencontre était une épreuve; il fallait connaître les réponses pour s'avancer sur le chemin d'initiation – qu'avez-vous remarqué de remarquable, la coterie? Sans doute aussi est-ce une façon pour le compagnonnage de s'affirmer société fermée. Vers 1820, les membres d'une société secrète dite des Chevaliers de la liberté se reconnaissaient en pratiquant une méthode des plus simples : l'affilié lève ou étend un, deux ou trois doigts : l'autre répond en levant quatre, trois ou deux doigts, le total doit faire cinq, et la reconnaissance est faite[73]. Il va sans dire qu'il est presque toujours possible de refuser le topage, au prix d'un mensonge ou d'une humiliation, celle de *passer au large*.

Voici le serrurier Moreau sur le chemin de Bordeaux : « A quelques pas de Rochefort, nous rencontrâmes cinq grands et forts lurons armés de longues et solides cannes. Ces hommes laissaient facilement entrevoir dans leurs démarches et dans l'expression que prenaient leurs physionomies le désir d'accomplir une mauvaise action. N'étant plus qu'à une courte distance, le plus grand s'avança quelques pas en prenant une attitude hostile et se mit en garde pour faire une évolution de bâton en nous criant d'une voix forte : « Tope ! » [...] Je le laissai répéter trois fois dans l'intention de le rebuter. » Mais l'autre ne se « rebute » pas, au contraire. Il se moque, il menace. Moreau alors répond :

« Tope !

– Quelle vocation ?

– Serrurier.

– Passez au large », dit-il avec mépris.

« Je passai avec mon camarade sur le bas-côté de la route, en plaignant leur aveuglement. [...] En passant près d'eux, je reconnus à leurs brochoirs qu'ils étaient compagnons maréchaux[74]. »

Avec les maréchaux et les charpentiers, les doleurs (tonneliers) sont parmi les topeurs les plus redoutés. A juste titre pour ces derniers, si l'on en croit Perdiguier, qui vient alors à peine de quitter son village : « Nous cheminions sous un ciel éclatant. Voilà que nous rencontrons quatre compagnons doleurs portant des sortes de grosses haches appelées doloires. Nous eûmes quelque crainte d'être topés. Heureusement, ces hommes étaient extrêmement fatigués : ils passèrent à côté de nous en nous regardant de travers. C'était marquer peu de méchanceté. Il pouvait nous arriver pire. Plus d'une fois on a vu des compagnons doleurs se servir de leurs doloires dans les batailles et abattre bras et épaules de leurs adversaires. Nous le savions, et il eût été peu flatteur pour nous de nous retrouver invalides si jeunes et au début de notre première campagne... »

En principe, le topage est interdit chez les gavots. Un jour, Perdiguier et Provençal s'avancent sur la route. Au loin, quelqu'un. « Il n'a pas quatre pieds sept pouces de taille. Sur son dos, il porte un énorme sac en poils de chèvre; à sa main, il tient un bâton, qu'il trouve sans doute bien insuffisant; il pose son sac sur le bord de la route, met son bâton de côté, saute un ruisseau, va couper une branche d'arbre, revient se mettre en chemin et nous attend. Nous arrivons à vingt pas de lui. Il nous crie : « Tope! » Au lieu de s'immobiliser et de répondre, Perdiguier et Provençal continuent d'avancer.

« Vous n'êtes donc pas des ouvriers? demande l'autre.

– Nous sommes des ouvriers comme vous, répond Perdiguier. Mais nous ne sommes pas de la même société. Notre société nous défend de toper et de répondre à qui nous tope.

– Vous êtes donc des gavots?

– Oui, des gavots, des menuisiers, des compagnons du Devoir de liberté. Et vous comprenez que si nous étions méchants, vous ne seriez pas le plus fort. Passez et laissez passer, c'est le plus raisonnable et le meilleur pour tous. »

Le même jour, un peu plus loin, les deux menuisiers rencontrent un groupe de charpentiers de Soubise, réunis pour fêter la Saint-Joseph : « Ils nous virent, ils pouvaient nous toper, nous assommer. Ils n'en firent rien. Rendons-leur des actions de grâce. » Mais la journée n'est pas finie. Il va faire nuit. « Nous montons une côte. A son sommet, à un détour, apparaissent soudain six compagnons d'une haute taille; nous en avons la berlue : c'étaient six colosses! Vestes de velours, gourdes au côté, suspendues à un cordon rouge qui leur passait sur l'épaule gauche et se dessinait sur leur poitrine; énormes bâtons longs de cinq pieds et plus; des figures velues, rébarbatives... Ces six hommes réunis pouvaient faire peur au diable. Provençal en fut atterré. De mon côté, je compris le danger de la situation. Je lui dis : « Voici un « mauvais pas. Ce sont des ennemis. Ils parais- « sent déterminés. Nous courons risque d'être « tués ou estropiés ici. S'ils nous topent, laissez- « moi répondre. »

Un « cri formidable » se fait entendre : « Tope! » Provençal et Perdiguier avancent sans répondre. Le cri retentit une fois encore : « Tope! » Et une troisième fois : « Tope! » Les deux menuisiers arrivent face aux six géants qui barrent le chemin et demandent « avec rudesse » :

« Pourquoi ne répondez-vous pas? Qu'êtes-vous donc?

– Conscrits, dit Perdiguier. Nous allons à Bordeaux nous incorporer dans notre régiment. »

Les géants les laissent enfin passer, « quoique à regret ». « Le mensonge répugne, conclut Avignonnais, mais il y avait péril à ne pas l'employer. » Il avoue pourtant ne pas s'être vanté de cet « acte de prudence » pour ne pas être accusé de lâcheté.

Les indépendants ou les sociétaires, ouvriers hors compagnonnage, font souvent les frais des topages. En 1825, une fausse conduite des compagnons forgerons de Bordeaux barre la route à un groupe de sociétaires de l'Union accompagnant un jeune partant, Beauceron. Perdiguier se trouve là : « Ils virent venir les indépendants, dit-il, les topèrent, fondirent dessus à coups de bâton. [...] J'étais sur le pont. Je vis venir des ouvriers en désordre, déchirés, pâles; quatre d'entre eux portaient sur un brancard improvisé avec des branchages un cadavre... C'était là le Beauceron[75]... »

Moreau raconte plusieurs topages; il n'hésite jamais à mentir ou à passer au large pour éviter l'affrontement. Et même, chaque fois qu'il le peut, à voyager en voiture, ce qui le met en principe à l'abri des topeurs. Encore qu'on ne soit jamais à l'abri : il se fait une fois toper dans une auberge, au lever du jour, par des doleurs en petite tenue; par chance, c'étaient des amis, et cela se finit verres en mains[76].

Car bien sûr toutes les rencontres ne sont pas mauvaises. Encore aspirant, et alors qu'il se languit d'Avignon, Perdiguier trouve un Avignonnais occupé à pêcher le poisson près de Montpellier : « Il parlait mon patois, il avait mon accent... » A Paris, il retrouve un ami d'enfance, Cadet Martel, filleul de sa mère, arrivé là comme garçon cuisinier mais engagé dans la Garde royale « après quelques étourderies[77] ». A Montpellier encore, c'est Batard qui reconnaît dans un compagnon un garçon de Nantes avec qui il a fait son apprentissage chez M. Marchais. Et à Tarascon, il sera embauché par un M. Fournier dont le fils a souvent joué au billard dans le café que tiennent les parents du jeune bourrelier[78]. Le monde est petit, c'est vrai, mais en attendant d'en avoir fait le tour, les retrouvailles donnent toujours un peu de chaleur aux jours. Dans le genre, la plus belle rencontre, c'est un compagnon maréchal-ferrant, Agenais Marche Sans Peur, qui l'a faite.

La première fois qu'il a vu Bel Amour le Saintongeais, compagnon cordier, c'était pour Pâques 1836. « Complet noir, chapeau haut de forme, canne majestueuse », il venait rendre visite à son père, lui-même compagnon maréchal, nommé Agenais le Rustique. C'était à Pène, en Lot-et-Garonne. Arriva aussi un oncle, compagnon cordier qui devait interrompre son tour de France pour faire son service militaire. Bel Amour décida de faire la conduite de l'oncle. Après la poularde, le saucisson, après la « grosse marie-jeanne de bon bleu », après les chants et les adieux, les deux hommes s'éloignent. On ne revoit plus Bel Amour. Le temps passe.

Le 30 septembre 1898, près du pont suspendu du port de Pène, Agenais Marche Sans Peur entend une voix chevrotante filer un refrain familier :

Glorifiant son zèle
Et la fidélité
Sera toujours fidèle
Aux compagnons cordiers...

Il voit un vieil homme qui tisse sa corde en reculant. Il s'approche : c'est Bel Amour le Saintongeais! Ils ne se sont pas vus depuis la conduite de l'oncle, soixante-deux ans plus tôt. Ils se reconnaissent, s'embrassent, se donnent rendez-vous pour le lendemain. Soixante-deux ans! Le lendemain, Agenais est là. Mais pas Bel Amour. Il était mort dans la nuit[79].

VIII

LA BELLE OUVRAGE

La Prière au Travail. – Enclouure. – L'art du trait. – Ça et ça. – Divine perpendiculaire. – Les tenailles de mon père. – De fins ouvriers. – Un hiver merveilleux. – Le fer de gageure. – Dans le porte-monnaie. – Vingt ans pour un chef-d'œuvre. – Expertage. – Le trou. – La chaire de Montpellier. – Un pont sur la Saône.

Nos bras taillent le bois, la pierre
Façonnent le fer, les métaux
Rien n'est étranger sur la terre
A nos esprits, à nos travaux
Ennemis de tout esclavage
Venus du Nord ou du Liban
Nous sommes le Compagnonnage
L'Asie du peuple artisan.

Agricol Perdiguier,
Avignonnais la Vertu[1].

« COMPAGNONS, mes amis, mes frères, élevons nos cœurs dans une commune pensée pour glorifier le Travail, la première et la plus haute vertu du compagnonnage.

« O Travail! Devoir sacré de l'homme libre! Force et consolation des cœurs généreux! Toi qui préserves des passions lâches et mauvaises, toi qui rends plus douces au cœur les caresses de l'enfant et l'affection de l'épouse, sois glorifié! C'est toi qui nous donnes l'estime de nous-même et nous fais meilleur pour les autres! Tu nous protèges contre la corruption du vice, tu nous assures la Liberté, tu nous enseignes l'Egalité et tu mûris nos âmes pour la divine Fraternité!

« Sois glorifié, ô Travail! Sois béni par tous les enfants du Compagnonnage pour tes présents du passé et sois béni pour les bienfaits de l'avenir. »

Quand le récitant se tait, tous les compagnons

se lèvent et répondent : « Gloire au Travail! » Cette singulière *Prière au Travail*, composée par J. Chabert, dit Bressan l'Estimable[2], prend son sens quand on sait qu'elle s'est dite à Lyon chez les tisseurs-ferrandiniers, longtemps victimes d'insupportables conditions de chômage et de misère. Oubliée la malédiction biblique; la sueur au front de l'ouvrier devient l'eau de son nouveau baptême, le travail se transmue en vertu – « la première et la plus haute ».

Nul doute que le compagnon aime son métier d'un « amour sacré », comme on peut aimer son pays, pour des raisons qui échappent aux seuls intérêts. D'autant que l'ouvrier, y trouvant à la fois son pain et son accomplissement personnel, s'intègre dans une vision globale de l'univers où chaque élément doit remplir son juste rôle à sa juste place, modeste rouage d'un grand Tout, pour aboutir à une proposition singulièrement austère : « Etre droit, modeste, travailleur est un devoir qui ne mérite aucune récompense. »

Aucune récompense? Allons donc! Voyez Abel Boyer, aspirant maréchal-ferrant, dit Périgord. Son métier est de ferrer les chevaux et les mulets. Alors il ferre, et du mieux qu'il peut, du mieux qu'il sait. A Arles, il ferre à froid, dans sa matinée, une bonne dizaine de mulets, puis prépare des fers d'avance. Chaque soir, M. Ferrier, le patron, vient voir le tas de fers au pied de l'enclume et apprécie : « Pas un n'en ferait autant. » Et c'est bien une récompense pour l'ouvrier que ce patron connaisseur qui rend justice à son travail. A Vergèze, quand le patron n'est pas là et qu'il a le temps, il s' « ingénie » à forger des fers de grande taille, inutilisables, donc inutiles, qui restent pendus au plafond – pour qu'ils soient tolérés, il faut

« qu'ils fassent honneur à la boîte ». Et quand, plus tard, des compagnons lui demanderont :

« N'as-tu pas travaillé à Vergèze ?

– Oui, répondra-t-il, pourquoi ?

– J'ai reconnu tes fers à mulet... »

Aucune récompense ? La morale du devoir devient morale du salut. « Celui qui aime vraiment son métier le fait bien, dit Boyer. Cela lui procure des satisfactions intérieures que les autres ne peuvent éprouver. Combien de fois ai-je vu un ouvrier ramasser ses fers et les contempler amoureusement, ou regarder partir le cheval qui s'en va sur ses beaux aplombs, nanti de ses quatre fers aux pinçons bien levés, chanfreins réguliers accusant la courbure gracieuse du sabot[3]... » C'est sans doute que le travail du compagnon n'est pas seulement destiné à produire le meilleur résultat possible, mais aussi à rendre un homme plus heureux.

Ou plus malheureux car tout se joue à chaque fois. Durant son apprentissage à Avignon, Perdiguier travaillait un jour à un éventail pour un entresol. « J'assemblais, raconte-t-il, le jet d'eau dans la partie courbe, dont le bois était excessivement ronceux. Le tenon forçait, un peu trop assurément. Armé de mon maillet, je frappe tout doucement, tout doucement. Malgré mes précautions, la mortaise éclate, la partie courbe se sépare en deux : elle n'est plus bonne à rien. J'en fus peiné, humilié, outré, désolé... » Et il pleura, ce jour-là, l'apprenti Perdiguier, malgré les « bonnes paroles » de son patron[4].

Le comble est en ce sens la critique professionnelle injustifiée. S'il n'obtient pas d'excuses publiques en compensation, le compagnon doit quitter la boutique. Boyer, encore. Cette fois, il est à

Roquevaire, près de Marseille. Il vient de ferrer les pieds de devant d'une jument. Il y a là le patron et le client. L'animal s'énerve. On constate qu'un peu de sang perle sous le sabot : « Vous m'avez encloué cette jument, pays ! » reproche le patron. Enclouer, c'est enfoncer par maladresse un clou de ferrage de telle sorte qu'il blesse la bête en atteignant la chair au lieu de ne traverser que la corne. C'est une faute d'apprenti. On ne devrait jamais avoir à la reprocher à un vrai maréchal.

Périgord proteste. Il en va de son honneur et de bien plus encore : c'est lui-même qui est remis en cause, et sa société avec. On décloue le fer pour juger. On découvre que le clou – un clou pailleux, à bon marché – s'est fendu, que la plus grosse part s'est enfoncée droit et c'est l'autre qui a blessé l'animal. Le patron se calme, mais cela ne suffit pas à Boyer : « Il y a des mots, dit-il, qui atteignent comme des coups de poignard, et ceux qui les ont lâchés se croiraient diminués de verser sur la plaie un peu de baume. A leurs yeux, on a même le tort de n'avoir pas tort... »

Il demande son compte et part sur-le-champ.

On peut comprendre le sentiment d'injustice qu'il éprouve quand on connaît l'art qu'il met, malgré son jeune âge, à résoudre les problèmes techniques du métier : « C'est au Mus, près de Nîmes, que j'ai pour la première fois exécuté des fers à bords renversés, travail que je considère comme l'une des plus grandes difficultés du métier et qui n'a d'autre but que de les vaincre[5]. »

Toute difficulté est un défi que le compagnon doit relever. Poussé à l'extrême, ce souci de maîtriser le presque impossible donnera naissance au chef-d'œuvre, test et preuve de la plus haute maîtrise, par quoi l'ouvrier se *qualifie* et, d'une certaine façon, se sauve.

Le compagnonnage se sent si responsable de la réputation de compétence de ses membres qu'il en arrive à organiser une solidarité destinée à justifier la qualification de chacun. Si un menuisier du Devoir, explique Chovin de Die, se trouve embarrassé dans un travail difficile qu'il n'a jamais fait ni vu faire, ceux qui savent le conseillent, le soir ou pendant les repas chez la mère. Si cela ne suffit pas, un compagnon très qualifié entrera dans son atelier sous le prétexte de le saluer. Et là, discrètement penché sur l'épure ou l'établi, il résoudra la difficulté – et le patron n'y aura rien vu. La réputation de la société est sauve[6].

Heureux mélange de théorie et de pratique, l'enseignement dispensé sur le Tour est bien la meilleure école des métiers. Aux façons qui font la main adroite s'ajoutent les leçons, qui la font intelligente. L'adresse, l'aspirant l'apprend des compagnons et des maîtres qu'il fréquente. A mesure qu'il voyage, il change d'outils, de professeurs, de manières. Mais s'il le veut, tout au long du voyage, il apprendra le *trait*, art indispensable, notamment dans les métiers de la pierre et du bois. Formé à la théorie aussi bien qu'à la pratique, il pourra devenir créateur, œuvrier responsable d'une réalisation complète, et plus seulement l'exécutant d'une tâche parcellaire et répétitive.

Le trait, c'est le tracé préparatoire des coupes et des assemblages, la maîtrise des plans et des volumes, une sorte de géométrie descriptive que les besoins des chantiers auraient fait inventer bien avant que Monge n'en fît une discipline codifiée. Les compagnons en ont peut-être hérité la connaissance des moines bâtisseurs de Cluny et de Cîteaux, des templiers revenus d'Orient avec un savoir neuf.

Sous l'acacia allons cueillir des fleurs
Rappelons-nous que la Géométrie
Nous fut léguée par ce grand fondateur[7]...

Pour Perdiguier, qui l'enseignera un moment à Paris, le trait est « l'art de dessiner les appareils de charpente, de pierre, de menuiserie[8]. » Le *Traité de la coupe des pierres ou art du trait,* de Simonin, publié en 1792, ajoute des considérations esthétiques : « A le considérer dans son objet, on pourrait le définir : art de construire solidement et avec élégance les voûtes des édifices. On voit par là que la théorie doit être fondée sur la géométrie et la méchanique; et que d'ailleurs elle doit être conforme aux règles de la belle Architecture. En effet, qu'importerait à un artiste de savoir exécuter des voûtes qui n'auraient que le mérite de la difficulté vaincue et qui seraient désapprouvées par le bon goût ? »

Couper du trait relève de la routine, mais *l'art du trait* est un art libéral. On comprend vite la différence en considérant, dans ce même ouvrage, l'épure et la théorie des voûtes surbaissées à 11 centres, ou celle d'une vis de Saint-Gilles sur noyau cylindrique[9]. « Savoir couper son bois, explique Perdiguier, avoir comme on dit une bonne main d'œuvre, c'est beaucoup pour l'ouvrier et c'est bien peu pour le maître. » Car dans son esprit, on ne s'arrête pas en chemin, et le compagnon doit devenir maître. Aussi recommande-t-il avec insistance aux jeunes affiliés d'apprendre le trait sur le Tour, même si cela leur coûte et les prive de loisirs : « Occupez-vous de dessin linéaire, prenez de bonnes notions des cinq ordres d'architecture, et vous formerez ainsi votre goût sur les proportions les plus justes et les plus belles. Acquérez la connaissance de la géométrie descriptive appliquée à la menuiserie, c'est-à-dire du trait de l'escalier, de l'arêtier des voussures et d'un grand nombre de coupes de bois. Alors vos idées seront claires, vous aurez la conception des ouvrages quels qu'ils soient et vous pourrez les exécuter avec goût et facilité[10]. »

Notre Avignonnais, on s'en doute, n'a pas manqué de suivre pour lui-même les conseils qu'il donne aux jeunes. A Avignon, avant même son départ sur le Tour, et alors que sa journée de travail court de cinq heures du matin à huit heures du soir, prenant à peine le temps de souper, il est avant neuf heures avec quelques autres dans la classe de trait : « Nous dessinions jusqu'à onze heures. »

A Marseille, il loge chez un M. Portalès, dit Languedoc le Chapiteau, qui a fait son tour de France et son tour d'Italie, un homme très savant en architecture. Malheureusement, trop âgé, il ne donne plus guère de cours de trait, et se contente de prêter des dessins à copier contre la modique somme de 1 F par mois. La journée de travail finissant à sept heures pour les gavots de Marseille, Perdiguier en profite pour dessiner le soir dans la chambre à deux lits qu'ils sont quatre à occuper.

A Bordeaux, il fréquente tous les soirs de sept à onze l'atelier de M. Barbier. Plus tard, il va habiter chez un vieux professeur, Avignonnais le Chapiteau. Comme cela se fait à l'époque, les deux hommes partagent le même lit. Mais voilà que le vieux dépérit. Il a les lèvres bleues, tousse, crache, sent mauvais. Perdiguier fait ce qu'il peut pour surmonter sa répugnance, mais retarde chaque soir le moment de se coucher : « Je restais là; j'y restais longtemps, dessinant, travaillant. J'entendais sonner deux heures, trois heures du matin... » Il finira par quitter Bordeaux pour échapper au cauchemar[11].

Joseph Loubet, fils de François, dit l'Albigeois le Soutien des Beaux-Arts*, compagnon charpentier du Devoir de liberté a raconté la façon dont on apprenait le trait chez son père, vers 1880 : « Assez souvent, l'hiver, à la veillée, ou encore par les jours de mauvais temps, le patron reprenait ses fonctions de maître de trait. Sous le hangar couvert, rapidement débarrassé des copeaux et des débris de bois, tendant les ficelles enduites de blanc de craie qu'il suffisait de pincer en les soulevant pour marquer le sol; développant les décamètres, les grands compas, les équerres géantes, les ouvriers traçaient en grandeur nature les figures d'une « ferme », les épures d'un escalier. »

Il parle de « coopération fraternelle », de « grande joie », de « belle fierté » : « Ils avaient l'amour de la belle œuvre, le goût de la discipline qui pliait sans effort les glorioles personnelles dans l'ambition d'une réalisation collective[12]. » C'était là ce qu'on appelait « une partie de trait, de cordeau, de sauterelle (fausse équerre) et de niveau[13] ».

En 1850, les charpentiers bons drilles ont encore six écoles de trait dans la région de Paris.

* Installé à Montpellier, il y réalisa par goût du défi et en quelques semaines seulement une toiture d'une difficulté exceptionnelle pour les anciennes arènes de la rue Pergolèse à Paris, transférées et remontées sous la gare de Palavas.

Les élèves versent une petite contribution, fournissent la chandelle, le papier, les règles, la « pièce carrée » (la planche) et les crayons. Les écoles sont ouvertes entre la Toussaint et fin mars, de dix-huit à vingt-deux heures.

Chez les menuisiers du Devoir, l'aspirant doit attendre d'être reçu compagnon pour pouvoir se perfectionner vraiment dans l'art du trait. Il a alors seulement accès aux cours professés chez la mère « les dimanches fêtes et jours fériés ». La cayenne comporte fréquemment, en plus de la salle de cours, une salle de pratique avec des établis et où sont exposés des chefs-d'œuvre : c'est la *salle des modèles*, où l'on peut « débillarder une courbe, exécuter un escalier à deux volées ou un cul de lampe[14] ».

Les écoles de trait du compagnonnage ne ressemblent guère à l'atelier de descriptive de Polytechnique ou de Centrale, où pour apprendre les mêmes techniques, les élèves disposent d'un important bagage théorique et d'un langage spécifique. Chez les compagnons, le travail consiste dans le dessin des coupes de bois sous la surveillance du maître qui, à la fin du cours, fait des démonstrations à grandeur réelle sur des planches juxtaposées au ras du sol. « Nous faisons des cours de géométrie descriptive, dit un Soubise, auxquels personne (d'étranger à la société) ne comprend rien; mais ça réussit tout de même. C'est très curieux. Il ne faut pas dire, par exemple : « En élevant cette perpendiculaire, en tirant cette oblique, etc. » On dit : « Tiens, tu vois *ça* et puis « *ça;* en mettant un morceau de bois comme *ça,* « en traçant *ça* comme *ça*, on fait deux coupes et « ça fait un arêtier. » Nous avons des ouvriers qui ne connaissent pas un mot d'algèbre ni de quoi que ce soit, et qui sont plus forts en descriptive – une descriptive impossible, fantastique – que tous les ingénieurs du monde. Les courbes d'un navire, pour eux, c'est de la plaisanterie[15]. »

On trouve à l'époque beaucoup de compagnons dont le nom proclame la maîtrise en la matière : Lyonnais l'Ami du Trait, professeur à Lyon; Dauphiné l'Ami du Trait, président de la coterie au Pecq lors de la grève des charpentiers en 1832; Bayonne Le Flambeau du Trait qui défiera un jour Perdiguier; Joseph Voisin, qui sera dit Angoumois l'Ami du Trait après sa réception. Il a fait du chemin, le petit ouvrier de douze ans qui clouait des caisses à Cognac... Un jour, à Saint-Etienne, il travaille, bien que charpentier du Devoir de liberté, chez un patron Soubise qui emploie un gâcheur (contremaître) Soubise. Son établi se trouve près du plancher d'épure – le relevé d'un dôme en tour ronde – sur lequel le patron et le gâcheur sèchent depuis deux heures « sans pouvoir arriver à trouver le relevé des pannes dans les différentes hauteurs ». Il s'approche. « Je connaissais, dit-il, le dessin de ces combinaisons que je pratiquais tous les soirs avec les compagnons, car, à cette époque, il fallait se perfectionner pour ne pas se laisser prendre par les Soubise et, à l'occasion, pouvoir les mettre à bout. » Il s'approche donc, prétend que c'est « l'enfance de l'art ». Avec la bénédiction du patron, il prend le compas et résout le problème. Le gâcheur vexé attrape son paletot et disparaît. Voisin achève l'ouvrage. C'est lui aussi qui écrira ce singulier quatrain :

Divine perpendiculaire
Quel symbole nous montres-tu

Je vois ton auguste mystère
Dans la justice et la vertu[16]...

Aux environs de 1850, commence une lente désaffection des écoles de trait. Il n'y a plus autant de maîtres – métier mal payé et, dit Perdiguier, « sans avenir » – ni de compagnons passant leurs soirées à faire les yeux doux aux « divines perpendiculaires ». Après 1870, note Voisin, on ne trouve pas plus de deux ouvriers sur vingt ou vingt-cinq sachant lire. Lui-même, qui connaît le trait, se trouve particulièrement privilégié. Non seulement il n'est plus jamais débauché, mais il doit « trouver des prétextes » pour quitter ses patrons et aller voir ailleurs.

A Montpellier, on l'embauche comme sous-gâcheur (adjoint au chef de chantier). Quand il est à Toulouse, Bourdon, maître charpentier de la compagnie Eiffel, vient demander de bons compagnons pour reconstruire le pont d'Empallos emporté par une crue en 1875; Voisin fait venir de Montpellier et de Bordeaux plusieurs charpentiers du Devoir de liberté – parmi eux, un certain Eugène Milon, dit Guépin le Soutien de Salomon, qui deviendra rien moins que le chef de chantier de la tour Eiffel[17].

Bel exemple de la valeur d'une formation à la fois théorique et pratique qui tout au long d'un patient itinéraire donne à l'ouvrier qui voyage une main nécessairement plus riche que celle de l'ouvrier qui, comme dit Boyer, « n'est jamais sorti de son trou ». Cela commence avec les outils. L'aspirant apprend à se faire à des outils différents propres à chaque région et parfois à chaque atelier. S'il ne transporte pas les siens, c'est à la fois par commodité et par tradition : sous l'Ancien

Régime, il était interdit aux compagnons de posséder leurs gros outils de métier, ce qui était bien dans l'esprit de défense des maîtres et corporations d'alors : l'ouvrier sans outils était plus dépendant, et ne pouvait travailler à son compte, avec ou sans autorisation...

Là encore, pourtant, Paris fait exception. Lorsque Perdiguier arrive dans la capitale, le chômage sévit, certes, « mais ce qui ajoutait à notre embarras, c'est que les maîtres de Paris obligent les ouvriers à se fournir des outils ». Ils sont trois qui trouvent enfin une embauche, mais n'ont pas les moyens d'acheter les varlopes, les rabots, les scies nécessaires. Caderousse et Gagnol peuvent s'en faire prêter, Perdiguier, lui, quittera la ville après l'avoir visitée[18]. Chovin, le menuisier devoirant, qui passe à peu près à la même époque, suggère que les partants revendent leurs outils aux arrivants, mais cela ne se pratiquera guère. On continue d'aller acheter au Temple, « où on trouve toutes sortes de choses soi-disant meilleur marché qu'ailleurs[19]. »

L'inconvénient d'avoir à changer d'outils n'est pas négligeable. Boyer rappelle la rengaine des aspirants : « Ah! si j'avais les tenailles de mon père! Eh bien, c'est vrai, même un mauvais outillage, quand on l'a bien en mains, on s'en sert mieux que d'un meilleur auquel on n'est pas habitué. En vieillissant, par expérience acquise, cette difficulté s'atténue sans disparaître tout à fait. » Mais le pire qu'il ait connu en matière d'outil, c'est à Roquevaire, chez ce patron, M. David, qui l'accusa d'avoir encloué une jument. M. David était gaucher, et tournait son enclume à l'envers : « Que ceux qui ne se sont jamais trouvés dans un cas pareil veuillent bien passer leur ferretier (marteau) de la main gauche ou mettre la bigorne du côté de la planche et essayer de carillonner ! »

On sait comme on peut s'attacher à des outils, pour leur valeur sentimentale, mais aussi « parce qu'ils jouent, dit Boyer, un rôle déterminant dans l'exécution[20] », qu'ils sont le prolongement de la main, qu'ils font partie du geste. Aussi peut-on penser que malgré l'inconvénient du transport, les compagnons gardent avec eux quelques pièces familières en attendant, le Tour fini, de s'installer. Vers 1720, un auteur anonyme imagina ce dialogue entre « la petite varlope » et son maître :

Petit outil, joli tranchant
Ton fust est loyal et marchant
Orné d'une très belle tête.
Sois-tu préservé de tempête
Petit outil, outil de Roy,
L'ouvrage se fond devant toi.

Mon maître, servez-vous de moi
Vous serez plus heureux qu'un roi
Vous sçavez que je suis l'unique
Des outils de votre boutique.
Les établis et les valets
Les règles, trusquins et maillets
Reconnaissent mon Eminence,
Me portent honneur et révérence[21].

Avec l'outil, les professeurs ont sous la main un symbole vertueux — un bon ouvrier, disent-ils, a de bons outils, ou encore : un bon ouvrier n'oublie pas ses outils. Le symbole est là, sous la paume, proche, familier, voire humble. Ecoutez le cordonnier Parisien Bien-Aimé :

Chantons chantons le tablier
Parfaite image
Du courage
Allons allons bon ouvrier
Un refrain pour le tablier[22] *!*

Et Frédéric Escolle, compagnon étranger tailleur de pierre du Devoir de liberté, dit Joli Cœur de Salernes, un peu avant le « grand repos » :

Allez vous reposer dans le fond de ma cave
Compagnes de mes jours de travail, comme
[épave
D'un bâtiment brisé par la fureur des flots
S'échouant sous les yeux des vaillants mate-
[lots.
Là du moins vous aurez en pleine solitude
Un repos mérité d'un labeur long et rude.
Marteaux, pioches, ciseaux, vous êtes
[émoussés,
Ah ! pour vous diriger mes bras en sont las-
[sés
Vous n'avez plus d'acier, le fer seul reste au
[manche
Et moi, les reins courbés vers le tombeau,
[je penche.
Adieu mes chers outils, la rouille vous
[attend
La terre vous créa, la terre vous reprend
Il faut abandonner du soleil la lumière
Et rentrer chez les morts, redevenir pous-
[sière[23]*.*

Aux inconvénients des changements d'outils, il faut ajouter les changements d'unités de mesure selon les régions. Jusqu'à ce que le système métrique – institué en France en 1795, devenu légal en 1799, rendu obligatoire en 1837 – fût vraiment appliqué, il faut se débrouiller entre sept cents ou huit cents noms de mesures à travers le pays, et une cinquantaine de livres de poids différents. Perdiguier publiera d'ailleurs en 1839 des tables d'équivalence.

La première chose qu'on apprend à l'atelier, c'est l'ordre. Son tablier de forgeron mal rangé, une savonnette oubliée sur le billot, une serviette qui traîne : Boyer était sûr de retrouver un clou planté dedans – et une amende par clou. « Et la patronne, ajoute-t-il, une brave petite femme, s'en mêlait aussi. Jusqu'à nos draps qui étaient visités parce qu'il arrive à cet âge de s'occuper de géographie la nuit. Amende et encore amende ! Ah ! oui, on nous dressait ! » En contrepartie, si la patronne oubliait ou déposait quelque chose dans la forge, le domaine des ouvriers, elle aussi était à l'amende : un verre de rab au souper. Les avantages de la méthode ? « Cela nous formait, nous courbait à une discipline sévère mais juste; nos ateliers étaient propres, rangés; on ne marchait pas sur les outils ni sur les déferres; il y avait de l'ordre, et les principes du métier étaient enseignés et respectés[24]. »

Toute sa vie, l'ouvrier gardera le souvenir de ses premiers patrons comme de ses premiers principes. A Marseille, Perdiguier a travaillé chez M. Riboulet : « Pour arriver à la plus grande perfection possible de formes, se rappelle Avignonnais, souvent il produisait plusieurs profils différents pour le même objet, les montrait ensuite à ses ouvriers et demandait leur avis. » A Bordeaux, chez M. Moulonguet, un homme capable et juste, qui parlait peu mais était écouté : « Nous eûmes d'excellents travaux à faire. Nous exécutâmes des escaliers, des portes, des cloisons biaises à lame de persiennes pour les navires, des rampes, des devantures de boutiques, des intérieurs de magasins, des parquets, des colonnes d'assemblage d'une immense hauteur[25]... »

A Lunel, le cordier Collomp :

D'un bourgeois sage et doux dans ce pays [champêtre
Je devins l'ouvrier, car il était bon maître
Digne de commander; je suivis ses conseils
Car rarement on voit d'hommes à lui [pareils[26].

C'est à Nantes que Boyer a fait ses premiers vrais progrès, chez Tusseau, dont la réputation était bien établie : « Tusseau, le Gendarme, la Pioche, c'était tout comme. C'étaient les ateliers les plus illustres pour la crevaison des hommes. J'étais heureux d'y tâter et de pouvoir dire à mon tour : J'ai travaillé à Nantes chez Tusseau. » Boyer, qui voulait voir « de fins ouvriers », n'a pas été déçu : « J'ai tenu les pieds et frappé devant à de bons ouvriers et j'ai appris là, en quelques semaines, plus que j'en aurais appris toute ma vie à Savenay. Je venais de graver dans ma tête la tournure des fers que désormais je m'efforcerais de faire mienne à mon tour. »

Nouvelle étape importante : Saint-Nazaire, où un autre aspirant et lui sont pris en charge chacun par un compagnon, l'émulation jouant aux deux niveaux. On engage des paris, des défis – on boira l'enjeu tous ensemble : « J'ai gardé un bon souvenir de ces deux braves compagnons qui ne passaient sur rien, toujours plus exigeants à mesure de nos progrès. » A Monségur, il a travaillé chez M. Texier, un ancien compagnon qui l'a préparé à son épreuve de réception. Professionnellement, il est alors prêt à devenir compagnon lui-même, mais il trouvera encore sur sa route de ces bons patrons compétents et exigeants qui accumulent les difficultés pour l'obliger à les surmonter. D'un ancien compagnon installé à Uzès, il apprendra un tour de main qui facilite le forgeage des fers de mulet « à la provençale ». D'un patron de Béziers, M. Bousquet, il apprendra à brocher au vilebrequin la fente du sabot appelée seime : « J'ai tiré parti de cette leçon car j'ai opéré bien des fois ainsi[27]. »

Dans le métier de Batard, le plus important est d'être rapidement confronté aux travaux très divers qui peuvent être demandés au bourrelier-harnacheur. Il a eu cette chance dès son premier emploi, à Angers; « un ancien compagnon, Lemonnier, me donna toutes les sortes de travaux possibles, ce qui me fit bien progresser. » A Castelnau-du-Médoc, chez M. Abadie, il travaille à l'atelier le lundi et le samedi sur les travaux demandés dans la semaine; les autres jours, il part en carriole avec le patron travailler dans le vignoble à la réparation des harnais et des accessoires de vendange, ce qui lui permet de visiter les chais de Château-Latour et de Château-Margaux — « Mon admiration dure encore », écrira-t-il bien des années plus tard. Il passe là quatre mois mal payés à raison de douze heures par jour, mais « la besogne était emplie de diversité ». A Paris, il trouve de l'embauche à Villejuif : pour assurer ses treize heures de présence, il lui faut partir de chez la mère à cinq heures pour n'y revenir qu'après huit heures du soir. Il y reste pourtant plusieurs mois : « L'atelier était important et j'y faisais du beau travail[28]. »

Voisin passe un hiver, en Charente, chez un patron qui le paie mal mais s'intéresse à lui : « Je peux dire que dans cet endroit je n'ai pas perdu mon temps. [...] Le patron m'a fait l'école tout l'hiver et, voyant que j'avais la facilité d'apprendre, il s'était acharné à me perfectionner. J'ai donc fait un hiver d'école merveilleux[29]. »

Collomp, le cordier, se trouve si bien à Mauzé qu'il y reste plus d'un an :

Je m'en fus à Mauzé; là, pendant treize [mois
Je passai d'heureux jours auprès d'un bon [bourgeois
Frères, la Clé des Cœurs est le nom de ce [maître,
Il est vrai devoirant, vous devez le connaî- [tre.
Et pendant tout le temps que je restai chez [lui
Il fut de mes projets le mentor et l'appui[30].

Faut-il rester là où l'on est bien ? La réponse, c'est sans doute Boyer, forgeant la litote, qui la donne : « Ce n'est pas, dit-il, à s'abrutir indéfiniment chez le même patron qu'on apprend le plus[31]. » Un qui ne s'abrutit pas chez les patrons, c'est Arnaud le boulanger, exception au tableau d'honneur des aspirants bons élèves. Pas une fois, dans ses mémoires, il n'évoque un quelconque progrès professionnel ou un quelconque enseignement, soit que la boulangerie s'y prête mal, soit qu'il trouve plus d'intérêt au côté aventureux du tour de France qu'à son perfectionnement personnel. Sa seule allusion à une technique du métier est pour dire sa surprise de découvrir en Provence que les boulangers pétrissent avec les pieds : « Le goût exquis donné au pain par le travail à la provençale est une de ses qualités incontestables », reconnaît-il, mais pour en conclure que le travail en Provence est « inaccessible aux Francillaux » sans un nouvel apprentissage.

Pour Libourne, un bon patron est un patron qui nourrit bien ses ouvriers et ne les fait pas trop travailler. Ont ainsi droit à ses médailles Blois l'Ile d'Amour, un ancien compagnon établi à Château-Renault : « Les trois premiers mois de mon séjour dans ce bourg enchanteur, dit-il, s'écoulèrent comme un songe de joyeux délire. » Les relations sont celles de copains en goguette, appréciant autant l'un que l'autre « bons gigots, rognons de bœuf au vin blanc vieux ». A Tours, M. Gasté, qui avait pour lui « l'amitié et l'attachement d'un père pour son fils ». A Tours encore, M. Barat, un riche bourgeois de la rue Colbert : « C'est le seul patron que j'ai connu dans mes voyages payant l'ouvrier selon son talent. » Il le quitte bientôt pour s'embaucher à la boulangerie de l'hôpital général, « où le peu de travail que l'on faisait [...] me procurait plus de loisirs que partout ailleurs[32] »...

Arrive un jour où la longue patience de ce perfectionnement doit trouver une expression exemplaire. Ce peut être le chef-d'œuvre de réception (voir chapitre IX). Ce peut être aussi, et sous différentes formes, le défi – défi aux pairs, défi à la matière, défi à soi-même.

L'une des plus anciennes traditions de défi ou de compétition sur un tour de main de métier est celle du *fer d'argent*, ou *fer de gageure*, des maréchaux. Cette coutume de « forger les uns contre les autres pour gagner un fer d'argent de petite valeur, lequel ils font porter au chapeau de l'un d'eux » est déjà mentionnée comme ancienne sous Henri IV, qui la condamne en mars 1609 parce qu'elle donne lieu à bagarres et à débauche « qui dure ordinairement une semaine entière »; le bon roi Henri ordonne même l'arrestation des concurrents et la confiscation du fer d'argent.

Cent cinquante ans plus tard, en 1763, les maîtres maréchaux de Nantes obtiennent une nouvelle interdiction de forger des fers de gageure, ou de les accrocher à la boutique : « Les querelles détournent les compagnons du travail et les entretiennent dans la débauche[33]. » Interdiction aussi vaine que la première, comme on s'en doute. On continue à forger le fer de gageure, selon des règles extrêmement précises, et pour un prix de 9 livres en argent. Tous les compagnons maréchaux présents dans la ville doivent assister au tournoi, « et si le maître refuse de les laisser partir, il risque de mauvais traitements ». Ce sont d'ailleurs les maîtres des deux concurrents qui fournissent les outils.

« Lorsque le fer est forgé, on le porte à un ancien garçon (maréchal) de la ville, qui décide celui des deux qui a le mieux forgé, et non chez les maîtres, de crainte qu'ils ne le portent à la maison de la ville. » Le vainqueur attache le lopin chez le maître où il travaille. Puis participants et spectateurs « vont boire, se battent à outrance et sont quinze jours et plus sans retourner chez les maîtres[34]. »

Le 9 mai 1777, la police de Nantes saisit chez le maître forgeron Caron, rue Germone, un fer « extrêmement grand peint en rouge et en verre, attaché à une planche de sapin et exposé vis-à-vis de l'ouverture [...] de la boutique ». Nouvelle descente le 9 novembre chez un maître où le compagnon a laissé un mouchoir en gage de 12 sols de charbon consommés pour forger un fer de gageure[35].

Le concours auquel prend part Abel Boyer plus d'un siècle plus tard près d'Arles s'inscrit dans la même tradition du défi, à cela près que ce sont les maîtres maréchaux qui en assurent l'organisation – faute de pouvoir interdire, autant contrôler. « Aucun concurrent ne vous fera le poil ! » assure à Périgord son patron M. Ferrier. Mais Boyer est néanmoins inquiet avant le concours, où il a la responsabilité de défendre le renom du compagnonnage face à des non-affiliés.

L'épreuve se déroule un dimanche, sous le regard des maréchaux de la région, des patrons, des vétérinaires, des curieux. Quand se taisent les carillons sur les enclumes, c'est un triomphe pour Abel Boyer. Il obtient les deux premiers prix parce que « nous jugeons, estime le jury, que votre travail s'éloigne de beaucoup de ceux de vos camarades ». De plus, l'aspirant auquel Boyer enseigne ce qu'il sait est lui aussi classé premier dans sa catégorie. Le patron « est aux anges » et le compagnonnage applaudit : la victoire de Périgord allait « faire baisser le caquet à ceux qui se plaisaient dans le débinage[36] ». A cette époque, Boyer a presque achevé un petit chef-d'œuvre personnel élaboré pour le plaisir au fil des étapes et qui lui vaut déjà une grande réputation sur le Tour : un outillage miniature complet de maréchal – enclume, pinces, marteaux, etc. – « qui doit tenir dans le porte-monnaie ».

Comme les chefs-d'œuvre de réception, ceux que le compagnon réalise pour lui-même sont le contraire du tape-à-l'œil : il s'agit d'y accumuler les difficultés exceptionnelles et de les résoudre discrètement. Certains sont des enseignes, comme ces *bouquets de Saint-Eloi* qu'accrochent les maréchaux devant leur atelier et qui illustrent avec art tous les types de fers qu'ils peuvent et savent forger. D'autres sont des témoignages d'amitié ou de reconnaissance offerts par les compagnons à des villes ou à des personnages – nous verrons les charpentiers de Paris témoigner ainsi leur gratitude à l'avocat Berryer, qui les défendit en 1845. Mais les plus prodigieux sont ceux où s'investit le savoir et l'honneur des sociétés de compagnonnage. « Ce sont, explique Perdiguier, des baldaquins, des chaires à prêcher, des monuments aux formes parfois étranges, sur lesquels se trouve accumulé tout ce qui peut exercer les mains, torturer les cerveaux des hommes les plus capables des différentes corporations. » Son seul regret, c'est que ne soit souvent rendue que « médiocre justice » à ces ouvrages d'une habileté si accomplie qu'elle est invisible.

« Voilà, dit-il ainsi, une sorte de tour, ronde ou polygonale à sa base, ayant plusieurs étages, traversée d'arcades, d'ouvertures grandes et petites, ornée de colonnes, de balustres, de culs-de-lampe, couronnée d'un dôme, d'un lanternon. Mais ces arcades, ces ouvertures sont de diverses formes d'embrasures, de plafonds, de voûtes. Là se montre l'arrière-voussure de Marseille, là celle de

Montpellier, là la Saint-Antoine; là la Corne de Vache, là des trompes en saillie, là d'autres parties contournées, gauches, tourmentées. Les colonnes sont droites ou torses, de formes différentes et faites de montants, de traverses, de courbes, de panneaux, d'innombrables morceaux de bois. En toute chose, on a cherché le bizarre, l'original, le difficile[37]. »

Le chef-d'œuvre qu'évoque Avignonnais appartient à la société concurrente de la sienne. C'est en effet un menuisier devoirant, François le Champagne, qui en a été le maître d'œuvre et principal artisan. Né à Troyes en 1809, François Roux a été reçu compagnon à Marseille pour la Pentecôte 1833 pendant son tour de France, y est revenu et s'y est installé depuis peu quand la société, où il jouit d'une réputation exceptionnelle, vient le solliciter en 1836 : les menuisiers compagnons du Devoir veulent prouver une fois pour toutes leur supériorité sur les gavots; peut-il préparer un projet de chef-d'œuvre?

François le Champagne est intéressé, et son projet bientôt accepté. Il est convenu qu'il mettra le temps qu'il faudra, qu'il pourra se faire aider par de jeunes compagnons de passage, qu'il sera dédommagé de son temps sur une base de 3 F par jour. On pense alors que l'ouvrage sera terminé en 1843, soit sept ans plus tard. François le Champagne met son ouvrage en chantier. Mais les règlements étant parfois en retard, il lui faut bien prendre un peu de clientèle. Le 20 juin 1842, les compagnons de Marseille font courir sur le Tour une lettre mentionnant les pièces qui restent à exécuter et appelant aux cotisations – Roux est d'accord pour une indemnisation forfaitaire de 1800 F pour achever l'ouvrage en dix-huit mois, soit pour la fin de 1844. L'appel est mal entendu et les travaux sont suspendus pendant trois ans.

Le 26 mars 1848, nouveau contrat : « Ledit ouvrage doit être terminé sans aucune remise (simplification) et de rigueur pour la fin mars mil huit cent quarante-neuf. » Mais les convulsions politiques de 1848, le coup d'Etat du 2 décembre, la guerre de Crimée, les révoltes d'aspirants, tout semble se liguer pour imposer un nouveau retard. Il faut pourtant en finir. Roux propose la désignation d'un jeune compagnon rémunéré par la société. Lui-même supervisera le travail et exécutera les pièces les plus délicates. La solution est adoptée et Rivaud, dit Pierre le Nantais, termine enfin le chef-d'œuvre au début de 1857, vingt ans après que François le Champagne eut tracé l'épure[38] !

L'année suivante, raconte Chovin de Die, le chef-d'œuvre est présenté à Dijon à l'occasion d'une exposition. Mais on a oublié d'apporter les plans et le jury se sent peu compétent pour apprécier la difficulté réelle de cet ouvrage extraordinairement complexe conjuguant, mariant, opposant les bois et les formes sur une hauteur de 1,70 m. Les compagnons proposent alors à ce jury de désigner l'un quelconque des « trente et quelque mille morceaux que renfermait le chef-d'œuvre », ils en dresseront aussitôt le plan. Le jury choisit une voussure. Les compagnons, d'eux-mêmes, rajoutent une pièce beaucoup plus difficile, la dessinent et même la débillardent et la taillent devant le jury. En dépit de cette nouvelle prouesse, le chef-d'œuvre de François le Champagne n'aura pas la grande médaille d'honneur, qui va à un bijoutier, mais une médaille d'or[39].

Injustice ? Rien n'est plus difficile à juger, pour

qui n'est pas de la partie, que la valeur d'un de ces chefs-d'œuvre – des pages et des pages seraient ici nécessaires pour dresser une liste des difficultés vaincues et des prodiges d'assemblage. Les devoirants vont néanmoins faire circuler leur chef-d'œuvre sur le tour de France, opération financée par les cotisations de 700 menuisiers. A Paris, le 5 janvier 1862, cent compagnons l'accompagnent aux Tuileries, où l'empereur admire la prouesse*.

Quant à François le Champagne, il rentre à Marseille, le 24 mai suivant pour voir son atelier, confié à un ouvrier en son absence, au bord de la faillite. Il doit le vendre et s'embaucher chez un confrère. Le voilà pauvre, fatigué, en mauvaise santé. Chovin tente d'émouvoir le tour de France à son sujet, mais trop tard. Affaibli, François le Champagne, auteur du chef-d'œuvre le plus fou de l'histoire de la menuiserie, meurt le même jour que sa femme, tous deux victimes de l'épidémie de choléra qui ravage Marseille en 1865[40].

Autre improbable chef-d'œuvre, celui de Pierre Capus, dit Albigeois l'Ami des Arts, compagnon cordonnier, qui passe dix-huit mois, enfermé seul en loge, pour réaliser un ouvrage destiné à revaloriser son corps d'état auprès des pouvoirs publics, et surtout à prouver aux compagnons des autres sociétés que le métier de cordonnier est « grand et beau ». En résultera l'insolite travail des « deux bottes uniques », dont nous reparlerons

* Le chef-d'œuvre des devoirants séjourna à Marseille puis après 1874, à Lyon, où il était assuré contre l'incendie pour une valeur de 30000 francs-or. Le 24 octobre 1911, il fut placé à Tours, où était inauguré un musée du Compagnonnage. Sorti en 1955, il fut confié pour restauration au compagnon Sudre, Pierre l'Ariégeois, lequel put constater, en le démontant, qu'il comportait 17700 pièces.

au chapitre x, et qui sera aussi présenté à Napoléon III. L'Empereur propose une place de maître bottier à Capus, qui la refuse, comme il refuse l'offre du patronat d'acheter ses deux bottes pour 5 000 francs-or. Né comme François le Champagne en 1809, reçu à Marseille en 1836, il court le tour de France pendant vingt ans. Et lui aussi mourra dans la misère. Le chef-d'œuvre ne nourrit pas l'homme, seulement sa légende[41].

Autre forme d'ouvrages exceptionnels : ceux qui, à l'occasion d'un défi, tranchent une question de suprématie ou de prestige entre deux sociétés, décident de l'attribution d'un prix, ou même de l'exclusivité d'une ville pour un temps plus ou moins long. Chaque société est alors représentée par un compagnon ou une équipe, qui devra travailler sans aucune assistance et sous contrôle de la société adverse.

Ainsi, le 27 mars 1771 à Bordeaux, les compagnons étrangers, Enfants de Salomon, mettent au défi les compagnons passants, Enfants de maître Jacques, de « composer une pièce de trait égale en perfection à celle qu'ils se vantaient de faire produire par la Réjouissance de Tarascon, l'un de leurs membres ». Le défi est relevé : loups contre loups-garous ! Les passants choisissent pour les représenter le compagnon nommé la Pensée de Sainte-Foix. Le 28 novembre, la Pensée et la Réjouissance signent le protocole qui précise les conditions et l'enjeu du concours : « Nous désirons de sçavoir celui qui auroit le plus de talent de l'un et de l'autre pour la coupe de pierres. » Chacun consigne 360 livres entre les mains d'un traiteur; les 720 livres reviendront au vainqueur. Le travail à réaliser est précisément défini, puis les deux tailleurs de pierre sont installés chacun dans une chambre bien fermée, aux cheminées murées ou bouchées, aux portes munies de deux serrures à deux clefs. « A chaqu'une porte », un ou deux compagnons pour « garder les députés ».

Trois mois passent. La Réjouissance fait avertir la Pensée qu'il a fini – ce dernier a vingt-quatre heures pour terminer son travail. Il s'avère alors que si la Réjouissance a bien exécuté sa pièce, la Pensée, en plus de la sienne, a presque achevé celle de son adversaire! Chacun désigne deux experts, ceux de la Pensée refusant l'arbitrage que ceux de la Réjouissance demandent à l'Académie de Paris. Las d'attendre, le 23 février 1774, la Pensée attaque « le retardement de l'expertage » et menace de demander des dommages et intérêts. Les compagnons des deux sociétés sont sur le point d'en venir aux mains. Prudents, les jurats refusent de se prononcer. La Pensée commande un arbitrage de maîtres maçons et architectes de la ville. Finalement, une commission de l'Académie accepte de trancher, et le fait avec une grande sagesse :

1 – L'un et l'autre méritent les plus grands éloges;

2 – Il ne peut résulter du concours aucune supériorité de telle société sur telle autre, le talent d'un particulier « ne décidant en rien » du talent général des membres de la société.

Après ces précautions, la commission reconnaît que si les plans de la Réjouissance sont un peu meilleurs, l'exécution de la Pensée lui paraît plus achevée. Elle suggère donc que chaque concurrent touche 360 livres, qu'un prix spécial soit attribué à la Pensée et que les deux concurrents soient indemnisés par les jurats de la ville, enfin que les travaux et épures soient conservés à l'Académie « pour l'édification des élèves de l'école d'architecture ». Au bout du compte, la Pensée reçoit « une médaille plus pesante et plus forte » que celle de la Réjouissance; chacun touche 250 livres en plus des 15 louis qu'il récupère. Beau combat[42].

Les deux mêmes sociétés s'étaient déjà affrontées en 1724. L'enjeu, cette fois, était la ville de Lyon pour cent ans. Les compagnons étrangers avaient gagné, et leurs adversaires avaient quitté la ville. Le terme échu, les voilà qui reviennent, mais les étrangers, bien en place, les empêchent de s'installer.

Les passants tentent alors de s'implanter à Tournus, où sont taillées une grande partie des pierres des chantiers de Lyon. Le conflit débouche sur la grande rixe de Tournus (voir chapitre XI), qui s'achève d'ailleurs par un véritable traité de paix signé le 8 novembre 1825 par cinq compagnons de chaque société devant maître Boussin, notaire à Tournus, et dont la clause essentielle est un accord sur un nouveau défi-concours qui doit permettre de régler le différend[43].

Nouveau protocole, nouvel acte notarié : le concours se fera à Paris, il s'étendra sur dix-huit mois, du 8 août 1826 au 8 février 1828; le prix global est fixé à 8000 F, on loue place Dauphine un appartement où seront logés les compétiteurs. Tout est prévu, le travail bien sûr, mais aussi les conditions d'exécution et de surveillance, et même l'hypothèse de maladie et de décès – dans ce dernier cas (art. 11), la société du survivant pourrait prélever 2000 F pour se récompenser de son travail.

Le 8 août, les deux compagnons, chacun dans sa pièce, se mettent au travail. Trois mois plus tard, coup de tonnerre : « Le sieur Caron (l'étranger) apprit qu'entre les lieux d'aisance et l'alcôve de la chambre occupée par le sieur Saint-Martin (le passant), il avait été pratiqué un trou au moyen duquel on avait pu communiquer à ce dernier des objets prohibés par les conventions du concours. » Les étrangers font constater l'infraction par un juge de paix qui en dresse procès-verbal et appose les scellés. Le compagnon passant s'enfuit, son adversaire réclame devant le tribunal civil la remise du prix. Le tribunal tranche ainsi :

« Attendu qu'on ne peut considérer comme un pari un prix offert et promis dans un concours ouvert pour le développement d'une industrie et le perfectionnement de son art;

. . . .

« Attendu que d'après le temps que devait durer le concours, les dépenses qu'il entraînait, les privations que s'imposaient les concurrents, le prix n'était pas excessif;

« Attendu que si l'existence des deux compagnies n'est pas légalement reconnue, elles pouvaient néanmoins faire des conventions licites sur les sommes qu'elles engageaient et déposaient;

. . . .

« Le tribunal ordonne que le prix convenu soit remis aux représentants des étrangers[44]. »

La contestation des résultats est d'ailleurs la règle, et les joutes symboliques se perdent souvent dans d'effroyables chicanes, des poursuites sans fin et des coups de canne sur la tête. En 1806, les tailleurs de pierre s'étaient déjà « attaqué pour travailler sur le tallent qui concerne leur mettier, bien especifié entendu que cettait sur l'art du trait, autrement dit la coupe des pierres ». Les concurrents déclaraient vouloir « procurer autant qu'il est en eux le progrès des connaissances et des lumières touchant le trait et la coupe des pierres. » L'épreuve s'était déroulée à Lunel, et une revanche était prévue à Lyon. L'affaire finit une fois de plus en contestations, mobilisations d'experts, de juges de paix, de tribunaux civils, de cours d'appel. Les frais s'élevèrent à 1900 F[45] !

Perdiguier, qui a assisté à la malheureuse affaire de Paris, formule ainsi son jugement : « Ces luttes, véritablement sublimes, pourraient produire d'excellents résultats si la haine n'en était le nerf, le mobile, la fin, et si, en outre, elles n'engendraient le plus souvent les désordres les plus sanglants[46]. » Les gavots, dont il est, ont ainsi affronté les devoirants pour l'un des défis les plus fameux de l'histoire du compagnonnage, et dont l'enjeu, en 1803, était la ville de Montpellier pour cent ans.

Le travail imposé était une chaire à prêcher. Il était convenu que les plans dessinés de part et d'autre seraient soumis à des experts avant exécution. Le tribunal civil dut, déjà à ce stade, trancher un premier différend, avant que les sociétés désignent leurs champions : pour les gavots, Dauphiné le Républicain, Percheron le Chapiteau, Sommière le Dauphin, Nantais Prêt à Bien Faire; les devoirants firent venir deux compagnons de Bordeaux et quatre de Lyon, mais, le temps qu'ils arrivent, un certain Nanquette le Liégeois avait déjà tracé des plans si parfaits que cinq sur six des menuisiers arrivés en renfort s'en repartirent. On travailla pendant dix mois. Enfin les deux équipes se déclarent prêtes. Le jury se réunit.

Les gavots seuls apportent leur chef-d'œuvre. Leur chaire, dessinée par Dauphiné et coupée par

Percheron, en noyer, comporte une cuve circulaire à deux portes et deux escaliers d'accès, ceux-ci fermés par deux portes à doubles vantaux cintrés en plan et en élévation; quatre colonnes supportent un abat-voix orné de voussures; l'ensemble est présenté assemblé, chevillé, collé, verni. Le jury inspecte, éprouve, contrôle, admire. L'ouvrage est parfait, superbe – mais où sont donc passés les devoirants?

C'est alors qu'arrive Nanquette, portant des morceaux de bois en vrac dans un grand sac. Les gavots déjà triomphent, certains d'entre eux partent même annoncer en ville la nouvelle de leur succès. Mais Nanquette demande juste un peu de patience. A la surprise de tous, il se met à assembler son chef-d'œuvre. Il ne lui faudra pas plus de quelques minutes pour monter l'ensemble de la chaire, et sans colle ni chevilles. Des assemblages savants tiennent ensemble les pièces qui s'adaptent les unes aux autres avec une précision insurpassable, le tout formant une chaire, réduite au quart, avec un escalier à double enroulement que ne soutient aucun étai. De plus, Liégois produit un constat certifiant que le travail a été terminé le 6 thermidor an XI (26 juillet 1805), après environ trois mois seulement de travail!

Le jury, impressionné, émerveillé, proclame vainqueurs Liégeois et les devoirants. Les gavots quittent donc la ville avec cannes et bagages. Ils vont jusqu'à Sommières, puis reviennent : le contrat, aux termes pourtant si soigneusement mesurés, omettait de spécifier que les vaincus devaient se retirer de la ville *pour cent ans.* Violences, bataille, procès. Les deux sociétés y laissent beaucoup d'argent et, autour de deux chefs-d'œuvre sublimes, de considération. Quant à Liégois, il ne sera dédommagé qu'en 1826, vingt ans plus tard[47].

Perdiguier, le gavot, regrettera la confusion de la fin du concours, « où tout se noya dans le bruit, tout s'abîma dans le désordre[48] », mais admirera le travail : « C'est beau comme travail de trait, c'est beau comme forme, beau comme main-d'œuvre, beau comme exécution de toutes les manières[49]. » A noter que, des participants menuisiers au concours, Dauphiné le Républicain et Nanquette le Liégeois deviendront architectes, et qu'un autre des gavots, Dauphiné Sans Quartier, deviendra médecin à Lyon*! Quant à Nantais Prêt à Bien Faire, il fut le chansonnier qu'il fallait pour changer une défaite en victoire :

Compagnons unissons nos voix
Chantons que l'écho retentisse
Nous sommes encore une fois
Les vainqueurs malgré l'injustice.
De maître Jacques les suppôts
Ils ont tout fait vous pouvez croire
Pour arracher à nos gavots
Les palmes sacrées de la gloire.

Chantons d'accord, gloire à nos compa-
[gnons!
Vainqueurs des dévorants au compas au
[crayon.

* La chaire des gavots a perdu colonnes et abat-voix dans un incendie à Marseille. Restaurée, elle est aujourd'hui au musée de Tours. Celle des devoirants, elle aussi restaurée, a brûlé à Montpellier en 1955, ainsi que le coffre contenant les archives du procès. D'après le compagnon qui a restauré le chef-d'œuvre de Nanquette, la ville n'aurait pas été jouée : il ne se serait agi que d'un défi.

A quoi vous servait d'emprunter
Un mauvais escalier de chaire
Et puis d'aller le promener
Disant : Nous venons de le faire.
Eh! Ne saviez-vous pas, nigauds,
Que personne n'aurait pu croire
Que vous eussiez sur nos gavots
Remporté les palmes de gloire[50] *!*

Le serrurier Moreau, passant à Montpellier trente ans plus tard, verra la chaire des gavots promenée en grande pompe à l'occasion des cortèges de la Sainte-Anne, patronne des menuisiers. « Elle m'a paru d'un très bon goût, d'une élégance parfaite, et faisant beaucoup plus d'effet que sa rivale; mais il y a de la colle et du vernis[51]. » C'est l'autre chaire que Boyer admirera chez la mère des menuisiers du Devoir de Montpellier : « Pendant le déjeuner, mes regards furent attirés par une colonne autour de laquelle serpentait un escalier en réduction et surmonté d'une chaire à prêcher. Ce n'est que plus tard, à Nîmes, que je devais connaître les faits qui avaient motivé l'exécution de cette chaire. Elle est le dernier témoignage d'un passé héroïque et glorieux où des hommes s'efforçaient de se surpasser, non par intérêt, mais pour honorer l'institution à laquelle ils s'étaient voués. »

Son regret, c'est que le jury ait fait un choix, « là où il eût dû s'incliner devant la valeur des deux camps. La valeur des uns ne pouvait éclipser la valeur des autres[52]. » On connaît un beau cas de verdict d'égalité. C'était à Lyon, où charpentiers indiens et bons drilles se jouaient la ville. Il fut décidé qu'ils jetteraient un pont de bois sur la

Saône, chacun devant en faire la moitié, en partant de la rive vers le centre. Quand ils se rejoignirent, le travail était si bien fait de part et d'autre, que les deux demi-ponts s'emboîtèrent sans retouches. Le jury ne put que déclarer qu'il n'y avait pas de choix à faire entre les deux sociétés, « et il invita les deux parties à s'estimer réciproquement au lieu de se combattre ». Beau symbole que ces compagnons ennemis partant chacun de sa rive, peu à peu rapprochés par leur travail et tombant pour finir dans les bras les uns des autres. Toujours aussi symboliquement, une crue de la Saône emporta le pont*.

Autre défi fameux, avec un vainqueur cette fois incontestable, celui qui opposa à Marseille les serruriers devoirants et gavots, dans un défi lancé par ces derniers. Ouvrage à réaliser : une serrure. Enjeu : Marseille pour cent un ans. L'entrée en loge se fait le 30 novembre 1807, et les deux compagnons travaillent, seuls, à porte surveillée, pendant dix-huit mois. Au terme du temps prévu, le représentant du Devoir de liberté finit tout juste de fignoler de superbes outils, mais n'a pas commencé la serrure elle-même[53]. De l'autre côté, le Piémontais Angelus Bonino, dit Ange le Dauphiné, un petit bonhomme tout rond, extraordinairement minutieux et notablement sobre, a achevé un chef-d'œuvre prodigieux, la serrure dite « de la Légion d'honneur ». Taillée dans le fer massif d'une patte d'ancre, se présentant comme une croix de légion d'honneur dont les rayons sont à jour, sa précision d'ajustage est telle que l'intro-

* Indiens et bons drilles ont fusionné en 1945, mais les compagnons charpentiers sont à nouveau divisés aujourd'hui, l'Association ouvrière des compagnons du Devoir ayant créé depuis une nouvelle société de compagnons passants charpentiers.

duction de la clef provoque un sifflement d'air, et son retrait une petite détonation comme au débouchage d'une bouteille. Un timbre intérieur sonne quand on veut l'ouvrir[54].

Moreau, passant par Marseille, ne peut cacher une admiration toute professionnelle : « Cette serrure creusée dans un morceau de fer est polie à l'intérieur comme à l'extérieur et représente une croix d'honneur. L'effigie de Napoléon fait le cache-entrée à secret du palastre, qui est enrichi de ciselures et de pierreries. La clef, d'un goût parfait, porte un N en forure, une double volute en panneton, ayant une entrée massive pour garniture. L'embase est très riche; et deux dauphins, ayant leur queue sur la tige, forment en se recourbant l'anneau de la clef; ils tiennent chacun de leur côté dans leur gueule une couronne impériale dans laquelle se trouve une pierre reposant sur la tête d'un Aigle, artistement ciselé, qui est au milieu de l'anneau... » Bonin, de plus, avait eu le temps de faire deux autres clefs[*][55]...

Chefs-d'œuvre de serruriers, de menuisiers, de tailleurs de pierre, de charpentiers, les témoignages ne manquent pas du grand art des compagnons. Les musées, les cayennes en exposent. Mais les rues en regorgent.

Des serruriers : la machine de Marly, de Louis le Liégeois; les grilles du chœur de la cathédrale

[*] Après son triomphe, Bonin s'est installé à Béziers, où il est mort à quatre-vingt-deux ans, le 27 février 1860. Son tombeau était un beau travail de serrurerie. « Ici repose, était-il gravé sur le marbre, Bonin dit l'Ange le Dauphiné C.S.D.D., auteur de la serrure de Marseille. » La serrure elle-même, mise en dépôt au musée Borely en 1900, a disparu vers 1943, lorsque les objets du musée furent mis en caisse par crainte de bombardements.

d'Amiens, de Vivarais de Corbie; la grille monumentale du cimetière des chartreux à Bordeaux, d'Emile le Berry...

Des tailleurs de pierre, étrangers et passants, l'Opéra de Paris, appareillé par Jansaud, la Prudence de Draguignan; la Sainte-Chapelle, relevée par Hérard, la Vertu de Malicorne; le grand théâtre de Bordeaux et le pont, réalisé pour moitié par chacune des sociétés; le pont-canal d'Agen; la coquille de la place du Palais à Montpellier; le front de mer du port d'Alger; le pont Alexandre III à Paris, appareillé par Gallineau, Joli Cœur de Coutras, qui, dans une carrière des Vosges, calculait si précisément la difficile taille des pierres de ce pont biais qu'on les montait sans retouche aucune...

Des charpentiers, les flèches torses de l'église de la Chartreuse à Rouen, la restauration de Notre-Dame de Paris[56], l'édification de la tour Eiffel par Milon le Guépin... Des menuisiers, la porte de la Maison Carrée de Nîmes, de Vivarais le Chapiteau et de Médoc la Rose d'Amour – celle-ci, Perdiguier l'a vu exécuter, pendant son tour de France, « en bois de noyer, épaisse de quatre pouces, ayant de grosses moulures en cuivre embrevées dans les traverses et les battants : ce travail [...] attirait l'attention de tous les gens de la partie par la justesse de ses assemblages et la beauté de son fini[57]. »

De cité en province
Suivant votre chemin
Heureux autant qu'un prince
Et parfois plus malin
Vous verrez les chefs-d'œuvre
Qu'ont laissés nos aïeux

Afin que dans vos œuvres
Vous soyez dignes d'eux[58]...

Tous ces chefs-d'œuvre sont les messages des compagnons à l'intention de ceux qui passent. Ils disent que l'homme peut donner son âme aux choses et vivent avec orgueil leur humilité. Comme l'écrivit modestement Jean Lamour, dit Jean le Lorrain, compagnon serrurier auteur des magnifiques grilles de la place Stanislas à Nancy : « Il est difficile de comprendre combien ce travail a donné de sujétion[59]. »

Ayant appris, à longues et dures leçons, la maîtrise de son métier et de sa propre nature, l'aspirant arrive aux portes du Secret – une nuit à traverser.

IX

COMPAGNON

Le talent et l'honneur. – Treize marches. – Le Refoulé. – Minuit. – Qui est là ? – Du vin pur et net. – Fausse monnaie. – La coupe d'amertume. – Lumière. – Le grenier du père. – A nos crocs mon frairot ! – Le serment. – De toutes les couleurs. – Vive la canne ! – Le dernier convive.

Le soir venu, je subis les épreuves,
Compas en main j'ai montré mes talents.
De mon savoir ayant donné des preuves
Ayant promis de tenir mes serments
Je suis admis dans la grande famille.
Et en souvenir de ma réception
bis *On me nomma le Soutien des Bons Drilles*
Est-il un plus beau nom de compagnon ?

Brossier,
Nantais le Soutien des Bons Drilles,
Compagnon charpentier[1].

ASPIRANTS-ESPÉRANTS, ils sont partis de chez eux depuis assez longtemps maintenant pour ne plus regarder en arrière. C'est devant qu'est l'important, ce rendez-vous que, depuis le premier jour, ils attendent autant qu'ils redoutent. Ce sera le plus haut moment de leur jeunesse, et peut-être de leur vie d'homme. Ils vont être pesés, éprouvés; s'ils en sont jugés dignes, les compagnons les initieront à leurs mystères, les recevront parmi eux, leur conféreront un nom nouveau et les insignes de leur nouvelle dignité, la longue canne et les couleurs. Selon l'époque et la société, les conditions d'admission de l'aspirant peuvent varier. Mais, pour l'essentiel, « il faut qu'il ait de la probité, de la conduite, du caractère; que, sans être un phénix comme ouvrier, il soit au moins capable de faire les travaux courants de la partie, et qu'un maître puisse s'en accommoder[2]. »

Les réceptions se font généralement à l'occasion des fêtes patronales ou des grandes fêtes carillonnées, comme jadis les adoubements des chevaliers; les aspirants peuvent se présenter d'eux-mêmes ou attendre qu'on les y invite; ils doivent acquitter un droit de réception et être âgés de dix-huit ans au moins. Joseph Voisin est jugé trop jeune pour la grande réception de la Saint-Joseph 1876, et il devra attendre la Toussaint suivante[3].

La bonne conduite est notamment jugée à l'absence de dettes, soigneusement contrôlée. Aucun aspirant ne peut être reçu s'il doit à la caisse, à la mère ou à des fournisseurs. Lors de sa réception, pour la Sainte-Anne 1846, le menuisier Chovin se présente avec sept autres postulants. L'un d'eux est connu pour avoir « fait des dupes ». Il promet de se mettre en règle, de rembourser, supplie. Mais en vain, bien qu'il présente un travail remarquable. Il faut que « le talent soit précédé de l'honneur[4] ».

Mes chers amis réfléchissez
Avant de vous mettre en voyage
Car vous ne serez initiés
Qu'avec une conduite sage[5].

A Montpellier, où il se trouve en 1824, Perdiguier est un jour pris à part par son patron : « Le bon M. Pradoura m'insinuait une pensée toute neuve; c'était de me faire recevoir compagnon. Il me semblait que j'étais trop malhabile encore dans mon état pour obtenir une si haute faveur. Un soir, chez la mère, Clermont le Résolu, premier compagnon, me glisse aussi quelques mots dans l'oreille. Il me faisait comprendre qu'il ne dépendait que de moi d'être ce qu'il était, c'est-à-dire de porter une canne, des couleurs, un nouveau nom. J'étais timide, je présumais trop peu de moi-même, et les avances étaient nécessaires pour m'enhardir et me faire monter dans la hiérarchie du compagnonnage[6]. »

Il peut arriver qu'un aspirant, ainsi sollicité, refuse de se présenter à la cérémonie de réception, ne serait-ce que pour ne pas en acquitter les frais, assez élevés : de 20 à 50 ou 60 F. Une telle attitude rend l'affilié suspect : « Si l'aspirant refuse cette demande, prévoit le règlement des vanniers, les compagnons auront soin de le faire partir sur-le-champ et d'en instruire les autres villes[7]... »

Quant à la qualification professionnelle, la tradition veut qu'un travail particulier, parfois appelé chef-d'œuvre de réception, soit exécuté par l'aspirant. Les compagnons, après délibération, éliminent l'ouvrier professionnellement insuffisant — « à moins, glisse Moreau, qu'il ne soit protégé comme cela arrive souvent[8] ». Au cours du XIXe siècle, le chef-d'œuvre est peu à peu remplacé par un contrôle des capacités dans le travail quotidien.

Chez les menuisiers du Devoir, rapporte Chovin, si l'aspirant, généralement au bout de deux ans, est déjà bien connu des compagnons, ceux-ci demandent à son patron de lui faire exécuter un travail un peu difficile qui remplacera, pour gagner du temps, son travail de réception. Si on le connaît mal, ou pas du tout, on lui donne un dessin à l'échelle à exécuter dans les proportions; il peut solliciter conseils et enseignements avant de se mettre à l'ouvrage, mais on lui demande expressément de ne pas dégager les mortaises ni assembler les pièces, « ceci étant l'affaire des compagnons ». Lorsqu'il a terminé, deux compagnons se rendent à l'atelier, « examinent l'ouvrage, dégorgent les mortaises, observent si elles sont bien percées d'aplomb, visitent les onglets, les tenons, afin de s'assurer si aucun coup de scie n'a été donné maladroitement », puis montent eux-mêmes l'ouvrage sans cheviller ni coller. L'aspirant le porte ainsi chez la mère, et les compagnons le transfèrent dans la chambre, où il doit être accepté à la majorité des voix[9].

Premier compagnon à Lyon, Perdiguier tient compte des modifications qui interviennent dans les usages de sa société : « Nous fîmes, dit-il à propos des candidats d'une réception, une enquête sur leur conduite, sur leur manière d'être; nous nous informâmes d'eux auprès de leur patron; nous examinâmes leurs travaux, leur adresse à faire les mortaises, les tenons, à assembler, à couper enfin le bois; s'ils savaient un peu de dessin, d'architecture, de trait, nous leur en tenions compte. » Cette fois-là, pour la Sainte-Anne de 1828, sur douze postulants, cinq seulement seront reçus[10].

C'est peut-être pour sa propre réception qu'Avignonnais a conçu un chef-d'œuvre d'une grande modestie apparente, mais demandant une exceptionnelle précision : une maquette d'escalier tournant à dessous coulissant, un quart de tour de spirale en noyer comportant treize marches, superbe exercice de trait et d'exécution – avec deux coquetteries : la première étant de cacher la difficulté de ce fond à glissière spiralé, et la deuxième de ne faire nulle part la moindre allusion à ce chef-d'œuvre*.

* Remis par le petit-fils d'Agricol Perdiguier, M. Bayle, à l'Union compagnonnique, il est aujourd'hui exposé au musée de Tours.

Le bourrelier Batard est à Lyon quand, le samedi suivant la Saint-Eloi 1889, on lui demande d'exécuter le travail qu'il doit présenter pour sa réception : « J'avais demandé à mon patron de ne pas travailler ce samedi-là, et je lui avais dit le motif [...]. Le travail ne pressant pas, il accepta.

« Nous étions trois aspirants bourreliers à nous présenter. Sous la surveillance d'un compagnon, dans un atelier désigné, je fis donc mon « chef-d'œuvre ». Je me croyais sûr de moi, et pourtant je tremblais en exécutant mon travail, tant j'étais impressionné.

« Ce soir-là, après dîner, la commission se réunit pour examiner mon ouvrage : il prêtait naturellement à critique, mais je pus répondre convenablement aux questions relatives à mon travail ainsi qu'aux questions usuelles qui me furent posées[11]. »

Quand Boyer se dit prêt à subir les épreuves de réception, il est à Béziers. C'est la veille de la Saint-Eloi de 1901. « Pays, lui demande le premier en ville, savez-vous forger et ferrer un peu ? » Il l'envoie forger ses fers d'épreuve chez M. Pousson : « J'ai fait comme me l'avait recommandé mon bon patron de Monségur, deux petits fers dégagés. [...] Mais M. Pousson veut me montrer comment on ajuste; son geste me révolte; il va toucher à mes fers; non, il ne sait pas les ajuster comme on me l'a montré; j'enrage, je le mordrais. Et le soir, inquiet, le vague à l'âme, je me rends chez la mère avec mes fers déshonorés par les quelques coups de marteau de M. Pousson... »

La soirée commence par un banquet des aspirants. C'est un vendredi soir. Se retrouvent chez la mère tous les aspirants venant briguer le titre de compagnon maréchal-ferrant. Les salles sont pleines. Cohue, retrouvailles. Périgord revoit Guépin, son concurrent de Saint-Nazaire. « Une douce émotion nous étreint. Serons-nous reçus ? Si c'est lui et pas moi, quelque honte ! Tant de muscadet sans profit ! Je tremble de crainte d'être refoulé, sachant combien sont autrement capables que moi tous ceux qui sont là, qui rient, qui chantent, insouciants de leur destin... »

Il n'a ni faim ni soif, Périgord, l'angoisse lui serre la gorge. « Si je ne suis pas reçu, où irai-je cacher ma honte ? Que dira mon père ? On m'appellera le Refoulé ! » Son inquiétude est à la mesure de son ambition : « Je ne pouvais pas être un de ces compagnons de hasard qui viennent à nos sociétés grâce à certaines coïncidences. Non, j'étais parti du foyer paternel avec l'intention bien arrêtée de devenir compagnon... »

Les compagnons montent en chambre. Sur les soixante aspirants qui travaillent alors à Bordeaux, vingt-quatre se présentent. Ils sont appelés un à un. « On nous introduit dans une salle bondée de compagnons. Autour de cette salle, des draps blancs sont tendus, dissimulant à nos yeux tout ce que les compagnons seuls doivent savoir. En face de nous, trois hommes président. Leur bureau est tendu de blanc. On nous demande au milieu d'un silence impressionnant si nous désirons être reçus compagnons. Sur notre affirmative, on nous dit ensuite de déposer les preuves de notre savoir-faire, qui sont reçues sur une serviette blanche. Et nos fers font le tour de la salle; nous disons où nous avons travaillé; et chez qui nos fers d'épreuve ont été forgés. » Puis les aspirants redescendent. Quand tous sont passés, Boyer est rappelé en haut. Celui qui préside a l'air sévère :

« Pays, demande-t-il, est-ce bien vous qui avez forgé ces fers ?

– Oui, mon pays.

– Personne ne vous a donné la main ?

– Non, mon pays. Mais je dois vous dire que M. Pousson a voulu me reprendre quand j'ajustais les fers, et je ne le désirais pas.

– C'est bien. Descendez ! »

Attendre. Il est maintenant près de minuit. Enfin un jeune compagnon descend, une liste en main, et lit les noms des élus : « Sur vingt-quatre, dit Boyer, il y a dix-huit reçus. Je suis en queue. » (Boyer n'apprit que longtemps plus tard ce qui s'était passé : « Les compagnons s'étonnèrent de voir un blanc-bec comme moi présenter deux petits fers bien dégagés, bien étampés, pinçons levés comme il sied, mais moins bien que si je les avait forgés à Monségur, où j'avais l'outillage bien en mains. » M. Pousson s'est fait réprimander pour avoir « aidé » l'aspirant Périgord[12] !)

Tous nos aspirant ont ainsi passé avec succès le contrôle de la qualification professionnelle. Sauf un, mais c'est qu'il ne s'est pas présenté, comme ses patrons lyonnais l'y incitaient pourtant vivement. C'est Pierre Florimond Moreau, le serrurier de Château-Renault. Une fois déjà, à Marseille, il a refusé, bien qu'on lui offrît « de l'ouvrage très avantageux sous tous les rapports ». Mais il ne se fait décidément pas à certaines mœurs du compagnonnage, comme la violence, comme le traitement réservé aux aspirants dans certains métiers, comme la multiplication des cotisations et contributions, exagérée à ses yeux. A Bordeaux, il a assisté à la querelle des compagnons et des aspirants : « Trop nouveau dans la ville et dans la société, je ne pris aucune part à ces luttes. » Mais il en a gardé une mauvaise impression. De même à Toulouse : « Il régnait dans cette ville un si grand désordre chez la mère qu'ennuyé du tumulte je cherchai avec un de mes amis une pension et un garni en ville. » Et à Marseille : « Je m'éloignai du centre et n'y vins que pour apporter mon tribut mensuel, car je ne pouvais supporter les règlements peu moraux et ruineux des compagnons. » Il parle là des amendes à boire ou des brimades d'aspirants. Il observe, réfléchit, à la fois au-dedans et au-dehors du compagnonnage. Il poursuit son tour de France en aspirant et se dirige vers Auxerre[13].

Mais tous les autres sont là, Perdiguier à Montpellier, Boyer à Bordeaux, Batard à Lyon, Guillaumou à Nîmes, le cordier Collomp à Nantes, où il attend :

C'est là que j'espérais voir arriver le jour
Qui fait des aspirants le bonheur sur le [Tour
O jour tant désiré, veille de la Saint-[Pierre[14].

Le bourrelier Batard espère que

Du sage fondateur vous m'apprendrez les [lois
Et que vous ôterez le voile du mystère
Pour dessiller les yeux d'un aspirant sin-[cère[15].

L'heure approche de la grande épreuve. En quoi elle consiste, ils l'ignorent — les anciens ne parlent jamais. Ils savent confusément qu'il s'agit de naître à une nouvelle vie, qu'il va falloir traverser la nuit avant de découvrir la lumière – mais ces ténèbres, mais cette naissance, quelle inquiétude !

Derrière les portes encore closes sont aménagés les décors. Chez les vanniers, les compagnons doivent « dresser un autel avec une table ou tout autre objet qui sera recouvert d'un linge blanc, et placeront trois bougies en triangle, qui éclaireront l'autel et l'équerre et l'œil de lumière au milieu et de chaque côté six lettres initiales indiquant les mots *Gloire à Dieu* et *Respect du Devoir,* et dessous le triangle et l'équerre, trois lettres voulant dire : *à maître Jacques,* et les neuf lettres devront former également le triangle et lesdites lettres seront représentées avec des couleurs de la Sainte-Baume. »

Sur l'autel, on dispose, selon les devoirs, un vase d'eau salée, des dragées, une bouteille de vin, trois verres blancs et un demi-litre de liqueur douce, du pain, du fromage et les couleurs de réception, un peu de sel, d'eau et du feu de charbon, une lanterne sourde[16], un ou plusieurs outils de réception exprimant le métier – doloire pour les tonneliers, paroir pour les sabotiers, compas pour les charpentiers, souvent ornés et gravés. Chez les boulangers, on prépare également un petit bouquet d'immortelles séchées teintes en jaune et liées par des rubans de couleur – ce bouquet s'attache à la boutonnière du nouveau compagnon, qui veillera à le conserver toute sa vie et qu'on déposera dans son cercueil[17].

Il va être minuit. L'aspirant tourneur, isolé dans une pièce, est invité à méditer « sur les conséquences de l'humanité, de la vertu, de la sagesse, de l'amitié, de la philanthropie et de la fraternité compagnonniques ». Puis le rôleur, « sans rien dévoiler de secret, fera la plus belle morale qu'il lui sera possible ». Enfin, si personne n'a de motif valable de faire opposition – un seul opposant suffit; si les autres passaient outre, il pourrait faire appel à Bordeaux – le rouleur se présente avec l'aspirant à la porte de la chambre. Il lui bande soigneusement les yeux « à seule fin qu'il ne puisse rien voir », le dépouille d'une partie de ses vêtements, lui fait abandonner tous ses « métaux », montre, chaîne, couteau et argent, et les recueille dans son chapeau. On lui retrousse la manche jusqu'au haut du bras. Puis le rouleur frappe à la porte :

« Qui est là ? demande une voix.

– Un aspirant qui demande à être reçu compagnon ! »

C'est le rite du seuil, dont le franchissement marque le passage du profane au sacré. Chez les tourneurs, le rôleur entre seul dire les intentions de l'aspirant, et renouvelle deux fois le manège avant que le premier compagnon l'autorise à faire pénétrer le postulant. Entre deux navettes, « il doit encore le questionner et le moraliser d'une manière qui puisse faire impression sur l'âme de l'aspirant en le faisant redoubler de sensation et de réflexion sur l'action qu'il va faire » – au besoin en lui suggérant qu'il est encore temps de renoncer[18].

Chez les cordonniers, l'aspirant est alors admis dans la chambre, les yeux toujours bandés. A l'invitation du premier compagnon, il s'agenouille devant l'autel et pose ses mains sur la nappe blanche. « Mon pays, lui demande le premier, que pensez-vous de la tenue dans laquelle vous vous présentez devant nous et pourquoi vous a-t-on retiré vos bijoux, argent et habits ? » C'est lui-même qui donne la réponse : « Mon pays, ceci est le symbole d'une vie nouvelle, car vous allez recevoir un nouveau nom, qui sera sanctifié et purifié par l'eau et par le feu. Vous allez vous créer une nouvelle famille. Vous entrez dans un monde nouveau. Vous êtes pour nous un nouveau-né, qui fait son entrée parmi nous dépouillé de toute chose inventée par l'orgueil humain et que vous laissez à la porte de ce temple, car Dieu en nous créant nous a faits tous égaux et que l'or, les bijoux et les vêtements ne servent souvent qu'à cacher nos vices et que le bon cœur de l'homme ne doit jamais se juger par les parures ou son enveloppe, mais bien par ses actions[19]. »

Ce texte, donné par *Le secret des compagnons cordonniers dévoilé,* est conforme aux rituels de toutes les initiations, fondées sur le principe de la mort à l'ancien monde, de la période dite de marge et enfin de la résurrection. Entrent en œuvre les symboles et les rites éprouvés de l'eau, du feu, des ténèbres et de la lumière, de la forêt, du reniement, du repas partagé[20]. La réception du compagnon au XIXe siècle ressemble singulièrement à celle des templiers au XIIe, société d'hommes célibataires et libres de tout engagement; chez les uns comme chez les autres, elle commence par une méditation et par une mise en garde :

« Mon pays, demande le premier en ville, ne seriez-vous pas poussé [...] par but de curiosité ? »

« Beau frère, avertit le maître du Temple ou son représentant, vous requérez bien grand chose, car de notre ordre vous ne voyez que l'écorce qui est au-dehors. Car l'écorce, c'est que vous nous voyez avec de beaux chevaux et de beaux harnais, et bien boire et bien manger et avoir de belles robes, et il vous en semble ainsi que vous y seriez bien aise[21]. »

Les chansons des compagnons font souvent référence aux templiers :

La faux du temps
A fauché la cruelle
Ces pieux guerriers
Ces nobles champions.
Malte et Templiers
Sont tombés sous son aile,
Tous excepté
L'ordre des compagnons[22].

Mais c'est qu'ils partagent un Temple à Jérusalem et qu'ils ont joué ensemble, enfants, aux greniers de Salomon – sans parler de cette fascinante et commune aura de mystère : ces hommes, disent les gens aux fenêtres, savent des choses que nous ne savons pas.

Chez les selliers, on prête serment « sur les Evangiles et trente deniers dont Nostre Seigneur fut vendu », on utilise les vêtements que revêt le prêtre à l'office, ainsi que ses accessoires ordinaires : chandelier, calice, burette, sel, « un pain pur et net, du vin pur et net », et les assistants suivent une sorte de messe, avec baptême du reçu et communion sous les deux espèces. La table représente le Saint Sépulcre et la nappe blanche le suaire du Christ.

Les couteliers mènent le postulant à l'écart de la ville, « luy font déchausser un soulier, et font tous plusieurs tours sur un manteau qu'ils ont mis à terre en rond, de sorte que le pied déchaussé soit sur le manteau et l'autre sur terre »; la serviette est le Saint Suaire, des pierres figurent les plaies du Christ, le pot de vin est la tour de Babylone, les douze raies d'une roue les douze apôtres... Les chapeliers, eux, symbolisent « tout ce qui a trait à la Passion », y compris un coq et des dés en souvenir des reniements de saint Pierre, du pain au bout d'un couteau rappelant l'éponge présentée au Christ au bout d'une lance; un compagnon figure Pilate, un autre Caïphe et, « pour représenter Nostre Seigneur qui fut envoyé d'un juge à l'autre, celuy qui est receu paroit devant le prévost des deux pieds croissez, débraillé et desjartelé[23] »...

Ce sacré-là, dénoncé par les docteurs de la Sorbonne, sent bien évidemment le soufre. Ce sont ces pratiques sacrilèges qui leur ont permis de condamner des sociétés de compagnonnage devenues gênantes pour l'ordre établi des corporations – c'est aussi sur ses rituels de réception que fut interdit l'ordre du Temple en 1313. Le caractère religieux des réceptions compagnonniques se transforme alors, sans doute à la fin du XVIIIe siècle, dépouille sa parure chrétienne, les rites et les gestes retrouvant tout naturellement leur signification antérieure pour exprimer le passage, le *saut,* dit Guillaumou[24]. Tout alors sera bon pour marquer l'imagination et le souvenir de ces jeunes gens à l'esprit généralement fruste et sensible, gourmands de symboles, friands de sacré. Le puéril et, parfois, le grossier s'intègrent parfaitement dans un cérémonial dont seul l'essentiel, c'est-à-dire le sens, restera. La première confession et la première communion d'un enfant l'impressionnent souvent très fortement. Sans cette expérience violente du sacré, le compagnon ne se sentirait certainement pas aussi fortement lié à ceux avec qui il partage le mystère de cette nuit où fut franchi le seuil.

L'initié est à genoux devant l'autel, les yeux toujours bandés. On le relève, et commence un difficile voyage au monde des ténèbres : l'aspirant, poussé, tiré, soudain abandonné, repris, doit sauter, ramper, franchir des obstacles vrais ou faux, dans un tintamarre de coups de tonnerre et de hurlements. En 1825, à Lyon, lors d'une perquisition à la cayenne des boulangers, la police saisit tout un matériel de réception, et notamment dix rouleaux de papier noir et une feuille de tôle brute, sans doute destinée à simuler l'orage[25]. Emmanuel Collomp le Provençal se rappelle ce moment :

Tremblant, à demi-mort, j'avance et de
[mon cœur
La justice essaya d'en ébranler l'ardeur
Je frémissais d'abord quand tout à coup la
[foudre
Eclata, puis je crus être réduit en poudre
Abattu, consterné, je ne pouvais parler[26]...

Et Voisin :

Poussé je crois par le vent et la foudre
Au milieu du tonnerre et des éclairs
Des bruits lointains, des cris profonds et
[sourds
Il me semblait sortir de l'empire des airs.
Mais tout à coup règne un profond
[silence[27]...

Au bout du voyage, la voix du premier en ville traduit à l'aspirant le sens des épreuves qu'il vient de traverser : « Mon pays, nous avons voulu par ce voyage vous représenter les difficultés qui pourront se présenter sur le tour de France ou dans le cours de votre vie privée, et que ce n'est qu'à force de persévérance et de bonne volonté que l'on vient au bout du but que chacun de nous se propose dans la longue carrière que l'Etre Suprême nous propose sur terre. »

Alors viennent les épreuves morales. Il est demandé à l'aspirant de renoncer à sa famille et à sa religion : le compagnonnage remplacera l'une et l'autre. Puis, continue le premier en ville, étant donné les besoins d'argent de la société, l'aspirant doit s'engager, comme les autres, à fabriquer de la fausse monnaie. S'il accepte, on lui reproche durement son immoralité; s'il refuse, on murmure autour de lui qu'il en sait déjà trop et qu'on ne peut le laisser sortir vivant. Cliquetis métalliques, menaces, bourrades. Il ne lui reste qu'un moyen de se racheter, suggère quelqu'un : tuer un traître à la société. On pose sa main gauche sur la poitrine d'un compagnon représentant le condamné, qu'on prétend solidement attaché. Puis on arme sa main droite d'un couteau. S'il ne frappe pas, on le menace à nouveau. S'il lève le bras, le pseudo-condamné se retire et le coup va heurter la cloison contre laquelle il s'appuyait. Dans certaines chambres, on se sert d'un mannequin, de sorte que l'aspirant croit réellement, pendant une heure, avoir poignardé quelqu'un.

Cette épreuve épouvantable correspond à celle qui, chez les templiers, imposait au nouveau reçu de renier Jésus. S'il acceptait pour entrer au Temple, il était accusé de trahison; s'il refusait, on lui citait Pierre en exemple : « Te crois-tu meilleur que lui ? » Le piège ainsi refermé, l'impétrant devait finir par se soumettre, par renier — éventuellement « des lèvres, non du cœur » — et par revêtir, toute volonté propre abolie, la célèbre « armure d'obéissance ».

Alors, comme par miracle, les obstacles disparaissent. Une main conduit l'aspirant sur une route unie et lisse : « Avec la ferme volonté, explique le premier compagnon, on (vient) toujours à bout de vaincre les obstacles et les embûches semées sur votre route et [...] des vrais amis empressés de vous servir et vous tendre la main au moment du danger se trouveront toujours là pour vous aider de leurs conseils et de leur bourse au besoin[28]. »

Les yeux toujours bandés, l'aspirant trempe la main dans un récipient rempli d'eau salée : il est purifié par l'eau; il passe la main dans la flamme d'une bougie ou d'une torche : il est purifié par le feu « car nous voulons que l'homme qui entre dans notre société soit pur de toute souillure ». Puis on présente à ses lèvres la *coupe d'amertume,* du vin mêlé d'eau, de sel et de poivre, breuvage en tout cas déplaisant qui doit être bu « jusqu'à la lie ». Certaines sociétés intègrent de plus le *serment par le sang :* on fait au bras de l'aspirant, dont la manche est relevée depuis qu'il a franchi le seuil, une légère coupure, et on laisse simultanément couler un liquide dans un récipient pour lui faire croire qu'il s'agit de son propre sang. Ce rite peut aussi signifier que le nouveau compagnon est prêt à verser son sang pour la défense de la société à laquelle il s'unit.

La cérémonie du baptême affecte diverses formes et altérations du même principe. Ici on verse de l'eau sur la tête, là, du vin; ici on écrit sur trois papiers le nom que souhaiterait porter l'aspirant et on le fait tirer au sort : il trouvera évidemment ce qu'il souhaite et ne manquera d'y voir un signe;

là, on lui attribue un parrain, une marraine et un troisième, parfois nommé *curé,* qui proposent chacun un nom – à lui de choisir. Chez les blanchers-chamoiseurs, le baptême se fait avec un peu de vin sur la tête, vin recueilli et bu par l'aspirant « car ceci est le pur sang des compagnons ». Chez les cordonniers, le papier portant le nom du nouveau Compagnon doit être avalé avec le vin...

Il s'agit à la fois d'un baptême et d'un nouvel acte de naissance. Mieux que tout le reste, ce nom compagnonnique marque le passage d'un état (civil) à l'autre. Les religieux aussi, quand ils changent de vie, changent de nom, laissant derrière eux, comme les serpents à la mue, leur ancienne dépouille. Chez les compagnons, ce nouveau nom a d'autant plus de sens et d'importance qu'il proclame une qualité et devient par là même une dimension essentielle de celui qui l'a choisi et doit l'assumer. Perdiguier devient ainsi Avignonnais la Vertu, « nom nouveau, bien doux, bien flatteur, difficile à porter toutefois[29]... » Là où la police voit un pseudonyme, un nom de guerre, de clandestin se trouve en fait un nom d'âme, un programme, un défi, un drapeau.

L'auteur de ces couplets, mes frères
Compagnons blanchers-chamoiseurs
Je vous le dirai sans mystères
Est Vendôme la Clé des Cœurs
Ce qu'il exprime
Par cette rime
Est le tableau qu'il éprouva.

Faites peinture
Car je vous jure
Lorsqu'il reçut le nom qu'on lui donna

Rien n'égalait la jouissance
Dont son cœur se trouvait épris[30]*...*

Alors seulement est ôté le bandeau qui laissait l'aspirant dans la nuit. Ses yeux se trouvent soudain éblouis par une vive lumière éclairant fugitivement un crucifix, une image représentant un fondateur, maître Jacques ou Salomon, ou simplement le Temple.

Ce fut pendant la nuit que je vis la lumière
Pâle, étonné, ravi de me voir dans ces lieux
Ce qui rend tous les cœurs fermes silen-
[cieux
Dans l'ombre j'aperçus un trône formida-
[ble[31]*...*

raconte Emmanuel Collomp, devenu l'Estimable le Provençal. Et Bouchard le chapelier, dit désormais la Prudence le Bourguignon :

Je me souviens car j'ai bonne mémoire
De cette nuit où maîtrisant ma peur
M'est apparu tout rayonnant de gloire
Notre secret et notre fondateur[32]*.*

Et Capus, Albigeois l'Ami des Arts, le cordonnier des « deux bottes uniques » :

Il dit, et tout à coup le jeune devoirant
Monte les sept degrés du fameux monu-
[ment
Arrivé sur le plat du pavé mosaïque
Il contemple le seuil du célèbre portique[33]*.*

Et Batard, maintenant Nantais la Bonne

Conduite : « Lorsque la lumière me fut donnée et que je me vis devant ce groupe solennel de compagnons, ornés de leurs couleurs, les bras tendus au-dessus de moi, jurant de me protéger, je ne pus m'empêcher de pleurer. C'est un souvenir inoubliable[34]. » Pour ne pas être accusés de trahir, si peu que ce soit, les secrets, ni Perdiguier ni Arnaud — Libourne le Décidé — ne parlent de leur réception. Boyer en dit peu. Nous l'avons laissé à Bordeaux, chez la mère, apprenant qu'il est le dernier de ceux qui ont franchi le cap des épreuves professionnelles. Il est près de minuit.

« Quelques instants après, nous voici déambulant par les rues brumeuses de ce soir de décembre.

« Où allons-nous, nous n'en savons rien. Où sommes-nous allés, nous n'en saurons jamais rien.

« Il nous a semblé nous enfoncer dans la terre : c'est le symbole de la mort. Allons-nous mourir ? Renaîtrons-nous ? Si nous en sommes dignes.

« Et l'horloge a sonné minuit.

« Pour renaître, il faut du courage. Les vices nous ont assaillis, ils nous ont tentés, séduits. Malheur à celui qui cède, le cuir chevelu m'a rappelé pendant une quinzaine qu'il ne fait pas bon biaiser avec les compagnons.

« Enfin, nous voici purifiés, l'orage s'est tu, le soleil matinal nous retrouve au pied d'un baptistère et les parrains ont accédé à ce que je porte le nom que j'ai choisi depuis bien longtemps (Cœur Loyal), mais il faut lui faire honneur. Attention, il est quelquefois délicat de s'appeler le Courageux quand on est poltron, le Bienfaisant quand on est égoïste et combien de fois, dans le cours des luttes que j'ai soutenues, a-t-on cherché s'il n'y avait aucune fissure dans ma cuirasse. Et l'on aurait eu raison de me reprocher un surnom que je n'aurais su honorer[33]... »

Guillaumou, cordonnier, dit Carcassonne, est à Nîmes en 1835 pour sa réception. Il est convoqué chez la mère à dix heures trente le soir, dans ses plus beaux habits : « J'entendais tellement prôner, exalter le bonheur du mystère des compagnons que je croyais y découvrir le septième ciel. » Vers minuit, deux compagnons apparaissent, avec cannes et couleurs. L'un d'eux appelle Guillaumou, fait semblant de lui délier les cheveux qu'il porte ras – symbole de soumission –, le frappe trois fois sur l'épaule : « Suivez-moi ! » Ils montent au grenier, que Guillaumou connaît bien, et où il a le temps de voir, avant qu'on ne le fasse retourner, une construction en draps de lit. On lui demande de vider ses poches puis on lui bande les yeux et on le fait voyager, rituellement, parmi les embûches imaginaires. « Enfin, après un nombre infini de tours et de détours, on me fit arrêter et redresser. »

Guillaumou n'y croit pas. Pas un instant, il n'adhère au principe du mystère. On ne lui fera pas prendre ce drap de lit pour la porte du Temple, ces bousculades et ces fumées fétides pour un avant-goût de l'enfer, ce grenier bien connu pour la forêt du Graal. Tout alors, dans la mise en scène et le rituel, sombre dans le ridicule. « Cette gymnastique nocturne, dit-il, commençait passablement à m'ennuyer. » Quand on lui propose de renoncer à sa religion pour adhérer à celle des compagnons, il demande à en connaître les principes pour pouvoir comparer. On le traite de mouchard, on le tourmente, on le trimbale à nouveau. Il commence à résister :

« Prenez garde, lui dit un compagnon, vous ne savez pas ici où vous êtes !

— Parbleu ! répond Guillaumou, je le sais aussi bien que vous. Je suis dans le grenier du père, et vos tracasseries me fatiguent... »

Son interlocuteur le félicite de sa fermeté, puis lui demande de s'engager, pour ne pas laisser périr la société, à battre au besoin la fausse monnaie. Guillaumou répond qu'il n'en voit pas la nécessité, que la société est trop honnête pour commettre un crime sévèrement puni par les lois. Conformément au scénario habituel, quelqu'un propose alors qu'on l'étrangle pour qu'il n'aille rien révéler. On le saisit, on l'attrape par le cou. Guillaumou joue le jeu, puis l'autre serrant très fort, « un doute me vint, et avec ce doute le sentiment de la résistance. J'arrachai vivement mon bandeau d'une main, tandis que de l'autre je saisissais ma chaise. »

Les compagnons ont du mal à calmer Guillaumou, qui veut partir, à lui faire remettre son bandeau. La suite de la réception est bâclée. On lui fait néanmoins prêter serment de ne rien révéler, puis on lui demande ce qu'il désire voir, et comme il ne sait ce qu'il convient de répondre, on lui glisse à l'oreille : « La lumière ! » Dès qu'il a répété, tombe le linge qui l'aveuglait. Sous sa main, dans « l'espèce d'éblouissement » dû à la disparition du bandeau, il voit un crucifix.

On lui attribue les couleurs — le rouge signifiant le sang de maître Jacques répandu pour le bien de tous dans les plaines de la Provence, le bleu, symbolisant l'union et la concorde qui régnent sur le tour de France parmi tous les compagnons — et on lui demande de désigner trois compagnons qui seront son parrain, sa marraine et le curé. Chacun donne un nom à Guillaumou, en lui laissant le soin de choisir. Il prend celui que propose – et que porte – le parrain. Au nom du Père, du Fils et du Saint-Esprit, il est baptisé Carcassonne, le Bien Aimé du tour de France, brave compagnon, Enfant de maître Jacques. Il boit la coupe d'amertume, on lui attache ses couleurs sur la poitrine, il reçoit le baiser d'alliance : « On m'assura que j'étais compagnon. J'étais bien obligé de le croire. Cependant, j'en doutais. »

Tandis qu'un autre aspirant est initié, un compagnon reste avec lui, chargé de guider ses premiers pas, mais Guillaumou questionne en vain : l'autre n'a rien à répondre. Une heure et demie plus tard, ils remontent : « Je baisai fraternellement le nouveau reçu qui me parut bien pâle et même souffrant; à peine s'il eut la force de me dire qu'il s'appelait Francœur, tant il était ému. » Les deux nouveaux compagnons écoutent alors à genoux diverses lectures et morales ayant trait au Devoir et à l'assassinat de maître Jacques; puis l'explication de l'*affaire* qui recommande le compagnon à l'assistance et à la protection de ses frères; enfin on fait devant eux l'entrée de chambre des compagnons dans une ville de Devoir. « C'était déjà quelque chose, mais j'avoue que je m'attendais à mieux que cela. »

Trente ans plus tard, Guillaumou reconnaîtra que « ces réceptions avaient un but moral dont, malheureusement, la plupart des compagnons ne se rendaient pas compte ». Et regrettera qu'elles soient devenues, dans trop de cas, parties de plaisir ou de brimades : « Dans les grandes villes, si l'on y gagne du côté des compagnons assez intelligents pour bien poser les questions d'épreuves, on y perd du côté de ceux qui sont chargés de faire voyager le néophyte, ils le bousculent, le tiraillent, souvent ils le déchirent. Ils lui font souffrir mille tracasseries inutiles, déplacées. Et tous ces préliminaires qui devraient être sérieux se passent au milieu d'éclats de rire mal comprimés[36]. »

Moreau ajoute qu'il a vu un cordonnier devenu fou à la suite d'une réception à Sens, et entendu parler de la mort d'un boulanger, près de Paris[37]. Guillaumou Jeune, frère de Carcassonne, lui-même reçu cordonnier à la fin du siècle, n'en a pas gardé meilleur souvenir : « Quel est celui d'entre nous, à moins d'être une buse, un idiot, qui n'avouera pas son écœurement des chambardements, des saletés subies et dont il a été abreuvé pendant sa réception[38] ? »

Les plus violentes épreuves de réception que nous connaissons ont été révélées par un transfuge des charpentiers de Soubise, connus pour leur esprit de corps et la façon dont ils traitaient leurs apprentis, les renards. Ce transfuge, Bricheteau, a donc publié le détail d'un initiation chez les Soubise. C'est un rituel exceptionnellement long, qui commence le 19 mars, veille de la Saint-Joseph, et s'étend sur neuf jours et neuf nuits, durant lesquels les aspirants à peine nourris, abreuvés pour l'essentiel de café et d'eau-de-vie, sont soumis à neuf passages symboliques particulièrement rudes, assortis de brutalités de toutes sortes, de brimades, de provocations et de châtiments. « Il n'est pas rare, dit Bricheteau, de trouver des marques de ces tortures sur des hommes de cinquante ou soixante ans. » Le renard, pour finir, épuisé, marqué de coups, le crâne rasé, jeté dans la boue, doit appeler Monseigneur l'Archevêque du Père Soubise :

« Qu'est-ce que tu me veux ?

– Je viens pour monter au Saint-Pilon où vous daignerez me donner le sacrement de confirmation. »

Il est « confirmé » d'une gifle donnée avec un sac de linge mouillé. Enfin, on lui apprend rudement comment s'embaucher chez le singe, puis on échange avec lui une santé :

« Bon vin rouge, mon frairot !

– A nos crocs, mon frairot ! »

Alors retentit l'ordre : « Pavillon Bois Debout, impérial à bas ! » (Debout et tête nue.) Compagnons anciens et nouveaux s'embrassent tandis que le confesseur rappelle les devoirs du parfait compagnon et illustre le fossé qui sépare l'homme nouveau de l'homme détruit[39]. Car le but de l'effroyable parcours du compagnon charpentier d'alors est évidemment de briser l'ancienne personnalité, de dépouiller le vieil homme pour en faire un affilié capable de résister à toutes les faiblesses, dévoué sans réserve à son métier et à sa société, respectueux de ce *mystère* qui l'a vu mourir et renaître.

Voisin, lui aussi charpentier, mais de l'autre rite, celui de Salomon, n'est pas convaincu : « Il est à remarquer, dit-il aimablement, que lorsque les Enfants de Soubise ont fait le chemin de croix et passé la neuvaine dans les caves, ils ont changé de mentalité. Ce ne sont plus des hommes, l'instinct animal domine chez eux[40]. »

Symboles dévoyés, pratiques grossières et caricaturales affectent souvent les initiations de compagnons chez qui l'absence de grands prêtres ou même le caractère oral de la transmission des rituels laissent toute initiative à des individus qui n'offrent pas toujours toutes les garanties de culture ou de moralité – parfois, un compagnon aura pissé dans la coupe d'amertume, hilare d'avance, ravi du bon tour joué à l'aspirant. Néanmoins, on l'a vu, la réception est pour la plupart des compagnons un événement marqué de gravité, l'occasion d'une leçon exceptionnelle, le souvenir d'un engagement sans restriction dans la voie d'un certain devoir. C'est que chacun porte son mystère en lui.

Le serment final varie peu d'un compagnonnage à l'autre : « Mon pays, doit, chez les tourneurs de 1731, dire trois fois le nouveau compagnon, je jure sur le pain et sur le vin comme quoi je ne déclarerai jamais le Devoir ni à père, ni à mère, ni à frères, ni à sœurs, ni parents, ni amis ou confesseurs, ni à qui que ce soit dans le monde sous peine de péché mortel ou damnation de mon âme[41]. »

D'autres rituels ajoutent qu'il ne reproduira les mystères « sur rien qui puisse les révéler aux profanes », « je préférerais, dit-il encore, et je mériterais d'avoir la gorge coupée, mon corps brûlé, mes cendres jetées au vent si j'étais assez lâche pour les dévoiler. Je promets de plonger un poignard dans le sein de celui qui deviendrait parjure. Qu'il m'en soit fait autant si je le deviens[42]. » Chez les charpentiers du Devoir de liberté, le nouveau compagnon, tandis que des épées nues sont dirigées sur sa poitrine, déclare consentir « s'il manque à sa parole, à ce qu'on lui brûle les lèvres avec un fer rouge, qu'on lui abatte la main, qu'on lui arrache la langue et qu'on lui coupe la gorge[43] ».

Parlant du Devoir, Bouchard demande :

Combien de siècles verra-t-il encore
Sans qu'un parjure fasse de trahison[44] *?*

Les très rares cas de « trahison » connus sont le fait d'anciens compagnons éprouvant le besoin pour des raisons de stratégie de déconsidérer le compagnonnage : Guillaumou parce qu'il participe à la fondation d'une organisation concurrente, l'Ere nouvelle du Devoir, dont des dissidents publieront *Le Secret des Compagnons cordonniers dévoilé;* Bricheteau, pour amener au syndicalisme des ouvriers confiant jusqu'alors au compagnonnage la défense de leurs intérêts.

C'est un fait que les compagnons respectent leur engagement, et pas seulement par crainte. « Il n'y a point de faux frères parmi eux, constate en 1809 un procureur général de la Gironde. Ceux même que des sentiments honnêtes ont engagé à quitter cette société ne se déterminent jamais à trahir le serment qu'on a exigé d'eux. » Ce n'est pourtant pas faute d'avoir essayé de les faire parler : juges, commissaires, policiers de toutes les polices s'y sont cassé les dents. Témoin, parmi tant d'autres, ce procès-verbal du 20 janvier 1810 consignant l'interrogatoire d'un cordonnier, Badouliac dit l'Angoumois, alors premier compagnon de La Rochelle :

Q. – : Quelles sont les villes de devoir pour vous ?

R. – : Je ne saurais vous le dire, parce que je ne fréquente pas beaucoup la mère.

Q. – : Quel est le premier en ville des compagnons cordonniers ?

R. – : Je ne sais pas, j'ignore même ce que c'est que le premier en ville.

Badouliac nie de la même façon avoir assisté à aucune réunion. Sommé de dire ce qu'est le Devoir, il répond :

« Il m'est impossible de vous le dire, c'est comme une prière, mais je ne m'en souviens pas... »

Q. – : Ne vous a-t-on pas menacé vous-même de vous punir de mort si vous trahissiez votre secret ?

R. – : Non[45].

En 1813, le comte Réal, chef du premier arrondissement de police générale, avoue son impuissance au préfet de Police : « ... Les associés avaient fait disparaître jusqu'aux moindres traces de leur organisation. On avait arrêté un assez grand nombre d'ouvriers; il fallut les relâcher. Tout a échoué contre l'habitude, le secret et la fidélité que maintiennent entre eux ces coteries[46]. »

De nos secrets, ils ont tâché
De connaître aussi la puissance
Mais vainement ils ont cherché
Partout ils ont trouvé silence[47],

constate fièrement le tailleur de pierre Sciandro.

Même Moreau admet que le secret avait son utilité, lorsque les sociétés de compagnons se justifiaient pour s'opposer aux corporations : « Avec les prétendus secrets et mystères, ils en imposaient à la foule et à la jeunesse, agissaient avec plus d'ensemble, avaient plus de facilités pour se prêter un mutuel appui à échapper aux vigilantes investigations de la police[48]. » Toutes les raisons de justifier cette obsession du secret sont recevables, mais la plus importante est peut-être que ces hommes restent à jamais fidèles à cette nuit de leur jeunesse où ils devinrent compagnons.

La nuit a passé. Avec le nouveau jour se lève une nouvelle vie. « Et quand, du fond des bois, dit Boyer, les compagnons nous reconduisent chez la mère, nous nous sentîmes des hommes nouveaux, scandant allégrement les strophes de *La Gloire* qui faisaient s'entrouvrir les persiennes au passage. »

Mes chers coteries, je vais vous chanter la [gloire
La gloire de tous les compagnons[49]...

C'est un chant anonyme du XVIIIe siècle, repris de génération en génération par tous les corps de métier sur tous les chemins du Tour. Mais pas une fois sans doute, Abel Boyer, le tout nouveau Périgord Cœur Loyal ne l'a chanté avec plus de conviction. Et il ajoute, personnellement, un couplet sur les couleurs qu'il a désormais le droit de porter :

Le vent fait flotter mes couleurs
Qui battent l'air avec tapage
Car ces beaux rubans, chers aux devoirants
bis *Sont les fruits du Compagnonnage*[50].

(Ce qui ne l'empêchera pas, quelque temps après, d'écoper une amende de 3 F pour s'être présenté chez la mère sans la redingote et le gibus désormais réglementaires.)

Les grands rubans de soie, frappés de symboles, de textes et de figures, se portent en tenue d'apparat et, selon le métier et le rite, s'attachent au chapeau, au col, à une boutonnière de l'habit ou de la redingote, à la taille, selon un code aussi précis qu'impératif. Qu'un corps porte ses couleurs une boutonnière trop haut, et les autres auront vite fait de le rappeler à plus de modestie. D'après Perdiguier, les tailleurs de pierre, les charpentiers et leurs enfants les couvreurs portent les couleurs au chapeau. Les couvreurs les font flotter derrière leur dos. Les charpentiers les font tomber par-devant l'épaule gauche. Les tailleurs de pierre aussi, mais un peu moins bas[51].

Des sociétés prétendent avoir un droit exclusif de porter certaines couleurs d'une certaine manière à un certain niveau, par exemple à la plus haute boutonnière. Une contestation peut durer des siècles, entraîner des rixes violentes ou se terminer par un compromis formel, comme celui qui intervint à Lyon en 1824 entre charrons et menuisiers[52]. La vertu de ces couleurs est telle qu'un blancher-chamoiseur qui, en 1876, s'en est servi en guise de cravate a été mis au renégat[53] !

La symbolique des couleurs diffère aussi selon les sociétés. L'Ere nouvelle du Devoir, que fondera Toussaint Guillaumou, se choisit ainsi quatre grandes couleurs :

– la blanche, signifiant innocence,
– la bleue : accord des compagnons,
– la rouge : science,
– la noire : deuil,

et sept petites, correspondant chacune à une ville de Devoir des cordonniers :

– la rouge : Paris, la gloire,
– la verte : Lyon, l'espérance,
– la blanche : Marseille, l'innocence,
– la jaune : Toulouse, l'aurore,
– la rose : Bordeaux, la gaieté,
– la bleue : Angoulême, fondation,
– la violette : Nantes, le printemps[54].

Mais l'homme aux couleurs ne serait rien sans

sa canne de compagnon, le plus important de son attirail rituel. Rappelant le jonc de maître Jacques, c'est à la fois signe de virilité, symbole de pouvoir ou de prise de possession d'un fief, crosse d'évêque, bourdon de pèlerin, houlette de berger, mesure des anciens maîtres d'œuvre – et, aux poings des ouvriers, un argument de défense non négligeable :

Canne chérie, ô mes amours
En toi j'ai mis ma confiance
Puisque tu protégeras mes jours
En voyageant au tour de France.
J'aime ta superbe longueur
Et ton embout, l'effroi du crâne
Qui souvent sur le champ d'honneur
Sut rendre ton maître vainqueur[55].

Les cannes des compagnons sont rondes, à pans, octogonales ou torsadées, longues ou courtes selon les sociétés. Le pommeau – noir pour les charpentiers, blanc pour les tailleurs de pierre – porte souvent le nom compagnonnique du propriétaire ou la représentation symbolique de son métier. La manière de porter la canne a une signification particulière :

– étendre la main sur le pommeau signifie paix, confiance, force;
– présenter l'embout : provocation;
– tenir la pomme en bas : guerre à mort;
– tenir la canne par son embout et la traîner trois fois à terre : profond mépris;
– tenir la canne par le milieu, l'embout en avant : signe provocateur annonçant une attaque verbale;
– tenir le pommeau au front : salut fraternel;

– tenir la canne par le milieu, puis l'incliner pomme vers l'avant : solidarité;

– tenir la canne droite, l'embout à l'extrémité du pied droit, puis la passer de la main droite dans la main gauche : j'accepte un service;

– garder, en marchant, le pouce sur la pomme : confiance;

– amener la pointe de l'embout au talon : défiance;

– tendre la main gauche en gardant la droite sur la canne : mépris;

– tendre la main droite avec le cordon de la canne passé au poignet : amitié loyale[56].

Sur la route de Marseille à Toulon, Arnaud est interpellé par trois ouvriers portant des cannes en bandoulière : « Le plus ancien s'approcha de moi, sa canne en conciliation... »

La canne, gage précieux
De la valeur et de la gloire
La canne fait mille envieux
Sur la route de la victoire!
. . . .
Respectable par sa longueur
Plus brillante qu'une auréole
C'est le symbole de l'honneur
C'est notre Dieu, c'est notre idole
Avec elle on ne craint plus rien
Avec elle l'on se pavane
bis *Du devoirant c'est le soutien*
    Pour voyager, vive la canne[57] *!*

Moreau raconte comment un compagnon, étant sans sa canne, demanda à un aspirant de ne pas prendre son bâton de marche habituel : « Comme on vous prendrait pour le compagnon et moi pour l'aspirant, je ne pourrais aller avec vous[58]. »

La canne, le compagnon en a fait trente-six chansons et mille et une batailles. Pas de compagnon sans canne. Mais ce symbole des symboles qui le faisait tant rêver, Périgord Cœur Loyal apprend seulement qu'il n'y a pas encore droit. Il est, lui dit-on, compagnon *reçu,* et la grande canne est réservée au compagnon *fini.* Or, un maréchal ne peut être reçu et fini dans la même ville de devoir : « Un compagnon du tour de France, c'est fait pour voyager et non pour tourner autour de son clocher[59]. »

C'est qu'il lui reste à apprendre les rituels, les traditions, les dialogues convenus de toute nature qui lui permettront à son tour de recevoir les aspirants et même, s'il est élu premier en ville, d'avoir la responsabilité des réceptions. On sait que ce sera le cas de Perdiguier, reçu à Montpellier, fini à Chartres et premier compagnon à Lyon. Ce sera aussi le cas de Guillaumou, malgré les réticences qu'il a manifestées lors de sa propre réception, le cas d'Arnaud, à qui il arrivera d'ailleurs une aventure un soir de réception. C'est à Tours, pour la Noël 1839. Libourne le Décidé organise l'initiation de six aspirants dans le cuvier et cellier de son patron du moment, M. Gasté. Il y a là, sous la protection de veilleurs, 42 compagnons bien armés – une attaque d'adversaires est toujours possible. Vers une heure du matin, un étourdi fait partir son pistolet.

Un paysan, alerté, vient voir ce qui se passe, découvre des sentinelles autour de la maison et court avertir le capitaine de la Garde nationale. Celui-ci lève aussitôt une petite troupe de paysans armés de fusils, de faux, de fourches, les répartit en trois escouades et cerne « le temple du mystère » où Libourne est en train de lire la légende édifiante de maître Jacques aux boulangers « religieusement agenouillés devant l'autel baptismal ». L'alerte est donnée. Libourne fait aussitôt prêter serment : « Frères, jurons sur le Christ qui est sur cet autel de mourir plutôt que de laisser profaner ce lieu de mystère ! » Sous les coups, la porte saute. Les boulangers se précipitent. L'explication sera difficile, mais le capitaine renoncera à entrer.

Autre singulier incident, six mois plus tard, toujours à Tours, chez la mère Jacob. Après la réception du 15 août, les boulangers sacrifient à la coutume du banquet, les *agapes fraternelles,* rite d'agrégation par excellence. On est passé à table quand survient un jeune compagnon épuisé : ayant manqué le départ de la voiture, il court depuis Chinon pour arriver à temps. Il va au puits de la cuisine qui, dit Arnaud, « dans les grandes chaleurs avait tous les avantages de la glacière ». L'eau froide le saisit, il est brusquement pris de convulsions sur la margelle, s'écroule les membres raides. Un médecin constate le décès. Le cas n'est pas prévu dans les règlements. Les compagnons se concertent et décident que le boulanger de Chinon participera à son dernier banquet : on l'assoit à la table, et la mère Jacob fait servir. « Jamais, dit Arnaud, solennité ne fut plus imposante[60]. »

Boyer n'aura pas à remplir la charge de premier compagnon. Mais il saura, à Béziers, « répondre comme il convient aux questions du premier en ville et du rouleur », et il sera fini. Alors, et alors seulement, Périgord Cœur Loyal ira choisir et acheter sa canne de compagnon : « Un beau jonc rouge à embout argenté qui ne devait plus me quitter[61]. »

X

LES SOI-DISANTS

Bavarois Beau Désir. – Le péché du lâche. – Chien blanc et petit canard. – Cauchemar. – Le supplice de la mare. – En garde! – Le secret des Quatre-Corps. – Ne supra crepidam. – Sacrée faculté. – Un manuscrit. – La Saint-Crépin. – Deux bottes uniques. – Le brigadier Martiret.

Mais j'entends dire (est-ce imposture ?)
Que le sabotier, le mitron
Le cordonnier (Dieu ! quelle injure !)
Portent le nom de compagnon...

Jean François Piron,
Vendôme la Clé des Cœurs[1].

« Ce jourdui 29 septembre 1811 étant rouleur à Beaune jouissant de toute mes fagulté, déclare qu'il est entré dans le veu de mes intentions et dernière volonté, que le 26 juillet dernié étan à never j'ai reçu et donné le secret du companiongé des doileurs à deux boulanger[2]... »

Ainsi commence l'un des plus étonnants faits divers de l'histoire du compagnonnage. Les boulangers, comme les cordonniers et les sabotiers, étaient depuis longtemps organisés en sociétés et vivaient en compagnons : ils voyageaient, logeaient chez des « mères », observaient des règles de discipline et de solidarité. Leurs traditions étaient anciennes et pas seulement en France : Michelet fait référence à un ouvrage édité à Nuremberg, intitulé *Coutumes de l'honorable métier des boulangers; comment chacun doit se conduire à l'auberge et à l'ouvrage. Imprimées pour le mieux à l'usage de ceux qui se préparent au voyage*[3]. Mais les sociétés de compagnonnage ne voulaient pas de boulangers parmi eux : combattant « les prétentions de certains ouvriers roulants de se dire compagnons[4] », ils traitaient avec mépris les *soi-disants de la raclette,* leur reprochant de ne pas savoir utiliser l'équerre et le compas – Perdiguier lui-même est persuadé que *compagnon* dérive de *compas.* Ils cherchaient en vain un père, c'est-à-dire un corps d'état qui voulût bien les initier au Devoir, leur transmettre les rituels et les mots sacrés. Ils se disaient les orphelins du compagnonnage.

Jusqu'au jour, donc, où un certain Bavarois Beau Désir, compagnon doleur, décide de leur « donner le secret ». Ses raisons ? Malade, durant dix mois à Nevers, il n'a reçu aucun secours de ses frères. Les seuls qui se soient occupés de lui sont deux boulangers. « En récompense », il les « reçoit », leur donne rang et nom de compagnon – il baptise l'un Nivernais Frappe d'Abord, l'autre Montmart l'Inviolable. Tandis que ses deux « enfants » partent à Orléans, il trouve une embauche à Beaune, où il est même nommé rouleur. Détenteur d'une des trois clefs de la caisse, il profite d'une négligence des deux autres responsables pour prendre copie des « pièces » qu'il y trouve. Le 12 octobre, il part pour Orléans à la recherche de ses enfants, les trouve finalement à Blois. Il leur remet les pièces copiées à Beaune « afin qu'ils puissent recevoir et s'instruire quand bon leur semblerait ». Le temps de se procurer « tout ce qu'il fallait pour faire la réception » et, dans la nuit de la Toussaint, ils reçoivent compagnons dix-huit boulangers.

Encore faut-il que la société des doleurs accepte

d'être placée devant le fait accompli et donc de parrainer les boulangers. Bavarois Beau Désir demande à quatre de ses nouveaux enfants de se présenter, sans le trahir, à l'assemblée qui doit se tenir le 9 chez la mère des compagnons doleurs. Et le 9, à huit heures du soir, nos quatre boulangers arrivent au 3, rue de la Petite-Porte à Blois. Accomplissant le salut de boutique, ils se font reconnaître comme doleurs et montent en chambre avec les autres. C'est alors seulement, la porte fermée, qu'ils révèlent la vérité : ils sont boulangers ! « Cette déclaration fit un mouvement terrible parmi nous, il y en a qui voulaient les assassiner », racontera Bavarois Beau Désir dans un deuxième « certificat ». Les doleurs sont dix, et tombent à bras raccourcis sur les boulangers – et les doleurs, à force de manier la lourde doloire à longueur de jour, ont le bras solide. « J'eus mille peines qu'on les batte », dit Beau Désir. On jette enfin dehors les boulangers pour réfléchir et prendre une décision.

Les doleurs commandent une assemblée de tous les anciens compagnons des environs. En attendant, « on changea la reconnaissance de suite, et la nouvelle fut refusée pendant quelque temps à beaucoup de compagnons, et je fus du nombre. » Craignant d'être soupçonné – « on faisait de si grandes recherches dans la société... » – Bavarois Beau Désir quitte en janvier Blois pour Orléans, où il retrouve Nivernais Frappe d'Abord et Montmart l'Inviolable, qui ont entretemps « reçu beaucoup de compagnons ». Devant ses inquiétudes, les boulangers lui proposent de le « faire embarquer pour les colonies ». Le 22 janvier, il part pour Bordeaux en compagnie de quatre boulangers : « En arrivant dans cette ville, mes enfants embauchèrent et on s'est occupé de chercher un bâtiment, nous avons trouvé un américain de nation qui partait pour New York, nommé *Le J-J'Odésie* *, capitaine Williams, avec qui on s'est arrangé pour m'emmener en Amérique. Une somme de 500 F a été donnée au capitaine pour prix de voyage et une même somme a été remise à moi pour en disposer à ma volonté, et je vais quitter la France demain pour toujours, c'est pourquoi je délivre le présent certificat à mes enfants pour leur servir au besoin.

Fait à Bordeaux le 16 février 1812
Bavarois Beau Désir
Compagnon doleur du Devoir[5].

Exit Bavarois Beau Désir, dont on n'entendra plus parler sur le Tour. Quant à son enfant, le premier boulanger compagnon du Devoir, Nivernais Frappe d'Abord, il sera tué à Blois dans une rixe avec des doleurs, Blois que les boulangers considèrent depuis comme leur ville de fondation.

Le boulanger Jean Baptiste Etienne Arnaud, notre Libourne le Décidé, est évidemment concerné au premier chef par cette histoire. La version qu'il en donne[6], manifestement ornée, n'en diffère pas pour l'essentiel. Il y ajoute la malédiction des doleurs : « Malheureux ! Vous allez payer cher votre témérité, car non seulement nous vous renions pour nos enfants mais encore vous allez être punis du châtiment des traîtres,

* Roger Lecotté a récemment vérifié qu'il n'y avait eu en 1812 aucun mouvement de navire de ce nom à Bordeaux. Il suppose qu'il s'agissait pour le parjure de faire croire à son départ. On peut ajouter que le nom du bateau, *Odésie,* présente une singulière ressemblance phonétique avec Beau Désir, ce qui pourrait accréditer l'hypothèse d'un faux départ, avec noms et dates imaginaires.

afin que le péché du lâche qui vous a révélé les secrets de notre ordre retombe sur vous pour vous écraser sans miséricorde ! » D'après lui, se serait tenue à Bordeaux une assemblée du compagnonnage où il fut convenu que les boulangers « seraient à jamais exclus [des] réunions intimes » et « qu'on leur ferait une guerre éternelle et sans merci ».

Et c'est vrai que pendant un bon demi-siècle, ce n'est pas la miséricorde qui les accablera. Ils ont beau faire « toutes les soumissions, toutes les avances et tous les sacrifices qu'il est humainement possible de faire pour avoir l'honneur [...] d'être reconnus par les autres corps d'état » : ils n'obtiennent aucun résultat. Ils paient, traitent, invitent – « des dépenses énormes ont été faites en dîners et rafraîchissements de toutes sortes[7] » – pour rien. Ils vont jusqu'à renier Bavarois Beau Désir. Arnaud lui-même, quand il accroche ses rimes aux branches de l'arbre généalogique du compagnonnage, prend ses distances :

Les serruriers, enfants du premier âge
Fiers des secrets de leur riche savoir
Au bon vieux temps propageant la lumière
Aux vitriers donnèrent le savoir;
Et ces derniers pour suivre leur exemple
Ont reconnu les Compagnons Doleurs
En leur donnant les archives du Temple
Et le pouvoir de porter les couleurs.

Un vieux Doleur des rives de la Loire
Voulant aussi ses pères imiter
Pour que son nom soit gravé dans l'histoire
Des Boulangers illustra l'atelier.

On l'accusa bientôt de perfidie
Car il venait de trahir ses serments
Il a eu tort, comme vous je m'écrie,
Mais nous n'en sommes pas moins vos [enfants[8] *!*

Les boulangers se démènent, plaident, argumentent en vain. Accusés de pratiquer un métier où l'on ne connaît pas le trait, ils ont beau jeu de répondre que les compagnons chapeliers ne le connaissent pas non plus, que les selliers, les bourreliers n'utilisent pas l'aplomb, le niveau ou l'équerre... Soit. Mais, demande selon Arnaud un doleur à un boulanger, comment feraient-ils s'ils devaient présenter un chef-d'œuvre ?

« Au fait, qu'est-ce qu'un chef-d'œuvre ?

– Un chef d'œuvre ! Mais c'est tout ce qu'il y a de beau, de bien fait; c'est un travail fini, achevé, que l'ouvrier ne craint pas de soumettre aux yeux des experts les plus expérimentés et les plus impartiaux.

– C'est juste, répond le boulanger, je suis de votre avis, mais dites-moi, n'avez-vous jamais vu sortir des mains d'un ouvrier boulanger du pain avec toutes les qualités qu'il peut acquérir par la manipulation et la cuisson ? »

Le compagnon alors répond avec mépris que le pain, n'importe quelle femme sait le faire, et sans apprentissage, et que cela suffit à prouver « le peu de talent de l'ouvrier qui exerce cette profession[9] ». Vain débat.

Sans compter que le métier est ingrat. « Les garçons boulangers, établit une statistique publiée sous l'Empire, sont sujets aux anomalies, elles se guérissent assez ordinairement quand ils sont jeunes; mais à cinquante ans, ils sont presque décrépits; peu vivent au-delà de cet âge. Les catarrhes, l'asthme convulsif, le scorbut en tuent le plus grand nombre entre quarante et cinquante ans. La cause de cette décadence physique est dans le défaut de sommeil, l'exposition presque continue à une chaleur artificielle excessive, l'inspiration constante, et dans le travail du pétrissage et dans les manipulations préparatoires, de farine volatilisée; une insigne malpropreté; enfin dans les suites affreuses de la maladie vénérienne, à laquelle ces malheureux s'exposent avec fureur[10]... »

A Lyon, Arnaud participe à une tentative pour « nous sortir de l'isolement où nous vivons sur le tour de France » : face à six tailleurs de pierre, six boulangers doivent faire la preuve de leur connaissance des rites secrets. Tentative qui, comme les autres, échoue. Les enfants de Beau Désir restent des orphelins.

Le pauvre Libourne est sur le Tour à l'époque où les boulangers sont le plus isolés, et les aventures ne lui manqueront pas. Premier avertissement à Blois, où il a rendez-vous avec un ami, Lagrave, un charpentier de haute futaie qui attend d'être initié. Lagrave demande à Arnaud d'être discret avec ses coteries : « S'ils savaient que j'ai seulement trinqué avec un soi-disant, [ils] seraient capables de me chasser de leur présence. » Arrivé à Blois, le chien blanc Arnaud se présente en tenue de boulanger sur un chantier. Il y trouve un compagnon comme lui originaire de Libourne et lui demande s'il connaît Lagrave : « Ah, Ah ! dit l'autre, il paraît que le petit renard* s'amuse à

* Nom donné par les compagnons charpentiers de Soubise à leurs aspirants.

fréquenter les soi-disants de la raclette! C'est bon à savoir... Sortez d'ici si vous avez envie de conserver vos oreilles[11] ! »

A Lyon, plus tard, alors même qu'ils tentent de négocier la paix, les boulangers sont assaillis par des tailleurs de pierre et des charpentiers. Des tisseurs-ferrandiniers – des refusés eux aussi – arrivent à leur secours. Bataille générale. Survient un piquet d'infanterie de ligne. Quatorze des combattants sont arrêtés, dont Arnaud. D'abord conduits au poste de la Guillotière, on les sort bientôt pour les changer de prison. Alors qu'ils traversent la place Bellecour, Arnaud parvient à s'échapper, court se réfugier chez des canuts et trouve enfin asile chez un ancien boulanger, Bressan sans Peur.

A Rochefort, en mai 1837, Arnaud marche en tête d'une conduite qui met trois compagnons sur les champs. Juste après les adieux, ils apprennent que les charpentiers et les maréchaux ont monté contre eux une fausse conduite. Les boulangers n'ont que le temps de se préparer au combat. Déjà les autres surgissent. L'engagement est extrêmement violent. Un ancien exhorte les boulangers au courage, menace ceux qui fuiraient, invoque les martyrs Nivernais Frappe d'Abord et Dauphiné l'Aimable, tué dans une rixe à Marseille en 1825. Arnaud se bat, prend des coups de canne sur le crâne et deux coups de compas, un à l'épaule gauche, un à la cuisse. La patrouille survient. Dispersion.

Arnaud s'enfuit comme il peut. Il saute un mur, n'a que le temps de comprendre que c'est celui d'un cimetière, et culbute dans une tombe fraîchement creusée, où il s'évanouit. « Lorsque je revins à la vie, je crus être le jouet d'un affreux cauchemar. » Il a perdu beaucoup de sang et est très affaibli. Il parvient pourtant à quitter son tombeau et à se réfugier chez la mère. Là, il apprend qu'une dizaine de combattants sont en prison, et autant à l'hôpital – un charpentier mourra le lendemain, trois autres ouvriers, dont un boulanger, mourront peu après, un autre encore, le crâne fracassé, deviendra fou. Deux condamnations à deux ans de prison, une à six mois, deux à trois mois.

A Azay-le-Rideau, Arnaud passe avec deux autres boulangers. Tous trois portent leur canne à pomme blanche. Des compagnons viennent les entourer : « A nous les cannes des soi-disants, ils ne sont pas dignes de les porter ! » En vérité, exécrés par tous les corps, les boulangers doivent compenser leur infériorité numérique soit par la force, soit par l'adresse : ils sont presque tous bâtonnistes éprouvés, et leurs cannes à pomme blanche ne sont pas que des objets de parade[12]. Ce jour-là, à Azay, ils se réfugient à l'hôtel le plus proche, le Grand-Cerf. « Vous êtes sans doute, dit quelqu'un, ceux qui ont la fâcheuse réputation de se dire compagnons du Devoir. » A ses boucles d'oreilles, Arnaud reconnaît un compagnon doleur. Le Grand-Cerf est la mère des doleurs ! Les compagnons répètent aux boulangers qu'ils ont ordre de leur arracher tous leurs insignes de compagnonnage. Discussion, échauffourée. Les trois boulangers abandonnent leurs cannes et vont se plaindre au maire. Celui-ci dit ne rien pouvoir faire : des boulangers ont un jour massacré un jeune serrurier. Mais comme Arnaud et ses amis menacent de déposer une plainte officielle, les gendarmes leur rapportent leurs cannes et les invitent expressément à quitter Azay. Et même, ils leur font une conduite à leur façon.

Les trois boulangers, à dix heures du soir, sont à 16 kilomètres de Tours. Un aubergiste refuse de les recevoir. Ils doivent continuer. A minuit, une voiture les rejoint : leurs agresseurs d'Azay-le-Rideau ! « Rendez vos cannes, soi-disants, ou nous allons vous exterminer ! » L'un des boulangers s'enfuit. Arnaud se bat en compagnie de l'autre, Manceau le Triomphant, mais il est pris et ligoté : « Si tu veux que nous te donnions ta liberté, il faut qu'à l'instant même tu nous divulgues tous les secrets de ton infâme société ! » On lui répète que s'il refuse, il mourra. Il refuse. Il n'est pas pour rien le *Décidé.* « Tu seras immolé à la vengeance des victimes que les boulangers ont faites sur le tour de France depuis bientôt vingt ans qu'ils sont nos ennemis ! » Cinq fois de suite, Arnaud est plongé dans une mare. Il est pris de panique, suffoque, entend deux coups de feu au moment où il perd conscience.

Il apprendra ce qui s'est passé en revenant à lui : le boulanger qui s'était enfui avait trouvé des paysans sortis en entendant le tapage; ce sont eux qui ont tiré pour chasser les agresseurs. Ceux-ci effectivement ont déguerpi, laissant pour mort Manceau le Triomphant, un peu plus tard emmené à l'hôpital de Tours par la diligence de Chinon. Arnaud continue seul vers Tours. Il arrive à bout de forces rue de la Serpe, chez sa chère mère Jacob. Le lendemain, il dépose auprès du procureur du roi une plainte qui entraînera dix-neuf arrestations, et plusieurs des inculpés seront condamnés à des peines de prison[13].

A la fin de cette même année 1837, quittant Blois, il s'arrête dans une auberge, présente au patron son livret et son passeport — cette fois il en est pourvu — mais ils sont périmés. Le patron menace de le faire arrêter par un brigadier qui se trouve là : « Je n'ai pas toujours été aubergiste, dit l'homme. J'ai voyagé neuf ans dans l'honorable profession de charpentier de haute futaie sous le nom de Bourguignon le Résolu, compagnon passant. Il y a douze ans que je n'exerce plus, mais la haine que j'ai vouée à votre caste ne s'éteindra que lorsque j'aurai cessé de vivre ! C'est que, voyez-vous... » Et il explique qu'il n'a jamais aimé les boulangers et qu'il les aime encore moins depuis qu'il a fait deux ans de prison à la suite d'une « affaire » qui s'est passée à Marseille en 1825*. Libourne est sauvé par l'épouse de l'aubergiste, qui parvient à calmer son mari.

Un an plus tard, de nouveau à Tours, il participe à une conduite. Les boulangers chantent une des chansons qu'il a composées, mettant cette fois ses couplets sur l'air de *La Marseillaise* :

Enfants de Maître Jacques,
au retour du printemps
Partons, partons
En voyageant, on acquiert des talents !

Un groupe de compagnons doleurs les attaquent, mais, plus nombreux, ils les mettent en fuite. Les gendarmes interviennent et verbalisent. Le lendemain, le journal parle d'une troupe de séditieux hurlant *La Marseillaise*[14] !

De 1820 à 1845, les autres corps n'ont que rarement relâché leur pression sur les boulangers, qui sont partout et toujours sur le qui-vive en ville et en chemin, qui doivent même ruser ou se battre

* Peut-être s'agit-il de la rixe au cours de laquelle, cette même année, le boulanger Dauphiné l'Aimable a trouvé la mort.

pour fêter leur patron saint Honoré. Ainsi, le 16 mai 1836, à Tours, il leur faut se rendre à l'église en voiture et sous la protection d'un piquet de cavalerie. Contrairement à leur habitude, ils évitent, par prudence, de porter des gâteaux « chez messieurs les maîtres », et si leur dîner de cinq heures se passe dans le calme, c'est qu'un factionnaire garde chaque bout de la rue de la Serpe. Autre Saint-Honoré, celle de 1845 à Nantes. Là, les compagnons tentent d'interdire le défilé des boulangers en grande tenue. Ceux-ci veulent bien renoncer aux couleurs, mais pas aux cannes — on comprend bien pourquoi. Des hommes les entourent, crient : « Pas de cannes! Pas de cannes! » Pour se reconnaître, ils portent trois grosses épingles piquées au revers gauche de leur habit. La police opère dix-neuf arrestations. Conduites et couleurs resteront interdites à Nantes jusqu'en 1848[15].

En 1840, Perdiguier fait connaissance, sur le bateau qui le conduit de Bordeaux à Royan, d'un compagnon qui porte gourde et canne. Il lui demande s'il lui arrive d'être topé quand il voyage à pied. L'homme l'a été plusieurs fois entre Toulouse et Bordeaux :

« Les premiers qui me topèrent, dit-il, furent raisonnables. Ils burent à ma gourde et je bus à la leur. Mais trois charpentiers vinrent ensuite : quand ils eurent appris que j'étais boulanger, ils me dirent : " Passe au large! " Je répondis qu'il fallait bien céder, puisque j'étais seul et qu'ils étaient trois. Alors un des charpentiers se posta devant moi en agitant sa canne et me dit : " En garde! " Nous commençâmes à nous battre. J'avais le dessus, les deux autres s'empressèrent de se mettre de la partie, je fus vaincu et meurtri.

– Les charpentiers sont vos ennemis, je le sais. Mais ne pourriez-vous en aucune manière vous réconcilier ?

– Ce serait facile si nous voulions subir les conditions qu'ils veulent nous imposer.

– Quelle sont ces conditions ?

– Il faudrait leur payer d'abord un tribut, et puis nous abstenir de porter la canne pendant sept ans.

– Et vous refusez ?

– Nous aimerions mieux nous battre jusqu'à la mort que d'obtenir la paix au prix de telles lâchetés. Une paix achetée ne valut jamais rien[16]. »

En dépit de sa mise au ban, des tracasseries des autorités et des scissions qui l'affectent comme les autres sociétés, le compagnonnage boulanger progressera pourtant jusqu'en 1848. Peut-être grâce à des hommes comme celui qu'on arrête à Chartres en 1820 alors qu'il tente d'y organiser les boulangers. Une lettre du préfet d'Eure-et-Loir résume à sa manière le programme qu'il s'était fixé :

– assurer le placement;

– faire changer les ouvriers de patron et de boutique à volonté;

– fixer les salaires;

– empêcher les corporants qui arrivent à Chartres d'y séjourner et les contraindre à quitter la ville en leur donnant le choix entre la bastonnade et un viatique de 3 F.

Le nom de ce missionnaire ? Davoust dit La Terreur[17]. Les boulangers finiront par gagner leur long combat, en partie le 9 décembre 1860, définitivement en 1929 au congrès de Châteauroux, où ils entendront reconnaître entre toutes les organisations compagnonniques des trois rites « une égalité absolue entre elles, faisant abstraction de toutes questions de préséance, de naissance et d'ancienneté ». Mais il leur aura encore fallu, pour en arriver là, réussir un coup d'audace comparable à celui de 1811.

Limousin Bon Courage, boulanger, a surpris par hasard, à Paris, en 1854, quelques mots du salut de boutique des compagnons des Quatre-Corps (poêliers, fondeurs, ferblantiers, couteliers). Dès lors, il s'appliqua à rechercher la fréquentation des compagnons de ces métiers, observa, écouta, gagna leur confiance et finit par en savoir assez pour se prétendre fondeur, ce qui lui permit de surprendre quelques autres secrets. Prétextant alors un voyage à Lyon, il s'offrit à y transporter un exemplaire des *Règles et antiquités des compagnons poêliers* pour le remettre à la société des Quatre-Corps de cette ville, à qui il appartenait et qu'il fallait lui rendre.

Limousin réussit son affaire au mieux. Il descendit, au 24 de la rue Grolée, chez Mme Amorick, la mère des Quatre-Corps. Personne ne le soupçonna. Il put même rester seul dans la chambre, où étaient toutes les affaires importantes de la société! L'opération lui avait pris deux ans, mais il savait désormais tout ce qu'il y avait à savoir.

Les boulangers, pour tirer parti des informations de Limousin, devaient se déclarer eux-mêmes compagnons. Mais, se souvenant de Bavarois Beau Désir, ils hésitèrent à provoquer un nouveau scandale, laissèrent passer un an. Ce fut encore Limousin qui se dévoua. Justifiant son nom de Bon Courage – il risquait rien moins que la mort –, il se rendit à Bordeaux chez les compagnons des Quatre-Corps. Il y fit, selon l'usage, le salut de boutique et fut reconnu dans les règles. C'est alors qu'il déclara être boulanger. Dans le tumulte général, il eut la chance de pouvoir s'esbigner.

Les Quatre-Corps, bon gré mal gré, finirent par se faire à l'idée que les boulangers connaissaient leur secret et leur rituel. Et le 9 décembre 1860 eut lieu la réception définitive des boulangers, enfin reconnus comme Enfants de maître Jacques. Cependant, pour ménager les susceptibilités, ils furent dits non pas fils des Quatre-Corps, mais « fondés par eux-mêmes[18] ».

*

Autres soi-disants : les cordonniers. Drôle d'histoire que celle de ces artisans souvent décriés ou méprisés, surnommés bouifs ou gnafs, avec leurs pignoufs de commis, immobiles dans leurs échoppes — tout juste bon à assurer le service d'incendie en compagnie des blanchisseurs, eux aussi faciles à alerter. Mal connus, les cordonniers bottiers. La statistique qui disait les boulangers « sujets aux anomalies », en dit que leur « vie sédentaire, leur attitude dans le travail, la vapeur infecte des grosses chandelles avec lesquelles ils s'éclairent, la chaleur de leurs poêles, l'exiguïté des lieux où ils travaillent les rendent sujets à une foule de maladies des organes internes et externes. La phtisie pulmonaire, les obstructions, l'hydropisie de poitrine en moissonnent le plus grand nombre avant quarante-cinq ans. Un vieux cordonnier est une rareté[19]. »

Les compagnons de haute tradition ne leur accordent pas plus de talents qu'aux boulangers. Qu'ils s'occupent donc de leurs empeignes ! Pline déjà racontait qu'un cordonnier, examinant une toile du peintre grec Apelle, critiqua une sandale qui figurait dans le tableau et voulut parler du reste. Le peintre lui enjoignit de se mêler de ses affaires : « *Sutor, ne supra crepidam !* Cordonnier, pas plus haut que la chaussure[20] ! »

Or les cordonniers se sont eux aussi organisés en compagnonnage. Et même, on en trouve la première mention dans une ordonnance de Charles VI, de mars 1420*, concernant les cordonniers de Troyes : « Plusieurs compagnons et ouvriers du dist mestier, de plusieurs langues et nations (provinces), aloient et venoient de ville en ville, œuvrer pour apprendre, congnoistre, veoir et savoir les uns des autres[21]. »

La première mention de *mère* apparaît dans un procès-verbal manuscrit daté du 17 décembre 1540 à Dijon. Il parle d'un Jehan de la Mothe, cordonnier, et d'un repas pris « chez une femme nommée la mère ». Ce Jehan de la Mothe déclare avoir, en quatre ans, voyagé à Blaye-sur-Loire, Saumur, Angers, Nantes, Fontenay-le-Comte, Bordeaux, Poitiers, Nevers, Eosne, Gien, Etampes, Courbay, Villeneuve-le-Roi, Avallon et Dijon[22].

Dans cette même ville de Dijon est fixé en 1608 un prix maximum pour la façon des souliers (soulier bas : 2 sols; bottes : 7 sols), ce qui vise sans doute à limiter les avantages obtenus par le compagnonnage des ouvriers cordonniers. Le même document fait état de plaintes contre les « desboches que font les valletz et artisans signamment ceulx des cordonniers[23] ». En 1649, les cordonniers ont à Dijon une mère officielle, l'auberge d'Antoine Saviot[24].

Ancien donc, apparemment bien organisé et efficace, le compagnonnage des cordonniers

* Il s'agit là de la plus ancienne citation explicite d'un compagnonnage trouvée à ce jour (R. Lecotté).

connaît une première grave alerte en 1639 : ses rituels sont dénoncés par la compagnie du Saint-Sacrement – celle-là même qui fera interdire le *Tartuffe* de Molière. En 1646, l'Official prend une sentence contre les formulaires des compagnons. Ceux-ci ne connaîtront plus de répit. Au point que, le 1er juillet 1648, au nom des compagnons cordonniers du Devoir, « leur procureur maître Jacques Berequel » déclare « comme il a fait desja cy devant par autres actes que lesdits Compagnons Cordonniers, ses parties, renoncent à tout serment dudit prétendu Devoir, et à toutes les mauvaises pratiques d'icelluy ».

Il faut croire que cet engagement ne change pas grand-chose aux habitudes des cordonniers puisqu'ils se voient condamnés, le 11 novembre 1652, par une sentence du bailliage du Temple, qui ordonne cette fois que soit détruite la pièce d'instruction contenant « la manière qui s'exerce parmy les Compagnons Cordonniers faisans le Devoir », autrement dit la Règle[25]. Mais le coup le plus dur reste à venir : la condamnation, le 14 mars 1655, du compagnonnage des cordonniers (avec celui des selliers, des tailleurs, des couteliers et des chapeliers) par la « sacrée faculté de théologie de Paris ». C'est au rituel de la réception que s'en prend tout particulièrement l'acte d'accusation :

« Les compagnons cordonniers, y est-il dit, prennent du pain, du vin, du sel et de l'eau qu'ils appellent les quatre alimens, les mettent sur une table, et ayant mis devant icelle celuy qu'ils veulent recevoir compagnon, le font jurer sur ces quatre choses par sa foy, sa part de paradis, son Dieu, son chresme et son baptême : ensuite luy disent qu'il faut qu'il prenne un nouveau nom et qu'il soit baptisé; et lui ayant fait déclarer quel nom il veut prendre, un des compagnons qui se tient derrière luy verse sur la teste un verre d'eau en luy disant : " Je te baptise au nom du Père et du Fils et du Saint-Esprit ". Le parrain et le soubs parrain s'obligent aussitost à luy enseigner les choses appartenantes audit devoir. »

En conséquence, les docteurs en théologie estiment :

« 1° qu'en ces pratiques il y a péché et sacrilèges, d'impureté et de blasphème contre les mystères de notre religion.

« 2° Que ce serment qu'ils font de ne pas révéler ces pratiques, mesme dans la confession, n'est ny juste ny légitime [...]

« 3° Au cas que le mal continue et qu'ils n'y puissent autrement remédier, ils sont obligez en conscience de déclarer ces pratiques aux juges ecclésiastiques, et mesme, si besoin est aux séculiers qui y peuvent donner remède.

« 4° Que les compagnons qui se font recevoir en telles formes que dessus, ne peuvent sans péché mortel se servir du mot de guet qu'ils ont pour se faire reconnoistre compagnons [...]

« 5° Que ceux qui sont dans ces compagnonnages ne sont pas en sûreté de conscience tandis qu'ils sont en volonté de continuer ces mauvaises pratiques auxquelles ils doivent renoncer.

« 6° Que les garçons qui ne sont pas dans ces compagnonnages ne peuvent pas s'y mettre sans péché mortel[26]. »

La condamnation laissera une marque profonde dans la profession, d'autant qu'il se dit à l'époque que les cordonniers se seraient engagés par serment « à n'user jamais à l'avenir de cérémonies semblables, comme étant impies, pleines de sacrilèges, injurieuses à Dieu, contraires aux bonnes mœurs, scandaleuses à la religion, et contre la justice[27] ». Henri Buch en profite pour fonder les Frères cordonniers, un ordre où les ouvriers sont vêtus comme des moines.

Les cordonniers se taisent, disparaissent dans leurs échoppes sombres, remâchant la recette des souliers inusables : « Pour l'empeigne, du gosier de chantre, qui ne prend jamais l'eau; pour les talons, de la rancune de moine, qui dure toute une éternité; et pour les semelles, de la langue de dévote, qui va toujours et jamais ne s'use[28]. » C'est seulement sous l'Empire qu'ils demandent à être à nouveau admis dans le Devoir, dans des circonstances mouvementées.

En 1807, une logeuse d'Angoulême héberge un vieux compagnon solitaire nommé Langevin et surnommé le Vieux Loup. Quand il vient à mourir, elle ramasse les quelques pauvres affaires qu'il laisse : une culotte, une veste et un manuscrit poussiéreux qu'elle donne, ne sachant qu'en faire, à un cordonnier, un certain Feuillet, dit Messin. Messin montre le grimoire à un ami, le compagnon tanneur Martiret, dit Poitevin l'Exterminateur des Margageats. Martiret découvre qu'il s'agit d'un exemplaire du livre des rites de l'ancien Devoir des compagnons cordonniers, celui-là même que la Sorbonne a condamné cent cinquante ans plus tôt. Et, de plus, il s'aperçoit que le rituel qu'on y décrit est très semblable au rituel des tanneurs. Il explique à Feuillet qu'il tient là le moyen de se faire reconnaître compagnon, mieux il le reçoit lui-même, le 25 juillet 1808, ainsi que deux autres cordonniers[29].

Initiés, les trois cordonniers en reçoivent d'autres, sans lésiner sur le nombre, instruisant les confrères des mystères du compagnonnage, baptisant un Bourguignon le Modèle des Vertus, un Beaujolais le Bien-Aimé du Tour de France, un Périgord Sans Peur, dit Mouton Cœur de Lion, son nom de guerre sous l'Empire. Quand est connue la trahison de Martiret, écrit Perdiguier, les cordonniers doivent soutenir « pendant huit jours une bataille affreuse contre les corroyeurs. Il y eut des blessés et des morts[30]. »

Comme les boulangers, les cordonniers vont, pendant une quarantaine d'années, se battre et plaider en vain. « En quoi, demande l'un d'eux, avons-nous mérité une haine si forte et si constante ? Ne sommes-nous pas des hommes de cœur et de probité comme les autres ? Ne nous faisons-nous pas remarquer par la tenue, la moralité et le progrès que nous apportons dans notre profession ? Abandonnons-nous nos prisonniers et nos malades ? Avons-nous quittés nos mères sans lever soigneusement nos acquits ? Ne suivons-nous pas en tout les lois de l'honneur et de la justice ? La main de fer du règlement ne frappe-t-elle pas le moindre récalcitrant[31] ? »

Rixes, coups, plaies. Le 10 août 1827, la cour d'Aix condamne un compagnon cordonnier, un certain Figard, à deux ans de prison pour homicide involontaire sur la personne d'un ouvrier nommé Dupuis. En octobre 1834, à Agen, les compagnons charpentiers ayant réussi à empêcher les boulangers de célébrer la Saint-Honoré veulent interdire la Saint-Crépin aux cordonniers : « Ils ne sont pas compagnons, disent-ils, ils n'ont pas le droit de porter des cannes et des couleurs. » Dans l'intérêt de l'ordre public, les autorités leur interdisent effectivement d'arborer les marques des compagnons. Au passage du cortège, les charpentiers viennent savourer leur succès. Sûrs que les cordonniers ont déposé leurs redoutables cannes, eux-mêmes sont sans armes et sans compas.

Mais les cordonniers apparaissent en grande tenue, couleurs au cœur et canne au poing. Le serrurier Moreau se trouve là. C'est lui qui raconte la scène : « Indignés et furieux en les voyant parés de leurs insignes, secondés par quelques ouvriers de diverses professions, les charpentiers les topent, s'élancent sur eux, et leur enlèvent quelques cannes. Mais les assiégés serrent leurs rangs, s'animent, tirent de leurs cannes ou de dessous leurs habits des armes, et frappent en désespérés sur leurs nombreux agresseurs [...]. Un jeune tanneur se fait remarquer dans la mêlée par son courage, sa force, son audace [...]. On le voit chanceler [...]. Il fait un effort et sort en emportant une canne en signe de trophée! Mais couvert de blessures, affaibli par le sang qui s'échappe de ses plaies, il tombe sans connaissance [...]. Sept charpentiers plus ou moins grièvement blessés sont également mis hors d'état de combattre... » Et le cortège des cordonniers reprend sa marche vers l'église. Les charpentiers pendant ce temps mobilisent, courent les mères et les ateliers, s'arment de cannes, d'outils de toute espèce et viennent assiéger l'église. Il ne faudra pas moins de deux compagnies de ligne, des gardes nationaux et la gendarmerie de la ville et des environs pour « contenir la fureur des combattants[32] »...

Chez eux, de plus, les cordonniers doivent faire face à quelques dissidences, la première scission intervenant quatre ans seulement après l'initiation par Martiret. La révolte est venue des aspirants, aussitôt considérés et traités comme des *margageats,* ces travailleurs indépendants contre lesquels fleurissent chansons et déclarations guerrières. Jusqu'au salut de boutique qui en porte la marque. On demande à l'arrivant :

« De quoi [les compagnons] se vantent-ils ? »

Il faut répondre :

« De bien boire, de bien manger, et de gruger les margageats jusqu'au coude. »

« J'avoue que je fus médiocrement flatté de l'apprendre », écrit Toussaint Guillaumou[33], dit Carcassonne le Bien-Aimé du Tour de France, qui participera lui-même, en 1854, à la création d'une société concurrente : les compagnons de l'Ere nouvelle du Devoir. Mais dans le même temps, les cordonniers poursuivent leur lutte sur d'autres fronts : en novembre 1833, pour améliorer leur condition souvent misérable, ils réussissent à faire cesser le travail en même temps à Paris, Chalon, Dijon, Beaune, Marseille, Toulon – et font aboutir leur revendication[34].

D'autres se préoccupent de valoriser l'image de leur métier. Sur le Tour, entre les flammes de la Sorbonne et les topages des tanneurs, on en est toujours à prouver qu'on a « des talents ». En 1831, un Rodez la Bonne Conduite exécute « un chef d'œuvre unique en son genre, une botte sans pareille », travail si long et si minutieux, avec tant de jointures invisibles et de « coutures merveilleuses » que le compagnon y laissera sa vue[35]. En 1839, à Saint-Etienne, un autre compagnon, Capus, dit Albigeois l'Ami des Arts, se lance à son tour dans un défi insensé qui lui prendra deux ans : il s'agit cette fois de « deux bottes uniques », en cuir, sans couture visible; l'une d'elles est recouverte d'une mosaïque de fines perles de couleur enfilées sur des cheveux de femme et illustrant la chevauchée d'Alcibiade. La tige comporte 14 tableaux; le contrefort, 17; l'avant-pied, 2, le dernier formant des lettres qui représentent les deux vers suivants :

L'ami des arts réclame aux enfants d'Apol-
[lon
Le mérite qu'on doit à sa profession.

La seconde botte unique comporte divers motifs et épisodes napoléoniens brodés à même le cuir : 10 sur la tige, 3 sur le contrefort et 2 sur l'avant-pied, dont un représentant Napoléon et Soult à Waterloo. Ce travail prodigieux a été exécuté, rappelle le prospectus présentant l'ouvrage auquel « d'habiles connaisseurs ont donné le nom de chef-d'œuvre », pour

Témoigner au censeur le talent d'un état

Car,

Il faut que le bottier, en butte à tous les
[traits
Triomphe du vulgaire en montrant des suc-
[cès * [36].

Mais il faut encore attendre. Long désir que le compagnonnage, mais aussi longue patience, qui se nourrit de tout : les cordonniers fondèrent même des espoirs sur la découverte de prétendus manuscrits hébraïques qui auraient prouvé l'ancienneté de leur Devoir. On s'adressa, pour la traduction de ces manuscrits, à un rabbin « qui se fit payer fort cher, raconte Guillaumou, sans doute à

* Les deux bottes du « sieur Capus dit Albygeois » sont aujourd'hui en dépôt, après restauration, au musée du Compagnonnage à Tours.

cause de l'importance mystérieuse que nous semblions y attacher[37]... »

En 1847 enfin, dans l'Isère, les tondeurs de drap consentent à présenter officiellement les cordonniers à l'assemblée générale des corps du compagnonnage qui doit se tenir à Lyon. L'un des cordonniers les plus actifs est, à cette époque, Toussaint Guillaumou. C'est lui qui a mené les pourparlers – les « courses », dit-il – avec les compagnons tondeurs. Son caractère entier s'accommode mal de toutes ces démarches, de toutes ces correspondances. Mais enfin le jour est venu.

Dans la salle de réception, les cordonniers font face aux délégués des corporations, formés en demi-cercle. Entre eux, un catafalque entouré de sept flambeaux et de cassolettes où brûle de l'encens. Les tondeurs annoncent solennellement qu'ils reconnaissent les cordonniers comme leurs enfants. Puis leur premier en ville, lisant quelques versets de la Bible, leur fait « subir une espèce de réception » – et Guillaumou, cette fois, n'en rit pas.

« Il me passa au cou, raconte-t-il, une petite chaîne qui symbolisait l'esclavage de notre isolement et il me fit faire le tour de notre cercueil simulé. Après ce petit voyage mystique, il m'arracha violemment ma chaîne et me présenta un lien de soie verte, auquel il fit d'abord un nœud. » Puis le tondeur, prenant Guillaumou par la main, le conduit aux compagnons des corporations, à qui il présente le lien de soie verte en même temps que « le pain et le vin de la fraternité ». Chacun fait à son tour un nouveau nœud au fil, rompt le pain, boit le vin et donne à Guillaumou le baiser fraternel. La cérémonie, dit celui-ci, « fut courte mais d'une imposante gravité ».

En vérité, la reconnaissance est loin d'être générale — et ne donne encore aux cordonniers, après « ce travail énorme » et 5000 F de dépense, que le droit de joindre à leurs couleurs, bleu et rouge, la couleur rose que les tondeurs leur ont donnée, et de nouer à leur canne, nue jusqu'alors, « le lien qui symbolise l'alliance des compagnons[38] »

C'est seulement le 18 novembre 1850 qu'un nouveau pas est franchi. Ce jour-là, à la barrière de Charenton, les cordonniers sont reconnus enfants des tondeurs de drap par les blanchers-chamoiseurs, les chapeliers, les toiliers, les tisseurs-ferrandiniers ainsi que par les sabotiers et vanniers, corps mineurs eux-mêmes contestés. Tailleurs de pierre et couvreurs donnent un accord verbal. Tourneurs, doleurs et cordiers ne se prononcent pas. Les autres, et notamment les tanneurs, les charpentiers, les forgerons et charrons, persistent dans leur rejet. Mais les passions sont quand même bien apaisées, et les rixes moins fréquentes. Le 20 décembre 1850, les cordonniers donnent à Nantes un bal auquel ils ont convié les compagnons d'autres métiers, et qui se déroule sans incidents[39].

En 1861, Perdiguier plaide la cause des cordonniers et des boulangers : « Qu'un cordonnier, même petit ouvrier, étende sa pensée à toute chose, que son âme soit sensible à toutes les misères, qu'il ait de l'intelligence, du cœur, de l'amour, l'énergie du bien, je le préférerai cent fois au savant charpentier qui n'est que charpentier. [...]

« Non, non, je ne puis comprendre l'antagonisme parmi les miens.

« Si le boulanger vous fait un pain bien levé, cuit à point, d'un excellent goût, reconnaissez qu'il possède l'art qui lui est propre; si le cordonnier vous fait des souliers qui ne serrent ni trop, ni trop peu votre pied, qui ne vous fassent point souffrir, d'une forme agréable, et qui ne se décousent pas, reconnaissez qu'il est artiste en son métier[40]. »

Et le boulanger Arnaud se sert d'une vieille plaisanterie d'écurie pour plaider à son tour la cause des bottiers : « Faut-il plus (de talent) pour chausser le pied d'un cheval que celui d'une jolie femme (ou de son cavalier) ? » Et encore, plus grave cette fois : « La différence de la dignité est dans l'homme et non dans la profession. »

Ce n'est que le 17 juillet 1866 que les tanneurs reconnaissent enfin les cordonniers. Et en 1891 seulement que les menuisiers le feront à leur tour. Si les charpentiers, les forgerons et charrons le font aussi, ils ne le proclament pas : on l'ignore. L'affaire de l'initiation frauduleuse est oubliée. Oubliés aussi les premiers initiés de 1807. Oublié ce Mouton Cœur de Lion qui avait participé à la première bataille et qui avait accepté, dit-on, une condamnation de vingt ans de travaux forcés pour ne pas dénoncer un de ses amis recherché pour homicide au cours d'une rixe; il s'est empoisonné au bagne de Rochefort.

Oublié aussi Bourguignon le Modèle des Vertus, parti en Amérique où il avait été obligé de fuir, mort en juin 1848 dans les bras de son ami Fabvier, dit Beaujolais le Bien-Aimé du Tour de France, qui était allé le rejoindre[41].

Oublié enfin Martiret, le tanneur qui avait donné le secret aux cordonniers. Pour échapper à ses frères, il s'était engagé dans la Grande Armée et avait fait la mauvaise campagne d'Espagne. Celui-là, Guillaumou l'a rencontré à Loches en 1836 : il était devenu brigadier de gendarmerie[42].

XI

LE CHAMP DE CARNAGE

Fléaux. – Le cœur brûlant. – Au fer rouge. – La bataille de Tournus. – Cher Cottrie. – A la hache. – En avant ! – Hue gavot ! – Avignonnais Zéro. – Une ardoise. – La révolte des aspirants. – Une espèce de société. – Querelle d'Allemands. – Les Deux Frères.

Qui a composé la chanson ?
C'est la Sincérité de Mâcon
Mangeant le foie de quatre chiens dévorants
Tranchant la tête d'un aspirant
Et sur la tête de ce capon
Grave son nom d'honnête compagnon.

Chanson de gavots.

En mil huit cent vingt cinq
Un dimanche à Bordeaux
Nous fîmes du boudin
Du sang de ces gavots[1]...

Chanson de devoirants.

Amis, à moi, et tous les Sociétaires !
Sur ce pont il nous faut passer
Sans reculer devant ces sanguinaires
Dont l'orgueil est à rabaisser[2].

Chanson de sociétaires.

« LES uns, dit le boulanger Arnaud, ont des nerfs de bœuf ou des fléaux plombés qu'ils portent constamment à la ceinture, d'autres ont des peaux d'anguilles remplies de sable. Ceux-ci ont des tranchets, ceux-là des compas et, à défaut de ces engins fratricides, les cannes, les bâtons et les pierres sont employés pour armes offensives et défensives[3]. »

« On a vu des compagnons, ajoute Perdiguier, surtout des tailleurs de pierre, posséder une fourche à deux dents, longues de six pouces et bien effilées, que dans des moments de danger ils attachaient au moyen d'une vis au bout d'un long bâton. C'est avec cet instrument qu'ils frappaient sans ménagement[4]. » Il ajoute que dans tous les compagnonnages, on apprenait à manier la canne : « Les plus forts, les plus terribles, les plus audacieux étaient les plus célèbres, les plus aimés des compagnons. Tuer son semblable, du moment qu'il n'était pas de notre petite société, ce n'était pas un crime, c'était un acte de bravoure. [...] Chaque société vénérait ses héros, ses martyrs, et maudissait tout ce qui lui était opposé. [...] Nous étions des dieux, et nos adversaires des brigands, des sots, des bêtes stupides et méchantes, indignes de vivre, qu'il fallait exterminer. »

La coutume qui illustre le mieux ce climat de haine et de mépris qui règne sur le Tour au temps de la Restauration, c'est celle de la désinfection, véritable rite purificateur que l'on opère en arrivant dans un atelier où travaillaient jusqu'alors des ouvriers d'une autre société : « Chez M. Riboulet, se rappelle Perdiguier, j'avais remplacé des compagnons du Devoir. Il arrivait lors de ces changements que les nouveaux venus brûlaient du soufre, de l'eau de Cologne, de la résine, de l'encens, des essences, qu'ils répandaient du vinaigre sur les outils : c'était là désinfecter, désempester un atelier, le laver de toute souillure. Ainsi les compagnons de sociétés opposées marquaient leur haine, leur répugnance les uns à l'égard des autres; leur bonheur était de s'offenser, de s'humilier réciproquement. » A Nogent-le-Roi, où il travaille chez un certain Casting, surnommé Nantais le Bourreau des Dévorants, Perdiguier reçoit la visite de deux amis : « L'un d'eux avait un compas auquel il manquait une pointe; il l'avait laissée dans la cuisse d'un assaillant[5]. » Racontant une rixe, Moreau dit avoir vu un tailleur de pierre passant abattre l'oreille de son adversaire d'un coup de marteau à taillant[6] – coup pour tuer.

Et ces noms compagnonniques portés comme des blasons de tournoi, ces Sans Quartier, ces Frappe d'Abord, ces Va Sans Crainte, ce Terreur des Gavots, ce Tombeau des Dévorants, cet Exterminateur des Espontons, compagnon poêlier reçu à Lyon en 1762[7]... Du temps de Perdiguier, les champions des gavots sont Dupuy la Résistance, Vaudois l'Hercule, Artois le Décidé... Et les fondateurs que chantent les cordonniers sont, nous l'avons vu, Provençal l'Invincible, Bordelais l'Intrépide, Mouton Cœur de Lion[8]...

Ah! C'est qu'il a coulé le sang des jolis compagnons sur les chemins du tour de France! « Un champ de carnage », dit Perdiguier[9]. En vérité, toutes les conditions étaient réunies pour qu'il en fût ainsi : appartenance à des sociétés fermées et jalouses, inculture générale portant toujours à privilégier la force, dissidences et rancunes, sans compter cet air de guerre qui flotte sur le début du siècle et la grande vitalité de ces ouvriers de vingt ans.

Mais, direz-vous, le charmant Tour de
[France
Fut bien souvent témoin de vos combats
Et vous montrez par trop de pétulance
Au vis-à-vis de bien des corps d'états.
Nous répondrons que depuis l'origine
Si on nous vit à bien des rendez-vous,
Mes chers pays, c'est qu'on a comme vous
Un cœur brûlant qui bat dans la poitrine[10]...

Le Tour, alors, c'est aussi la grande bataille des clans et des tribus avec cris de guerre et trophées de victoires. Voyez ces braves chapeliers, qui travaillent sans haches ni compas; après avoir longtemps fait mère ensemble avec les cloutiers, les voilà qui se brouillent, qui leur tendent des guet-apens et rasent les longues chevelures à chignon de leurs victimes pour s'en parer les jours de fête[11] ! Des scalps !

On ne se bat jamais mieux qu'entre soi, et les demi-frères sont déjà des faux frères. Les maréchaux sont adversaires des forgerons, qui les ont fondés mais ne les reconnaissent pas, et des bourreliers, qu'eux-mêmes repoussent. Les vitriers, ayant semble-t-il changé de Devoir, sont poursuivis par la haine tenace des tailleurs de pierre étrangers, etc. Au royaume latin de Jérusalem, Templiers et Hospitaliers, manteaux blancs à croix rouge pour les uns, manteaux noirs à croix blanche pour les autres, de vocation et de règle similaires, perdaient leurs forces dans de stériles luttes d'influence, voire dans des affrontements, au nom de leur prééminence.

Il est possible que le compagnonnage ait connu son premier éclatement lors de ce que la tradition orale appelle « l'Affaire d'Orléans », et qu'elle situe au XVe siècle. Mais c'est seulement au XVIe, le 24 mars 1568, qu'on trouve à Orléans un fait historique pouvant se rattacher aux récits légendaires : ce jour-là, les protestants qui occupaient la ville abattirent la flèche de la cathédrale*. La haine

* Jean Bernard, de l'Association ouvrière des compagnons du Devoir, avance que cet incident serait à l'origine des persécutions contre le compagnonnage qui aboutiront à sa condamnation par la Sorbonne, un siècle plus tard[12].

militante opposant les devoirs entre eux pourrait en effet dater des guerres de Religion, une autre théorie imaginant que des ferments hérétiques survenus au temps des croisades auraient suscité une orthodoxie, le *Saint-Devoir de Dieu,* et une hérésie, la société *Non du Devoir,* devenue plus tard du Devoir de liberté.

En tout cas, la composante religieuse ajouterait le côté inextinguible des ressentiments et des exécrations. A la fois clans et sectes, les sociétés de compagnons sont aussi des légions d'élite, formées, comme des ordres, de seuls célibataires, et où règnent l'esprit de corps, le sentiment d'appartenance, le goût de l'honneur. Le meilleur et le pire, dans ces sociétés exclusives, sortent du même moule, le meilleur étant le souci de respecter ses vœux de fidélité, de loyauté, de solidarité à l'intérieur du groupe, de se montrer digne de son nom et de son passé. Quant au pire, c'est ce qui, de scission en scission, de surenchère en surenchère, a amené les compagnons à ne plus pouvoir sortir sans leur canne...

En 1730, une grande bataille s'est déroulée dans le désert de la Crau, entre Arles et Salon. Peut-être provoqué par le retour des protestants longtemps persécutés, l'affrontement a opposé entre eux plusieurs centaines de compagnons tailleurs de pierre, menuisiers, serruriers et charpentiers des deux rites, soutenus par des volontaires d'autres métiers. La bataille a eu lieu sur rendez-vous, avec des participants affluant de Marseille, d'Avignon, de Montpellier et de Nîmes. On s'est battu au compas, au bâton et même, pour certains, à l'arme à feu. Les unités militaires envoyées pour rétablir l'ordre ont mis plusieurs jours à séparer les combattants – chacun repartant enfin avec ses morts et ses blessés.

Nantes, Nîmes, Montpellier, Lyon sont des villes chaudes où les autorités multiplient en vain les interdictions, les menaces et les sanctions. Un arrêt du parlement de Paris défend, en 1773 et en 1778, de porter « cannes, bâtons et autres armes ». A Nantes, conduites et réunions à plus de trois dans un cabaret sont interdites[13]...

A la même époque, le présidial de Lyon rend un jugement contre trente-six compagnons convaincus « au nombre de plus de 150, le 27 juillet dernier, d'avoir passé et repassé dans différentes rues et places de cette ville en se tenant par des mouchoirs, de s'être enfin rendus à l'auberge du Mouton Couronné (mère des charpentiers de Soubise) au faubourg de Vaise, plusieurs armés de bâtons et de pierres enfermées dans les mouchoirs », puis d'avoir escaladé la façade, pénétré par effraction en brisant les vitres et finalement agressé dix-huit ouvriers réfugiés dans une pièce, dont cinq ont été retrouvés sans connaissance, grièvement blessés. Quinze des inculpés sont condamnés à être attachés, trois jours de suite, deux heures par jour à des poteaux érigés en place des Terreaux, portant des écriteaux; ensuite de quoi ils seront marqués au fer rouge des lettres GAL et envoyés aux galères pour neuf ans[14] !

En dépit de la sévérité de la répression, les rixes et batailles reprennent après la Révolution. C'est aussi la période des grands défis professionnels, affrontements symboliques où l'honneur et les villes se jouent sous l'œil du jury plutôt que sur les champs. Mais nous avons vu qu'ils ne suffisaient pas à purger l'agressivité et les inimitiés. Les meilleurs des compagnons doivent à nouveau laisser la parole aux forts en gueule et la loi aux fiers-à-bras. Parmi ceux-ci, une foule de jeunes soldats démobilisés à la fin de l'Empire, cherchant à retrouver dans le compagnonnage ce qu'ils avaient pu aimer dans la guerre. Comme dit Perdiguier, « la fureur souffla de toutes parts ».

En 1816, les tailleurs de pierre passants et étrangers se donnent rendez-vous près de Lunel, entre Vergèze et Mus. Chaque parti arrive avec ses alliés, et on se bat – non loin d'ailleurs du champ de bataille de la Crau, dont le souvenir est entretenu, chanté, magnifié, depuis près de cent ans. Parmi les combattants de Lunel, on a gardé le nom d'un compagnon étranger, Sans Façon de Grenoble, qui venait d'être licencié de l'ancienne Garde impériale et qui, armé d'une lourde fourche, menaçait d'étriper ceux de son camp qu'il sentait prêts à reculer. Chanson-légende :

Entre Muse et Vergèze
Nos honnêtes compagnons
Ont fait battre en retraite
Trois fois ces chiens capons
Vivent les gavots!
Au compas, à l'équerre
Vivent les gavots!
Dans la plaine de la Crau
Ils se sont toujours signalés avec zèle
Avec zèle
Vivent les gavots[15] *!*

En 1821 et, semble-t-il, à l'initiative des compagnons chapeliers, est organisée à Bordeaux une « assemblée générale » de tous les corps de métier : une centaine de compagnons venus là tenter une « fraternisation afin d'éviter à l'avenir toutes les rixes ». Rude tâche. Au cours d'une réunion préparatoire groupant les représentants des quatre corps se donnant comme les plus anciens du compagnonnage – chapeliers, charpentiers, tailleurs de pierre et corroyeurs – les charpentiers, assurant remonter à la construction du Temple de Salomon, refusent l'égalité aux autres[16]... Echec. Rien n'est changé.

Quatre ans après la méritoire initiative des chapeliers de Bordeaux, vient à échéance le délai d'interdiction de cent ans, consécutif au défi perdu par les tailleurs de pierre compagnons passants à Lyon. En 1825, ils se présentent donc à Lyon, et se font refouler : en un siècle de monopole, les compagnons étrangers ont eu le temps de prendre leurs aises. Les passants se replient alors sur Tournus, ville qui est aussi aux mains des étrangers et qui fournit Lyon en pierre taillée.

Un patron, un certain Brocard, en embauche trente-six sur son chantier. Le 1er septembre, la gendarmerie, sans doute à la demande de Brocard, protège l'installation des compagnons passants. Il ne faut pas longtemps aux étrangers pour se ressaisir.

Note du préfet de Saône-et-Loire datée du 2 septembre :

« Le 1er, rixe grave entre 200 compagnons tailleurs de pierre du Devoir de Salomon, et 60 du Devoir de Saint-Jacques qui venaient d'arriver à Tournus. L'autorité a dû se replier. Le préfet a envoyé de la gendarmerie qui se joindra aux 40 pompiers. Les 400 mutins menacent de mettre le feu à la ville. 10 arrestations, mais on n'a pas de chef. »

Sans doute du même jour, une lettre des compagnons étrangers de Tournus appelant à l'aide ceux de Lyon et de Mâcon :

« Cher Cottrie

« [...] La présente pour vous dire que les compagnons passant ce son mis en chantier le premier septembre a 4 heures du soir avec toute la chinalle (chiennaille ?), les comissére et la gendarmerie, anfin en étion des quavintdix et nous étions vingt à vingt sinq de manière que la chinalle on nous bravet dans le chantier aux moment qu'on travallé sur la pierre, nous en avon tombés dessus le premier compagnon en même temps a coup de conpas, nous ly avon tonbés dessus. Comme eus son protégé de l'autorité la gendarmerie nous a tonbés dessus. Quand nous avon vus cella nous avons comencer de fermer le porte, nous les avon pris a coup de pierre sur la gendarmerie, nous avons conbatus l'espasse de quatre heures de manière que on a fait batre la caisse pour monter la garde, il y avait cinquante sur les arme de maniere qu'on nous a pris sep de nous autre et quatre des païy et nous tenons la campagne. Ceux que nous somme pas pris est venus les lendemain la gendarmerie Macon et ceux de Salon (Chalon) et le sou préfet e le procureur dus rois pour y mètre ordre. Je vous dirai qui et venus de lougarous quarante y son dan du santier (chantier) y son venus de sur le quatre tour de France.

« Ainsis cher cottrie nous vous prion de nous pretter la main comme nous fairion si vous étiez en pareil cas. Je vous prie cher cottrie de nous faire passer au moins trente tailleur de piere et plus s'il n'y a. Y seront tout occupés : faut pas conté aucun de nous. Ainsis cher cottrie ayet d'egart que le lougarous n'y diren pas qu'il travalle pour Lion (il ne faut pas que les compagnons passants puissent dire qu'ils travaillent pour Lyon). Comme vous voyiez si n'en voeut pas si nous autre y seron obliget le bourgoit de n'an prendre d'autre.

« Rien autre chose à vous dire a presen que nous some le fidelle sincere cottrie du devoir etranger.

« Reponse de suite le tresvue (dès lettre vue)[17]. »

Le 14 septembre, à Paris, le préfet de Police signale au ministère de l'Intérieur qu'« on évalue à trois cents à quatre cents le nombre des ouvriers tailleurs de pierre qui ont quitté Paris depuis trois jours[18]. »

Le 17, le maire de Tournus signale l'entrée en ville de cent compagnons étrangers armés de cannes et de gros bâtons : ils viennent faire la chasse aux compagnons passants. Les forces de l'ordre opèrent soixante-dix-huit arrestations. Un meneur est mis à la disposition de la justice, trente-six autres sont conduits par la gendarmerie à la destination indiquée sur leur passeport; 42 sont remis en liberté, mais 20 seulement sont autorisés à rester à Tournus.

Enfin, l'acte d'accusation dressé le 26 novembre contre 12 tailleurs dont 3 contumax établit l'origine et les circonstances de la bataille : « La cause de ces troubles a pris sa source dans la prétention que s'est arrogée depuis longtemps une certaine corporation du compagnonnage dite du Devoir de Salomon d'exploiter exclusivement tous les ateliers de cette ville, d'en expulser les ouvriers d'un autre devoir et de fixer irrévocablement le prix du travail suivant le caprice et les intérêts de cette association et le besoin des circonstances. » On apprend alors que c'est le bourgeois, Brocard, qui a imaginé, pour casser le monopole, de faire appel à des tailleurs du Devoir. Il en a donc embauché trente-six, qui se sont présentés sur le chantier sous la protection des forces de l'ordre. Les étrangers, dit l'acte d'accusation, « à un signe convenu et qui devait être précédé de pratiques cabalistiques », sont tombés sur les nouveaux venus et la maréchaussée. Après avoir arrêté plusieurs combattants, le commissaire de police, pressentant qu'en insistant il « pouvait occasionner de plus grands malheurs », a relâché ses prisonniers et ordonné la retraite.

Le 2 janvier 1826, le ministre de la Justice informe le ministre de l'Intérieur que la cour d'assises de Chalon a condamné un certain Lacour et L'Henry dit Va de Bon Cœur à cinq ans de travaux forcés et à l'exposition. Sept autres inculpés sont renvoyés en correctionnelle où ils seront condamnés à des peines de prison[19]. Ce Lacour est sans doute un ami de Perdiguier, la Liberté de Lavaur, qu'Avignonnais présente comme « un excellent homme ».

On se rappelle (voir chapitre VIII) que les tailleurs de pierre des deux Devoirs, sur la proposition des étrangers, décident de vider la querelle en produisant un chef-d'œuvre et s'entourent, devant notaire, de multiples garanties – c'est l'histoire, à Paris, du trou dans la cloison et de la fuite ignominieuse du champion des compagnons passants.

On a longtemps parlé sur le Tour de l'affaire de Tournus, mais les risques de moindre envergure ne manquent pas. En 1825, à Bordeaux, les forgerons attaquent les boulangers. Un boulanger est tué. En 1827, à Blois, les charpentiers bons drilles donnent l'assaut à la mère des gavots; deux charpentiers sont tués, un menuisier a les côtes enfoncées, un autre reçoit plusieurs coups de compas au ventre, un troisième est blessé à coups de sabre par des soldats ivres qui se sont joints aux assaillants. En 1833, à Marseille, un compagnon du Devoir de liberté est tué par un compagnon passant. En 1834, près de Toulon, une rixe oppose trois charpentiers du Devoir à huit boulangers; l'un des charpentiers est tué, les deux autres sont grièvement blessés. (C'est là que Moreau, passant trois semaines plus tard, est topé par des couvreurs et des doleurs qui s'assurent qu'il n'est pas « une de ces canailles de soi-disants de la raclette. ») En 1836, à Lyon, un charpentier de Soubise tue un compagnon tanneur; le différend porte sur le droit de porter les couleurs au chapeau. Ce jour-là, les charpentiers ont attaqué à la hache, et deux d'entre eux seront condamnés à cinq et huit ans de travaux forcés. En 1837, à Lyon, un compagnon forgeron tue un charron — les charrons ne tenaient pas leur promesse de porter les couleurs plus bas que leurs pères. En 1842, les tailleurs de pierre des deux rites s'affrontent sur le chantier de la ligne de chemin de fer Paris-Rouen. En 1842 encore, au cours d'une bataille entre boulangers, on voit l'un d'eux tenter de jeter un blessé dans un égout au coin de la rue du Four-Saint-Honoré[20]...

Dans certains corps de rites opposés, les haines sont telles que les rixes sont automatiques, quasi rituelles. C'est le cas, on l'a vu, des tailleurs de pierre; c'est aussi celui des charpentiers du Devoir et du Devoir de liberté, les bons drilles et les indiens. Joseph Voisin, qui est indien, mais qui a fait l'apprenti chez les Soubise, écrit ainsi :

Quoiqu'initié dans leurs mystères
De cœur je maudis ce fléau.
Il n'en faudrait plus sur la terre
Que pour monter à l'échafaud[21]*...*

Un autre charpentier du Devoir de liberté, Nantais le Pucelage, célèbre trois indiens victimes d'une rixe pour la conquête de Nantes :

Au point du jour, au pied d'une montagne
Passaient gaiement les Enfants de Salomon
Ces drilles armés de cailloux et de cannes
Ont massacré (bis) *trois de nos compa-*
[gnons[22]

A Paris, pourtant, indiens et bons drilles ont réussi à s'entendre pour partager la ville : aux indiens la rive gauche, aux bons drilles la rive droite, division si bien entrée dans les traditions qu'elle durera jusqu'en... 1945. Cela n'empêche pas les frictions aux frontières et les batailles occasionnelles, comme celle du pont de Grenelle en août 1826, aux Quinze-Vingts en juin 1827 où s'affrontent neuf cents charpentiers des deux rites[23]. En 1842, à cause de ce que les Soubise interprètent comme une infraction au partage – quelques indiens se sont embauchés à Maisons-Laffitte –, de trois cents à quatre cents bons drilles se rendent sur le chantier, où ils se heurtent à un escadron de lanciers et à plusieurs brigades de gendarmes. Mais cinq des indiens assiégés sont néanmoins grièvement blessés. En 1845, les deux sociétés sauront oublier provisoirement leur état de guerre permanente pour faire aboutir leurs revendications communes : ce sera la grande grève de 1845 (voir chapitre XIII).

Entre menuisiers des deux rites, la situation est à peu près la même : gavots et devoirants se haïssent.

Pas de charge, en avant
Repoussons tous ces brigands
Ces gueux de dévorants
Qui n'ont pas du bon sang[24] *!*

Et, comme en écho :

Le bourreau en avant
Vous pendra comme brigands
Devant nos devoirants
Pleins d'esprit et de talent[25] *!*

Moreau, qui travaille à Auxerre en 1842, témoigne avoir assisté à une rixe qui a commencé par « des regards dédaigneux et provocateurs » de deux aspirants du devoir à un serrurier gavot, serruriers et menuisiers faisant souvent comme on sait mère ensemble. Aussitôt, une quinzaine de gavots lancent une battue aux aspirants du Devoir; le soir, on en trouve deux très mal en point, dont un entièrement nu et sérieusement mutilé. A dix heures du soir, en représailles, tout est brisé chez la mère des gavots. Quelques mois plus tard, à Sens, des gavots tentent de profiter d'un désaccord entre les maîtres et les compagnons du Devoir sur le tarif des travaux « donnés au marchandage ». Après quelques escarmouches, un devoirant, Parisien, parcourt la ville sur un âne et, chaque fois qu'il passe devant un atelier où travaillent les adversaires, il crie : « Hue gavot ! » Cela finit par un violent combat sur la promenade du Jeu de Paume, avec plusieurs hommes grièvement blessés et des peines de prison[26].

Mais une expérience vécue par Perdiguier constitue en la matière une sorte de comble. Il est alors à Nantes, à l'hôpital. Son voisin de lit est un jeune ouvrier d'une vingtaine d'années.

« Quel est votre état ? demande-t-il à Perdiguier.

— Menuisier.

— De quelle société êtes-vous ?

— De celle des compagnons du Devoir de liberté. »

« Alors, raconte Avignonnais, il fait la grimace, il se fâche, se met en fureur. Il me dit qu'il est de la société du Devoir, que celle-là est la bonne, que la mienne est mauvaise, qu'elle ne peut que déshonorer, que les gavots ne sont pas des hommes, mais de vilaines et méchantes bêtes, ne sachant pas travailler, capables de rien, qu'il faudrait écraser... » Perdiguier ne répond pas. Sinon, dit-il, « on aurait vu deux fantômes se battre[27] »...

Ce ton et cette inimitié ne marquent pas seulement les rapports des compagnons de Devoirs différents, puisqu'elle semble aussi de mise entre compagnons de métiers différents de même rite, parfois entre compagnons de même métier, de même rite, mais de villes différentes, et, surtout, entre compagnons et aspirants. En exemple, voici un extrait de lettre adressé par les dignitaires menuisiers de Montpellier aux serruriers de même devoir de Lyon :

« Montpellier, le 8 octobre 1843.

« C'est inutile de vous saluer, ô lâches ! Renégats que vous êtes... Tas de mauvais sujets que vous êtes, polissons que vous êtes, savetiers qui ne savez pas seulement de quelle main tenir le compas. Ces renégats, cette société de brûleurs... ces sabots, ces magots, ces écornifleurs, ces pilleurs... Vous avez pour vous ces renégats de la vieille ville de Marseille pour faire des bois de soufflets et des pelles de boulanger [...].

« Il n'en manque pas chez vous autres de crocheteurs, et ne nous écrivez plus. Bonsoir au plaisir de ne plus vous revoir. Vous feriez plutôt des marchands de chaussons que des ouvriers.

« *Nota :* Par la même occasion, nous vous prions de consulter votre fameux poëte, Avignonnais Zéro, le roi des ânes[28]... »

« Avignonnais Zéro », c'est notre Perdiguier, connu à cette époque par les efforts qu'il déploie pour changer l'état d'esprit du compagnonnage. Nous verrons comment il a été amené à publier un livre de grand retentissement. En attendant, Perdiguier lui-même vit les dures réalités du Tour. Alors qu'il est premier compagnon à Lyon, en 1827, un des membres de sa société, Bordelais le Résolu, propose un jour d'aller faire taire des devoirants installés dans une auberge voisine et chantant des couplets provocants. Un autre compagnon, Vivarais Bon Accueil, est partisan de les ignorer. Le débat, entre Bordelais et Vivarais, finit à coups de pierre. Perdiguier fait adopter une sanction sévère : Bordelais le Résolu est mis hors de société.

Bordelais quitte donc la mère, mais y laisse une ardoise de 5 francs et 17 sous. Malgré tous les rappels, il refuse de payer. Perdiguier, à bout d'arguments, le défie en combat singulier. Rendez-vous est pris pour un café de la rue de La Charité-en-Perrache. Comme témoins, Avignonnais a pris son rouleur, et Bordelais un camarade d'atelier. Arrivés derrière le chantier de la prison Saint-

Joseph, Bordelais le Résolu « jette sa casquette à terre, quitte son habit, son gilet, relève les manches de sa chemise jusqu'aux épaules, détache ses bretelles, roule la ceinture de son pantalon autour de son ventre, se serre les reins de son mouchoir... » et se met en garde. Les deux hommes se jettent l'un sur l'autre. Bientôt Perdiguier parvient à faire tomber Bordelais sur le dos et à l'immobiliser : « Ma main droite étant complètement libre, explique-t-il, ne s'endort pas. Je frappe à coups de poing sur la tête de mon adversaire. Il crie " Assez!" » Ils se relèvent. Bordelais veut recommencer, mais Perdiguier refuse : « La première affaire est vidée, dit-il, et puisque vous en voulez une autre, il faut l'intéresser. » Et il jette 5 F par terre. Bordelais, impressionné, se déclare content, offre deux bouteilles de vin blanc et un casse-croûte – il remboursera la mère. Mais le soir même, en chambre, les compagnons reprochent à leur premier en ville de s'être battu et lui demandent de s'en abstenir à l'avenir[29].

Selon un principe voisin, il n'est pas rare que des compagnons rappellent rudement l'un des leurs à l'ordre, comme ces bons drilles apprenant, le 23 avril 1846, qu'un charpentier de leur Devoir a accepté, contrairement aux usages, de travailler comme menuisier-parqueteur au fort de Bicêtre : ils cernent l'atelier, capturent et blessent grièvement le coupable. Les deux principaux auteurs de l'agression sont condamnés respectivement à trois ans et à un an de prison[30].

Cependant, les tensions les plus vives à l'intérieur des sociétés se constatent entre compagnons et aspirants. La société des menuisiers du Devoir, à laquelle appartient Chovin, François le Dauphiné, en fournit de nombreux exemples. C'est que les aspirants sont mal traités par les compagnons qui veulent leur faire sentir la différence de condition qui les sépare : les uns sont reçus, les autres pas encore. Le crédit des aspirants chez la mère est très limité et n'est pas étendu aux autres fournisseurs; les compagnons refusent souvent de manger dans la même salle qu'eux, parfois même de « frapper devant eux », c'est-à-dire de travailler dans le même atelier[31]. Dans les villes de réception, les compagnons sont prioritaires à l'embauche, et les aspirants doivent souvent aller travailler dans les broussailles. Chovin reconnaît même qu'« il arrive quelquefois que les patrons débauchent un aspirant ou tout autre ouvrier auquel ils ne tiennent pas beaucoup » et le remplacent par un compagnon. On trouve parfois chez la mère, ajoute-t-il, trente aspirants sur cent au chômage[32].

Préférant Bordeaux et Nantes, les devoirants avaient laissé La Rochelle aux aspirants. En 1823, quelques compagnons se mettent dans l'idée d'aller s'y faire embaucher : reçus fraîchement, ils font appel à Bordeaux qui s'empresse d'élever La Rochelle au rang de ville de réception : les compagnons y ont ainsi la priorité. Evincés, les aspirants quittent la société en bloc et en fondent une nouvelle, celle des menuisiers indépendants[33].

A Marseille, en 1842, les aspirants prennent aussi leur indépendance. « Ce fut, dit Dauphiné, le signal d'un bouleversement général sur le tour de France. » Un peu partout, les aspirants menuisiers devoirants se soulèvent. On en vient aux coups. Dans plusieurs villes, comme Toulouse, où les compagnons se trouvent en minorité, ils doivent « payer de leur personne ». Les compagnons charpentiers viennent à leur secours pour « faire payer cher aux aspirants leur étourderie[34] ». Bagarres et procès à Toulouse, à Marseille, à Bordeaux, entre 1849 et 1853. A Bordeaux, en 1853, les aspirants donnent l'assaut à la salle des compagnons pour « enlever la boîte dans laquelle se trouvent les cartes de départ ». A Marseille encore, en 1857, les compagnons de plusieurs métiers s'unissent, à la suite d'une banale altercation, contre les aspirants et, dit Chovin, les forgerons frappent un peu au hasard « des hommes qui ne le méritaient pas ». De quinze cents aspirants menuisiers du Devoir qu'on comptait sur le Tour, il n'en reste alors plus qu'une centaine[35].

Chez les serruriers, même tableau. A Lyon, quand passe Moreau, les compagnons ont choisi de changer de mère sans consulter les aspirants qui décident, eux, de rester chez l'ancienne. Conflit, reniement. D'anciens compagnons chassés du compagnonnage s'unissent aux aspirants pour fonder, dit Moreau, « une autre secte de compagnons du Devoir qui ne dura que fort peu de temps, mais assez cependant pour que les tribunaux, la prison et l'hôpital aient eu connaissance de cette division[36] ». A Toulon, en 1830, la mère des serruriers ayant, comme on l'a vu, demandé pour des raisons de commodité aux compagnons de changer de salle avec les aspirants, les compagnons la quittent sur-le-champ et en bloc, ordonnant aux aspirants de les suivre. Ceux-ci se révoltent. Survient la révolution de Juillet. « Les têtes étaient montées, explique Moreau. *La Marseillaise* et le *Chant du Départ* animaient les esprits d'un saint enthousiasme. » Pour lui, c'est de cet « élan » qu'est née l'Union des travailleurs du tour de France, groupant ceux qui ne trouvaient pas dans le compagnonnage ce qu'ils y cherchaient, ou que le compagnonnage avait reniés, ou les ouvriers de métiers non reconnus par le compagnonnage[37]. Sur un air de Béranger, *Ma République,* ils chantent :

Brisons les chaînes de tout compagnon-
[nage
Qu'elles soient scellées sous les fers des ver-
[rous
Et chantons tous il n'est plus d'esclavage
Unissons-nous ! Unissons-nous[38] *!*

Les aspirants serruriers de Toulon en sont, ainsi que ceux de Bordeaux. Les sociétaires, comme on les appelle, s'organisent, recrutent. Un corroyeur-tanneur que nous retrouverons, Achille François, compose la *Prière des sociétaires :*

Prolétaires, pourquoi ces haines ?
Ne sommes-nous pas tous égaux ?
N'avons-nous pas les mêmes maux ?
Ne portons-nous les mêmes chaînes ?
Repoussez loin de vous la cruelle discorde
Venez jouir des bienfaits que l'Union
[accorde
Venez, je vous le dis, oui, par humanité
Vous asseoir au banquet de la fraternité[39].

Forme en quelque sorte laïque de compagnonnage, sans mystère ni mystique, l'Union s'inspire des coutumes compagnonniques qui ont fait leurs preuves : mères, rouleurs, conduites... et chansons à boire :

Francs sociétaires, bons garçons sans façon
Vidons une vieille bouteille
Francs sociétaires, bons garçons sans façon
A la gloire de l'Union[40].

Et, comme il n'est pas facile, on l'imagine, de se faire une place sur le Tour, des chants de guerre, comme celui du ferblantier Thomas :

En trente-deux, époque mémorable
Nous brisâmes le joug des compagnons
Et l'Union, d'un bras infatigable
Y surpassa Jacques et Salomon.
Sociétaires
Nous sommes frères
C'est l'Union
Qui nous donne ce nom.
L'agresseur tremble
Car notre ensemble
Règne partout
L'avenir est à nous[41] *!*

A Auxerre, où il travaille alors, le serrurier Florimond Moreau décide de franchir le pas. Non seulement il ne deviendra pas compagnon, mais il adhère à l'Union. Il fait même plus, y jouant un rôle actif de théoricien et d'organisateur. Il imagine un dialogue entre un certain Vendôme et le père de celui-ci, ancien compagnon : « J'ai appris, dit le père, que tu faisais partie d'une société ou assemblage plus ou moins bizarre de révoltés, vagabonds ou mauvaises têtes, fondée pour recevoir les mécontents et les exclus de toutes sociétés. [...] De mon temps, on vous aurait repoussés dans vos foyers ou dans les broussailles ! » A quoi le fils répond, du même ton, que son père soutient ceux qui « en dépit des besoins de notre époque, font des efforts désespérés pour soutenir l'édifice vermoulu et croulant du monopole et du privilège qu'ils créent arbitrairement ».

Alors que Perdiguier veut changer le compagnonnage de l'intérieur, le réformer peu à peu, en améliorer les mœurs, en canaliser les forces vives, le moraliser, le serrurier Moreau souhaite très radicalement la fin des sociétés de Devoir.

Rude défi. Le compagnonnage voue le mépris le plus total aux indépendants comme aux sociétaires, ces margageats, ces espontons :

Espontons indociles
Quels sont tes mérites ?
Quels sont tes talents ?
Régiment de la ferraille
Parmi la canaille
Tu brilles dans les rangs[42].

A Toulon, pourtant, en septembre 1833, la menace de la toute nouvelle Union doit se faire pressante, puisque les compagnons dénoncent dans une pétition « une espèce de société dite Sponton qui prend son origine dans des exclusions de compagnons, mal famée, et qui par suite de recrutements de tout ce qui n'est pas admis dans le compagnonnage, porte une haine prononcée contre chaque compagnon[43]... »

Moreau publie une lettre qu'il adresse à Perdiguier et dans laquelle il énumère les défauts des sociétés de compagnonnage – quatre menuisiers gavots viennent l'injurier, le traiter d'esponton, révolté, chef de vagabonds et canaille, l'accusent de se venger de ce que les compagnons n'ont pas voulu le recevoir. Moreau, c'est vrai, est un révolté, un véhément, un ouvrier plein d'amertume et de rêves de justice. Malingre, de mauvaise santé, il n'est pas fait pour les combats à la canne et on le voit, chaque fois qu'il le peut, refuser les topages en rusant, en passant au large ou en prenant la diligence. A Nîmes, il visite les « antiquités », mais ne reste pas travailler : « Il ne se passe guère de mois, m'a-t-on dit, sans que la tranquillité ne soit troublée par les collisions qu'engendrent la rivalité et le fanatisme. »

C'est qu'il ne fait pas bon tous les jours sur les chemins du Tour quand on est esponton. Les rixes entre compagnons et sociétaires sont fréquentes et meurtrières. A Toulon, en 1834, un sociétaire est tué en sortant d'un cabaret. En 1835, toujours à Toulon, les compagnons entrent par le toit chez la mère des sociétaires : tous ceux qui sont là, y compris la mère et une autre vieille femme, sont « terrassés et mutilés », avant l'intervention de la force armée[44]. En 1841, à Grenoble, quarante sociétaires assaillent 5 compagnons, dont un est grièvement blessé à coups de couteau. En 1851, près de Bordeaux, violente bataille entre des compagnons en conduite et plus de deux cents sociétaires qui chantent :

Dans un an, dans un an
N'y aura plus de dévorants !

Neuf compagnons et onze sociétaires sont gravement blessés. Les responsabilités étant mal établies, tout le monde est acquitté[45].

Ainsi toutes les raisons sont bonnes de se battre, entre frères, entre cousins, entre étrangers. « La haine est partout, constate Perdiguier. S'ils se rencontrent dans de mauvais jours, seul à seul ou plusieurs à plusieurs, ils se fixent, se toisent, s'injurient, se frappent, se blessent, se tuent [...].

Ils n'ont point de pitié les uns pour les autres. Ils se servent du poing, du pied, du bâton à deux bouts, du bâton plombé, du compas, du fléau, de l'anguille sablée... » Un mot ou un regard de travers, une méprise, une provocation, et voilà une nouvelle rixe en train. Un jour, à Lyon, débarque chez les gavots un devoirant qui s'est trompé de mère; c'est par chance Perdiguier le premier en ville, il le dirige à la bonne adresse. Une autre fois, bravade ou inconscience, des devoirants viennent boire chez la mère des gavots. Perdiguier leur prêche la prudence : « Dans l'intérêt du bon ordre, dit-il, lorsque vous aurez terminé votre bouteille, retirez-vous, je vous en prie. » Ce que, par miracle, ils veulent bien faire[46].

Les provocateurs, en effet, ne manquent pas. Le boulanger Arnaud, décidément plus souvent au moulin qu'au four, raconte l'expérience qu'il a faite avec son ami Angoumois la Bonne Conduite : « J'ai envie de me battre, lui dit celui-ci. En entrant dans la ville, nous irons [...] chez la mère des Rendurcis et s'ils ne sont que deux ou trois nous leur chercherons une querelle d'Allemands et nous les rosserons d'importance. » Ainsi dit, ainsi fait. Ils entrent chez la mère des sociétaires qui sont une quinzaine. Ils commandent à boire. « La mère, dit l'un d'eux, ne servez pas à boire à ces messieurs, car je crois, Dieu me pardonne, que nous tenons deux soi-disants en notre possession. » Et ils font fermer la porte. Arnaud prétend qu'ils ont des amis dehors et à tout hasard attrape une bouteille. Mais la mère, chez qui tout à déjà été saccagé à plusieurs reprises, s'interpose. Arnaud et Angoumois la Bonne Conduite *(sic)* boivent leur verre et quittent la place[47].

Quand il commence à prêcher sa croisade sur le Tour, Perdiguier imagine l'histoire d'un affrontement entre gavots et devoirants. La bataille finie, un compagnon reconnaît dans sa victime son propre frère, qui appartient à la société adverse. Le scénario n'est pas si absurde, puisqu'on le verra se réaliser quelques années plus tard à Auxerre. L'apologue des Deux Frères a touché beaucoup de ces hommes au cœur simple qui ne voyaient guère plus loin que le bout de leur canne.

Mais l'esprit de clan et le goût des rixes sont trop profondément ancrés au fond des esprits pour en disparaître d'un coup. En 1901, Abel Boyer fait connaissance, à Toulouse, du père de sa patronne, auguste vieillard qui jadis voyagea la France. Le patriarche recommande au compagnon de passer par Chalon et de s'arrêter chez la mère : « Les raclettes, dit-il, qui sont suspendues au bas du règlement, c'est moi qui les ai conquises sur un boulanger[48] ! »

Même si les batailles se raréfient à mesure qu'on approche de 48, il passera encore bien du sang sous les ponts avant que la paix s'installe sur le Tour.

XII

LES HABITS DU DIMANCHE

Tue-ver. – Pain bénit. – Le G.˙. A.˙. – De la gaieté. – Du von bin vlanc. – 4 étampures en pince. – Partons pour la barrière! – Une croix de guerre et deux bouteilles. – Les femmes perdues. – Partie intime. – Le partant amoureux. – Mon Adèle. – Tirage au sort. – Marchand d'hommes. – Mille folies.

Il est chez nous un vieil adage
Dont il ne faut pas départir
C'est pour notre compagnonnage
Après le devoir le plaisir.
Tous nos anciens et joyeux drilles
Chantaient Bacchus, les frais minois
Vous aimez le vin et les filles
C'est aujourd'hui comme autrefois[1].

L. J. Lyon,
dit Parisien Bien-Aimé,
compagnon cordonnier du Devoir.

« DÈS le samedi soir, raconte Joseph Loubet, chantier, atelier étaient arrosés et balayés; le dimanche matin, vers les six ou sept heures suivant la saison, les ouvriers arrivaient dans leur tenue de velours neuf. Sans que mon père eût à donner les moindres ordres, les uns procédaient à la visite des outils : rabots, bisaiguës, scies à aronde, scies anglaises, herminettes, serre-joints, etc., etc., étaient nettoyés; les tiers-points rebattaient les scies; les ciseaux, les lames des rabots, sur les pierres à aiguiser ou les meules, retrouvaient leur fil. [...]

« Vers les neuf heures, les établis se trouvaient rapprochés – ou bien des planches jetées sur des tréteaux quand l'effectif était important – et empruntée à ma mère la pile d'assiettes jaunes affectées à ce déjeuner dominical, la table improvisée se couvrait d'un substantiel *tue-ver* auquel chacun avait participé : olives vertes et noires, anchois, les oignons de Lézignan, les radis, les salades de poivrons, les œufs durs, les saucissons, les *remplegades,* le cervelas, les couennes à la gelée, les clovisses de l'étang de Thau, les fruits de la saison, figues, pommes, noix, poires, raisins la recouvraient [...]. Et quels chanteaux de pain bis ! Des cruches vernissées jaunes et vertes, emplies de vin, étalaient leurs panses rebondies. C'était là l'écot du patron ! On retirait du puits les melons qui fraîchissaient dans les seaux[2]... »

Après le passage de la patronne, venue fleurir les tables, et devant qui chacun s'est levé et découvert, peut commencer le déjeuner dominical. Ceci se passe dans l'atelier de charpenterie de François Loubet, à Montpellier, vers 1880, mais les habitudes diffèrent selon les métiers, les patrons et les villes. Ce qui reste commun, c'est que le jour de loisir commence par des devoirs. Son dimanche, l'ouvrier n'en fera ce qu'il veut qu'après s'être mis en règle avec son patron. Et avec Dieu. On se rappelle que le livre des compagnons serruriers de Bordeaux contient un registre particulier d'amendes pour « messe perdue », c'est-à-dire manquée... Ailleurs, sont consignées les messes auxquelles chacun a assisté entre l'Epiphanie et la Saint-Pierre : la moyenne est de neuf pour un peu moins de six mois – et la plupart des compagnons sont inscrits pour une amende de 5 sols[3].

Après les condamnations de la Sorbonne en 1655, le compagnonnage, plus ou moins toléré, plus ou moins clandestin, a manifesté un évident souci de pratiquer la religion, sans que l'on puisse déterminer s'il s'agit de rentrer en grâce auprès des autorités ou d'intégrer la mystique compagnonnique dans le système global d'explication et de gouvernement du monde. Ici et là, on voit différents corps de métier protégés par le clergé régulier. Le rite de maître Jacques s'est rebaptisé « du Saint Devoir de Dieu », et les gavots, sans doute protestants d'origine, pratiquent avec zèle au début du XIXe siècle la religion catholique, vénérant les saints protecteurs des métiers, allant en cortège à la messe pour les grandes occasions. Le *« Rolle des compagnon menuisier non du devoir* (gavots) *de la ville et faubourg de nante faite le 7 avril lan 1765 »,* exposé à Tours, comporte au dos de la couverture une illustration figurant un calvaire avec le Temple en arrière-plan[4]. Les charpentiers rappellent que Jésus fit son apprentissage auprès de saint Joseph; les maréchaux se vantent d'avoir refusé de forger les clous de la Croix : ce sont les tisserands, disent-ils, qui les ont fournis après les avoir arrachés de leurs métiers à tisser — d'où l'inimitié qui les oppose, d'où aussi la tradition des forgerons de ne pas ferrer le Vendredi saint pour ne pas utiliser de clous sacrilèges[5]. En Allemagne, les compagnons pelletiers et mégissiers se targuent que Dieu lui-même fut leur premier compagnon, « attendu qu'il est dit dans l'Ecriture sainte que Dieu fit à Adam et Eve un habit de peau[6] ». Bref, comme toujours, légendes et superstitions fleurissent au jardin des fabuleux mystères. A Nîmes, Poitevin le Secret montre un jour un crucifix à Boyer : « C'est celui-là, maître Jacques[7] ! » Chez les tourneurs de 1731, c'est « sous peine de péché mortel ou damnation de [son] âme » que le nouveau compagnon jure de conserver en toute circonstance le secret du Devoir. L'article premier du *Livre des règles des honnettes Compagnons vaniers du devoir* établit que « déffenses sont faittes à tous Compagnons de recevoir un aspirant à moins qu'il ne soit, de la religion catolique apostolique et romaine, et n'ai fait sa première communion[8] ». Chez les blanchers-chamoiseurs de 1814, la règle, inusuelle, exige seulement que le nouvel affilié soit chrétien, « catholique, ou protestant »; de même les vanniers, en 1849, décident que leurs enfants les sabotiers « ne recevraient compagnons que des catholiques ou des individus professant une religion découlant de l'Evangile ».

En vérité, à cette époque, la règle n'est plus guère appliquée et il semble que la pratique de la religion soit laissée à la liberté de chacun, exception faite des cérémonies solennelles, et notamment les fêtes patronales, où les sociétés se déplacent à l'église en grande pompe – à l'enterrement de la mère Jacob, le curé de Saint-Symphorien demande aux compagnons de laisser cannes et couleurs à l'entrée du cimetière « avant d'entrer dans ce saint Lieu[9] ».

En 1814, chez les blanchers-chamoiseurs, on doit assister à la messe les lendemains de réception; pour les messes de l'Assomption, de l'Ascension, de la Toussaint, de Noël, on offrira le pain bénit, qui sera distribué par le rouleur et les anciens au clergé, aux bourgeois et aux compagnons par rang d'ancienneté. Mais dans la révision de 1842 de ces règles, les obligations de messe sont très largement supprimées, et l'abandon complet en est même proposé en 1859; Lyon proteste contre cette séparation du compagnonnage et de la religion d'Etat, mais le mouvement est pris. Déjà certaines villes, dans les réceptions, remplacent le Christ par le compas, l'équerre et le niveau – une trinité par une autre. Paris est même prêt à supprimer les signes, les cérémonies, la messe – ce sera fait pour celle-ci en 1869[10].

Dans le fil du XIXe siècle, beaucoup d'ouvriers commencent à faire la part du Grand Architecte et celle de l'Eglise catholique. Dans les esprits où naissent les questions, s'affrontent spiritualisme et rationalisme. On découvre que la religion officielle est, aux mains du pouvoir, un outil commode pour faire accepter leur condition aux ouvriers et aux pauvres, que la résignation n'est pas une vertu.

Le petit Deruineau n'en est pas là. Quand il voit l'action des Sœurs de la Charité à l'hôpital de Cherbourg, il admire la leçon qu'elles donnent aux enfants : « De bonne heure, elles leur font connaître la triste inégalité des conditions de la vie et leur donnent une éducation en harmonie avec la position qu'ils doivent un jour occuper dans le monde. Elles les habituent à se contenter sans murmurer du sort que la Providence leur a départi... » Quant à la religion elle-même, « plus le précepte sera simple, et plus il sera facilement compris et accepté par l'homme des classes inférieures ». C'est un ouvrier qui parle, convaincu que le respect des choses saintes et la foi dans la justice de Dieu « soutiennent [le peuple] dans les misères de cette vie[11] ». Le compagnon cordonnier Capus n'est pas bien loin :

Suis la loi du Très-haut et ta religion
Et tu seras parfait et sage compagnon[12].

Perdiguier est croyant mais ne pratique pas. Il n'aime pas les prêtres – il a trop mauvais souvenir des sermons du curé de son village attisant en 1815 la haine contre les bonapartistes, dont était son père. Le jour de sa première communion reste néanmoins « l'un des plus beaux jours de sa vie[13] » et Dieu l'ultime référence : « Ne soyons pas comme la bête stupide, soyons hommes, soyons ce que Dieu a voulu que nous fussions. Plus votre cerveau sera développé, plus vos pensées planeront dans l'espace et le temps, plus vous vous rapprocherez de la divinité[14]. » Editeur, il publiera un livre de préceptes et de maximes de A. Giraud, *La Bible des travailleurs*, fondée sur les principes jumeaux qu'« il faut se fier à Dieu » et que « cette vie est le berceau de l'autre[15] ».

Le serrurier Moreau et le boulanger Arnaud ont vingt ans au début de la monarchie de Juillet. Le premier est un réformateur intransigeant, anticlérical; le second un jeune homme turbulent, instable, ennemi des morales, prompt aux repentirs, cherchant ses pardons dans les girons – ceux des filles, des mères et de l'Eglise aussi bien : « J'étais tellement ignorant, confiera-t-il, et j'avais l'intelligence si bornée alors que j'ignorais que Dieu, de qui tout émane, nous avait mis sur la terre pour nous aimer et nous secourir comme des frères[16]. » Comme beaucoup, il veut croire à la vie éternelle – où d'ailleurs il retrouvera la mère Jacob :

Peut-être un jour au divin Elysée
L'Etre Suprême nous réunira
Nous reverrons notre mère adorée
Et sur son sein elle nous pressera[17].

Le charpentier Voisin, écrivant ses mémoires, dira avoir été communiste et continuer à défendre les objectifs « évangéliques » du compagnonnage. « Il est, dit-il, réservé à l'initié de vénérer le G.˙. A.˙. (Grand Architecte) sans discuter la forme ni le mérite de sa puissance[18]. »

Le chapelier Bouchard, qui se met « à genoux devant le Devoir », n'en ferait certainement pas autant devant Dieu :

Prêtres qui semez l'imposture
. . . .
Le peuple ignorant et crédule
Croyait jadis à l'Oraison
Mais aujourd'hui la multitude
Est conduite par la raison.

Portez ailleurs vos balivernes
Vos mitres et votre savoir
Vous n'êtes que nos subalternes
A genoux devant le Devoir[*] [19].

Quant à Boyer, il est sans doute le moins tranquille. Expériences et influences lui ont fait peu à peu abandonner la religion de son enfance, mais cela lui pèse, cela le peine : « Je voudrais croire à ce monde meilleur si difficile à mériter. [...] Nier la présence du Grand Architecte de l'Univers n'est pas plus soutenable que soutenir son existence. » Assidu, après son tour de France, des conférences

[*] L'étude du compagnonnage au XIXe siècle soulève la question de ses relations avec la franc-maçonnerie. La double appartenance est fréquente, surtout à partir de la fin de la Restauration : Perdiguier, Bouchard, Voisin, par exemple, sont francs-maçons. L'influence maçonnique est très visible, notamment dans les rituels qui sont profondément modifiés à partir du début du siècle. Certains en ont conclu trop vite que les deux organisations étaient nées d'une même source. Les documents actuellement connus montrent que le compagnonnage est beaucoup plus ancien que la franc-maçonnerie mais que celle-ci a influé sur celui-là au XIXe, lorsqu'elle a cessé de recruter exclusivement dans la noblesse puis la bourgeoisie pour s'intéresser aux ouvriers. Mais il ne faut pas oublier que les constitutions d'Anderson qui sont à l'origine de la franc-maçonnerie ont été établies d'après les *old charges,* règles des corporations anglaises sédentaires; alors que le compagnonnage, association ouvrière, était assez naturellement l'adversaire des corporations.

anarchistes, il est devenu de ceux qui, aux enterrements, restent « en dehors de l'église pour marquer leur mépris à la religion ». Mais avec l'âge, les regrets lui dicteront, à l'intention des jeunes, une sévère condamnation de l'athéisme : « Si vous êtes athées, ne vous croyez pas d'une essence supérieure parce que vous n'aurez conservé que la crainte du gendarme et jeté aux orties tout ce qui fit la force d'une civilisation. L'athéisme mène à la barbarie, à l'irrespect de la vie humaine, à la suppression de toute liberté [...]. Sa moralité, c'est le gendarme, et tout est permis à ceux qui vivent de délits qu'on ne saurait découvrir. » Et, pour finir, ce mot émouvant : « Légende ou vérité, l'autre morale valait mieux. »

Ils ne sont pas encore, nos compagnons, à l'âge des regrets et des doutes. Et le dimanche n'est pas que le jour du Seigneur. C'est aussi, pour tous ces garçons de vingt ans, celui de la distraction. Oh! modeste, et éprouvée : assemblées chez la mère, promenades, visites des remarques locales, bavardages et chansons autour d'une bouteille, p'tit tour au bal. Mais l'important est que ce jour-là, l'ouvrier ne doit rien à personne, et ils sont sans doute rares ceux qui, comme ce Provençal, ami de Perdiguier, le consacrent au trait.

Avignonnais, lui, comme on peut s'y attendre quand on le connaît, s'efforce toujours d'en tirer le meilleur parti. A Bordeaux, il va souvent au théâtre, et voit ainsi *Othello, Hamlet, Mérope, Zaïre* — ce qu'il aime, c'est « le sombre, le terrible, le pathétique ». Il va aussi aux ballets et aux opéras, mais préfère la danse au chant : « Dans les opéras, les chants venaient souvent hors de propos. » Il se promène seul, comme à Notre-Dame-de-la-Garde, ou encore à Maintenon, où il lit

La Henriade en marchant dans les champs. D'autres fois, il va avec son patron, M. Portalès, jouer aux boules ou aux cartes dans son jardin, hors de la ville : « Il y avait là de la gaieté, le chant était à l'ordre du jour. » Ailleurs, on se réunit autour d'une gibelotte et d'un bon vin blanc, ou bien on achète aux pêcheurs des poissons, des écrevisses et des crabes que la mère prépare...

Dimanches... Boyer, à Nantes, travaille jusqu'à quatre heures de l'après-midi : « Enfin, c'est fini, l'atelier est balayé, l'outillage rangé; on se rince, on se fait propre... » Il doit parfois « faire le quatrième », mais ses rares heures de loisir, il préfère les passer autrement qu'à jouer aux cartes — à se promener, par exemple. Ah! les grands voiliers de Bordeaux et de La Rochelle! A Savenay, on accorde le repos du dimanche : « Mes patrons étaient de braves gens et la nourriture excellente. Le beurre arrivait sur la table en grosses mottes salées. » C'est une denrée inconnue dans son Périgord natal, où on n'utilise que la graisse d'oie et la panne de porc; il en expédie à sa famille. A Agde, il va observer les pêcheurs à la roumagnole, regarde les marsouins remonter l'Hérault et retourner à la mer, s'étonne que les oursins vivants se déplacent sur le sec : « Dans mon pays, les pépins de châtaigne ne marchent pas[20]. »

La mer, Guillaumou s'y risque en barque avec quelques amis marseillais. Direction : le château d'If et sa « cantine », qui leur « fournit du gros bleu à couper au couteau et une énorme omelette au lard ». Au retour, Guillaumou suit la barque à la nage. Mais quand, fatigué, il veut remonter à bord, ses amis s'éloignent, le narguent, le provoquent comme on sait faire à cet âge. Ils ne le secourent qu'à la dernière extrémité et le hissent « à demi-mort » dans le canot : « Quelques-uns riaient encore, mais moi je ne riais pas. »

Sa vengeance ? On peut la deviner. Quand les autres, arrivés au rivage, se déshabillent pour se baigner à leur tour, Guillaumou dérobe leurs vêtements, laissant « à l'un une botte, à l'autre son gilet, à celui-ci son chapeau, à celui-là une chaussette ». A son copain Malouin, « tellement velu qu'il ressemblait à un petit ours », il prend tout, chemise, culotte et redingote. Puis il va attendre aux *Volets verts,* une guinguette à dix minutes de là. « Ce fut très drôle », dit Guillaumou. Tout le monde finalement rhabillé, « nous épuisâmes ce qui nous restait d'argent et nous rentrâmes en ville les meilleurs amis du monde[21] ».

En ont-ils des choses de la sorte à se raconter, du tout et du rien, la vie qui va, quand ils se retrouvent, à la soirante du dimanche, dans un cabaret de bord de rivière. Etonnements, aventures, batailles, tout est bon alors qui fait rire et qui donne soif. Tenez, ils sont à Béziers, ils jouent à imiter les gens de l'endroit, qui confondent le *b* et le *v* : « Nous allions à Vagatelle, dit l'un, voire du von bin vlanc vouché abec des vouchons de vois vlanc... » Un autre prend la suite : « De Vagatelle, on boit la mer et ses vateaux, varques, vricks, vâtiments, baisseaux[22] ! » Et une tournée, une ! Si bous boulez vien !

Chartres, maintenant. Perdiguier explique pourquoi il a dû changer de pantalon. Pour une moquerie avec un Angevin, il a fallu en venir aux mains. Après le premier assaut, on a repris son souffle et là, drame : « Mon beau pantalon des dimanches était fortement endommagé. J'étais fâché. Je me plaignis, et recommandai à mon adversaire un peu plus d'attention. » Le combat reprit. Perdiguier avait le dessus, mais soudain, re-drame : « Voilà que, sans motif, il m'envoie la main au derrière, empoigne le fond de mon pantalon et fait une affreuse arrachure... O mon pantalon ! mon pauvre pantalon des dimanches ! Qu'es-tu devenu[23] ? »

Une tournée pour le pantalon de Perdiguier. Un autre y va d'une chanson, c'est Emmanuel Collomp, dit l'Estimable le Provençal, le compagnon cordier :

Chantez la mort, chantez la vie
Chantez Proserpine et Pluton
Chantez ce qui vous fait envie
Moi je chante les compagnons[24] !

Lyon. Un témoin raconte qu'il vient de voir une rixe entre boulangers. D'un côté les compagnons, de l'autre les rendurcis : « Les cannes se croisèrent, se choquèrent, allèrent leur train. C'était une bataille ardente, passionnée, qui se prolongeait sans terme. La garde avait été avertie, elle arriva. Quelques compagnons furent appréhendés au corps; les soldats les emmenèrent. Que firent alors les deux partis belligérants ? Ils réunirent leurs forces, tombèrent à la fois sur les soldats, les forcèrent, reprirent leurs prisonniers, et tous de se sauver. La guerre était finie[25]. »

Arnaud se rappelle qu'à Rochefort, alors qu'il menait une conduite, ses amis et lui ont été surpris par une fausse conduite de maréchaux. Avant de se battre, ils ont commencé par unir leurs forces pour « désarmer et mettre en déroute » la garde d'un poste voisin[26].

Le compagnon cordier en est à un nouveau couplet :

Chantez, chantez la fin du monde
Chantez Buffon, Cochiusko
Chantez ma lyre vous seconde
Chantez le savant Arago
Chantez Euripide et Goethe
Chantez Mithridate et Strabon
Chantez Béranger le poète,
Moi je chante les compagnons[27] *!*

A Lunel, Boyer en conte une bien bonne. Il était aux arènes. A la sortie, dans la bousculade, une masse lui tombe sur le crâne, l'aveugle, des membres s'accrochent à son cou. Il se reprend. C'est une fille, une belle fille, arrivée par miracle à califourchon sur ses épaules. Et dans le bon sens : « Je ne pus me voiler la face, ni fermer le volet d'un pantalon de dentelles largement échancré, selon la mode du temps ![28] »

Nouvelle tournée, nouveau refrain. C'est Arnaud qui chante maintenant :

Que le bordeaux bouillonne sur la table !
En attendant, vidons nos verres
A la santé des premiers devoirants[29] *!*

Lyon encore. Des maréchaux parlent ferrage. Boyer a observé un Suisse qui forge des fers à 4 étampures en pince et 8 en talon ! Il explique : « C'est que les montées plus raides obligent les chevaux à s'appuyer sur la pince pour tirer, ce qui fatigue la corne en cet endroit, et le moindre clochement détruit le sabot, rend le ferrage difficile[30]. »

Un cordonnier se lève et porte une santé :

Comme un bon et vrai devoirant
Je me saisis de ma bouteille
Pour boire un nectar embaumé
A la santé de chaque frère
Le gai Parisien Bien-Aimé
N'a jamais laissé là son verre[31] *!*

Des chansons, les compagnons en ont pour toutes les occasions, pour le travail, pour l'amour, pour la marche, pour la guerre. Tout se met en rimes, sur l'air du *Roi Dagobert,* de *La Marseillaise,* de *Joséphine arrête ta machine* ou de *Dis-moi mon vieux, dis-moi t'en souviens-tu ? Tour de France* rimera aussi bien avec *espérance* qu'avec *Hortense,* les *joyeux délires* appellent *le doux accord des lyres* en attendant *l'instruction féconde* qui *éclairera le monde.* Il en va de la chanson comme du pain : l'important est de pouvoir partager.

Flora Tristan, courant en 1843 d'une réunion de compagnons à une réunion de sociétaires pour tenter de « constituer la classe ouvrière », découvre avec surprise des hommes qui chantent : « Le chant, écrit-elle alors, produit sur les ouvriers réunis en masse un effet extraordinaire qui tient du magnétisme. A l'aide d'un chant, on peut à volonté en faire des héros propres à la guerre ou des hommes religieux propres à la paix[32]. »

Il n'est guère de compagnon, sans doute, qui ne se soit un jour ou l'autre essayé à composer sa chanson — avec une obligation remarquable : l'auteur doit toujours signer de son nom dans le dernier couplet :

L'auteur de ces couplets, mes frères
A bien voulu citer son nom
Il vous le dit, oui, sans mystère
C'est un honnête compagnon
Il a juré, oui, pour la vie
Et sur un éternel flambeau
bis *De soutenir son nom digne d'envie*
La-Réjouissance-de-Bordeaux[33].

Ou encore :

Mais dans vos yeux je vois qu'un désir
[brille
C'est de savoir qui fit cette chanson
bis *Brossier Nantais le Soutien des Bons*
[Drilles
Rima ces vers dignes d'un compagnon[34].

Perdiguier a bien compris que ces chansons peuvent, sous une forme accessible et populaire, porter tous les messages. Et quand il commence à vouloir réformer les mœurs du compagnonnage, il chante ce qu'il a à dire, c'est le moyen le plus sûr que son appel courre le Tour. Idée géniale, à cela près que les meilleurs couplets ne font pas nécessairement les bons refrains. Perdiguier écrit :

Que tous les préjugés périssent
Du mal détruisons le levain
Que tous les nobles cœurs s'unisssent
Le règne d'amour est prochain[35].

Mais on chantera plutôt *La Canne* ou *Vive les Bordelaises.* Un des auteurs les plus aimés du tour de France est Jean François Piron, Vendôme la Clé des Cœurs, que nous avons vu devenir blancher-chamoiseur quand ses parents voulaient en faire un prêtre :

Vendôme à nous s'adresse
Compagnons chamoiseurs
Chantons, chantons sans cesse
Comme la Clé des Cœurs[36].

Dimanches... A Paris, Arnaud retrouve des amis dans un garni du 37, rue Saint-Denis. « Partons pour la barrière! fut le cri unanime. Mes compagnons me prétèrent des effets qui étaient [...] peu dignes du saint jour du dimanche. » Finalement, ils partent à quatorze, quatorze de Libourne, pour une « belle, gaie et agréable partie » à la barrière Montparnasse[37]. Au-delà de la barrière, le vin est moins cher. A Nantes, raconte Perdiguier, « le dimanche, la population aime à sortir de la ville, à échapper aux exigences de l'octroi : elle va à la Ville-en-Pierre, à la Ville-en-Bois, où elle se régale de vin blanc, moins cher que le rouge. Mais on le dit soufré et capable d'agir sur les nerfs d'une manière fâcheuse. » Le petit Deruineau aussi court aux barrières : « Boire, chanter, danser sans songer au lendemain sont les seules occupations de cette journée de bonheur et de plaisir. » Mais après les libations, il constate que les ouvriers deviennent « querelleurs, emportés, extravagants[38] ».

Les compagnons, c'est sûr, entre les amendes, les santés et les rince-cochon, sont de « francs buveurs », comme disent les chansons. Un camarade de Boyer, un Morvandiau nommé Morlay, éponge régulièrement ses quarante-cinq demi-setiers par jour (un setier = 0,40 litre). Périgord

Cœur loyal, qui dit avoir accompagné au cimetière beaucoup de jeunes grands buveurs, doit quand même être choqué de voir, après les surproductions de 1899 et 1900, le vin jeté à pleins seaux dans les ruisseaux, d'innombrables vignes non vendangées[39].

Dans les règlements, l'ivresse est toujours passible d'amende. N'empêche, il est bien vu de boire, et de boire beaucoup, de « tenir le coup » :

Mais le plus grand de mes plaisirs
C'est le vin dont ma gourde est pleine...

On raconte l'histoire de ce charpentier bon drille qui reçut en 1915 la croix de guerre et la médaille militaire pour ne s'être pas couché malgré l'intensité du feu ennemi. Il justifia sa conduite héroïque avec la simplicité des vrais héros : il avait dans ses poches « deux litres de vin à 3 F qui n'avaient pas de bouchon[40] ».

Dans vos concerts et vos banquets sublimes
Que l'amitié sait rendre si bruyants
Frères, videz, videz à tasse pleine
Ce doux nectar ami de l'ouvrier
. . . .
Buvez, chantez pour bannir vos misères[41].

Boire et chanter sont deux formes de l'oubli, c'est la morale non sans amertume de bien des chansons :

Buvons à nos auteurs
Buvons à nos chanteurs
Souvent sur la souffrance
Ils versent l'espérance[42]...

Dimanches... On chante, on boit, on danse, comme dit Deruineau. A Tours, les compagnons boulangers se donnent d'habitude rendez-vous dans une guinguette des bords du Cher, chez la mère L'Equipé, fort courue quand y passe Arnaud[43]. A Bordeaux, du temps de Perdiguier, « beaucoup d'ouvriers [...] allaient passer leurs dimanches aux bals de la Bastide, de Plaisance, de Vincennes : ils se balançaient aux escarpolettes, roulaient en montagnes russes. A Chartres, où il ne trouve pas de professeur de trait, Avignonnais se met en tête d'apprendre à danser : « Nous allions dans les assemblées aux fêtes champêtres. Nous sautions comme des fous avec les jeunes filles. » Deux musiciens sur des tonneaux, un violon criard et une grosse caisse : « Cette musique n'était pas enivrante, ne plantait pas des ailes aux pieds des danseurs [...] mais nous étions jeunes, il nous fallait du mouvement, et rien ne pouvait nous lasser et nous démonter[44]. »

C'est qu'un cœur de compagnon ne brûle pas que pour la rixe ou le trait :

L'âme noble et fière
Le regard perçant
La démarche altière
D'un vrai devoirant
Toilette élégante
Sans apprêt sans art
Tournure charmante
D'un joyeux flambart

Dessous sa mantille
Voyez-vous là-bas
Cette jeune fille
Observer mes pas ?
L'amour en cachette
Me donne un signal
Aussi je m'apprête
Pour ouvrir le bal[45].

C'est vrai qu'ils sont parés du prestige de ceux qui voyagent, les compagnons — vrai aussi qu'on se méfie des gars de passage. A Agde, Boyer trouve une population « aux mœurs rudes ». Que lui est-il donc arrivé ? « N'allez pas au bal, conseille-t-il, si vous n'êtes pas du pays. Les filles d'Agde sont pour les garçons d'Agde, gare à vos orteils ! à vos côtes ! » A Arles, tout pareil : « Il ne faut pas aux étrangers prendre fantaisie de reluquer les filles et s'insinuer dans un bal. Outre les coups de talon sur vos orteils et une sortie peu honorable, malheur à la danseuse qui aura mis la main dans la vôtre. Elle devient la pestiférée, est mise au rancart et fait banquette; les lazzis, les sous-entendus les plus malveillants seront la récompense du geste irréfléchi. » La seule fille qui peut sans se compromettre parler aux compagnons est la fille du logeur, « une petite Arlésienne bien sage, debout, qui écoutait et nous servait, son châle bien tiré, bien croisé sur sa poitrine, laissant admirer un petit crucifix entre deux « saints » qu'on se serait plu à adorer à genoux. » Dans la Sarthe, un jour, il plaisante avec des filles qui le « taquinent en passant » :

« Monsieur Périgord, lui dit une voisine, vous ne resterez plus longtemps ici.

– Pourquoi ?

– Je vous le dirai plus tard, j'en ai vu assez. »

Et, dit Boyer, « on me fit comprendre que j'étais de trop[46] ». Au contraire, à Montpellier, vers 1880, les charpentiers sont souvent conviés aux fêtes de la jeunesse universitaire « où leur robustesse élégante, leurs goûts aventureux étaient appréciés. Les compagnons n'hésitaient pas en outre à apporter leur aide aux étudiants quand il était utile de garder leurs grisettes des entreprises des barbons ou des gens d'une moralité suspecte; et assez souvent des coteries, dans le bassin de l'Esplanade, livrèrent quelques notoires poissons à des baignades exemplaires[47]. »

Les compagnons, on le conçoit bien, ne sont pas de bois. Mais leurs Mémoires, généralement destinés à édifier, ne font la part belle ni à l'amour ni aux amours. Pourtant, tous ces gars de vingt ans lâchés sur les routes... Ils ne refusent pas tous, comme Perdiguier, de « se livrer aux femmes perdues[48] ». Tourangeau le Sérieux*, compagnon couvreur en 1899, chante vertement « les bordels de Tours », le *Singe Vert*, la rue du Petit-Soleil, la rue de la Poissonnerie « où on baisait pour cinq sous[49] ». C'est facile, c'est pas cher, mais ça peut coûter gros. A Montpellier, Batard, un 15 août, visite avec un étudiant en médecine le musée d'anatomie peuplé de personnages de cire : « Mon attention redoubla, dit-il, quand j'appris les conséquences des maladies vénériennes, et je sortis de cet amphithéâtre tout bouleversé[50]. »

On se transmet le vieux conseil adapté de saint Augustin : « Si tu ne crains pas Dieu, crains au moins la vérole. » Au XIXe siècle, elle fait des ravages, et est toujours considérée comme infamante. Le compagnonnage ne secourt pas les siens hospitalisés pour maladies vénériennes. Mais quand même, quelle fascination que les quartiers mal famés ! A Bordeaux, la mère des maréchaux était rue Castelnau-d'Auros, se rappelle Boyer. « Et ma foi, enhardis par le nombre, entraînés par des fiers-à-bras, nous allions dans ces brasseries où les dames s'habillent avec une fleur. Notre pécule ne nous permettait pas de nous offrir même un bock, mais on s'asseyait tout de même, on crânait et finalement on déguerpissait sans rien consom-

* Georges Bertrand, Tourangeau le Sérieux, charpentier-couvreur, fait compagnon à Nantes le 2 juillet 1899, a fêté le 14 février 1980, à Monts, près de Tours, son 101e anniversaire.

mer, pour recommencer le même manège ailleurs. » Un jour, il reconnaît dans « une jeune pensionnaire » une fille qu'il a bien connue dans son pays. Il l'appelle par son nom. Elle se retourne, voit Périgord, mais feint de ne pas le reconnaître : « Allons, dit-il, il n'y a pas encore trois semaines, nous jouions à la bascule ensemble ! » Boyer est très peiné de la voir là : « Pauvre fille[51] ! »

Arnaud, quittant Tours en novembre 1837, prend la voiture de Poitiers. Il s'y trouve seul avec une femme assise dans l'ombre. Fait le joli cœur, engage la conversation – elle répond facilement : « Au son de cette voix un peu rauque, se rappelle Libourne, et à ces manières libres, je fus bientôt convaincu que le hasard venait de me faire tomber dans les bras d'une lorette*, qui eut le talent de me faire manger la faible somme que j'avais pour faire ma route. » Quand il la quitte, à Poitiers, elle ne lui laisse que 75 centimes[52]...

Mais il n'y a pas que les femmes perdues et les lorettes. Il y a les servantes, les filles des patrons, les belles du dimanche, et l'amour-toujours.

Tandis que deux compagnons
Jasaient en frappant sur la table
Deux servantes au gros chignon
Les reluquaient d'un air aimable :
Ce doit être de bons maris
Dit l'une à la joue empourprée
Leurs entretiens furent surpris :
Fut dit fut fait dans la soirée[53]...

* Du nom du quartier de Notre-Dame-de-Lorette, où vivaient de nombreuses femmes de mœurs légères. Balzac a reproché à l'Académie « dans sa pudeur » et « vu l'âge de ses quarante membres », de n'avoir pas défini le mot. Aujourd'hui, dans les dictionnaires.

La hiérarchie n'est pas à l'abri des manigances de l'amour. Le prédécesseur de Perdiguier à Lyon dans le rôle de premier compagnon avait une chambre en ville, où il retrouvait secrètement une certaine Claudine. Il engagea un à un au mont-de-piété tous les effets de la jeune femme, puis la renvoya. Claudine, au désespoir, va le trouver et, raconte Avignonnais, « lui fait les yeux doux, lui sourit, le flatte, le cajole, lui passe la main sur l'épaule, sous le menton, cherche à lui plaire, se fait emmener; ils dorment ensemble ». La nuit, Claudine dérobe la montre en or du premier en ville et, dès l'ouverture du mont-de-piété, va dégager ses robes et ses châles. Il retrouve Claudine chez son employeur, la frappe, lui déchire ses vêtements. L'affaire finit devant le juge. Le premier, furieux, vient reprocher aux compagnons de ne pas l'avoir soutenu. Ceux-ci, réunis en assemblée, condamnent à une mise hors salle de trois mois ce dignitaire nommé... Montpellier l'Amour Fidèle[54].

Le rouleur de la chanson est apparemment plus habile :

Sans souci sans gêne
Je suis un vaillant rouleur
Qui fait sa semaine
Toujours d'un grand cœur.

A droite et à gauche
N'importe le temps
Le lundi j'embauche
Tous mes arrivants
Et puis quand arrive
Le déclin du jour

Soudain je m'esquive
Embaucher l'amour[55]...

A Château-Renault, où Arnaud mène la belle vie, son ami corroyeur Poitevin le Désir de Plaire a séduit une jeune fille du bourg, Julie. Et c'est elle qui propose un jour de présenter à Arnaud « un petit minois à qui Libourne plaît beaucoup sans qu'il s'en doute ». Rendez-vous est organisé pour le dimanche suivant : « Nous irons vous attendre, propose Julie à son tanneur, chez la mère Suche, où nous aurons le plaisir de faire une partie intime. »

« Chez la mère Suche », c'est une chambre que Poitevin loue à des paysans, en dehors de la ville. Arrive le dimanche. Arnaud suit Poitevin. Les filles sont déjà chez la mère Suche. Notre boulanger reconnaît la compagne de Julie : c'est Amélie, « la plus proche de mes voisines, à laquelle j'avais toujours parlé avec beaucoup de respect, tant j'étais prévenu en sa faveur. Je lui déclarai promptement ma vive flamme, et elle y répondit avec la meilleure grâce du monde ». Amélie entretiendra la vive flamme d'Arnaud jusqu'à son départ de Château-Renault. Car, et c'est là que l'amour blesse, un compagnon part toujours. Que de cœurs brisés, que de couplets douloureux sur ces séparations où, exemplairement, le Devoir l'emporte sur l'amour... Même Arnaud, au milieu de ses bringues et de ses « bonnes fortunes » : « Je n'eus qu'un seul regret en quittant la capitale, ce fut de me séparer d'une femme qui m'avait témoigné un très grand attachement[56]... »

C'est parce qu'il sait qu'il devra partir que Perdiguier, à Chartres, manifeste à la jeune Sophie un respect méritoire : « J'aimais, je brûlais, je souffrais, j'étais violenté, secoué, poussé en sens contraire par ma passion et ma conscience. L'une voulait cela, l'autre disait : « Arrête, c'est mal ! » Ah ! qu'il en coûte à l'homme sensible, aimant, au cœur de feu, pour se rendre esclave de sa raison, de son honnêteté, et ne point faillir... Quelle rude tâche ! » Avignonnais se refuse à pousser la jeune fille « dans la misère, le déshonneur pour prix de son amour ». Pour finir, il devra quitter Chartres de nuit, à la sauvette, sans même dire adieu à Sophie, qu'il laisse « avec ses dix-sept ans et toute sa vertu[57] ».

Le partant amoureux sera d'ailleurs la première chanson de Perdiguier, du vécu malgré le déguisement :

Mais entends-tu cette voix éclatante
Puissante voix d'un digne compagnon ?
Elle me dit de quitter mon amante,
De me soumettre aux lois de Salomon.
O toi, Lisa, dont l'âme est si pure
Sèche tes pleurs, calme ton désespoir
En amant vrai, je le dis, je le jure :
Je reviendrai Lise, Lise, au revoir
En compagnon fidèle
En pur et tendre amant
Au Devoir ma belle
Je demeure constant[58].

Il est vrai qu'on ne transige pas avec Salomon :

Salomon nous appelle
Entendez-vous sa voix ?
Il faut quitter ces belles,
Obéir à ses lois[59].

Le chapelier Bouchard ne pleurera pas longtemps cette demoiselle Bridelange qu'il célèbre sur l'air de *Viens, entre dans ma tartane :*

Adieu ma bien-aimée, objet de ma ten-
[dresse
Le cœur plein de regrets je m'éloigne de toi
Mais du beau tour de France la vie enchan-
[teresse
Me rend le cœur joyeux et chasse mon
[effroi[60].

Rien à faire, on ne retient pas plus les compagnons que les marins, et l'appel du rouleur retentit comme les cornes des grands bateaux :

Entends-tu la voix de mes frères
Qui sont là-bas au cabaret
Ils ont des reproches à me faire
Du retard que tu m'as causé[61].

Le champion de l'amour-départ est le cordier nommé L'Estimable le Provençal, déjà rencontré ici ou là, celui qui raconte son tour de France en alexandrins. De toutes les étapes ou presque il pourrait dire :

Le jour de mon départ fut un jour de
[détresse
Car il fallut quitter amis, pays, maîtresse...

L'Estimable à Bordeaux a trois amies, dont une certaine *Victorine* – qu'il fait rimer avec *victime !* – et un emploi du temps chargé :

Ayant abandonné le travail pour l'amour
Je me précipitais dans ses bras nuit et jour...

L'Estimable à La Rochelle :

Quand je pense au moment
Qu'Amour enflammait mon Adèle
Alors je demande comment
Ne pas regretter La Rochelle.

L'Estimable à Toulon :

Adieu, je pars, ne pense plus à moi
Car bientôt loin de toi mon Hortense
Celui qui t'aime, malgré tes soupirs
Dira : je vais finir mon tour de France
Je vais partir, adieu, je vais partir !

Quelqu'une essaie-t-elle de le retenir, L'Estimable le Provençal y va de son sermon :

Quitter le Tour et trahir la promesse
Que je fis au fondateur ?
Non, non, jamais ! Jamais une maîtresse
Ne pourra captiver mon grand cœur !
De m'éloigner je te le jure.
Cesse tes pleurs et pour toujours
Malgré l'hiver et la froidure
Malgré la saison la plus dure
Je quitte l'amour pour le Tour[62]*...*

Elles s'accrochent, elles insistent, elles implorent :

L'Estimable ici console
Son amante et pour toujours
D'un pas vigilant s'envole
Pour continuer son Tour...

Bel exemple de fermeté. Et un conseil pour finir :

Et tant qu'a duré mon voyage
L'amour m'a tenu dans ses fers
Chers compagnons, de l'Estimable
Suivez les conseils sur le Tour :
Le vice le plus méprisable
Est de se livrer à l'amour[63].

Arnaud, à Tours, se lie avec une veuve, aimable, enjouée, une amie de sa patronne, qui lui manifeste un « tendre attachement » – et qui lui présente à plusieurs reprises une jeune fille bien dotée, espérant sans doute retenir son compagnon boulanger. Mais Arnaud refuse l'idée de mariage : « La femme, explique-t-il, fut toujours pour moi l'objet d'une grande admiration, mais à l'âge que j'avais alors, il n'y en avait ni d'assez riche, ni d'assez aimable, ni d'assez belle sur le tour de France pour captiver mon cœur et mon esprit d'une indépendance exceptionnelle. »

A son deuxième passage à Tours, son patron, M. Barat, lui parle d'un bon parti, la fille d'un gros boulanger de la ville. Il commence par refuser, puis, travaillant ensuite à l'hôpital, travail léger mais mal payé, il réfléchit, change d'avis et accepte démarches et présentations. De sa future belle-mère, il dit aimablement : « Quoiqu'elle eût quarante ans bien sonnés, elle était encore très fraîche et très appétissante. » Le voilà présenté. Il baise la main de la demoiselle mais, tandis que roule la conversation, il dénombre les fauteuils, les pendules et les chaises. On ne sait qu'imaginer – inventaire décevant ? indépendance exceptionnelle ? – il précipite les adieux et repart pour Libourne, « pour une raison que je tairai ici[64] ».

C'est que le mariage est un piège qui guette le compagnon, homme jeune, pratiquant bien un bon métier :

Ne soyez jamais rebelles
A ce petit dieu trompeur
Qui souvent auprès des belles
Nous fait goûter le bonheur.
Mais laissez là le mariage
Car les fardeaux en sont trop lourds
bis *Bons enfants du compagnonnage*
Profitez bien de vos beaux jours[65].

A Arles, la patronne verrait bien Boyer dans le rôle de gendre : « A table, [elle] me mariait à haute voix à l'une ou l'autre de ses trois ou quatre filles sans demander mon avis bien sûr : " Périgord se mariera avec une telle"[66]. »

Il arrive que des compagnons se laissent tenter si le jeu en vaut la chandelle, le plus souvent pour se mettre à leur compte. Arnaud, le vagabond Arnaud, semble parfois envier ceux qui s'arrêtent : « Son heureuse étoile avait conduit Vivarais Va Sans Crainte dans ce pays enchanté (Sauveterre, près de Bordeaux) où il trouva de l'ouvrage et où, avec le temps, il parvint à captiver le cœur d'une jeune personne de la localité, qu'il épousa et qui lui apporta en mariage une dot assez ronde pour le mettre en mesure de se créer un établissement de boulangerie. » Un autre de ses amis, Manceau le Triomphant, que nous avons vu laissé pour mort sur la route après une bataille à Azay-le-Rideau, s'arrêtera à Argenteuil, où il trouvera à la fois l'amour et une bonne affaire – la succession du beau-père[67].

Le mariage dans ces conditions met fin au Tour et à la jeunesse, mais installe l'ouvrier dans la vie ou, plus simplement, lui permet de rembourser ses dettes. Perdiguier, qui a eu un déficit personnel de 320 F en sept mois alors qu'il exerçait la fonction de premier en ville à Lyon, peut en témoigner : « Beaucoup de ceux qui m'ont précédé ou suivi dans cette charge n'ont pas été plus heureux que moi; plusieurs même, à cause de leurs dettes, se sont mariés dans la ville où ils les ont contractées. »

Lui a su refuser : « Si on m'eût offert, loin de mon village, la femme la plus belle, la plus riche, la plus parfaite en me disant « Accepte et reste ici », on ne m'eût pas tenté, on n'eût pu me faire renoncer à ma famille, à mon pays natal[68]. » D'autant qu'il arrive qu'une promise attende patiemment au pays le retour du compagnon :

O mon sincère amant
Sois fidèle au serment
Que tu fis en partant
Dessus ton tour de France,
Et souviens-toi toujours
De nos tendres amours
Car enfin ton Hortense
N'attend que ton retour[69].

Pauvre Hortense! Celui qu'elle attend, c'est le cordier L'Estimable le Provençal, sans doute occupé à faire rimer *Alès* avec *maîtresse.*

Un menuisier, Cosrouge l'Ami de l'Union, grand admirateur de Perdiguier et qui travaillera sur le même établi, à Bordeaux, trente ans plus tard, trouve l'amour à Nîmes, chez la mère Delombette, rue de Rangueil : la fille de son patron, M. Pascal : « De bonnes relations s'installèrent entre nous et des projets d'union avec mademoiselle Pascal furent ébauchés. » Pas question pourtant d'interrompre le Tour. L'Ami de l'Union a seulement hâte de retrouver ses parents pour leur parler de son projet. Son tour de France achevé il s'apprête à le réaliser. Hélas ! mademoiselle Pascal meurt brusquement, peu avant sa venue[70].

Boyer revient chez lui avant de partir faire son service militaire, et découvre avec étonnement que « les gamines de douze ans en avaient seize et, bon dieu, elles ne vous regardaient plus avec les mêmes yeux... » Son oncle essaie de le marier avec un parti intéressant : le beau-père « a un veau et une cavale » ! Mais Périgord reste prudent : « On verra après le régiment[71]. »

Car il y a bien sûr le régiment pour interrompre le Tour et reporter les projets. A travers tout le siècle, et depuis l'Empire, la conscription est fixée par tirage au sort. Les listes établies et corrigées, on met dans une urne autant de bulletins qu'il y a de noms, chaque bulletin portant un numéro différent. Puis chaque conscrit, dans l'ordre de la liste, tire à son tour : « Plus le chiffre est élevé, plus le conscrit a des chances de rester civil. » En effet, un certain nombre seulement partiront, selon le besoin, les campagnes et les expéditions. Comme Guillaumou qui tire un « mauvais numéro » et passe sept ans dans l'artillerie. Ceux qui en ont les moyens peuvent acheter un remplaçant qui partira à leur place pour la gloire, pour l'ennui ou pour la mort. Les appelés possibles passent sous la toise; ceux dont la taille est inférieure à 1,54 m sont réformés sur-le-champ, les autres iront au conseil de révision[72].

Au tirage au sort, le compagnon voyageur n'est pas tenu de se présenter lui-même : il peut se faire représenter par un membre de sa famille ou par le maire de la commune. Ainsi de Boyer : « Je comptais bien, en cette année 1903, pouvoir terminer mon tour de France. Pour ne pas l'interrompre, je ne voulais pas rentrer au pays pour tirer au sort. Ce fut mon père qui m'y remplaça[73]. » De même pour Batard : « Je venais d'avoir vingt ans. Mon père à Nantes avait tiré au sort pour moi. Mon numéro me permettait de faire mon service militaire en France. » A l'époque, en effet, les numéros de 1 à 10 désignaient les « volontaires » pour l'Afrique[74].

En 1835, Frédéric Escole, Joli Cœur de Salernes, compagnon tailleur de pierre étranger, revient au pays pour tirer. Avec un malheureux n° 8, il n'ira pas en Afrique, mais fera tout de même sept ans au 18e de ligne, où il finira sergent[75]. Il n'achèvera jamais son tour de France, mais ses chansons continueront de tourner pour lui.

Ah ! Dieu ! Quel désespoir
Le sort me prend pour servir la patrie
Mais dans mon cœur est toujours le [Devoir[76],

regrette le cordonnier Parisien Bien-Aimé.

La conscription est un arrachement, mais aussi une occasion de fête bruyante et mouvementée.

Dans le Midi, raconte Boyer, les conscrits se répartissent les invités pour une journée de liesse sans retenue. Mais cette fois, à Mus, près de Vergèze, il n'y a qu'un conscrit, seul, unique pour traiter tout le village. Il fait bien les choses. La preuve : « Je n'ai qu'un vague souvenir, dit Boyer, de cette longue table fumante où s'entassait, s'engloutissait le monstrueux fricot... » Puis tout le village accompagne en carrioles le conscrit parti chercher son numéro à Vergèze. Et comme il n'y a ni tambour ni trompette, c'est Boyer qui musique à l'accordéon. Au passage, il remarque quand même que « les cannes des conscrits ressemblent à s'y méprendre à nos cannes de compagnons, sauf le pommeau qui était de métal, et comme les nôtres agrémentées de pompons tricolores[77] ».

Après le tirage au sort et la fête, le conseil de révision. Batard le passe à Paris, et il est reconnu bon pour le service. Il finit juste son tour de France quand il doit rejoindre le 2e régiment de chasseurs à cheval à Pontivy, le 9 novembre 1891. Il obtiendra rapidement et sur concours les galons de brigadier premier ouvrier sellier, grade et fonction qui lui permettront « d'exécuter tous les travaux d'un régiment de cavalerie où l'élégance régnait encore, et de passer trois années heureuses et sans soucis[78] ».

En avril 1903, Boyer interrompt son tour de France pour aller se présenter au conseil de révision. « Bon pour le service » — heureusement, commente-t-il, car « les filles n'ont d'yeux que pour les bons ». Toutes sont là. Si leurs amoureux sont bons, « elles se cabrent, flattées »; dans le cas contraire, « elles se font molles[79] ».

Périgord rallie à Tours le 8e cuirassé. Longue et difficile parenthèse dans un tour de France où il se sentait bien. D'abord, il se heurte aux règlements de maréchalerie militaire qui lui imposent « la méthode de Saumur » qu'il a en horreur; de résistance en punition, il se voit menacé d'un séjour à Biribi. Assagi, il gagne un peu d'argent en devenant le tatoueur attitré du régiment, ce qui lui permet en outre de piquer un peu plus fort que nécessaire ceux qui l'ont maltraité quand il était bleu. Mais sa respiration siffle de manière suspecte, au point que son major l'appelle « mon vieux bec de gaz ». Il est hospitalisé et finalement réformé. Il part reprendre à Paris le tour de France interrompu[80].

Réforme aussi pour le charpentier Voisin, Angoumois l'Ami du Trait, revenu passer à Cognac en 1879 son conseil de révision après cinq ans de tour de France : on lui trouve au tibia une fracture mal rafistolée[81]. Réforme encore pour Perdiguier, qui passe son conseil de révision à Bordeaux : « J'avançai à l'appel de mon nom. Mes dents, noircies [...] parurent gâtées à quelqu'un qui ne les avait pas examinées et me firent réformer contre toute prévision. » Mais voilà, son père s'était déjà résigné à acheter un remplaçant. Le tarif, à l'époque à Avignon, est de 700 F, et il en a déjà versé 350, qu'il ne reverra jamais. Chez les Perdiguier, on la trouve plutôt amère, d'autant qu'Avignonnais aura toujours toutes ses dents trente-cinq ans plus tard! Et puis, il faut dire que M. Perdiguier a déjà acheté un remplaçant à son fils Simon, en 1809. Un portefaix, ayant tiré un bon numéro, se proposa pour le remplacer, moyennant 3000 F. On compta la somme, et le portefaix partit pour l'armée... où il fut bientôt jugé inapte. Et Simon dut remplacer son remplaçant; on a vu ce qui lui advint : parti en Espagne avec Soult, il fut fait prisonnier au Portugal en 1811, interné à Saint-Domingue, puis à La Barbade et au Canada, ne revenant chez lui qu'en 1815, en pleine Terreur blanche[82].

L'écart de prix – 3000 F pour Simon en 1809, 700 seulement pour Agricol en 1827 – est fonction de l'estimation des risques. Un remplaçant de l'an X, période de paix, coûte 192 F à Avignon; après la retraite de Russie, il faudra en compter près de 5000. D'autres régions sont plus chères : 7900 F par exemple en Haute-Vienne en 1807. Après 1810, les remplaçants sont si rares qu'on les retient avant même le tirage au sort[83].

On appelle *marchands d'hommes* ceux qui font commerce de ces oiseaux rares, achetant des exemptés et les revendant à ceux qui veulent se faire remplacer. En 1900, le dimanche, Boyer joue à l'accordéon « les vieux couplets toujours chéris que les marchands d'hommes avaient jadis mis en vogue pour égayer les étapes de leur bétail humain[84] ».

A Paris, le boulanger Poitevin Sans Gêne, las de chômage et de misère, va de lui-même faire affaire avec un marchand d'hommes. Il l'annonce par lettre à son ami Libourne : « Je viens, en un mot, de vendre la propriété de mon individu et ma liberté pour sept ans. » Le prix, 2400 F, est sensiblement supérieur au cours moyen, remonté à 1800 F en raison de la guerre de conquête menée en Afrique du Nord. La seule inquiétude de Poitevin est de ne pas parvenir à dépenser, avant son incorporation quinze jours plus tard, la somme fabuleuse. Mais Arnaud et la joyeuse bande des Enfants de la Jubilation l'aideront, « en faisant mille folies plus extravagantes les unes que les autres », à la croquer jusqu'au dernier sou. Il mourra en Algérie[85].

C'est aussi pour cause de chômage que le chapelier Bouchard songe à s'engager en 1846, après cinq ans de tour de France. Il se présente, mais on le refuse : trop chétif. Son oncle de Rochefort le « retape » en quelques mois. Il se représente et, cette fois, on l'accepte. Il fera carrière dans l'armée mais le regrettera dans une chanson intitulée *Je me repens :*

Le Devoir me donnait du cœur
J'étais heureux de nos mystères
Quand un conseil vil et trompeur
M'a fait abandonner mes frères[86].

L'armée et le mariage prennent des compagnons au tour de France. Mais il en est qui y échappent, ou qui en reviennent :

Car j'ai payé ma dette à la Patrie
Et maintenant j'appartiens au Devoir[87].

Le Devoir reprend donc ses droits. Travail, assemblées, conduites et beaux dimanches. Demain une autre ville, demain un autre jour – lundi.

XIII

TOUS FRERES

Quercy est mort. – Table daupital. – Une grande capote bleue. – Une fine volaille. – Nous voilà riches. – Le sabot humanitaire. – Toutes les douceurs. – Un compas et un écaïre. – Lamento. – Etes-vous le premier compagnon ? – Le comptoir du Très-Haut. – La dernière conduite.

Défendre au péril de sa vie
Les jours d'un frère menacé,
Si la santé lui est ravie
Lui porter des soins empressés,
L'aider dans un sort moins funeste,
S'il est prisonnier l'aller voir,
Curieux, vous taire du reste
Voilà, voilà notre devoir.

Jean François Piron,
Vendôme la Clé des Cœurs[1].

Le compagnon Quercy est mort. C'est à Bordeaux, vers 1840. Sa mère a été prévenue par lettre et ses obsèques ont été annoncées à tous les corps. Au jour dit, la mère de Quercy n'est pas là, mais quatre cents ouvriers se retrouvent au cimetière, tête nue, le crêpe au bras, compagnons et non-compagnons. Parmi ces derniers, Deruineau, le peintre en décor, qui poursuit son méritoire tour de France.

Une fois terminée la cérémonie religieuse, deux ouvriers descendent dans la tombe, ouvrent le cercueil afin de vérifier que le corps qui s'y trouve est bien celui de Quercy. Puis le cercueil est cloué et recouvert d'une couche de chaux vive. A un signal du rouleur, dont la canne est ornée de crêpe et de rubans noirs, les ouvriers se rangent tous du même côté. Le premier en ville se place au bord de la tombe, prend une pelle, la charge de terre puis la présente à l'un de ses camarades. « Se croisant mutuellement la jambe droite, raconte Deruineau fasciné, le corps penché, la tête presque appuyée sur les épaules de l'un et de l'autre, et à l'aide de quelques paroles mystérieuses qu'ils se dirent à l'oreille, ils jetèrent à trois fois différentes de la terre dans la tombe, et après avoir observé rigoureusement quelques signes et formalités d'usage, ils s'embrassèrent, et cela continua jusqu'à ce que tous les ouvriers compagnons en eussent fait autant. »

C'est alors seulement que surgit la mère de Quercy : « Elle était partie de chez elle comme une folle [...] et elle avait fait près de quarante lieues à pied et sans argent. » Les ouvriers l'accueillent, la consolent, décident de la loger, de la nourrir le temps qu'elle surmonte sa peine et sa fatigue. C'est seulement dix-sept jours plus tard qu'elle s'en retourne chez elle : « Tout avait été prévu pour le jour de son départ, dit Deruineau; sa place de diligence avait été payée; une somme de 86 F lui fut remise la veille avec beaucoup de ménagements, c'était le produit d'une collecte faite parmi nous. »

Trois cents ouvriers l'accompagnent, « presque en triomphe », jusqu'au bureau de la diligence, inoubliable conduite d'honneur pour une pauvre femme en deuil. « Ce départ nous avait vivement impressionnés, raconte Deruineau. Personne ne voulut retourner au travail, il fut décidé en plein vent et séance tenante qu'une somme égale à celle que la bonne mère recevait de son fils lui serait accordée et remise par nous pendant six mois à compter de ce jour. Cette résolution fit de cette journée pour nous un jour de fête. On se livra au plaisir, à la joie; chaque physionomie exprimait le bonheur, chacun paraissait heureux d'avoir contribué selon ses moyens à faire une bonne action. » « Voilà, ajoute-t-il, ce qui se passe chez les ouvriers. [...] Ah ! pourquoi ceux qui les méconnaissent ne vont-ils pas parfois se mêler à eux, partager les nobles sentiments qui se manifestent au milieu de leurs réunions toutes populaires, et voir à quel haut degré se pratiquent chez eux les principes du dévouement et de la fraternité[2]. »

Ces élans, cette émotion, cette absence de calculs appartiennent en propre au monde ouvrier, que des tremblements de cœur, comme des tremblements de terre, bouleversent souvent ainsi. Mieux que tous autres, ceux qui n'ont presque rien connaissent le vertigineux bonheur de tout donner. A l'atelier, la solidarité est de tradition, et les sociétés de compagnonnage l'ont élevée à la hauteur d'une institution : un compagnon doit aider un compagnon.

Ainsi, la 30e règle des Jolis compagnons tourneurs prévoit : « Tout compagnon qui sera malade en donnera ou fera donner connaissance au rôleur ou au premier compagnon, et il lui sera accordé, savoir : pour un compagnon fini 15 sols par jour, pour un compagnon non fini 10 sols par jour; et si le malade veut entrer à l'hôpital, le rôleur sera obligé de faire les démarches nécessaires pour le faire entrer, et là lui sera accordée la même indemnité, et recevra la visite d'un compagnon tous les deux jours, et chaque compagnon sera obligé d'aller le visiter chacun à son tour et rang, en commençant par le premier compagnon, et portera au malade ce qu'il aura demandé, et ce qui pourrait lui être nécessaire pour sa maladie. Cette dépense sera aux frais de chaque compagnon qui fera la visite, et ne pourra être d'une valeur de moins de 10 sols, et celui qui manquera d'aller rendre la visite à son tour et rang, en sera pour 1 F d'amende, lors qu'il sera prévenu par le rôleur qui aura soin de remarquer le nom de la salle et le numéro du lit du malade pour en donner connaissance à chaque compagnon[3]. »

D'après la « table daupital » des serruriers de Bordeaux, pour une période de trois mois (9 octobre 1757 – 6 janvier 1758), chacun des vingt-cinq compagnons figurant sur le rôle a fait en moyenne deux visites à un malade hospitalisé, soit 50 visites en 89 jours; dans la période suivante (6 janvier-29 juin), les 22 compagnons présents dès janvier ont fait en moyenne 7 à 8 visites chacun, les derniers arrivés entre 1 et 5. Au total, sur les six mois, plus d'une visite par jour à l'hôpital[4].

Selon le règlement des blanchers-chamoiseurs de 1814, le rouleur doit porter chaque semaine au malade hospitalisé une somme de 30 sous, sauf à ceux qui seraient atteints de maladie vénérienne ou auraient attrapé la gale : ces derniers non seulement ne touchent rien, mais s'ils omettent de prévenir les compagnons, ils devront payer 3 F d'amende et rembourser le coût du traitement de ceux qu'ils auront contaminés[5]. Dans un projet de nouveau règlement pour les aspirants menuisiers du Devoir, Chovin continue d'ignorer ceux qui sont atteints de maladies vénériennes, mais accorde 35 centimes par jour aux galeux pendant la durée de leur traitement; pour 0,75 F par jour pendant un mois aux malades ordinaires, 0,50 F pendant les deux mois suivants[6].

Les malades sociétaires de l'Union ont droit, en ville ou à l'hôpital, à 0,60 F et à une visite par jour[7]. A cette époque, après 1815, en marge du compagnonnage et en partie sur son modèle, se créent un grand nombre de sociétés de secours mutuels. Echappant à la loi sur les coalitions, on en dénombre 80 en 1818 et 201 en 1830, dont la Société sympathique de l'humanité, la Société du miroir des vertus, la Société des soulagements réciproques[8], qui affichent leur nom comme un programme. Mais la plupart ont trop peu d'adhérents pour être vraiment efficaces. En 1875, quand Voisin est sur le Tour, 504 sociétés de secours se partagent moins de 125 000 membres, soit à peine 250 par société[9].

Souvent malades, nos compagnons ? Les conditions de travail, au début du XIXe siècle, et principalement dans les grandes villes, affectent gravement la santé des ouvriers. Nous avons vu qu'on ne trouvait guère de vieillards parmi les boulangers et les cordonniers. Chez les chapeliers non plus, dont, à Paris, les ateliers ou « foules » se concentrent dans les ruelles du quartier Saint-Avoye : épluchage et préparation des laines et des poils remplissent l'atmosphère de duvets qui pénètrent dans les voies respiratoires; le « secrétage » fait manipuler l'acide nitrique et le mercure; le repassage au fer chaud dégage des vapeurs empoisonnées mêlées à l'oxyde de carbone du charbon de bois[10]. D'une manière générale, les conditions de travail, d'hygiène, de nutrition sont mauvaises. Pour ceux qui travaillent au dehors, le mauvais temps est subi de plein fouet :

Du dur hiver
Je suis tout attristé
Hélas ! Je perds
La joie et la santé

Un rhume me chagrine
Et brise ma poitrine[11]...

Entre Arles et Valence, Périgord Cœur Loyal attrape dans le mistral un mauvais froid : « J'ai la fièvre, le vertige, je reste au lit. Je n'ai qu'un vague souvenir de ce qui se passa. Je me souviens que la mère vint m'apporter des boissons chaudes. » Pourtant, il prend une embauche avant d'être guéri. Le premier jour à la forge sera dur : « Torturé par la fièvre, par les langueurs d'estomac, n'ayant rien pris depuis le matin, peut-être une tasse de lait, je me sentais défaillir et j'aurais pleuré si la honte ne m'eût retenu. » Ce n'est pourtant pas un douillet. A Savenay, on le voit se faire arracher une dent par un aubergiste en échange d'une bouteille de muscadet à 6 sous. A Vergèze, il demande le même service au vétérinaire : « Avec son appareil qui ressemblait plus à un tire-bouchon qu'à une pince, il me fracassa la mâchoire, les esquilles d'os percèrent ma gencive et vinrent piquer ma joue qui enfla. » Pendant des mois, Boyer garde ces esquilles qu'il fait « sonner avec son ongle », puis parvient quand même à les arracher[12].

Libourne le Décidé, pris de fièvre à Paris, se présente à la consultation de la Pitié avec un ami malade lui aussi. Le « chirurgien de garde » les admet. Au dernier moment, Arnaud se ravise : « L'aspect de ce refuge du malheur me fit une singulière impression, je me sentis beaucoup mieux et j'ajournai mon entrée. » A l'hôpital de Cherbourg, Deruineau revêt l'uniforme : « Une grande capote bleue, un serre-tête de toile, une chemise numérotée »; il voit mourir trois de ses voisins, dont un vieillard qui lui tient les mains au moment de rendre l'âme; on vient donner l'extrême-onction à un amputé : « Demain, pense-t-il, peut-être à moi la prière et l'eau sainte[13]. » On comprend que Libourne « ajourne son entrée ». D'autant qu'il se rétablira à sa façon, grâce aux soins d'une « jeune et jolie femme » et aux bons repas offerts par son cousin Gaillard. Dès qu'il est remis, il retourne à la Pitié visiter son ami, mais celui-ci est mort[14].

A Nantes, c'est Perdiguier qui est pris de fièvres. Il passe une journée sans connaissance, ne s'éveille que pour délirer. Il s'attend qu'on l'aide, qu'on l'assiste, conformément à la loi et à l'usage du compagnonnage, mais rien. Pendant dix jours, personne ne semble se préoccuper de son sort, ni la mère, ni le premier. On le croit fou. Il finit par demander qu'on l'hospitalise. Une première fois, le rouleur l'accompagne, mais l'hôpital est plein. Le lendemain, Perdiguier doit y retourner, seul. Il n'aura pas non plus les visites réglementaires. On peut penser que le fonctionnement de la cayenne a pu être perturbé par l'arrestation du premier compagnon, un menuisier, et son remplacement par un serrurier. Mais l'indignation de Perdiguier est telle – « Nos lois étaient mal obéies » – qu'on voit bien qu'il s'agit là d'une exception. Sur le Tour, la solidarité est de règle[15].

Quand Arnaud prend la voiture de Poitiers et que la lorette qu'il y trouve épuise son argent de route, il commence par mettre ses chemises en gage pour dormir. Puis, de Niort à Bordeaux, il vivra de fraternité. Avant Rochefort, il est reçu par un compagnon, Poitevin Sans Gêne : « Tu as ici un frère et tu peux te considérer comme chez toi. » Il retape Arnaud, lui propose en passant d'épouser sa sœur et lui indique une bonne adresse à Surgères; effectivement, il y est reçu par Berry la Tranquillité qui le met à l'auberge à ses frais et évacue les remerciements : « Je ne vois pas d'argent mieux employé que celui qui sert à soulager des frères dans le besoin. » A Rochefort, il descend chez la mère; survient un ami, Poitevin le Bon Soutien, qui reproche au rouleur de n'avoir pas mieux reçu Libourne le Décidé et lui rappelle un couplet qu'ils ont chanté ensemble l'autre soir :

Si tu voyais un de tes frères
Abattu, triste et languissant
Soulage-le dans sa misère
Tu seras parfait devoirant.

Puis Poitevin paie à la mère les 2 F que doit déjà Arnaud, annonce qu'il répond de ses dépenses, met ses 50 F d'économie à son service et l'emmène, pour commencer, dîner dans un bon hôtel – des années plus tard, Arnaud se rappellera la « fine volaille angoumoise qui embaumait la salle ». Il attend deux jours avant de reprendre la route. Plus tard et ailleurs, on le verra rendre visite, à Argenteuil, à son ami Manceau le Triomphant, qui lui donnera 20 F; à Blois, son ami Charles lui proposera de consacrer les 50 F de sa bourse et « les bontés de ses parents » aux frais d'un voyage commun à Paris; à Toulon, retrouvant son frère, engagé, et des amis matelots, il reçoit 100 F[16]... Notre boulanger-cigale ne parle jamais de remboursement, sans doute s'aquitte-t-il en chansons...

Pour fuir le chômage, les deux bourreliers Batard et son ami Georges Méjat laissent à Lyon le grand chemin du Tour et cherchent du travail du côté de Roanne. Ils conviennent qu'ils seront prioritaires à tour de rôle, chacun son jour. A Charlieu, enfin, ils trouvent une place. C'est le jour de Batard, qui justifie son nom de compagnon, Nantais la Belle Conduite : « Je remis à mon camarade les quelques francs que j'avais en poche, l'embrassai en lui souhaitant bonne chance[17]. »

Celui qui trouve à travailler est sûr au moins de manger; pas l'autre. Quand Boyer arrive à Toulouse avec un ami, il trouve une embauche pour lui; l'ami doit continuer seul : « Je vidai mon porte-monnaie dans son escarcelle, soit 2 F qui me restaient. Nous nous embrassâmes et l'on se sépara le cœur gros[18]. »

Solidarité réelle, permanente. Quand Perdiguier et deux autres compagnons doivent quitter Chartres, ils n'ont pas d'argent, et même pas le temps d'emprunter sur leur malle. « Les compagnons, comprenant notre détresse, fouillent dans leurs poches, et chacun d'en tirer ce qu'il y trouve et de nous l'offrir avec contentement. Nous voilà riches, et plus qu'il ne fallait pour arriver au terme de notre voyage. Languedoc l'Aimable Cœur m'avait mis 5 F dans la main. J'eus la faiblesse de les lui renvoyer de Paris quelques jours après. Il s'en formalisa; son amitié en fut offensée et je compris ma faute[19]. » Cet usage d'assistance est l'une des expressions privilégiées du compagnonnage. Les cloutiers, dont le métier se meurt au XIXe siècle et qui n'apparaissent déjà plus que comme des survivants d'une autre époque, avec leurs cheveux tressés en forme de fer à cheval, leurs longues barbes, leurs vêtements particuliers, l'incarnent tout particulièrement. Tout ouvrier cloutier, compagnon ou non, de passage dans une ville, a droit à la table, au feu et au coucher, qu'il ait ou non de la besogne : on lui *fait le bien*[20].

A Nantes, Perdiguier l'a constaté avec d'autant plus d'attention qu'il se trouve livré à lui-même : « Les compagnons cloutiers sont fort charitables. Ils se soulagent entre eux fraternellement. Voilà un compagnon en voyage. Il est sans travail. Que fait-il ? Il entre dans le premier atelier de clouterie qu'il trouve devant ses pas. Il exprime sa détresse. L'un des ouvriers lui cède son marteau, sa place à l'enclume, et s'en va voyager à son tour; ou bien on donne à l'arrivant des secours, qui ne sont point une aumône mais une dette, et alors il continue, après s'être réconforté et avoir serré la main de ses amis, d'avancer sur le tour de France. Les compagnons tisserands usent entre eux des mêmes procédés. Le voyageur trouve partout des frères[21]. »

La caisse de secours des cloutiers, le *sabot humanitaire,* est alimentée par des cotisations de 1 sou par ouvrier et par semaine, par un impôt de 1 sou par embauche, par des emprunts, par des paris. Le contraste est frappant entre la modicité des ressources et l'ambition du but. Et encore ne s'agit-il que de faire front aux besoins ordinaires. Mais il faut aussi prévoir le secours des accidentés du travail, que ne protège aucune législation sociale, aucun engagement patronal. Joseph Loubet se souvient de ce qui se passait chez son père, à Montpellier, vers 1880 : « Je me rappellerai toujours qu'un compagnon ayant fait une mauvaise chute fut immobilisé plus de six mois. J'aidais mon père à payer la quinzaine; une boîte de bois à couvercle était sur une petite table, près de la sortie du bureau; nulle sollicitation n'était faite; chacun soulevait le couvercle, glissait une obole pour la famille du malheureux, sans obligation ni contrôle, et durant douze quinzaines, je pus apporter à la maisonnée de l'accidenté une somme notablement supérieure à celle qu'il eût gagnée. » Et pourtant les salaires étaient maigres. « Ces gens-là s'aimaient », conclut Loubet[22].

Une grève ou une crise particulièrement graves sont encore occasion de manifester sa solidarité. Perdiguier rappelle que « les ouvriers charpentiers des faubourgs Saint-Martin et Saint-Denis (ont donné) 500 F pour les ouvriers malheureux de Lyon[23] ». A Paris toujours, plusieurs mois après la grande grève des charpentiers (voir chapitre XIV), les compagnons cotisent encore 0,50 F par jour alors qu'ils gagnent 5 F, pour permettre aux sociétés de rembourser leurs dettes et de reconstituer leur caisse. Deux mois après le violent affrontement de Tournus, et alors que les compagnons inculpés ne sont pas encore jugés, un tailleur de pierre est arrêté à Lyon pour avoir voulu « faire contribuer un autre ouvrier pour 30 F ou une montre d'argent au paiement des frais faits à Tournus par les camarades » — il sera acquitté de ce chef d'accusation[24].

« Abandonnons-nous nos prisonniers et nos malades ? » demandaient avec indignation les cordonniers quand ils s'étonnaient qu'on leur refusât le compagnonnage. La solidarité à l'égard des prisonniers est encore plus fervente : sont à la fois héros et martyrs ceux qu'on jette en prison à l'issue de rixes et de batailles considérées comme des combats d'honneur, pour faits de coalition et de grève, ou plus simplement en raison des tracasseries et des poursuites dont le compagnonnage est épisodiquement l'objet.

La règle des blanchers-chamoiseurs prévoit explicitement que les prisonniers sont traités financièrement comme les malades : ils reçoivent 30 sous par semaine, que le rouleur peut leur porter chaque dimanche s'ils le demandent[25]. En cas de peine de longue durée, cela peut représenter un pécule non négligeable. Ceux qui seraient en prison pour vol sont naturellement exclus de ce secours, et même de la société : « Tout compagnon, stipule par exemple le règlement des boulangers, qui sera reconnu avoir volé ou avoir subi un jugement infamant n'importe dans quel endroit, sera fait renégat, et défense lui sera faite de se présenter chez aucune mère du tour de France[26]. »

Si un compagnon est arrêté après s'être battu avec des membres d'une société adverse, le rouleur doit aussitôt se préoccuper de son sort, savoir où il est incarcéré, de quoi il est inculpé, lui trouver un avocat, venir témoigner pour lui à l'audience, enfin lui verser ou lui réserver son allocation. Les gavots d'Avignon ayant accepté d'affilier un aspirant transfuge du Devoir, s'ensuivirent batailles, arrestations et condamnations : « Les sociétés n'abandonnèrent pas leurs prisonniers, rapporte Perdiguier, [...] et les firent jouir sous les verrous de toutes les douceurs imaginables. »

Cette solidarité dépasse le cadre de la seule ville : « Nous reçûmes une lettre de Nantes, dit encore Avignonnais la Vertu alors qu'il se trouve à Bordeaux. Une bataille venait d'avoir lieu dans cette ville. Pendant que nos compagnons faisaient une conduite en règle, les forgerons organisèrent une fausse conduite. Les deux sociétés se rencontrèrent, le sang coula. Un forgeron perdit la vie. Beaucoup des nôtres, mis en prison, reçurent des secours du tour de France. Nous leur fîmes un envoi d'argent. » A Chalon, il cotisera encore, cette fois en faveur de trois signataires du « tarif de Nîmes » dénoncés par les maîtres et emprisonnés[27].

Mais là encore, l'usage connaît ses exceptions. *Le Secret des compagnons cordonniers dévoilé* cite le cas de Monge dit Perpignan et Imbert dit Poitevin, arrêtés à Marseille à l'issue d'une rixe où ils défendaient l'honneur des cordonniers. Condamnés à un an de prison, ils ont statutairement droit à une indemnité de 1 F par jour. Mais, à leur libération, au lieu des 365 F attendus, ils n'en reçoivent que la moitié. Discussion. Le ton monte jusqu'à la bataille. Perpignan et Poitevin quittent le compagnonnage et fondent une nouvelle société de cordonniers : les Indépendants[28]. C'est à la suite d'une déception de ce genre que Bavarois Beau Désir, resté sans secours pendant sa maladie, avait donné aux boulangers le secret des doleurs.

D'accident ou de maladie, on meurt aussi sur le tour de France, et c'est encore pour les compagnons l'occasion de manifester leur solidarité. Celui qui apprend le décès d'un compagnon doit en donner connaissance au premier en ville, qui fait commander l'assemblée de suite par le rôleur ayant un crêpe à sa canne. Puis il organise l'enterrement et tout affilié devra y tenir sa place. Un compagnon ne part jamais seul. Les tourneurs, toujours précis, décrivent dans le détail le rituel de l'enterrement d'un compagnon : « Lorsqu'un compagnon et mort, avant de le sortir de chez la mère, on doit mettre un compas et un écaïre (une équerre) en croix dessus la bière et mémme temps les couleurs et la canne du compagnon. Au moment que les prêtres arrivent pour faire la levé du corps, le rouleur doit se ranger à la tête du défunt et doit passer tous les compagnons suivant leur tour et rang et ancienneté de devoir. » A chacun, le rouleur demande :

« Mon pays, reconnaissez-vous ce compagnon ?

– Oui, mon pays.

– Vous doit-il quelque chose ?

– Non, mon pays.

– Ni vous à lui ?

– Non, mon pays. »

Après ce symbolique levage d'acquit du partant, le rouleur dit un pater et un avé. « Ensuite, prévoit le règlement, le rouleur doit se munir d'une bouteille de vin cachetée et d'un pain blanc sans tache, qu'il portera au bras gauche dans une serviette. Etant arrivé à l'église, avant d'entrer, le rouleur doit faire faire la même chose comme en sortant de chez la mère, et en même temps présenter de l'eau bénite à tous les compagnons [...]. Etant arrivé au cimetière, quand le mort étant dans la fausse, le rouleur descendra dedans, mettra le pain et le vin dedans la bierre. Et remontera, ensuite ce placera au travers du corps et fera renouveller le serment de la réception à tous les compagnons chaqu'un à leur tour et rang et ancienneté de devoir en chantant trois fois d'une voix mourante et à chaque fois on se tournera de l'autre côté de la fausse; quand cela sera fait, le rouleur doit présenter la pèle avec de la terre à tous les compagnons par leur tour et rang que l'on jettera sur le défunt en disant trois pater et trois avé pour le repos de son âme[29]... »

Chez les blanchers-chamoiseurs, le décès doit être écrit sur le Tour et, à réception de la nouvelle, chaque cayenne doit faire dire une messe sous peine de 3 F d'amende par compagnon alors en ville; il est également obligatoire d'informer et d'inviter les amis du défunt, même appartenant à d'autres corps, sous peine de 2 F d'amende[30].

Les compagnons doivent accompagner le corps du frère défunt, dont la canne et les couleurs sont disposées en croix sur le cercueil. Les assistants doivent porter leurs couleurs au côté et un crêpe au bras gauche. Au cimetière, le premier compagnon coupe les couleurs du mort et les enterre avec lui. Il salue ensuite sur la tombe en compagnie du rouleur.

Perdiguier, un jour, à Bordeaux, croise « un magnifique char, un cortège nombreux » : ce sont des compagnons boulangers, parés de rubans rouges, verts et blancs, d'insignes noirs, canne en main, qui vont deux par deux conduire l'un des leurs au cimetière. « Les pas battent la marche, les cannes résonnent sur le pavé, les couleurs flottent au vent, tout est grave et silencieux. » Perdiguier décide de suivre le cortège.

Au cimetière de la Chartreuse, il voit les boulangers se former en cercle autour du cercueil, de part et d'autre duquel s'installent deux compagnons, l'un vis-à-vis de l'autre, pied gauche en avant, pied droit en arrière, se fixant « avec des yeux mélancoliques ». Ils font aller la pointe de leur canne de la terre vers le ciel en poussant « des cris plaintifs ». Ils se frappent la poitrine de la main gauche, puis se penchent l'un vers l'autre, « forment une sorte d'arc par-dessus le cercueil, une espèce d'ogive, et se parlent à l'oreille » Le cercueil est descendu dans la fosse, où un compagnon descend aussi. On les recouvre d'un grand drap noir, disposé « à fleur de terre, qui dérobe à tous les regards le vivant et le mort. A ce moment sort de la tombe un profond gémissement. Aussitôt tous les compagnons répondent ensemble par un cri long et lugubre[31]. »

Chez les cordonniers, dit-on, le premier en ville s'allonge sur le cercueil au fond de la fosse et, sous un drap tendu, émet « entre ses dents » une « lamentation » qui signifie « Honneur aux bons enfants s'il y en a[32] ! » D'autres métiers pratiquent, autour des tombes, le *hurlement,* exprimant rituellement la douleur sans phrase des chiens criant la mort – et singulièrement du chien veillant le corps de maître Jacques assassiné. Les derniers compagnonnages reconnus, ceux des maréchaux, des cordonniers, des boulangers, pratiquent le hurlement avec zèle quand les aînés tailleurs de pierre, menuisiers, serruriers gardent depuis longtemps le silence.

Perdiguier tient ces coutumes en horreur : « Si ma société avait eu de pareille cérémonies, dit-il, je déclare qu'il m'eût été impossible d'y prendre jamais part, de substituer à la parole humaine des cris qui, quoi qu'on en dise, n'en sont pas moins des hurlements. » Il ajoute que « le compagnonnage doit se conformer à son temps ». En réalité, longtemps encore, on continuera d'entendre autour des morts des sanglots, des cris, des lamentations funèbres, parfois même émis par des pleureurs ou des pleureuses professionnels, forme articulée ou non d'un lamento venu de la nuit des hommes.

Avignonnais préfère la discrétion de ces étranges cloutiers, décidément les marginaux du compagnonnage, qu'il a vus en tenue de deuil : « Ils délient leurs chevelures, les laissent pendre, flotter, voltiger autour de leurs cous, devant leurs visages, au gré des vents. C'est dans cet état, découverts, graves, silencieux, qu'ils accompagnent le défunt jusqu'au cimetière, où a lieu une cérémonie qui leur est propre. »

Aucun compagnon ne peut douter de la présence de ses frères quand viendra sa dernière heure. On se souvient de ce Poitevin, adversaire de Perdiguier à Lyon, écrit comme brûleur, devenu maître et mis en interdit, obligé de redevenir ouvrier. Bien après avoir quitté Lyon, Perdiguier apprend sa mort : « Nos compagnons, malgré ses défauts, ses torts, l'enterrèrent par charité. Ils firent bien, je les en loue[33]. » L'ami d'Arnaud mort à l'hôpital de la Pitié, aspirant sans famille, est ainsi pris en charge : « C'était un aspirant estimé, explique Libourne, la société s'empressa de le réclamer pour lui rendre les honneurs funèbres[34]. »

A Lyon encore, un muet se présente un jour chez la mère et tend à Perdiguier une ardoise sur laquelle il a écrit : « Etes-vous le premier compagnon ? » Avignonnais répond que oui. L'homme reprend son ardoise, écrit qu'il se nomme Chayla, que son frère aîné, Lyonnais l'Union, est mort au matin après avoir dit : « Va trouver les compagnons du Devoir de liberté et prie-les de me porter en terre. J'attends d'eux ce dernier service. » L'enterrement a lieu le lendemain. Menuisiers, serruriers et tailleurs de pierre s'y rendent ensemble, portant leurs couleurs, un crêpe noir au bras gauche. Sur le cercueil, un compas et une équerre entrelacés, deux cannes en croix et les couleurs du défunt. Au cimetière de Loyasse, après l'absoute, Perdiguier obtient du « commissaire des morts » de faire la « cérémonie des compagnons » et s'engage à ne pas *hurler*. On se contente d'une prière à genoux au bord de la tombe après avoir « battu l'accolade » ou « fait la guilbrette » avec ceux de sa société[35].

A Paris, pendant la grande grève des maréchaux, un ami de Boyer, Angevin Sans Cérémonie, meurt la poitrine défoncée par le brancard d'une voiture. Sur le cercueil, deux couronnes seulement : celle du comité de grève et celle, traditionnellement tressée d'immortelles, des compagnons maréchaux. Suivant le corbillard, ils sont deux mille en cortège, ferreurs et teneurs de pieds réunis derrière l'étendard de la société compagnonnique et le drapeau rouge, compagnons et indépendants mêlés. « Angevin Sans Cérémonie, dit Boyer, fier-à-bras de la rue Chapon, grand avaleur de singes galeux et de demi-sétiers, [...] ne jurant jamais que le bras tendu sur la bouteille, [...] peut se vanter dans l'autre monde, devant le comptoir du Très-Haut, d'avoir eu un bel enterrement[36]. »

A Blois, en 1840, Toulousain Cœur Fidèle est rouleur chez la mère Desniau quand arrive une lettre d'un compagnon boulanger, Rennois la Belle Conduite : agonisant, il sollicite d'urgence la visite d'une délégation de la société : « Pour vous attendre, je vivrai quelques heures de plus s'il le faut. » Quand les compagnons arrivent chez lui, il fait sortir sa femme, rappelle qu'il appartient depuis vingt ans à la société, qu'il a voyagé pendant onze ans et demande tout d'abord que ses insignes compagnonniques soient enterrés avec lui. Mais ce n'est pas l'essentiel. Il a une « idée fixe » : « Je tiens, dit-il aux compagnons abasourdis, à ce que vous me fassiez le serment de faire tout ce qui dépendra de votre volonté pour vous emparer de ma tête, afin qu'elle puisse présider sur l'autel baptismal de nos réceptions compagnonniques, dans la ville de Blois, longtemps après que j'aurai cessé d'être. »

Comment refuser d'accomplir les dernières volontés d'un mourant ? Dès que les compagnons ont prêté serment, Rennois, apaisé, se laisse mourir. Le lendemain, cinquante compagnons et affiliés vont l'enterrer. Parmi eux, Toulousain, qui dissimule « un grand couteau de chasse ». Au cimetière, racontera-t-il à Arnaud, « profitant du moment où les compagnons, autour de la fosse, faisaient le Devoir, j'ouvris le cercueil qui était à peine fermé et, accomplissant courageusement l'action inique que je devais commettre puisque je l'avais promis au défunt, je séparai la tête du cadavre de Rennois, avec une sorte de fanatisme dont je ne me serais pas cru capable. Puis je l'enveloppai dans un linge que j'avais descendu exprès, et je la déposai avec soin dans l'urne. » Cette urne, Arnaud l'a vue à Blois. Plusieurs têtes de mort se trouvent d'ailleurs « dans la caisse des cérémonies de la chambre », et Libourne a remarqué celle-ci, « dont les dents de côté paraissent avoir été usées par l'usage fréquent de la pipe[37] ».

Quelle que soit dans ce témoignage de notre aimable boulanger la part de l'imagination, c'est vrai qu'on n'est pas, dans le compagnonnage, solidaire à demi. Et longtemps encore on verra les compagnons en cortège, avec cannes et couleurs, aller faire la guilbrette sur la tombe d'un frère. Plus que d'un devoir, il s'agit d'une façon d'être.

« Me voici habillé en vrai de vrai compagnon, dit Boyer. La culotte est un peu courte, les basques de la redingote voltigent et me tapotent les fesses, le huit-reflets ne reflète guère; mais l'ensemble est complet, peut-être une cravate rouge au lieu d'un nœud noir... On me prête une belle couleur et j'étreins ma longue canne. C'est Achard qui m'a nippé; la mère m'a prêté les souliers de son fils et en route pour Montpellier [...] : on enterre Languedoc la Victoire.

« Un enterrement, c'est une fête : il n'y a que le mort qui est triste, mais comme on ne le voit pas, il ne peut rabattre notre gaieté. On prend certainement une mine sérieuse tant qu'on marche derrière la bière ou qu'on assiste à l'office. Mais dès que l'on a jeté la dernière motte d'adieu sur le défunt et que l'on se retrouve chez la mère, la vie reprend ses droits et cela finit par des chansons[38]. »

Après ma mort, compagnons vertueux
Portez mon corps avec réjouissance[39]...

C'est un couplet du cordier Collomp, L'Estimable le Provençal, celui qui tant de fois quitta ses maîtresses à l'aube, quand appelait la voix du rouleur. Cette fois encore les compagnons vont le mettre sur les champs, pour sa dernière conduite.

XIV

LES HEUREUX DU TRAVAIL

5 F par jour. – L'enfant du courage. – Chose admirable. – Une oreille de cochon. – Le tric. – Aux sciences et aux arts réunis. – M. Mort se rallie. – Le coup du tiroir. – Le singe à la potence ! – Toasts. – La loi du progrès. – Vieille histoire.

Combien de fois j'ai bravé l'arrogance
Du bourgeois fier du titre de bourgeois...

Jean François Piron,
Vendôme la Clé des Cœurs[1].

Soit un ouvrier charpentier, à Paris, en 1845. Il chôme d'ouvrage de trois à quatre mois par an selon les hivers; chôme de la paie le dimanche chacun des autres mois; chôme éventuellement de blessure ou d'indisposition. Sur l'année, il doit compter sur 240 jours de travail au plus, soit, à 4 F les dix heures de travail, 960 F – et ceci dans le meilleur des cas, la plupart des entrepreneurs payant moins de 4 F. En mai, juin et juillet, il peut faire deux heures supplémentaires par jour, soit 72 F en tout. Sur l'année, le prix réel et moyen de la journée sera donc de 2,83 F – ce qui permettra au charpentier, s'il est célibataire, de manger du pain, du fromage, des radis, un peu de légumes, presque jamais de viande, de boire du mauvais vin; de loger en chambrée, à plusieurs dans le même lit. S'il est marié, c'est la misère et la faim tous les jours[2].

Le 17 mai de cette année-là, deux compagnons charpentiers se présentent à la chambre syndicale des entrepreneurs de charpente : les bons drilles Vincent, dit Condom, vingt-huit ans, et Dublé, dit l'Angevin. Ils demandent à être reçus par les maîtres. Il leur est répondu qu'on leur écrira. Le 19, Vincent reçoit effectivement une lettre, lui demandant de venir le surlendemain 21. Le 21, quatre compagnons se présentent à l'heure et au lieu convenus. Ils sont reçus par une commission d'entrepreneurs présidée par M. Saint-Salvy, devant laquelle ils se déclarent résolus à demander une augmentation de 10 centimes par heure, soit 1 F par jour.

Les maîtres ne sont certainement pas surpris : la convention signée entre les charpentiers et les entrepreneurs dix ans plus tôt, celle qui avait établi le prix de 4 F la journée, est venue à expiration. Mais ils paraissent tomber des nues : « Nous ne pouvons pas satisfaire à vos demandes, répondent-ils. Nous avons beaucoup de travaux commencés, nous ne pouvons supporter l'augmentation de frais que vos conditions amèneraient. »

Les ouvriers proposent alors de continuer pendant cinq à six semaines au prix de 4 F l'heure. « Nous en parlerons à nos collègues », répondent les maîtres. Rendez-vous est pris pour le 5 juin. Le 5, six compagnons se présentent à la chambre syndicale des entrepreneurs. Il n'est pas question de payer 5 F par jour, leur est-il répondu. Le prix moyen de 4 F reste à invoquer en cas de contestation; les maîtres gardent la liberté de payer plus ou moins selon la capacité de l'ouvrier.

Les meilleurs charpentiers sont, à tarif égal, privilégiés par rapport à leurs camarades : ils sont chargés du trait, travaillent sous le hangar à l'abri des intempéries, ne chôment pratiquement jamais, et gagnent de fait bien plus que ceux qui ne trouvent à travailler que huit ou neuf mois. Selon qu'on prend ses références chez ceux-ci ou chez ceux-là, le revenu annuel peut varier du simple au double. Or le revenu de celui qui gagne le moins ne lui permet pas de vivre. Il s'agit donc pour les ouvriers d'obtenir l'augmentation du prix de base.

Le 9 juin, sur tous les chantiers de Paris et de la Seine, les ouvriers charpentiers – de 4000 à 5000 – suspendent le travail. Les entrepreneurs crient à la coalition, annoncent des désordres graves. Est coupable en effet « toute coalition de la part des ouvriers pour faire cesser en même temps de travailler, interdire le travail dans un atelier, empêcher de s'y rendre et d'y rester avant ou après certaines heures, et en général pour suspendre, empêcher, enchérir les travaux... » Peuvent aussi être punis « les ouvriers qui auront prononcé des amendes, des défenses, des interdictions ».

Une lettre signée Vincent est distribuée à tous les entrepreneurs : « Nous ne sommes pas des hommes politiques, y est-il dit [...]. Nous savons ce que nous valons [...]. Nous n'occasionnerons aucune espèce de trouble [...]. Si nous déplorons avec vous la gêne momentanée où vont se trouver quelques-uns d'entre vous, nous n'en poursuivrons pas moins notre but, auquel nous espérons arriver avec votre concours. »

Les charpentiers demandent :

« 1 – D'accorder à tout ouvrier charpentier capable d'établir et de travailler convenablement la charpente et porteur d'un livret, 5 F pour prix de la journée de 10 heures de travail.

« 2 – Les ouvriers qui par leurs talents méritent un prix plus élevé, les vieillards et ceux dont la capacité ne remplit pas les conditions stipulées pour la journée de 5 F, s'arrangeront de gré à gré avec les entrepreneurs.

« 3 – Pour les cas exceptionnels et peu souvent répétés, une heure avant ou après la journée sera comptée pour un dixième.

« 4 – Deux heures avant ou après la journée seront comptées pour trois heures.

« 5 – Une nuit sera comptée pour deux journées. »

Le 15 juin, le quotidien *Démocratie pacifique* suggère en vain une transaction : « Si la lutte se prolonge quinze jours encore, elle arrêtera les travaux de 40000 ouvriers de divers états. » Le 17 juin, nouvelle lettre des charpentiers, cette fois signée de Dublé. Le 19 juin, les ouvriers des Quatre-Corps proposent de se cotiser pour aider les charpentiers. « Nos ressources pouvant suffire à nos besoins, répondent ceux-ci, nous croyons devoir refuser, pour le moment, les offres de nos frères. » Comme toujours en cas de grève, les compagnons charpentiers sur le Tour évitent la ville. Le 21 juin, le ministère de la Guerre autorise les entrepreneurs à utiliser les services des charpentiers des régiments de ligne : de 800 à 900 ouvriers, peu qualifiés en général. On chante :

Si chacun faisait son métier
Depuis longtemps on serait à l'ouvrage
bis *Jamais le soldat charpentier*
Ne sera l'enfant du courage[3] !

Le 26 juin, on annonce que les charpentiers font grève au Pecq, à Tours, à Blois, à Amboise.

Le 27 juin, Ledru-Rollin dénonce à la Chambre des Députés l'emploi des soldats sur les chantiers : « Vous n'avez pas le droit d'élever concurrence entre le soldat qui ne manque de rien et l'ouvrier affamé. » Le député Lebobe vient expliquer à la tribune que les ouvriers charpentiers se divisent en trois classes : « Les compagnons du Devoir : ce sont ceux-là qui prétendent réglementer le travail et asservir les autres ouvriers à leur propre volonté; ils sont au nombre de 800. Il y a à Paris des ouvriers d'un autre genre, et qui s'appellent les compagnons de la Liberté, environ 200 : ces hommes-là sont plus pacifiques que les autres et ils ne s'agitent ordinairement que lorsqu'ils sont provoqués par les premiers. Hors de là, il y a 2200 ou 2300 ouvriers, hommes véritablement paisibles, travailleurs exemplaires, dans l'existence desquels on a jeté le trouble en les privant de travail... »

Ce même jour, Eugène Sue rend publique une lettre dans laquelle il calcule que l'ouvrier charpentier ne gagne que rarement plus de 800 F par an, ce qui est au-dessous des besoins vitaux d'un homme marié ayant un enfant. Dans le monde intellectuel et politique, on suit avec attention le déroulement du conflit : ces ouvriers en gibus qui occupent toute la scène semblent porteurs d'un message encore confus.

Le 1er juillet, quelques entrepreneurs font savoir qu'ils acceptent le nouveau tarif. Les compagnons leur demandent une adhésion par lettre personnelle. Le 11 juillet, *Le Journal des Débats* publie un manifeste des entrepreneurs : « Depuis 1833, des cessations partielles de travail ont eu lieu chez divers entrepreneurs pour des motifs d'une révoltante injustice. Tantôt c'étaient des compagnons du Devoir qui exigeaient impérieusement l'expulsion d'un chantier de tous les compagnons de Liberté, sous peine d'interdiction. Tantôt c'était la mise en interdit de chantiers. [...] Aujourd'hui, c'est une coalition générale dans laquelle les Compagnons du Devoir, les Compagnons de Liberté, les Limousins et même les chefs d'atelier font cause commune. »

Le 14 juillet, *Le Constitutionnel* publie une nouvelle lettre des entrepreneurs dénonçant « 800 à 1000 ouvriers réunis par le Devoir du compagnonnage », les accusant d'avoir nommé des commissaires pour surveiller les chantiers et établir des listes de proscription. Ils s'engagent « à ne signer aucune espèce de compromis avec les ouvriers charpentiers, et, en cas d'interdiction de quelques ateliers, de fermer immédiatement leurs chantiers aux compagnons charpentiers jusqu'à la levée des interdictions ».

Il s'agit là, typiquement, d'une coalition, mais personne ne la reprochera aux entrepreneurs, dont les intérêts, face aux ouvriers en grève, sont les mêmes que ceux du pouvoir en place. A cette date, environ 120 entrepreneurs auraient adhéré au nouveau tarif, occupant 800 ouvriers payés 5 F par jour, dont 1 F est versé à la caisse des grévistes. « Eh! apprécie Perdiguier, chose admirable! fraternelle![4] » Il est clair, à ce moment, qu'il y a effectivement « coalition », que ce sont les compagnons qui mènent la revendication et que le cœur de la grève bat chez la mère des Soubise, à la Petite Villette. C'est en effet là que sont affichés les noms des entrepreneurs adhérant au nouveau tarif, là que passent ou attendent les 2000 à 3000 ouvriers encore en grève. Là enfin d'où partent les instructions et les mots d'ordre. On se demande si les ouvriers pourront tenir longtemps.

La défense des intérêts des ouvriers étant une de ses raisons d'être, l'initiative et la participation du compagnonnage dans les conflits sociaux est certainement aussi ancienne que l'organisation elle-même.

En 1539, une grande grève des ouvriers imprimeurs de Lyon et de Paris organisés en compagnonnage pousse François Ier à interdire les confréries, notamment de compagnons : « Nous défendons [...] aux compagnons et serviteurs de tous métiers de faire aucunes congrégations ni assemblées grandes et petites [...] et de ne faire aucun monopole et s'unir ou prendre aucunes intelligences les uns avec les autres du fait de leur métier sous peine de confiscation de corps et de bien[5]. » Trois ans plus tard, un autre édit accuse les compagnons imprimeurs d'avoir « suborné et mutiné la plupart des autres », de s'être « bandez ensemble pour contraindre les maîtres imprimeurs de leur fournir de plus gros gages et nourriture plus opulente que par la coutume ancienne[6] ».

C'est au XVIIIe siècle qu'apparaît la notion de tarif syndical. Les maîtres se plaignent que les compagnons taxent entre eux les ouvrages qu'ils fabriquent dans les ateliers des maîtres, « lesquels n'ozent rien leur contredire ». A Dijon en 1717, sur plainte d'un maître, on a ainsi constaté que les compagnons serruriers, en contrôlant les arrivants et le placement, « forçoient par là (les maîtres) à leur donner plus grand prix des ouvrages qu'ils ne devoient, au lieu que, suivant l'usage, les maîtres ne les payent qu'au mois[7] ». Mais les maîtres serruriers de Dijon ne soutiennent pas leur confrère.

C'est que les maîtres hésitent souvent avant de s'exposer à la plus redoutable des mesures de rétorsion : *la mise en interdit,* ou *damnation,* de leur atelier. Les compagnons qui y travaillaient le quittent pour une autre embauche ou battent aux champs et la société veille que personne n'aille s'embaucher à leur place : vers 1766-1767, on connaît le cas d'un chamoiseur d'Angers, le sieur Popian, qui se voit interdire pour cent un ans[8] !

A cette époque et depuis longtemps, une partie de la rémunération des ouvriers est fournie en nature, et la coutume non écrite la prévoit dans ses moindres détails. C'est souvent la non-observation ou la remise en cause d'une prestation coutumière, d'un « avantage acquis », qui est source de conflit et de mise en interdit. A Rives-en-Dauphiné, le maître papetier Montgolfier se plaint amèrement. Il est obligé de donner à ses ouvriers, dit-il, « outre et par-dessus le repas ordinaire, un coq d'Inde le mardy gras, à goûter une oreille de cochon; le jeudi gras un jambon et des croûtes dorées; le dimanche des Rameaux des beignets, et le Vendredi saint une carpe... Si l'on manquait à leur servir ces pièces, tous les ouvriers de concert demanderaient leur congé et déserteraient la fabrique dès le lendemain[9]. »

A Dijon, en 1767, le vin ayant enchéri, les maîtres menuisiers s'entendent pour supprimer l'un des trois verres qu'ils doivent à leurs ouvriers à chacun des quatre repas. Discussion. Les maîtres s'obstinent. Aussitôt, une bonne cinquantaine de compagnons, devoirants et gavots pour une fois d'accord, quittent la ville et la déclarent interdite pour quatre ans. Seuls restent ceux qui sont chargés de s'assurer que l'interdit sera respecté. L'un d'eux, Jacques Bataille dit Tourangeau, réfugié chez les chartreux où il déclare tranquillement vouloir « faire son salut », est accusé de conduire lui-même les passants hors de la ville, d'avoir insulté un compagnon qui travaillait malgré l'interdit, d'en avoir giflé un autre, d'avoir pris part à une attaque nocturne contre deux menuisiers. Il nie tout en bloc, jurant avoir toujours prêché la paix et la conciliation. Quant aux patrons, ils écrivent dans les autres villes du tour de France pour donner leur version des faits : le « retranchement du verre de vin » est selon eux un mauvais prétexte; la vérité est que les compagnons « se sont habitués à être nos maîtres ». Tourangeau est arrêté, jugé, condamné. Mais l'interdit est maintenu jusqu'en 1770[10].

A Paris, deux fois au moins, les menuisiers cessent le travail pour faire respecter un autre droit coutumier : celui d'emporter les copeaux[11]. A Nantes, en 1786, les compagnons cordonniers s'étant mis en grève pour obtenir une augmentation de salaire, les maîtres répondent qu'ils ont « déjà dû céder à la violence et que, si la volaille, le gibier, les légumes, les beaux fruits ont augmenté, les compagnons cordonniers ne doivent pas s'en ressentir parce qu'ils ne peuvent pas se dissimuler qu'ils ne doivent en faire leurs aliments ordinaires[12] ».

En janvier 1783, les maîtres menuisiers de Toulouse adressent une requête aux capitouls pour se plaindre de la « méchanceté » des compagnons, dont ils sont souvent les victimes, et accuser ceux-ci de « se rendre maîtres des prix, des conditions, des heures de travail, de la qualité et de la quantité des aliments et de priver de compagnons les maîtres qui leur déplaisent. Ils entreprennent en tout de faire la loi aux maîtres et aux veuves de la communauté en quittant, tous en même temps, la ville, ne laissant que leurs chefs qui, sous peine de punition, sont chargés de chasser ceux qui arrivent[13]. »

Les requêtes et les plaintes de ce type sont innombrables. Pour se faire respecter, le compagnon n'a pas le choix : il doit se faire craindre. C'est sans doute la grande époque du *tric,* le son produit par un rapide roulement de la langue dans la bouche entrouverte. Lancé dans un atelier, il entraîne un arrêt immédiat du travail de tous les ouvriers – truc pratique pour obtenir une cessation de travail instantanée sans avoir à se concerter, ce qui était condamnable*. On ne trouve plus mention du tric après les années de la Révolution, durant lesquelles le compagnonnage hiberne sans prendre part en tant que tel aux grands mouvements du temps. Un de ses représentants, pourtant, se trouve là où il le faut le 14 juillet 1789 : Charles Didier Roydot, vingt-deux ans, compagnon tanneur d'Aignay-le-Duc, depuis quatre ans sur le Tour. Il est à Paris et suit les événements avec d'autres compagnons. « Soudain, les fusils des Suisses et des gardes du roi, s'allongeant sur eux, firent une boucherie de ses meilleurs camarades. Il en fallait moins à Roydot. Il se met à la tête de ceux qui restaient; ils se procurent des armes, rejoignent le peuple qui s'armait pour

* On peut se demander si ce *tric* n'est pas apparenté à l'anglais *strike,* ou à l'allemand *Streick,* l'un et l'autre signifiant grève.

la défense de ses droits et combattent les défenseurs des tyrans[14]... » Il y avait donc des compagnons ce jour-là à la prise de la Bastille. Roydot se nomme Bourguignon la Liberté**.

Sous le Consulat et l'Empire, le compagnonnage refait surface : il reste le seul moyen de lutte sociale organisée. En 1813, le comte Réal, chargé du premier arrondissement de Police, le constate dans une lettre au préfet de Police : « Ces coteries, neutralisées pendant la période révolutionnaire où elles n'avaient plus d'objet, ont reparu depuis que les éléments du corps social se sont replacés et fixés[15]. »

La loi pourtant n'a jamais été aussi sévère. Avant même l'interdiction des coalitions ouvrières de 1791, la municipalité de Paris a émis un avis hostile au principe de l'égalité des rémunérations, véritable condamnation du principe des tarifs, bien qu'elle parût s'appliquer au travail salarié et non donné à tâche : « Tous les citoyens sont égaux en droit, mais ils ne le seront jamais en facultés, en talents et en moyens, la nature ne l'a pas voulu. Il est donc impossible qu'ils se flattent de faire tous les mêmes gains[16]. » (26 avril 1791). Les ouvriers répondent en vain que « le fort et le faible » doivent avoir le même salaire parce qu'ils ont « les mêmes besoins ».

A Paris, les grands travaux de l'Empire fournissent l'occasion de demander des réductions d'horaires ou des augmentations de salaire. Septembre 1804, pendant la préparation du sacre : arrêt de travail sur le chantier de Notre-Dame; 1805 et 1807 : arrêts de travail sur le chantier du Louvre;

** Parti en 1792 défendre la patrie en danger, Bourguignon la Liberté aurait trouvé la mort sous l'uniforme de la Grande Armée, en 1813, à la bataille de Dresde.

8 juin 1809 : arrêt de travail sur le chantier de l'Arc de Triomphe de l'Etoile; et encore en mars 1810 : après un accident qui fait un mort et six blessés, les ouvriers demandent 24 et même 30 F par jour, au lieu de leurs 4 F habituels! La grève est brisée par la police[17].

La surveillance ne se relâche plus. Les réunions chez la mère ne sont tolérées que parce qu'elles facilitent le travail de la police. Le 13 décembre 1817, rendant compte de l'arrestation de 55 compagnons, le préfet du Gard écrit dans son rapport : « Dans le cas où, d'après examen des faits, on ne pourrait les poursuivre correctionnellement, on les tiendrait au moins quinze jours en prison[18]. »

Un certain Hubert David dit Picard, sans doute compagnon charpentier du Devoir, est poursuivi pour complot ou coalition le 13 juin 1834, à nouveau le 3 décembre de la même année, puis le 2 et le 14 novembre 1836 et le 10 janvier 1837[19]. La police ne laisse pas de répit à ses suspects. Un rapport du préfet de la Sarthe au ministre de l'Intérieur, daté du 9 mars 1834, donne une idée de la manière dont elle procède, et du concours de fait qu'elle apporte aux coalitions de maîtres, en théorie tout aussi interdites. Le préfet ne cache pas que les maîtres se sont entendus pour « renvoyer tous les ouvriers (cordonniers) si un seul ou plusieurs ateliers étaient abandonnés par ces derniers dans le but de faire augmenter leurs salaires ». Ebranlés, les ouvriers ont demandé à discuter. Les maîtres ont refusé. Mais le préfet voudrait éviter que ceux-ci ne mettent leur menace à exécution : « Il pourrait y avoir de graves inconvénients à jeter sur le pavé 150 à 200 individus sans ressources dont l'exaspération pourrait les entraîner à des actes plus ou moins graves. »

Sa solution ? « Faire immédiatement arrêter et conduire en prison les premiers ouvriers qui abandonneraient leurs ateliers et que, par ce fait, on pourra considérer comme chefs de la coalition. » Et il envoie le commissaire de police chez la mère des compagnons cordonniers pour que tous soient bien prévenus; à la mère elle-même, il est demandé d'user de toute son influence « dans l'intérêt de l'ordre et dans le leur propre[20] ».

Le 16 juillet, il y a cinq semaines que les charpentiers de Paris ont cessé le travail. A ce jour, 130 entrepreneurs ont adhéré au nouveau tarif, mais les plus influents, rangés derrière M. Saint-Salvy, disent leur détermination de ne pas céder. A 15 heures, un commissaire se présente à la Petite Villette, route de Flandre, rue d'Allemagne, n° 139, où M. et Mme Linard, dits le père et la mère, tiennent un établissement à l'enseigne Aux Sciences et Aux Arts Réunis. C'est la cayenne des compagnons charpentiers du Devoir, mais en ces jours-là, tout le monde y vient, indiens de la rive gauche aussi bien que travailleurs indépendants, attendant les embauches et prenant les nouvelles.

Le commissaire donne l'ordre de se disperser aux ouvriers qu'il trouve là – de 150 à 200 –, ce qui est fait sur-le-champ. Il retourne au commissariat et voit partir, dans deux fiacres, vingt agents de police munis de mandats de perquisition et d'arrestation signés du juge d'instruction Legonidec. Malgré les conseils de modération du commissaire, ils surgissent à la Petite Villette, entrent chez la mère, fouillent, brisent un coffre de chêne à l'intérieur duquel ils trouvent une caisse de fer qu'ils ne savent ouvrir, cherchent en vain un serrurier. Ils continuent leurs investigations quand survient le rouleur, qui ouvre la caisse à la première invitation : sont saisies les réserves des grévistes, de 2500 à 3000 F. Le père et la mère sont conduits à la préfecture. Sept autres ouvriers sont arrêtés : parmi eux Vincent, le secrétaire des bons drilles, son second Dublé et le rouleur.

Le motif de cette intervention est l'affichage de la liste des entrepreneurs adhérents, qui prouve le délit de coalition. Pendant ce temps, les maîtres non adhérents interviennent auprès des marchands de bois et des architectes pour priver de travail ceux qui acceptent les conditions des grévistes. « On se sert de la loi, écrit le journal *La Patrie,* pour défendre aux ouvriers ce qui est permis aux maîtres. »

Le père est à la prison de la Force, la mère à Saint-Lazare. La cayenne est tenue par leurs deux filles de dix-neuf et dix-sept ans. Jamais encore les ouvriers n'ont été aussi unis ni déterminés. Le lundi 21 juillet, le père et la mère sont mis en liberté sous caution, à sept heures du soir. Rue du Faubourg-Saint-Martin, les charpentiers accompagnent le fiacre, saisissent par la portière la main de la mère, l'embrassent... Larmes, rires, chants... A la cayenne, deux cents ouvriers font la fête... Mais quinze compagnons restent à la Force. Les adhérents seraient maintenant 142.

Le samedi 26 juillet, les ouvriers font connaître à la chambre syndicale des entrepreneurs qu'ils maintiennent leurs propositions — qui sont à nouveau repoussées : sur 175 maîtres présents, 167 auraient voté non, 7 se seraient retirés, 1 se serait abstenu. Les ouvriers publient dans les journaux la liste de 153 entrepreneurs pouvant assurer du travail. Eux-mêmes s'engagent à terminer tous les travaux en cours au prix de 5 F la journée.

Ainsi jusqu'au 8 août. Les grévistes font imprimer et distribuent à ceux d'entre eux qui sont dans le besoin des bons de pain et de viande. Les charpentiers embauchés doivent se munir d'une carte : « Permis à tout ouvrier de travailler chez les maîtres qui ont accepté la grève de 1845. » Ceux-ci sont de plus en plus nombreux, près de 200 maintenant, dont l'un des deux secrétaires de la chambre syndicale, M. Roux, et le trésorier, M. Mort. Mais le 8, la chambre du conseil du tribunal de la Seine renvoie devant le tribunal correctionnel pour y être jugés comme prévenus du délit de coalition, de coups, de violences et de menaces avec ordre ou sous condition les nommés Vincent, dit Condom; Dublé, dit Langevin; Daussois, dit Mâconnais; Lecomte, dit La France... Ils seront 19 au banc des accusés. Ils risquent de deux à cinq ans de prison.

Dans leur rôle de défense de leurs affiliés, les sociétés de compagnonnage distinguent ce qui peut se régler par compromis et ce qui doit faire l'objet d'une épreuve de force. Apparaît au XIXe siècle le souci de ne pas braquer l'opinion pour des causes perdues d'avance ou présumées impopulaires. Quand un différend concerne un homme, et non la société, il se règle généralement par arbitrage. Pour son premier grand travail, ce meuble de rangement pour une église d'Avignon, Perdiguier s'est vu proposer 75 F par son patron, mais les compagnons travaillant dans l'église estiment, eux, l'ouvrage à 100 F, Perdiguier refuse donc. Un associé du patron et un compagnon font l'arbitrage et proposent que Perdiguier soit payé 80 F. Il accepte[21].

Dans le cas d'un « travail aux pièces non tarifé », l'arbitre est souvent le rouleur, dit Chovin[22]. Ou le premier compagnon. A Lyon, le menuisier Vivarais s'est vu proposer pour la façon de ses croisées « quatre sous par pied courant au-dessous du prix ordinaire ». Il en appelle à Perdiguier, dont l'arbitrage est accepté par le patron. « Quand j'eus vu, examiné, dit Avignonnais, je tirai Vivarais à part et je lui dis : « Votre travail « n'est pas recevable, je suis sans force pour plai- « der votre cause; prenez ce qu'on vous offre, il « pourrait vous arriver pire[23]. »

Avec les mauvais singes, le compagnon ne discute guère : il part. Et pas seulement pour des questions d'argent. Perdiguier quitte ainsi un patron marseillais qui ne veut pas consacrer le temps nécessaire à affûter les outils; un autre, toujours à Marseille, parce qu'il le trouve « ignorant et stupide »; à Béziers, ce Garadot et ses économies de bouts de chandelle. A Lyon, il dénonce les agissements d'un maître qui, apprenant que l'un des ouvriers qu'il emploie est un condamné à mort en fuite, tente de l'exploiter[24].

Petite vengeance parfois pratiquée par les menuisiers au moment de leur départ : s'ils ont fait une commode ou un secrétaire, ils en collent les tiroirs dans le meuble et prennent congé. Quand les patrons s'en aperçoivent, les ouvriers sont loin[25]... Mais le compagnonnage punit ce genre d'action, qui détériore les rapports qu'il tente d'établir avec les maîtres.

La grande bataille des compagnons, c'est en effet l'établissement de tarifs, âprement débattus métier par métier, ville par ville, et que les maîtres doivent signer avant que les ouvriers leur soient embauchés par les sociétés. Ainsi, à Toulon, en 1821, le tarif des tourneurs fixe les normes et les prix de tous les types de chaises en production : « Tarifs des prix et ouvrages faits par nous compagnons ouvriers tourneurs travaillant à Toulon; le prix des ouvrages est fixé savoir comme il suit[26]... » A côté de cinq signatures de compagnons et d'aspirants, quatre signatures de maîtres tourneurs.

En 1827, à Nîmes, les maîtres s'étaient formés en société, contrairement à la loi sur les coalitions. Ils avaient loué un local « avec jardin » sur la route de Montpellier. C'est là qu'ils convièrent les menuisiers à venir présenter leur tarif signé. Au jour dit, six compagnons arrivèrent route de Montpellier, trois gavots et trois devoirants, avec le tarif signé. Les maîtres, à table, les reçurent cordialement, leur versèrent à boire, trinquèrent, puis leur demandèrent de leur laisser le tarif, afin qu'ils l'étudient. A peine les compagnons partis, trois maîtres, M. Ray et les frères Bernasseau, allèrent porter le tarif au procureur du roi et demandèrent l'arrestation immédiate des six compagnons, l'établissement du tarif prouvant le délit de coalition. Les compagnons furent laissés en liberté provisoire mais condamnés à des peines de prison. Ce que regrette le plus Perdiguier, dans cette affaire, c'est que Ray et les frères Bernasseau aient été d'anciens compagnons, des gavots comme lui[27].

Autre exemple de conflit entre les compagnons et d'anciens compagnons devenus maîtres. A Rochefort, l'accord entre patrons et ouvriers tourneurs s'est fait sur le tarif, mais les compagnons menacèrent de mettre la ville en interdit parce qu'ils refusaient d'avoir à mettre « leur bois en couleur », que « sa netait pas Convenant Daller le Dimanche prendre la main d'une Demoiselle au bal, avec des mains rougies de la Couleur qu'ils étaient obligés de Toucher ». Les maîtres de Rochefort écrivirent aux compagnons tourneurs de Toulon, la ville de siège de ce corps, et, se présentant « comme en partie tous anciens compagnons », joignant copie de leur tarif pour montrer qu'ils payaient bien, demandèrent que soit levée la menace d'interdit qui pesait sur eux. Ils qualifiaient d'« inouïe, vague et hors du Bon Sens » la position des ouvriers, affirmant que « N'on Messieurs nous ne passerons jamais en couleur » et invoquent habilement le Devoir « à qui nous tenons et tiendrons toujours[28] ». L'affaire a dû s'arranger en famille.

A partir de la monarchie de Juillet, les grèves se sont faites de plus en plus nombreuses — et plus dures. De 1825 à 1845 sont jugées 1251 affaires de coalition impliquant 7148 prévenus ouvriers, dont 63 sont condamnés à plus d'un an de prison[29]. C'est que les ouvriers constatent la réduction permanente de leur pouvoir d'achat malgré le maintien d'horaires très lourds. Aussi, chaque fois que leur position est favorable — travaux importants et urgents, solidarité bien acceptée, caisse de secours constituée — ils utilisent désormais la seule arme efficace : la grève, parfois réprimée durement. Les boulangers de Marseille, qui ont déjà cessé le travail en 1823 et 1826, recommencent en 1835; leur chef, le compagnon Vanoy dit la Couronne, est condamné à huit ans de réclusion[30] ! Notre Arnaud lui-même, en 1844, est « enveloppé » à Rochefort dans une grève décidée contre l'établissement d'un bureau de placement, et à l'occasion de laquelle 28 boulangers sont écroués.

A Saint-Denis, en 1836, Marcel dit Toulousain, compagnon menuisier, organise une grève de tous les ateliers de la ville pour obtenir que la durée du travail soit, comme à Paris, ramenée de douze à onze heures. Pour éviter le délit de coalition, « les ouvriers présentent les uns après les autres des revendications identiques et abandonnent le travail individuellement ». Toulousain, qui a disparu, est condamné par défaut à vingt jours de prison, ainsi que quatre autres « présumés instigateurs » et huit autres à dix jours[31].

D'une autre ampleur fut la révolte des canuts de Lyon, en 1831, où le compagnonnage des tisseurs-ferrandiniers prit une part active. Là, c'est la misère, celle qu'on dit noire. L'industrie de la soie y occupait de 30000 à 40000 ouvriers, travaillant le plus souvent à domicile sur des métiers appartenant à une dizaine de milliers de petits propriétaires; 800 fabricants, dépendant de quelques concessionnaires, passent commande et fournissent le travail. Or le nombre des fabricants augmentait en même temps que les produits de Suisse et d'Angleterre envahissaient le marché. L'impact de la concurrence sauvage était entièrement répercuté sur le salaire des ouvriers : la rémunération moyenne, qui était de 4 à 6 F par jour, tomba à 40 sous, puis 35, puis 25 par jour. En novembre 1831, un tisseur d'étoffes unies ne gagnait plus que 18 sous pour dix-huit heures, alors qu'il fallait 3 F au minimum pour seulement nourrir une famille. Les ouvriers déposèrent un tarif minimum dont le préfet et les prud'hommes reconnurent le bien-fondé.

Mais cent quatre fabricants dénoncèrent l'intervention de l'Etat dans leurs affaires; il y avait, disaient-ils, atteinte à la liberté de transaction. Ils affirmaient, dans un mémoire, que les ouvriers s'étaient « créé des besoins factices ». Le 21 novembre, l'émeute ouvrière prit possession de la ville évacuée par les forces de l'ordre. Les canuts, résolus mais disciplinés, portant des étendards où ils juraient de « vivre en travaillant ou mourir en combattant », se gardaient de tout excès. Ils avaient faim. Le préfet, jugé trop libéral, fut désavoué. Soult, le vieux maréchal d'Empire, se croyant encore à Austerlitz, entra dans Lyon à la tête d'une véritable armée « tambour battant et mèche allumée ». C'était le 3 décembre. Avant la Noël, l'ordre était rétabli, au prix de six cents tués ou blessés[32]. Le courageux compagnonnage des tisseurs-ferrandiniers fut reconnu peu après, et Marceline Desbordes-Valmore écrivit sombrement :

Nous n'avons plus d'argent pour enterrer
[nos morts
Le prêtre est là, marquant le prix des funé-
[railles
Et les corps étendus, troués par les mitrail-
[les
Attendent une croix, un linceul, un
[remords[33]...

Trois ans plus tard, nouvelle insurrection lyonnaise, après le vote de la loi contre les associations. Sans succès. Quelque chose pourtant prenait forme au sein du monde ouvrier. Née de la souffrance et de la candeur bien plus que de la réflexion, c'était l'idée nouvelle que le peuple n'était pas voué à toujours subir. Mais dans la grande confusion de l'époque, il n'y avait guère encore que le compagnonnage pour incarner efficacement le refus d'une certaine fatalité.

Parmi les compagnons, les plus déterminés étaient les charpentiers, et notamment ceux de Paris où beaucoup d'entre eux étaient retenus par l'importance des chantiers et des travaux entrepris. On a vu que les bons drilles et les indiens s'étaient entendus pour se partager la ville de part et d'autre de la Seine. Ils s'entendaient de la même façon chaque fois qu'il s'agissait d'entreprendre une action revendicative.

En 1832, une grève éclata sur les chantiers de construction des ponts du chemin de fer de Saint-Germain-en-Laye; le chantier du maître du Pecq, Saint-Salvy, fut interdit pour cinq ans. Les charpentiers réclamaient 35 centimes de l'heure et la réduction de la journée à dix heures. Les compagnons qui dirigeaient la grève, dont Dauphin l'Ami du Trait, furent condamnés à trois mois de prison – mais leurs revendications furent largement satisfaites[34].

Nouvel accord des sociétés en septembre 1833, pour une grève illimitée à Paris et dans le département de la Seine. Il s'agissait cette fois d'obtenir 4 F par jour chez les entrepreneurs, 6 F chez les bourgeois et la suppression du marchandage – coutume permettant l'exploitation des ouvriers par des sous-entrepreneurs fournisseurs de main-d'œuvre, et dont la rétribution était prise sur la part ouvrière.

La grève avait duré cinq mois et s'était terminée

par la convention de dix ans qui accordait les 4 F par journée de dix heures, ne parlait pas du marchandage et reconnaissait implicitement aux ouvriers le droit de débattre collectivement les conditions de leur salaire. Cinq compagnons ayant été arrêtés puis relâchés, la *Gazette des Tribunaux* commenta, le 5 octobre : « La détention qu'ils ont subie depuis le 14 septembre leur apprendra à mieux connaître à l'avenir leurs véritables intérêts[35]. » A noter que, le 20 du même mois, les boulangers se mirent en grève à Paris, suivis le 25 par les cordonniers – les anciens soi-disants suivaient l'exemple de leurs plus farouches adversaires.

En 1836, incident dans l'entreprise de MM. Astier et Terville, rue de Château-Landon, qui emploient quatre-vingts compagnons charpentiers, mais aussi des Limousins non affiliés. Les bons drilles demandent que leur soit signé l'engagement suivant : « Je soussigné Henri Terville, entrepreneur de charpente demeurant à Paris, rue de Château-Landon, 11 Fg Saint-Martin, m'engage par ces présentes envers les compagnons passants charpentiers à chasser de mon chantier tous les compagnons de Liberté ainsi que les Limousins et autres charpentiers qui seraient désignés par eux comme susceptibles de nuire à leur société. » Terville refusa. À la suite d'une réunion-débat groupant six cents compagnons hors des barrières, l'entreprise fut mise en interdit pour cinq ans.

Astier et Terville furent contraints de déménager leurs ateliers sur la rive gauche, rue des Acacias, près du faubourg Saint-Germain, pour pouvoir embaucher des compagnons du Devoir de liberté. En justice, quatorze compagnons furent condamnés – et encore Astier, qui s'était plaint d'avoir été menacé de mort – « Le singe à la potence! » – préféra-t-il ne pas s'en souvenir[36]. L'incident toutefois n'avait pas remis en cause la convention de 1833.

C'est seulement en 1845, échu le terme de dix ans, que deux compagnons se sont présentés, le 17 mai, à la chambre syndicale des entrepreneurs en charpente. Le 9 juin, on l'a vu, les ouvriers cessaient le travail sur tous les chantiers de Paris, comme à l'appel de quelque formidable tric...

Le procès de Vincent, de Dublé et de leurs amis s'ouvre le 20 août. L'accusation a convoqué 46 témoins à charge; 4 prévenus font défaut. Les charpentiers sont défendus par cinq avocats, dont le célèbre Berryer; personnage singulier que ce royaliste venant défendre l'ouvrier : grande voix, grand cœur, éloquence traditionnelle, on dit qu'il est « le plus légitimiste des républicains ». L'accusation n'a guère de mal, en cinq audiences, à établir, malgré les dénégations des prévenus, la réalité du délit de coalition :

« Vous a-t-on fait des menaces? demande le président à un témoin.

– Oui, on m'a menacé de me casser les reins! »

Anspach, l'avocat du roi, s'indigne :

« Jamais coalition ne se sera manifestée avec une pareille impudence, avec une aussi incroyable audace! »

Berryer répond :

« L'union est le premier besoin des hommes, le droit le plus légitime de ceux qui ont un intérêt commun... »

Et le président exprime la pensée de la classe dirigeante : « Que chaque ouvrier, dit-il, se présente devant son maître, fasse valoir son habileté, son talent pour obtenir un salaire plus considérable; que cet ouvrier, si on ne veut pas le lui accorder, abandonne son maître, rien de plus juste, rien de plus licite. Mais ce n'est pas ce qui se passe lorsqu'un corps d'ouvriers tout entier se réunit pour faire cesser les travaux de toute une catégorie.

« Si tous les ouvriers ont quitté à la fois, répond Vincent, c'est qu'ils croyaient avoir le droit d'agir ainsi pour arriver à un meilleur salaire. »

Vincent, qui est présenté comme le « moteur de la coalition » fait preuve d'une grande modération – mais aussi d'une grande fermeté. Pendant les audiences, la salle et les couloirs sont bourrés de compagnons et de curieux. Durant les interruptions de séance, des jeunes filles font circuler des bouteilles et des verres, offrent du vin aux assistants et portent des toasts muets aux inculpés.

« Pour la sécurité de tous, tonne l'avocat du roi, il faut punir de tels attentats à la liberté de l'industrie. »

L'avocat Berryer plaide large et noble. Il refuse le délit de coalition et dépasse le procès du jour : « Quand le génie de mon pays, dit-il, lui fait créer tant de prodiges, quand la vapeur s'apprête à sillonner la France en tous sens, quand les efforts de la mécanique se multiplient, quand l'âme de la patrie s'en va, pour ainsi dire, féconder toutes les branches du commerce, de la science et de l'industrie [...] vous ne voudriez pas que ces braves ouvriers [...] recueillent à leur tour le fruit de leurs travaux? [...] Eh! Messieurs, c'est la loi du Progrès*! »

* En remerciement, les charpentiers construisirent un chef-d'œuvre qu'ils appelèrent le Berryer et le portèrent en grand cortège à l'avocat. Plus tard, la famille le rendit aux charpentiers qui, après la deuxième

Les autres avocats enfoncent un autre clou : il n'y a pas coalition puisque le but de la grève n'est pas blâmable. On fait valoir qu'un certain Lecomte, dit La France, à la fois marchand de vin et charpentier, est l'auteur de « ce fameux chef-d'œuvre de charpente représentant l'église Saint-Sulpice... »

Enfin, le 26 août, le tribunal présidé par M. Salmon prononce son jugement :

« Attendu qu'il est établi qu'au commencement de juin dernier une coalition s'est formée entre les compagnons et ouvriers travaillant chez les maîtres charpentiers de Paris...

« Attendu...

« Attendu qu'une nouvelle preuve de concert des ouvriers résulte de ce que le lieu habituel de réunion des compagnons dits du Devoir est devenu commun aux charpentiers des autres prétendus Devoirs, malgré l'ancienne rivalité qui existait entre ces diverses classes, et qui a donné si souvent lieu à de redoutables collisions...

« Attendu, attendu...

« Condamne Vincent à trois années d'emprisonnement, Dublé à deux ans, sept autres à trois mois, quatre à quatre mois... »

Stupeur. Les jeunes filles aux bouteilles fondent en larmes. Mais pas un mot de protestation. Vincent avait, dit-on, fait demander de ne pas manifester.

guerre mondiale, allèrent à leur tour en grand cortège le présenter aux descendants de Berryer : en avant, la musique des gardiens de la paix, puis une calèche tirée par un cheval eurubanné et dans laquelle se faisaient face les mères et les premiers en ville des deux Devoirs; derrière, sur les épaules des compagnons, le chef-d'œuvre pieusement conservé, décoré aux couleurs de la ville de Paris, rouge et bleu, cravaté d'une couleur bleu ciel à franges d'or. Puis, par rangs de trois, avec cannes et couleurs, les charpentiers. Les compagnons ont de la mémoire.

Le jugement est confirmé en appel, le 9 octobre. Mais pendant ce temps, les entrepreneurs ont l'un après l'autre rallié le camp des adhérents et accepté de payer 5 F par jour.

Au Pecq, à Tours, à Blois, à Amboise, les charpentiers ont obtenu ce qu'ils voulaient. A Paris, la grève est levée le 5 novembre. Un an plus tard, Vincent, dit Condom, le bon drille, apprendra en prison que les bonnes vieilles querelles ont repris : un patron de La Chapelle, sur le territoire traditionnel des Soubise, a embauché des charpentiers du Devoir de liberté. Le 5 octobre 1846, les bons drilles enfoncent la porte de l'atelier. Affrontement, arrestations, condamnations — mais cela, c'est une histoire vieille comme le compagnonnage.

L'important, dans la grande grève des charpentiers de Paris, c'est l'exemple donné sur la plus grande scène politique française. Les ouvriers, décidément, ne sont plus en marge de la société. Que disent-ils donc ? Que l'union fait la force ? Le temps n'est pas loin — trois ans — où ils diront qu'elle fait aussi le bonheur.

En mars 1848, justement, recevant une délégation de compagnons, l'adjoint au maire de Paris, Buchez, les complimentera au nom du gouvernement provisoire : « Vous êtes les heureux du travail, parce que vous avez compris qu'il fallait vous associer... »

XV

QUARANTE-HUIT

Un petit taudis. – M. Chopin. – Cent mille francs. – Flora Tristan. – Une grande douleur. – Tintin. – Aimons-nous ! – La marée monte. – Place de la République. – Perdiguier élu. – Aux armes ! – L'ère nouvelle. – Une honte. – Syndicats. – Trois sardines. – Un immense atelier.

Un jour de février, un bruit parcourt l'espace
C'était la Liberté qui clouait sur la place
Les mots d'Egalité et de Fraternité
Le vieux monde croulait et le Temps de ses ailes
Allait tout balayant, passions et querelles
Et donnait aux Devoirs la solidarité.

P. Callas,
L'Ami des Filles le Languedocien,
compagnon cordier[1].

« LES compagnons se battaient, se déchiraient les uns les autres, écrit Perdiguier. J'en souffrais; il me semblait que leur sang était mon sang. Je voulus les réformer. Avec quel entrain je me jetai dans cette rude entreprise! J'aurais tout donné pour réaliser le bien, et ma liberté, et ma vie, et une grande fortune si je l'eusse possédée... C'était mon cœur, c'était mon âme qui agissaient, qui s'épanchaient, qui se prodiguaient. Je ne faisais pas une œuvre littéraire, mais quelque chose de saint[2]... »

Le Livre du compagnonnage[*] paraît en 1839. Sur le Tour, l'accueil est, comme on le suppose, mi-enthousiaste, mi-hostile. L'appel à l'union, à la

[*] Perdiguier, Guillaumou, Moreau, Gosset écrivent *compagnonage*, sans redoubler l'n, en vertu d'un essai alors tenté de réformer l'orthographe en la simplifiant, notamment en supprimant le redoublement des consonnes.

solidarité, à la paix entre les sociétés suscite des discussions sans fin, des ralliements, des inimitiés irréductibles. Un menuisier, Larrouy, dit Bayonnais le Flambeau du Trait, le met au défi de réaliser « une certaine pièce de trait » dont il se prétend seul capable. Perdiguier joue le jeu. Un jury est désigné. « Si j'avais été vaincu dans un concours où il ne s'agissait que de tirer des lignes et de couper des bouts de bois, il ne m'était plus permis de parler ni morale ni réforme compagnonnale. Mais, vainqueur, c'était tout autre chose... » Il sera vainqueur.

Ce qu'on lui reproche d'abord, c'est d'avoir étalé sur la place publique la vie et les usages des compagnons, jusqu'alors ignorés de la plupart des gens. Et c'est vrai que le premier succès du livre est un succès de curiosité. On se penche sur les mœurs de ces étranges ouvriers comme sur celles des tribus qu'on découvre alors aux confins de lointaines jungles. Mais les écrivains, les artistes, les théoriciens, tous ceux qui, dans la société, tendent leurs antennes pour capter la voix confuse du temps, tous ceux-là font à Perdiguier un accueil chaleureux. « Votre ouvrage, lui écrit Lamartine, est plein d'intérêt et d'une utilité réelle; il ne peut manquer d'atteindre le but vers lequel vous marchez[3]. » Chateaubriand, Eugène Sue, Béranger, Lamennais saluent. « C'est l'entrée du peuple en littérature », dit George Sand.

Perdiguier qui a connu à Paris, à la fin de son tour de France, les temps sombres de la maladie, du chômage et de la solitude, s'est marié en 1836 avec la fille d'un charretier, Lise Marcel, qui fait des travaux de couture. Ils vivent faubourg Saint-Antoine, pauvrement et tendrement :

Moi je n'ai qu'un petit taudis
Où je possède en paix Lisette
Nous y vivons contents, unis
Sans entrave et sans étiquette[4].

Cette irruption de la gloire littéraire dans « le petit taudis » le confirme dans le bien-fondé de son entreprise : réformer le compagnonnage. Il prend les hommages et les critiques comme font les apôtres : naturellement.

Le 31 mars 1840, Vendôme la Clé des Cœurs vient le voir à Paris. Puis George Sand l'invite à dîner. Celle-ci, qui a des talents de sourcière pour trouver les idées encore souterraines, a compris que Perdiguier dit des choses importantes. Elle veut les redire à sa propre manière, et entreprend un livre sur le compagnonnage pour lequel elle lui demande conseils et modèles. C'est à l'occasion de ces rencontres qu'elle l'encourage à repartir sur le Tour. Pour prêcher, cette fois : les idées aussi doivent faire leur chemin.

Il part le 16 juillet suivant, armé d'une caisse de livres et d'une somme de 500 F que George Sand a collectée parmi ses amis. « Il parcourut la France pendant deux mois, raconte Anfos-Martin, à grandes enjambées, prêchant la paix, l'union, la concorde, jetant son *Livre du compagnonnage* par la portière de la voiture dans les villages où il ne s'arrêtait pas[5]. »

En route, il reçoit des lettres de George Sand : « Le moment est venu, lui écrit-elle le 20 juillet, de tout voir, de tout comprendre et de tout sentir. Quand le peuple donnera l'exemple de la fusion, [...] (il) sera bien fort et bien grand. C'est lui qui sera le maître du monde, l'initiateur de la civilisation, le nouveau messie[6]. » Perdiguier lui renvoie une partie de l'argent dont elle l'avait muni : « J'ai dépensé peu; presque partout j'ai rencontré des amis qui ont voulu me retenir chez eux[7]. » D'Avignon, il lui expédie des melons, dont elle accuse réception : « Ils sont arrivés en bon état et ils étaient excellents[8]. » Ailleurs : « Mon frère, mon fils et M. Chopin vous disent mille choses affectueuses[9]. » Bref, Perdiguier est bientôt un peu de la famille, d'autant que George Sand prend aussi Lise « en estime et en amitié ».

En 1841, George Sand fait paraître *Le Compagnon du Tour de France,* dont le héros est, audace inouïe, un ouvrier, compagnon menuisier intelligent, beau, généreux, et qu'aime une demoiselle de. Dans cette société travaillée par le Progrès et qui se cherche de nouvelles valeurs, de nouvelles références, on y voit le compagnon Pierre Huguenin, avatar romanesque d'Agricol Perdiguier, incarner les aspirations de la classe ouvrière. Il suffirait que cessent « les coutumes barbares, les jalousies, les vanités, les batailles », pour que le travailleur, allant de mère en mère son chemin d'initiation et de connaissance, dépouille le vieil homme et mérite le droit de naître enfin à luimême.

Le succès du *Compagnon* est considérable. Perdiguier peut croire que sa voix ainsi amplifiée finira par être entendue. Et d'ailleurs la tombe de Vendôme la Clé des Cœurs, mort à Paris le 22 avril, est le rendez-vous de bien des frères ennemis :

Autour de nous une place déserte
Rappelle hélas un frère qui n'est plus[10].

Ce frère-là, tous vont venir se pencher sur sa tombe ou le célébrer en rimes émues, à la fois parce qu'on l'aimait, et qu'on avait alors envie d'aimer.

Bouchard le chapelier :

Chers compagnons, mettons-nous à genoux
Rendons hommage à cet ami sincère[11]*...*

Le cordonnier L. J. Lyon :

Compagnons de tous les états
Cessons nos jeux et nos chants d'allé-
[gresse[12]*...*

Le cordier Emmanuel Collomp :

Je viens sur ta tombe les larmes aux yeux
. . . .
Tu fus pleuré par tous les devoirants...

Le tisseur-ferrandinier Galibert :

Vendôme bien longtemps du fouet de la
[satire
Accompagna sa lyre et fronda les abus.
Plus tard, il reconnut que bien loin de
[médire
Mieux valait enseigner : il ne critique plus.
S'écartant des chemins sanglants de nos
[ancêtres
Il tenta désormais, impartial et bon
D'unir tous les enfants des trois glorieux
[maîtres
Jacques, Soubise et Salomon[13].

En double hommage, cette chanson s'appelle *Vendôme et Perdiguier*. Autre signe qui touche Avignonnais : une lettre d'encouragement de Nantais Prêt à Bien Faire, l'un des menuisiers qui ont réalisé en 1803 la chaire des gavots pour le fameux concours de Montpellier. Les couplets nouveaux qui courent le Tour, les appels à la fraternité mettent en évidence la division profonde du monde du compagnonnage, le temps et l'argent perdus en querelles : « Pour moi, écrit L. J. Lyon en préface à un recueil de chansons, nommé trois fois Premier compagnon par le suffrage de mes confrères dans les trois plus grandes villes de France, mon cœur a saigné en feuilletant nos procès verbaux, qui attestent que depuis trente-huit ans nous avons dépensé, pour frais de procédure, amende, indemnité, secours de prison, de maladie, etc., plus de cent mille francs. Et je me disais : Cent mille francs, en y ajoutant ce que les autres états auraient pu économiser, seraient une énorme ressource pour les blessés, les infirmes, les vieillards de tout le compagnonnage[14]... »

Cette idée d'union est bien dans l'air. C'est d'ailleurs le nom que porte la société concurrente du compagnonnage sans doute née à Toulon en 1830 de la dissidence des aspirants cordonniers. Elle a pris de l'ampleur et du poids, ouvert des centres d'accueil dans les grandes villes du Tour. En 1837, alors qu'il se trouve, aspirant prolongé, à Auxerre, Pierre Moreau, encore dit Tourangeau, est vivement critiqué pour avoir amené à l'atelier où il travaille un de ses pays et amis qui a quitté le compagnonnage; à titre de sanction, le maître est mis en interdit par les sociétés[15]. Quelque temps plus tard, les compagnons serruriers d'Auxerre refusent de laisser embaucher un ouvrier « qui ne demandait que la liberté de travailler pendant un mois pour réparer un peu ses finances, et ensuite poursuivre sa route », et ce parce qu'il est marié. C'est cet incident, dit Moreau, qui le détermine à quitter enfin le compagnonnage. Il va à Paris et s'enrôle à l'Union, dont les buts sont les mêmes que ceux du compagnonnage, mais dont l'organisation en diffère sensiblement. Chaque profession a ses chefs élus, constitués en bureau de 3 à 7 membres (dont un président, un trésorier, un syndic, un secrétaire) toujours révocables à la demande de la moitié des adhérents; le syndic est rétribué par la société en fonction du temps perdu. Les adhérents ne paient pas de tribut à l'embauchage, mais une cotisation pour la caisse de prévoyance, mangent ensemble, jeunes et anciens, ne boivent pas les amendes mais les versent à la caisse sociale; un système de secours aux malades fonctionne selon cotisation, ainsi qu'à ceux qui doivent se déplacer et n'en ont pas les moyens. Pas de noms compagnonniques, pas de couleurs, pas de topages, pas d'initiation, pas de mystère[16].

« La société de l'Union est certainement fille du compagnonnage, reconnaît Perdiguier, [...] elle a quelque chose tiré de son fonds, c'est la solidarité entre tous les travailleurs. [...] Voilà ce qui l'honore, voilà ce qui fait sa grandeur et sa gloire. Ne lui soyons inférieurs par aucun côté, je vous en prie... Ah! si tous les ouvriers pouvaient s'aimer! Que ce serait beau[17]! »

Durant son deuxième voyage, son « tour de France dans les cœurs », il s'arrête à Auxerre et rencontre Moreau, qui y a fondé un bureau de l'Union. Il lui conseille « de ne pas froisser les compagnons par ses écrits[18] ». Mais il y a longtemps que Moreau ne fait plus que dénigrer le Devoir – peut-être pour y avoir trop cru : « Mon but [...] est de réunir tous les hommes, tous les ouvriers principalement, dans un seul faisceau, dans une seule société; mais pour cela, il faut détruire toutes les distinctions, les cannes et les couleurs[19]. » Les deux hommes, le serrurier et le menuisier, sont profondément différents l'un de l'autre. Tous deux, honnêtes, passionnés, veulent le bonheur de l'ouvrier. Mais ce que Perdiguier, sensible et conciliateur, croyant à la bonté native de l'homme, veut réformer de l'intérieur, Moreau, véhément, renfermé, hostile, veut le détruire.

Moreau d'ailleurs publie lui aussi son livre, en 1841 : *Un mot aux ouvriers de toutes les professions, à tous les amis du peuple, sur le compagnonnage, ou guide de l'ouvrier sur le Tour de France.* C'est, lit-on dans *L'Atelier,* une « guerre à mort au compagnonnage[20] ».

A cette époque, d'ailleurs, tout le monde écrit, refait le monde à 500 exemplaires; c'est une façon pour l'ouvrier de prendre la parole : on se penche sur sa propre expérience pour y chercher l'invivable : il suffira de renverser l'image pour trouver la cité heureuse de demain. Gosset, père des forgerons, en délicatesse avec les compagnons, publie son *Projet tendant à régénérer le compagnonnage sur le Tour de France, soumis à tous les ouvriers.* « C'est mentir, y dit-il, que de prétendre écrire l'histoire des peuples sans parler des compagnons du tour de France. » Il propose un plan de réforme en 14 titres et 107 articles. Adolphe Boyer, un typographe sociétaire, publie, lui, *De l'état des ouvriers et de son amélioration par l'organisation du travail.* Sa thèse : « Le compagnonnage s'épurant, se modifiant et s'agrandissant nous semble devoir être, entre les mains de l'autorité, un puissant moyen de moraliser, de relier et d'associer les hommes[21]. »

Tous sont ardents, sincères, généreux. Leurs brochures, éditées par souscription ou au prix de nuits de travail, sont lues à haute voix dans les cayennes où elles arrivent, leurs thèses sont disséquées par ceux qui ne connaissent pas le monde du travail et découvrent là une matière vive et nue à mettre en théorie.

Flora Tristan est elle aussi ardente, sincère et généreuse. A ce moment, elle a quarante ans. Sa vie a été difficile, cahotée, et, ancienne ouvrière coloriste, elle n'a, comme on dit, pas toujours eu de bois pour son feu. La misère l'effare, la scandalise, celle des femmes tout aussi bien que celle des ouvriers – misère physique et misère morale. Elle aussi lit Perdiguier, Moreau, Gosset tout autant que Saint-Simon, Owen et Fourrier. Quand elle parvient à la conviction que la division des ouvriers est la cause de leur malheur, qu'il faut les unir, elle élabore un projet d'organisation sociale, l'Union ouvrière, qu'elle décrit dans un ouvrage achevé en 1843 : « Ouvriers et ouvrières, commence-t-elle, écoutez-moi[22]... » Dans chaque mot éclate sa passion, son urgente vérité : il faut « constituer la classe ouvrière ». Certitude visionnaire, quasi mystique, dont l'aboutissement est non la lutte des classes, mais la collaboration des classes en vue du bonheur de tous. « C'est en lisant le livre de M. Agricol Perdiguier (ouvrier menuisier), écrit-elle dans sa préface, la petite brochure de M. Pierre Moreau (ouvrier serrurier), le *Projet de régénération du Compagnonnage* par M. Gosset, père des forgerons, que mon esprit fut frappé, illuminé par cette grande idée de l'Union universelle des ouvriers et des ouvrières. » Mais le coup de chapeau donné aux « trois petits ouvrages très remarquables », elle regrette qu'aucun ne soit « de nature à apporter une amélioration véritable et positive de la situation matérielle et morale de la classe ouvrière[23] ».

Elle envoie à Perdiguier et à Moreau des épreuves de son livre et leur demande leur avis.

« J'ai reçu les trois premiers chapitres de votre *Union ouvrière,* répond Perdiguier, je les ai lus avec attention, et il faut que je vous dise, je n'en suis pas satisfait. [...]. Non, madame, nous ne vous demandons point de louanges, mais vous auriez dû, au lieu de méconnaître nos efforts et d'amoindrir l'utilité et la portée de nos travaux, vous appuyer sur nous et nous pouvions vous être d'un grand secours. [...] Je le dis avec regret, vous m'avez rendu impropre à vous servir auprès de mes confrères[24]. (29 mars 1843.)

– Je dois vous dire, répond-elle à son tour, que depuis deux mois que je parle aux ouvriers, bien que j'aie eu déjà passablement de déceptions, votre lettre est ce que j'ai éprouvé de plus poignant, de plus profondément douloureux ! Pourra-t-on le croire, Perdiguier ? Comment ! Je vous envoie un travail qui par sa vérité, par sa force et sa puissance est de nature à sortir la classe ouvrière de la misère et de l'ignorance, est de nature à la sauver [...] et vous m'écrivez une lettre de quatre grandes pages où il ne se trouve pas un mot sur la valeur de l'idée que j'apporte. L'idée vous échappe : vous me parlez de vous, puis de vous, et encore de vous ! [...] Perdiguier, savez-vous ce qui vous a perdu ? C'est la flatterie. Eh ! bien, moi, frère, je ne vous flatterai pas[25]. (30 mars 1843.)

– Vous pouvez me traiter de vaniteux, retourne Perdiguier, vous pouvez dire tant qu'il vous plaira que la vanité m'a perdu, [...] vous pouvez, puisque vous vous en croyez le droit et le devoir, me rayer d'entre les défenseurs de la classe ouvrière, mes sentiments ne changeront pas, je ferai toujours pour elle tout ce qui dépendra de moi, en conservant, néanmoins, toute ma liberté[26]. » (30 mars 1843.)

Flora Tristan s'adresse alors à Moreau :

« Je suis impatiente de savoir quel effet produira sur vous mon travail qui contient une grande idée, constituer la classe ouvrière... [...]. J'ai eu avec Perdiguier une grande douleur[27]... (7 avril 1843.)

– Nous sommes d'accord sur plusieurs points, répond le serrurier d'Auxerre, surtout sur l'insuffisance des sociétés de compagnonnage et de secours mutuels. J'approuve votre projet et j'y apporterai mon concours et le peu de forces qui me restent, car il faut que je vous le dise, vous me croyez beaucoup plus de moyens et d'influence que j'en ai réellement... Je ne suis pas du tout étonné de la conduite de Perdiguier; c'est fâcheux pour notre cause[28]... » (9 avril 1843.)

L'union, c'est sûr, sera difficile à faire, à commencer chez ceux qui la prônent. « Perdiguier nous fera beaucoup de mal », dit encore Moreau, qui s'attire une verte réponse. Et George Sand s'en mêle : « Je vous approuve d'en rester là avec le serrurier féroce, écrit-elle en août à son ami Perdiguier. Vous lui avez dit ce que vous aviez à lui dire et la raison est de votre côté[29]. »

Les sociétaires de l'Union désignent un comité

de sept membres chargés de correspondre avec Flora Tristan, dont la grande Union semble l'aboutissement miraculeux de la leur. Mais une fois encore la chicane s'en mêle, la femme de Gosset ne supportant pas le dévouement de son mari à cette brune pasionaria. « Il n'y a pas de gloire sans tribulation », constate philosophiquement le forgeron.

Découvrant après Perdiguier l'importance de la chanson pour porter la voix, elle imagine de faire composer un hymne de l'Union ouvrière, s'adresse à Béranger qui se dit désormais « sans inspiration », à Lamartine qui promet d'« y penser » Pour finir, elle organise le « Concours de la chanson de l'Union ouvrière ». Béranger jugera de la forme, elle-même du fond, et c'est Eugène Sue qui offre la médaille[30].

L'union, on ne compte plus les compagnons qui, après Perdiguier et Vendôme, la célèbrent maintenant en chansons. Ainsi Bouchard :

Soyons en chassant la discorde
Chers compagnons les amis de la paix
. . . .
Plus de sang sur le Tour aimable
Ranimons la fraternité[31].

Ainsi Guillaumou, qui veut unir tous les Devoirs :

Entendez-vous le Tour de France
Sonner le fraternel tocsin
Tin tin, tin tin, tin tin, re tin tin
Sous les coups de l'intelligence
Les abus crouleront enfin
Tintin, tintin, re tintin[32].

Ainsi Arnaud, qui, soudain pris par le Progrès, « sonde les plaies du compagnonnage », dénonce « la canne et les rubans dont les ouvriers sont si entichés, comme si tous les insignes emblématiques du fanatisme qui les ont toujours égarés n'étaient pas une insulte faite au progrès et à la civilisation[33] » :

Vous végétez hélas sur cette terre
Pauvres, proscrits et toujours opprimés
J'accours vers vous, j'apporte la lumière
Et la concorde au sein des ateliers
Ouvre les yeux, enfant du Tour de
[France[34]...

Ainsi Rochelais l'Enfant Chéri, un autre boulanger, qui reprendra le couplet de la canne :

Je viens parler du bâton de longueur
C'est un abus qu'il faut détruire encore
. . . .
Ne portez plus ces triques gigantesques
Triste décor, le progrès n'en veut plus[35].

Baudelaire n'est pas de ceux qui rient à ces rimes-là. Il préfacera même *Chants et chansons,* de l'ancien apprenti canut Pierre Dupont, dont il a salué le premier recueil, *Le chant des ouvriers,* en 1846 : « Quand j'entendis cet admirable cri de douleur et de mélancolie, je fus ébloui et attendri. Il y avait tant d'années que nous attendions un peu de poésie forte et vraie! Il est impossible, à quelque parti qu'on appartienne, de quelques préjugés qu'on ai été nourri, de ne pas être touché du spectacle de cette multitude maladive, respirant la poussière des ateliers, avalant du coton, s'imprégnant de céruse, de mercure et de tous les poisons nécessaires à la création des chefs-d'œuvre, dormant dans la vermine, au fond des quartiers où les vertus les plus humbles et les plus grandes nichent à côté des vices les plus endurcis et des vomissements du bagne, [...] qui jette un long regard chargé de tristesse sur le soleil et l'ombre des grands parcs et qui, pour suffisante consolation et réconfort, répète à tue-tête son refrain sauveur : Aimons-nous[36] ! »

Pierre Dupont chante aussi le tour de France :

Où marches-tu, gai Compagnon
Gai Compagnon ?
Je m'en vais conquérir la terre
J'ai remplacé Napoléon
Napoléon !
Je suis le prolétaire[37].

Sans rancune, Perdiguier souscrit pour 3 F à la publication de l'Union ouvrière – Moreau pour 5 F – et donne à Flora Tristan des recommandations pour certaines villes de province. Car elle a décidé d'oublier les mesquineries parisiennes et d'aller trouver les ouvriers là où ils sont chez eux : au grand large, sur le Tour.

Elle part le 12 avril 1844, à l'aube : « C'était quelque chose de grand, de sublime, de religieux. » Elle gagne en bateau Auxerre, où elle voit une trentaine de compagnons et les sociétaires de l'Union, mais ne parle de Moreau dans ses « notes devant servir à mon ouvrage Le Tour de France ». Gagne Chalon, Lyon, où elle reste six semaines malgré les tracasseries de la police et la difficulté de parler aux ouvriers inorganisés. En juillet, elle est à Avignon, où une lettre de Perdiguier lui permet de rencontrer des compagnons. Elle juge que « ces hommes robustes, bien portants, aux traits réguliers et aux grands yeux, si différents des Lyonnais faméliques » ne comprendront pas ce qu'elle veut leur dire. « La question sociale ne semblait pas les intéresser; la question politique se réduisait à une rivalité entre bonapartistes et royalistes... » Elle ajoute qu'« on peut tout avec de la foi et de l'amour ». Il lui en faudra : à quelques kilomètres de là, une rixe violente oppose des compagnons de Devoirs différents et, à Aigues-Mortes, il faut en arrêter une vingtaine.

A Marseille, Flora Tristan, présidant un banquet, fait de « la fraternité en pratique » en réconciliant deux ouvriers « bouillants de colère » et en appelant à s'unir des compagnons ennemis. Elle ne peut que leur répéter son acte de foi : « Pour moi, il n'y a ni gavots ni devoirants, mais seulement des hommes égaux ayant les mêmes droits et les mêmes intérêts, des frères malheureux devant s'unir. » Justement, un jeune gavot, les larmes aux yeux, se dresse et se déclare prêt à fraterniser avec les devoirants : « S'il y en a ici présents, qu'ils viennent, et je leur serre la main... »

« Je sortis de là, écrit-elle, animée par le bonheur, je ne pus dormir de la nuit et le lendemain, j'étais brisée, tuée... » Quand elle quitte Marseille, les compagnons lui font sur une lieue une conduite d'amitié : « Adieu, notre mère, adieu! » Cette femme brûle.

Nîmes, « horrible, ignoble et sale ville » divisée entre catholiques et protestants; Béziers; Carcassonne. A Agen, avec une recommandation de Perdiguier, une centaine de gavots et de devoirants s'entendent, après bien des réticences, pour la recevoir[38]. Elle s'use, elle s'épuise, s'exalte, crée sur son passage « cette légende que laissent les saintes[39] ». Voit bien que les vagues derrière elle retombent, mais quand on a fait le don de sa personne à une cause, on ne s'économise pas. A Bordeaux, pourtant, elle doit s'arrêter, hors de forces. Elle y meurt le 14 novembre 1844. Des amis font faire le moulage de son visage; l'ouvrier venu prendre l'empreinte demande qui est cette dame : il a entendu dire que c'était « la mère de tous les compagnons ». Quatre ouvriers porteront son cercueil, un menuisier, un tailleur, un ferblantier, un serrurier. Un ouvrier horloger compose une chanson bientôt reprise dans tous les ateliers :

Flora Tristan vous demande un tombeau...

Les ouvriers cotisent sans rechigner, et un monument sera érigé à Bordeaux en 1848. Un tonnelier lira devant 7000 à 10000 personnes un poème dont les quatre premiers mots auraient suffi au bonheur de Flora Tristan : « Oui, nous nous unirons[40]... »

Moreau ni Perdiguier ne mesurent non plus leur effort. Ils sont de faible santé, dépensent leurs nuits en lectures, en écritures, en réunions. Moreau dit se priver de « tous plaisirs », et, sur son salaire, il doit encore « envoyer quelque secours » à sa mère, qui est « veuve et peu heureuse » et à ses frères et sœurs qui sont « beaucoup[41] ». Perdiguier, dans ces années-là, est reçu chez George Sand, parfois dans le salon de Marie d'Agoult ou chez Eugène Sue. Puis il rentre dans son logement insalubre : « Je me suis vu, écrit Perdiguier à un ami en février 1844, endetté, malade, sans pain, sans crédit, sans parents ni amis, car quand on souffre longtemps, tout vous abandonne; j'étais sans soin et sans consolation, j'ai souffert, tellement souffert que ma santé est détruite à jamais[42]. »

Tels qu'ils sont et qu'ils se montrent, Flora Tristan, Perdiguier, Moreau, Gosset et les autres annoncent Quarante-Huit. Ils sont porteurs de cet irrémissible besoin de justice et de liberté que les poètes et les historiens mettront en bouquets de mots — Renan veut faire de l'homme « le compagnon de route des étoiles », George Sand dit que « l'espoir, c'est la foi de ce siècle », et Michelet définit la patrie comme « une grande amitié ». Marx pose que « l'homme est l'être le plus haut pour l'homme », et Proudhon que « Dieu, c'est le mal ». « Allons voir la source jaillissante des choses, propose Edgar Quinet, le comment des êtres et de tous ceux qui attendent la vie dans le berceau des mondes futurs... » Lamennais se collette avec un « malaise inconnu » et Lamartine dénonce « la féodalité de l'argent », Victor Considérant réclame « le droit à l'amour libre »... Le monde est une promesse, et seul Balzac, entomologue parmi les prophètes, dénonce amèrement le « vertige démocratique auquel s'adonnent tant d'écrivains aveugles »...

Février. Paris gronde, diront les livres d'histoire. Hors d'haleine, l'habit déchiré, Adolphe Thiers surgit à la Chambre. L'important petit bonhomme se fait théâtral au possible : « La marée monte, monte, monte... » Tout au bout de son bras court, le haut-de-forme cabossé semble partir sur l'incroyable vague. Les compagnons aussi sont aux barricades :

L'étendard est levé
Le danger nous menace
Le mousquet, le pavé
Chacun est à sa place[43],

lance le compagnon Brault, dit Bien Décidé le Briard. Guillaumou est au nombre des blessés des barricades du Palais-Royal.

En trois jours, la marée monte suffisamment pour emporter et le roi et le trône. Le *Journal des Débats* parle gravement de ces « tempêtes par lesquelles Dieu et le peuple manifestent leur colère et leur puissance ». Et en effet, on retrouve sous les mêmes lampions, au coude à coude, chavirés d'émotion, les enfants du Bon Dieu et les fils du peuple.

Les phrases et les signes, alors, valent mieux que les actes. Dire, c'est mieux que faire : c'est être. On proclame la République, on abolit la peine de mort en matière politique, on instaure le suffrage universel, on déclare hors la loi l'esclavage dans les colonies, on lance vers le ciel des ballons bleu-blanc-rouge qui crient en grandes lettres Liberté-Egalité-Fraternité, on enracine sur les places publiques des arbres de la liberté que les curés viennent arroser d'eau bénite. Ce printemps-là, on vit d'amour et de mots sublimes. Louis Blanc l'ouvrier annonce « la fin de l'exploitation de l'homme par l'homme ».

Ceux qu'on nomme les prolétaire surgissent en foules blêmes des fabriques et des taudis, véhéments, impatients, terribles comme des ressuscités. Dans les rues encore dépavées, ils défilent gravement pour le Droit au Travail ou le Salut de la Pologne, et les bourgeois se découvrent sur leur passage. La IIe République met l'ouvrier à toutes les fêtes, fête des Travailleurs, fête de la Concorde, fête de la Fraternité : on n'en finit pas de saluer l'avènement de ce frère inconnu. Février 1848, autant qu'une révolution, est une révélation.

Les travailleurs des corporations se réunissent au hasard des salles ou des places, désignent par acclamations des délégués chargés de présenter leurs désirs et leurs motions au gouvernement provisoire et à la Délégation ouvrière qui siège au Luxembourg. Un comité central des ouvriers du département de la Seine appelle tous les travailleurs à une « organisation unitaire ».

Les compagnons aussi s'assemblent et parlent de fusion. La fraternisation, ils en entendent parler depuis des années déjà, mais ils viennent de loin. Néanmoins opère la mystérieuse chimie de ces jours-là. Un comité, qui siège rue Saint-Germain-l'Auxerrois, est chargé d'élaborer une constitution fédérale. Un tailleur de pierre Enfant de Salomon, Denat, dit La Franchise de Castelnaudary, le préside.

Les « compagnons de tous les devoirs et de tous les corps d'état » sont convoqués le 20 mars à dix heures du matin place de la République* pour « de là partir ensemble avec ordre, mais sans distinction de titre, ni de rang, assurer le Gouvernement provisoire que la fraternité, scellée de notre sang sur les barricades de février, a fait (de nous) un peuple d'amis, jurant de vivre et de mourir pour l'affranchissement de la République ». La convocation ajoute : « Sachons lui prouver que nous sommes réellement dignes de l'organisation de notre bien-être, montrons à la France et à l'Eu-

* Précédemment place Royale, aujourd'hui place des Vosges.

rope entière que les Associations compagnonniques n'ont pas toujours été appréciées et qu'elles savent aussi comprendre le progrès[44]. »

Le but était atteint, il se fit une trêve
Les devoirs s'éveillant comme après un [long rêve
Jurèrent de s'aimer, d'oublier le passé
De mélanger enfin les couleurs et les races
Aux derniers arrivants de faire larges pla- [ces
Leur montrant le chemin nouvellement [tracé,

constate le cordier Callas[45].

Dès huit heures du matin, ils sont là de 8000 à 10000, sans doute la plupart des compagnons présents à Paris. C'est Perdiguier qui préside la cérémonie, au cours de laquelle les compagnons de tous les devoirs prêtent « un saint et solennel serment » de fraternité. Désirant « rendre tout Paris témoin de ce grand acte, écrira le lendemain *La Gazette des Tribunaux,* ils se sont organisés en colonne et ont passé par les quais, la rue Montmartre, la place de la Bourse et les boulevards pour se rendre à l'Hôtel de Ville faire hommage de leur respectueux et cordial dévouement à la République ». Ce défilé dans Paris des compagnons unis, têtes hautes, en grand habit, est pour les spectateurs un témoignage irrévocable de la ferveur ambiante, même si cette légion d'élite et presque légendaire, riche de mystères, fascinante comme tous ceux qui surgissent d'ailleurs, échappe d'une certaine façon au sort commun.

Dans l'adresse qu'ils remettent à l'Hôtel de Ville, les compagnons vont au-devant de rappels désagréables : « Les sociétés compagnonniques, citoyens, ont sans doute, dans leur passé, bien des erreurs à déplorer, disent-ils, mais leurs luttes incessantes ne sont pas l'œuvre de leurs institutions. Car ces institutions toutes démocratiques enseignent la vertu, l'humanité et la fraternité. » Ils fournissent une explication qui témoigne au moins d'une nouvelle réflexion sur eux-mêmes : « Les gouvernements qui se sont succédé depuis un demi-siècle avaient besoin pour se maintenir, les uns de diviser, les autres de corrompre; et cette masse de travailleurs unis pouvait être un obstacle à leurs vues. De là, peut-être, ces guerres de société à société. [...] Notre jeune République a besoin, au contraire des autres gouvernements, de l'union de tous ses enfants pour se soutenir. » « Un des plus grands actes de l'histoire du compagnonnage », estime *La Gazette des Tribunaux*[46].

Les sociétés jouent le jeu sans restriction. Le Club des Compagnons de tous les Devoirs est fondé. Son manifeste, signé entre autres par Perdiguier et Guillaumou, lance un appel qui vise autant à conjurer les ennemis de la République que les démons intérieurs : « Travailleurs, nos frères, nous ne savons conspirer, nous, que dans la rue, en plein soleil, et le mousquet au poing. Mais d'autres, sachons-le bien, n'ont pas notre rude franchise. De sourdes menaces se dessinent dans l'ombre : veillons, veillons, soldats de la démocratie, sentinelles des barricades; unissons-nous, que notre fraternel faisceau soit la barrière insurmontable et toujours opposée à l'intrigue jésuitique de ceux qui osent se parer du nom de républicains pour arriver plus facilement à jeter la division dans nos rangs[47]. »

Pour les élections du 24 avril, les candidats du Club des Compagnons sont Guillaumou, Souvraz et Charles, tailleurs de pierre, seuls admis sur la liste du Comité central des Corporations, qui présente directement Perdiguier, comme un symbole du dépassement des compagnonnages par la volonté unitaire de la classe ouvrière dans son ensemble. Et d'ailleurs, avec il est vrai l'appui de Michelet, Béranger, Lamartine, George Sand, seul Perdiguier est élu, triomphalement, à la fois dans le Vaucluse et à Paris où il obtient 117290 suffrages; Guillaumou, 30213 seulement[48]. Il vient derrière Lamartine, Ledru-Rollin, Louis Blanc, Pierre Leroux, Raspail, Arago, mais devant Lamennais... Le nouveau réprésentant du peuple est alors alité, gravement malade.

Le 21 mai, les compagnons iront sans lui à la dernière grand-messe de la jeune République. Le cordier Callas y est, à partager au milieu du peuple de Paris les émois mystérieux de la communion :

C'était au Champ-de-Mars, un jour de [grande fête
Tous, fils de l'Industrie, avec rouleurs en [tête
Nous précédions le char de la Paix, du Tra- [vail
Compagnons de tout rang, nous étions bien [trois mille
Paris applaudissait à cette longue file
Les Devoirs réunis dans un même bercail[49].

Plus d'un million de personnes déferlent ce jour-là entre les plâtres grandioses et à peine secs de la République, de la Liberté, de l'Egalité, de la Fraternité, de l'Industrie et de l'Agriculture;

les divers corps de métiers portent leurs chefs-d'œuvre : les maçons, le plan en relief du dôme des Invalides; les charpentiers, le labyrinthe du Jardin des Plantes; les compagnons menuisiers, le Temple de Salomon... Ne manque guère, à cette fête de la Concorde, de la Paix et du Travail, que l'archevêque de Paris, mais c'est que le programme le plaçait entre le char de l'Agriculture tiré par 80 bœufs aux cornes dorées (qui seront en fait vingt chevaux de labour) et les choristes de l'Opéra. N'empêche. La commission du Conseil exécutif (Arago, Garnier-Pagès, Marie, Lamartine, Ledru-Rollin) chante victoire dans une « proclamation à la garde nationale, aux travailleurs et à l'armée », n'oubliant pas de rendre un hommage particulier aux « compagnons des devoirs autrefois divisés, aujourd'hui se donnant la main sous l'inspiration puissante de la fraternité[50]... »

Symbole heureux pour cette « République ralliant autour d'elle tous les cœurs[51] », les compagnons incarnent l'élan sublime des uns vers les autres, mais aussi l'ambiguïté de ces jours effrénés où chacun prend son désir pour la révolution. En réalité, au grand bonneteau de l'Histoire, l'essentiel est déjà escamoté. Fin juin, à l'annonce de la suppression des ateliers nationaux, un certain Pujol, ancien séminariste et sergent aux Chasseurs d'Afrique, attache un matin un bouquet à la hampe d'un drapeau — il n'en faut pas plus pour rallier ceux qui ont tout perdu, c'est-à-dire l'espoir. Car c'en est fait de cette illusion qui, d'une barricade à l'autre, n'a pas vécu quatre mois. Les plus pauvres et les plus fous se lancent dans ce qu'un témoin, Engels, nomme « la révolution du désespoir ». Ils ne croient plus en rien. « Du pain ou du plomb », disent-ils seulement[52].

Ceux qui ont quelque chose à perdre remettent leur sort entre les mains de Cavaignac, depuis un mois ministre de la Guerre. Il ne lésine pas, et fait donner du canon dans les rues de Paris tandis qu'Arago et Lamartine chargent avec enthousiasme. C'est un des compagnons charpentiers condamnés en 1845 pour fait de grève, Jean Baptiste Moreau, dit Rochelais, qui commande la barricade du faubourg Saint-Martin[53].

Et tout finit là où tout commença naguère, place de la Bastille. C'est la dernière barricade. « Un vaste drapeau rouge, raconte Victor Hugo, y claquait dans le vent; on entendait les cris de commandement, les chansons d'attaque, les roulements de tambour, des sanglots de femme et l'éclat de rire ténébreux des morts-de-faim. » Gosset* est là, l'ancien père des forgerons, qui tient maintenant un cabinet de lecture où les insurgés fondent des balles. Il crie : « Aux armes, on tire sur le peuple[54] ! » Les troupes donnent l'assaut.

Voilà. La marée de M. Thiers se retire, laissant quand même, entre les pavés sanglants, le droit au travail, le suffrage universel et un message fraternel : on ne fait pas son salut seul. L'ouvrier-messie de George Sand, son destin accompli, s'en retourne à la fabrique, du plomb dans l'âme.

En septembre, Perdiguier est presque seul à défendre à l'Assemblée le décret du 2 mars limitant à dix heures la durée quotidienne du travail. « Les membres de cette assemblée, écrira Thiers, étaient honnêtes et intelligents, mais ignorants.

* Réfugié à Belleville, dénoncé, arrêté en juillet, il sera libéré sur intervention de Perdiguier.

[...]. La seule apparence de franchise chez un orateur de second ordre les entraînait. La majorité croyait en la République et ils étaient stupéfaits en découvrant qu'elle n'apportait pas avec elle la prospérité. » Il ajoute plus loin que c'est « la seule assemblée où il ait aimé à parler ».

Sur la lancée, un projet de Constitution fraternelle compagnonnique et sociale des Devoirs réunis, rédigé avant juin par une commission du Club des Compagnons, est mis au point à Paris le 25 octobre et signé conjointement par des Enfants de Salomon, de maître Jacques et de Soubise. « Désormais, propose-t-il, toutes les corporations et tous les Devoirs seront unis par les liens de la fraternité... Le topage sera remplacé par un salut fraternel connu de tous les compagnons des Devoirs réunis... Le plus fort aidera le plus faible... Plus de haines, plus de rivaux[55]... » En mars 49 est convoquée la réunion de vingt sociétés de différents devoirs; elles auront à se prononcer sur le projet. A la réunion suivante, le 3 avril, une douzaine seulement se font représenter. Au bout du compte, sur 35 sociétés fonctionnant alors à Paris, 20 s'abstiennent, 8 votent pour, 7 contre. Avec le temps des jours ordinaires, les compagnons reprennent leur habit d'orgueil et d'intolérance.

« Les journées de juin, dit Guillaumou, emportèrent ce beau rêve d'union, et tous les compagnons se retrouvèrent, comme par le passé, divisés en sociétés ennemies[56]. » Membre, comme Perdiguier et Moreau, de sociétés républicaines secrètes, « compromis » avec Blanqui et Barbès en 1839, agent électoral de Ledru-Rollin aux élections d'avril, il se trouve soudain en butte à toutes les attaques. Voulant l'union des compagnons, il prend de plein fouet les mêmes malveillances que

Perdiguier, et on l'accuse d'avoir gaspillé l'argent collecté naguère pour faire reconnaître les soi-disants. Et même, comme il a négligé de payer ses cotisations, il est exclu pour trois mois. Il est à ce moment « dans sa mansarde, brisé et dégoûté ». Malade, il passe plusieurs mois à l'hôpital, seul. Il n'en sort que pour apprendre, par trois rouleurs, qu'un *chassement* a été prononcé contre lui : il est accusé d'avoir « entretenu une correspondance clandestine avec un compagnon tondeur de drap dans le but de détruire la société ». De plus, on lui apprend qu'il passe pour mouchard, espion de la police dans le compagnonnage.

Guillaumou utilise un vice de forme – l'accusé doit être présent quand la chambre prononce le chassement – et, comme la règle lui en donne le droit, il fait courir sa défense sur le Tour : le 1er juillet 1853, il écrit aux six villes de boîte des cordonniers. Nantes, Angoulême, Bordeaux, Marseille, Lyon l'acquittent et l'inscrivent à nouveau sur leurs livres. « De par la volonté souveraine du Tour de France, je repris mon rang dans la chambre active » – non sans avoir réglé son arriéré de cotisations. Mais il n'a pas, lui, le pardon facile. Le 16 février 1854, il se retire de la société des cordonniers avec 21 compagnons et 73 aspirants. Ils fondent l'*Ere nouvelle du Devoir :* « Je voulais d'abord former un noyau de compagnons dans ma corporation, parce que je l'avais sous la main. Une fois ce noyau formé, lui adjoindre successivement des ouvriers de toutes les corporations; je voulais enfin faire une société de tous les corps réunis dans un seul Devoir[57]... »

Venez servir l'humanité
Dans le Devoir dont l'ère commence

bis *Nous voulons sur le Tour de France*
Paix, amour et fraternité[58].

Guillaumou chantera en vain. L'Ere nouvelle s'unira aux cordonniers sociétaires (dissidents depuis 1811), aux indépendants (1827) et aux compagnons de Liberté (1845) pour combattre le compagnonnage du Devoir – mais elle éclatera à son tour; des mécontents fonderont l'*Alliance,* qui publiera en 1858, selon toute vraisemblance, *Le Secret des Compagnons cordonniers dévoilé*[59]. D'autres que lui écriront encore, comme le tailleur de pierre Sciandro, comme le menuisier Chovin, qui s'adresse, en 1855, à ses frères devoirants, leur montrant le compagnonnage miné par ses divisions, menacé de disparaître et demandant en conséquence que s'unissent enfin gavots et devoirants; ils feraient mère ensemble et n'auraient qu'une devise : *Fraternité des compagnons.* Proposition refusée. Il ne se décourage pas, en fait d'autres[60].

Le 9 janvier 1862, un gavot et un dévorant côte à côte, parés des mêmes couleurs, vont dans les rues de Paris, escortant un extraordinaire assemblage de pièces de bois : Perdiguier et Roux le Champagne, derrière le chef-d'œuvre fou aux 17000 pièces naguère réalisé pour prouver la supériorité des devoirants sur les gavots, témoignant aujourd'hui que tout ne s'est pas perdu en juin 48. Moreau lui-même parle maintenant de « notre ami Perdiguier » et loue sa « rare énergie ». Perdiguier lui répond : « Confrère Moreau, les adversaires loyaux dont le cœur est plein de sincérité, en dépit de quelques prises un peu vives, doivent s'estimer et même s'aimer, cela fait du bien. [...]. Je ne vous ai jamais oublié [...]. Mes amis les ouvriers se négligent, nous ne devons pas être courtisans, il faut dire la vérité[61]... » Il reçoit d'autres témoignages. Comme celui de Victor Hugo : « Je vous envoie ce que j'ai de plus fraternel dans le cœur. » Ou celui d'Espagnet, dit Bien-Aimé le Bordelais, un de ces compagnons cloutiers dont il aime la dignité; Espagnet félicite Perdiguier de ses efforts pour sauver le compagnonnage et ajoute : « Il s'en allait temps... »

Pauvre cloutier... Le monde qui se prépare n'est plus le sien : machinisme, transformations industrielles, changement de mentalité... Il existe toujours des artisans de génie, mais le talent se fait plus rare sur les chantiers. On ne trouve plus que rarement des « ouvriers capables de concevoir les compositions et d'exécuter les assemblages de leurs aînés[62]. » Charpentiers et tailleurs de pierre dessinent encore, mais peu. « Combien, demande Perdiguier en 1861, de menuisiers, de serruriers, de tourneurs, de maçons, de sculpteurs en meuble, au sein même de Paris, sont incapables de manier le compas, le crayon, les pinceaux et de produire le moindre plan, le plus modeste croquis [...]. Quelle honte[63]... »

Il est alors professeur de trait à Paris, 38, rue Traversière-Saint-Antoine. Il gagne à peine de quoi manger. Donne ses leçons de huit à onze heures du soir pour 8 F par mois (environ une journée et demie de travail). A la même époque, constate-t-il non sans amertume, un professeur de musique prend 1 F de l'heure. Le nombre des élèves augmente un peu quand vient le froid et que s'allongent les veillées. Une quarantaine d'élèves en 1837, une vingtaine seulement en 1861 : « On veut sauter des feuilles, on ne veut plus modeler, on commence tout, on ne finit rien, on est là, on pense ailleurs... On voudrait avaler la science comme on avale un verre de vin[64]... »

Le temps d'une révolution, dirait-on, et l'époque n'est plus la même. Le siècle s'est cassé en son milieu. L'industrie crée un type d'ouvrier nouveau. La fabrique ignore la belle ouvrage, et on ne chante pas en servant la chaîne. Quant aux autres raisons d'être du compagnonnage – secours aux chômeurs, placement, maintien des salaires – une nouvelle forme de groupement de travailleurs va commencer à y répondre (en 1884, la loi permet la constitution d'associations d'ouvriers sans autorisation préalable) : le *syndicat,* qui s'adresse aussi bien aux éléments les moins qualifiés professionnellement qu'aux nouvelles professions nées de l'industrie*. Le compagnonnage ne veut pas se transformer en syndicat, même pour bénéficier des protections de la loi : il lui semble essentiel de rester un monde à part, ni avec ni contre un pouvoir officiel, idéalement sans aucun rapport avec lui**. Cela correspond sans doute aussi au souci de « s'appartenir », comme le compagnon pratique un métier « où l'on s'appartient ».

En tout cas, révolution industrielle ou pas, ils sont toujours sur le Tour, les compagnons du XIXe siècle. Parmi les nôtres, le charpentier Voisin, le bourrelier Batard, le maréchal-ferrant Boyer.

* Dans le sens d'association ouvrière, le mot *syndicat* apparaît la première fois en 1730 dans une ordonnance d'Armand-François de Lacroix, gouverneur de Montpellier, interdisant aux compagnons menuisiers et charpentiers de s'occuper de placement : « Ce qui les provoque encore plus au désordre, c'est qu'[...] ils ont entrepris de faire un syndicat entre eux. » Et plus loin : « De sorte que les voilà les uns sindiquez contre les autres, et tous ensemble contre les maîtres menuisiers[65]. »

** Attitude différente aujourd'hui, les sociétés actuelles de compagnonnage étant largement subventionnées en raison de leur importante activité de formation professionnelle.

Et comme ceux d'avant 1848, avec cannes, couleurs, bons et mauvais singes, beaux dimanches, fatigues et chansons.

Dans leurs métiers, et loin de Paris, on ne sait pas encore que le monde a tant changé. Ce qui compte, c'est le jour-le-jour. Voisin, à Bordeaux, quitte une place où on ne lui donnait, le matin, qu'une frottade d'ail sur le pain et le soir des pommes de terre bouillies « comme pour les cochons[66] ». Boyer, tout pareil, va quitter Bessèges, où il ferre des chevaux de mine, pour une question de menu : « Trois repas constitués par trois sardines salées sautées à la poêle, quelques légumes secs; vous dire la soif qui me torturait en tirant la branloire ! » Il quitte Monoblet parce qu'on l'invite à table « quand tout le monde a presque fini »; Caissargues, parce qu'il doit partager avec un vieillard un grabat fait de sacs bourrés de luzerne; Saint-Laurent, près de Lyon, parce que le patron « assassinait mes pauvres fers, et avant de les présenter sur le pied, il commençait à les déformer »; celui de Mèze, près de Béziers, qui « avait un faible pour lui-même » et voulait « rester toujours supérieur à ses égaux[67] ».

A Toulouse, quand passe Périgord Cœur Loyal, un maréchal ni nourri ni logé gagne 2 F par jour, contre 4 F à Bordeaux et bientôt 7,50 F ou 8 F à Paris pour un bon ferreur. Ce sont là, explique-t-il, les méfaits de la concurrence : « La corporation, vraiment, ne se faisait pas respecter. La grande facilité de s'établir accordée à tous, bons ou mauvais ouvriers, faisait surgir de toutes parts ces gâte-métiers, ces bons à rien qui ouvraient boutique à tous les carrefours, travaillant au rabais, faisant baisser les paix[68]. » Cinquante ans plus tôt, le serrurier Moreau disait la même chose : « La rivalité et la concurrence sont de mauvais stimulants. Elles obligent l'ouvrier à faire vite et à vil prix, mais non à bien faire[69]. »

Anthelme Corbon, l'un des trois « représentants des ateliers » à l'Assemblée constituante de 1848, auteur en 1863 d'un livre singulier, *Le Secret du peuple de Paris,* pousse la réflexion plus loin : « Partout où va le compagnonnage, dit-il, l'ouvrier est habile, même s'il n'est pas compagnon; le travail est relativement bien fait; et quoique le salaire soit plus élevé qu'ailleurs, la main-d'œuvre est en définitive moins chère, sans compter que l'ouvrier est généralement sain de corps et de cœur.

« Au contraire, partout où le compagnonnage ne pénètre pas, ou bien l'esprit de corps fait défaut, l'ouvrier est moins habile, le travail est plus mal fait, le prix de revient est relativement plus élevé et le travailleur est à un niveau plus bas que là où l'esprit de corps a conservé sa puissance, c'est-à-dire là où la résistance collective est à peu près permanente[70]. »

Encore un beau type de quarante-huitard, cet Anthelme Corbon. A l'âge de sept ans, il était en Haute-Marne rattacheur de fil, accroupi sous le métier de l'artisan. Il apprit à lire et à écrire seul, devint peintre en lettres puis métreur du bâtiment dans une grosse entreprise, avant de partir à vingt-cinq ans pour Paris où on le retrouve typographe, metteur en pages, puis sculpteur sur bois et enfin sculpteur sur marbre – avant d'écrire dans *L'Atelier.* Secrétaire de Garnier-Pagès en 1848, élu à la Constituante, il proclama à la tribune, le 4 juillet, que « l'association est le plus grand besoin » de l'époque, et ajouta : « Il faut que le travailleur soit fils de ses œuvres[71]. »

Il déposa une proposition de loi demandant le vote d'un crédit de trois millions pour commanditer les associations ouvrières. Il voulait ainsi « préparer le passage des travailleurs de la situation de salariés à celle d'associés volontaires ». Son projet assignait au compagnonnage – sans références bibliques ni topages – un rôle primordial dans l'éducation et dans la cohésion ouvrières, dans la défense des droits essentiels, dans la mise en place de dispositifs efficaces pour contrebalancer l'influence des maîtres, dans la garantie donnée à la qualité du travail.

C'était, pour lui qui n'était pourtant pas compagnon, la seule voie pour le salut du peuple. « Que, repoussant l'idée décourageante de l'expiation, la pensée de la Révolution transforme le lieu d'exil en un domaine à exploiter, le bagne immense en un immense atelier[72]... »

Le 20 mars 1848, place de la République à Paris, Perdiguier sans doute y a cru plus que tout autre. « Nous voulions, dira-t-il, un peuple instruit, éclairé, généreux, grand, capable de se conduire lui-même...[73] »

EPILOGUE

Les jours ont poussé les jours et voici que se ferme la boucle. Maintenant que la main est sûre, et plein le sac à souvenirs, il est temps de quitter la forêt où l'enfant est devenu un homme. La dernière étape, c'est le retour au pays : là seulement, chez les parents, à des regards et à des repères éprouvés, pourra se mesurer ce qu'on appelle le chemin parcouru.

Après avoir pendant cinq ans
Chers compagnons voyagé dans la France
Je vois apparaître le temps
De rentrer satisfait au lieu de ma naissance
Je reverrai bientôt enfin
De bons parents et des amis sincères,
Ce plaisir n'est pas sans chagrin
bis *Quand il faut quitter tant de frères*[1].

Cinq ans pour Perdiguier et Bouchard, quatre pour Moreau et pour Boyer, six pour Voisin, huit au moins pour le menuisier Chovin, neuf pour Emmanuel Collomp, L'Estimable le Provençal, qui se rappelle enfin, l'incorrigible, que son Hortense l'attend :

Pour le Devoir je veux vivre et mourir
Pour les amis je donnerais ma vie
Mais le désir de revoir mon amie
Fait qu'aujourd'hui je pars avec plaisir[2].

Sans doute, certains descendront en marche du tour de France : Parisien la Bonne Conduite, dont la mère est morte, Poitevin Sans Gêne, qui s'est vendu à un marchand d'hommes[3], Manceau le Triomphant, marié à Argenteuil[4]; Médoc la Rose d'Amour, emporté par la Garonne à deux pas de chez lui[5]. Pour les autres, ma foi, reste à saluer, et à remercier :

Je vais quitter l'aimable tour de France
Chers compagnons recevez mes adieux[6].

Mais ces adieux-là sont moins tristes que graves :

Avec honneur j'ai voyagé la France
En qualité d'Enfant de Salomon
Je me retire en douce réjouissance
Je me retire auprès de mes parents[7].

« Douce réjouissance », dit Voisin. Il y a là sans doute tout le chagrin-plaisir de ce qu'on quitte et de ce qu'on trouve. Longtemps on se retournera sur ses propres traces :

Dans peu je serai de retour
Au doux pays qui berça mon enfance
Là je penserai chaque jour
A mes instants passés sur le beau Tour de
[France
Je chanterai rempli d'ardeur
Le saint pouvoir de nos lois salutaires

Et sentirai toujours mon cœur
bis *Battre au souvenir de mes frères*[8].

Le dernier rite, la dernière frontière, c'est quand le compagnon se décide à *remercier* la société. « Tout compagnon, précise la 49e règle des tourneurs, qui aura fait et fini son tour de France sous le nom de compagnon pourra remercier pourvu qu'il se retire sans dette chez la mère, et pourra travailler dans les villes de Devoir sans qu'on puisse lui faire de la peine[9]. »

Ayant remercié, le compagnon reçoit un certificat. Celui que les gavots de Lyon remettent à Perdiguier, chez qui il a été premier, fait savoir qu'« il a rempli son devoir avec honneur et probité. La Société le déclare quitte envers elle et lui sait gré de ses services.[10] » Un deuxième certificat, d'apparat celui-là, « sur parchemin, couvert d'attributs, des sceaux de la société » lui parviendra un peu plus tard : Avignon ne disposant ni du dessinateur ni d'un cachet nécessaire, il lui sera envoyé de Marseille*.

Quittant Lyon, Perdiguier arrive à Avignon, tout près de chez lui. Il a en ville des parents et des amis, mais il se rend d'abord chez la mère des gavots : exactement là d'où il est parti. Il y soupe, il y dort, et le lendemain seulement prend le chemin de Morières. Il passe devant le jardin de son père, cueille une fleur, un fruit. Le village, enfin.

* C'est du contrôle de la planche à imprimer les certificats qu'est né, vers 1841, le conflit qui devait diviser les menuisiers de Liberté. Les *initiés* ou *membres du 3e ordre,* nouveau grade créé au début du siècle, qui se plaçaient au-dessus des compagnons finis, entendaient être les seuls à pouvoir délivrer les certificats. La petite guerre dégénéra en scission. Le conflit en masquait d'autres, plus profonds : franc-maçonnerie contre tradition, patronat contre ouvriers[11].

« Chacun me regarde, m'appelle, vient à moi, me fait fête. Ma tante, mon oncle Turin me comblent de caresses... J'arrive au seuil de notre demeure. J'entre. J'embrasse mon père, mes frères, mes sœurs, ma mère qui pleure. Je ne puis contenir mon émotion, ma poitrine se gonfle... La parole me manque... Des larmes s'échappent de mes yeux[12]... » Alors suivent les oncles, les tantes, les cousins, les cousines, la marraine, le parrain – une famille c'est une famille; puis les voisins, les amis, une foule de braves gens – un village, c'est un village. Larmes, rires, tapes dans le dos, embrassades : qu'on est bien chez soi. Ses projets : s'installer au village, « ne plus le quitter, ne plus voyager, m'établir, me marier, vivre et mourir là[13] ».

« Les compagnons du Devoir de liberté, dit-il, m'ont pris par la main au sortir de l'enfance, m'ont dirigé, m'ont soutenu pendant un long et fructueux voyage, et me ramènent grandi et fortifié à mon point de départ. Dans mon pays, mes dessins, mes modèles, mes couleurs, mon écharpe (de premier compagnon), ma canne, mon Certificat d'honneur dans son magnifique cadre me parlent sans cesse du tour de France, auquel je les dois; ils parlent aussi au cœur de mes concitoyens, et leur disent que je n'ai point été paresseux, que j'ai travaillé, que je me suis bien conduit, et me valent leurs sympathies et leur considération[14]. »

Le bourrelier Batard, qui doit accomplir son service militaire, remercie à Paris et rentre chez lui, à Nantes, pour la Toussaint de 1891. « A la gare m'attendaient mon père et une de mes sœurs. Ni l'un ni l'autre ne me reconnurent; j'avais grandi; parti imberbe, je revenais moustachu. » Lui-même ne reconnaît pas sa sœur : elle avait douze ans à son départ, elle en a presque dix-sept! On se trouve quand même, on s'embrasse, on se met en route. Ses parents ont vendu le café qu'ils tenaient place de Bretagne pour en acheter un autre, place Viarme. C'est là qu'attendent la mère et l'autre sœur de Nantais la Belle Conduite : « Moments inoubliables, embrassades, pleurs de joie auxquels se joignaient les félicitations des amis et des clients. » Les jours qui lui restent avant l'incorporation, il les consacre à ceux qui lui ont « inculqué l'amour du travail et le goût des voyages » : l'ami de son père qui l'a conseillé; son premier patron M. Marchais; Lefèvre, le compagnon qui l'a formé[15].

C'est à Lyon, enfin, que Boyer interrompt son Tour pour aller passer le conseil de révision. Les compagnons lui ont fait la conduite jusqu'à la gare. A Vézac, il prend le chemin de Domme, son village, sept kilomètres plus loin. « Mon cœur se gonfle de joie, ma poitrine se soulève, il m'échappe un sanglot, je pleure. Pourquoi? Je ne saurais le dire, je suis pourtant heureux de revoir ces rochers aimés, cette rivière, ces collines, et bientôt mes parents, mes camarades, mes amis. C'est une émotion douce, et si j'essaie de retenir mes larmes, j'étouffe. » Il s'assied un moment dans l'herbe du talus, que se calme son émotion; lui qui est devenu un homme, il ne veut pas qu'on le voie pleurer.

Au tournant, le clocher. C'est là. La rue en pente, le rempart. Des enfants qui jouent s'arrêtent pour regarder passer, balluchon à l'épaule, canne à la main, gourde en bandoulière, ce compagnon qu'ils ne connaissent pas. « Je crois tout de même entendre chuchoter au loin mon nom : « Mais c'est l'Abel! O quoï l'Abel? O! O! » Je pourrais m'arrêter, serrer des mains, mais je ne détourne pas mon regard. Je veux aller droit chez nous, je veux que ma première parole soit pour ma mère; il me semblerait ternir cette joie que de donner aux autres ce que j'ai réservé pour les miens. » La porte est ouverte. « D'un bond, je suis dans les bras de ma mère : « Ah ! te voilà pauvre drôle ! » et de sangloter de joie sans pouvoir ajouter autre chose. » Avec son père c'est différent : « Entre hommes, les épanchements ne sont pas les mêmes. » La maison se remplit. Voisins, amis, farandole des embrassades, l'Abel est revenu.

Un jour ou deux, il donne la main, à côté, à la forge du « brave Tréfeil ». Son père vient voir comment, avec ses deux acolytes frappeurs, Abel « mène l'orchestre ». Il reste là quelques minutes puis disparaît. La suite, Périgord l'apprendra plus tard. Le père rentre, s'assoit sur la chaise longue près de la cheminée; des larmes coulent sur ses joues.

« Qu'as-tu, mon Ugène ? » demande la mère.

Et lui, étouffant un sanglot :

« Je viens de voir travailler le fils, il forge mieux que moi. »

« Et, conclut Abel Boyer, remplis de joie, les deux vieux s'embrassèrent[16]. »

Remercier la société ne signifie pas qu'on est quitte avec le compagnonnage. « Avoir battu aux champs, vidé des gourdes, réintégré ses pénates et jouir d'une certaine considération parmi ses concitoyens, est-ce tout ce dont un compagnon doit se trouver satisfait ? » interroge un bon drille[17]. Deux devoirs au moins lui restent : se montrer digne des compagnons, dans sa profession comme dans sa vie, et transmettre à son tour ce qu'il tient de ses aînés. Il dira peut-être, comme on le lui a dit :

Enfant, mon fils, comprends-tu ce langage?
Autant que moi prends pour ambition
De parvenir au beau compagnonnage
Où les vertus font la belle union[18].

Chaque compagnon est l'image de tous les compagnons. Et la *chaîne d'alliance* qu'on prend l'habitude, vers la fin du siècle, de former à minuit dans les cayennes, tissant bras à bras la ronde des frères du moment, rattache aussi aux frères de toujours :

Vaincre en tous lieux les faiblesses humai-
[nes
Tels sont les vœux de nos législateurs
bis *C'est pour cela que nous tissons la*
[chaîne
Qui doit servir à lier tous les cœurs[19].

Par les journaux professionnels, par les lettres, par les amis de passage, les compagnons apprendront les nouvelles qui courent le Tour. La Clé des Cœurs est mort, l'Ami des Filles a remercié, la Fierté du Devoir a ouvert boutique, Agenais Marche Sans Peur est devenu représentant – d'ailleurs, il l'annonce dans *Le Ralliement* : « Le compagnon Fillol, dit Agenais Marche Sans Peur, compagnon maréchal-ferrant du Devoir, prévient messieurs les maréchaux-ferrants que depuis un an il est représentant d'une manufacture française de clous à cheval de Saint-Etienne (Loire). Cette grande fabrique qui a obtenu le 1er Prix à plusieurs expositions porte le nom « Le Soleil » et se fait considérer par ses marchandises qui sont de qualité irréprochable : lame bien suivie, ne cassant jamais, avec une affilure des plus compliquées et des mieux réussies. [...]

« Je veux bien croire que tous mes confrères et collègues voudront bien marquer mon passage en me donnant leur petite commande.

« Avec le doux espoir de faire bientôt de nouvelles connaissances[20]... »

Il y aura sans doute des santés, et peut-être des chansons. On dira pieusement des chapelets de noms, on se passera des colliers de souvenirs.

Escole Joli Cœur de Salernes, âgé, seul, pudique, est entré à l'hospice de vieillards d'Ivry. Parfois, il regarde la route :

Tous les ans, le printemps fait naître
Les fleurs dont les champs sont couverts
Et moi je vois de ma fenêtre
Passer les étés, les hivers.
En l'air voltige l'alouette
Répercutant son chant joyeux
Et moi du fond de ma retraite
Chers compagnons, je vous fais mes [adieux[21].

Il meurt en 1902, à l'âge de quatre-vingt-sept ans.

Agricol Perdiguier, dit Avignonnais la Vertu, compagnon menuisier du Devoir de liberté, a été réélu à l'Assemblée législative et arrêté quatre jours après le coup d'Etat du 2 décembre 1851. « Sont expulsés du territoire français, de celui de l'Algérie et de celui des colonies, par mesure de sûreté générale, les anciens représentants à l'Assemblée dont les noms suivent... » C'est l'exil. Bruxelles, Anvers, Genève... A Paris, Lise et leurs trois filles vivotent des maigres ressources d'une maison d'ouvriers, l'Hôtel des Travailleurs. Il rentre en 1856, enseigne le trait, reprend son bâton de compagnon, mais on le respecte plus qu'on ne l'écoute. Il préside des fêtes patronales, tâche de faire célébrer tous les cinq ans, dans toutes les villes de France, la Fête de la Fraternité, sa grande nostalgie. A Nantes et à Lyon, en 1865, à Niort en 1868 seront ainsi organisées des fêtes de la réconciliation compagnonnique. Mais à chaque fois il faut tout reprendre, tout refaire, tout réexpliquer. Il se désenchante. « Quelque chose de poignant, d'amer, a pénétré en moi[22]... », finit-il par avouer.

A nouveau malade, de plus en plus pauvre, il vend ses derniers biens pour nourrir les siens et, quand il meurt, le 26 mars 1875, il ne lui reste presque rien. Trente ans plus tard, un monument Agricol-Perdiguier sera inauguré à Avignon, et on lancera dans le mistral de ce dimanche-là des couplets comme il les aimait :

Vois les doux compagnons, vois les fils de ton rêve
Devant ton piédestal passer demain sans trêve
Ils vont vers le même Devoir.
Ils suivent sous tes yeux, maître, la bonne route
Mais si la haine un jour les reprenait, sans doute
Ils l'oublieraient, rien qu'à te voir[*][23].

A Paris, au Père-Lachaise, la tombe d'Avignonnais la Vertu reçoit chaque année, pour la Tous-

[*] Durant la deuxième guerre mondiale, le monument a été démonté, et débaptisé le square Agricol-Perdiguier, devenu Jardin de la Reine-Jeanne. Tout est rentré dans l'ordre après la guerre.

saint, l'hommage d'un pèlerinage des compagnons de toutes les sociétés.

Pierre Florimond Moreau, dit un temps Tourangeau, aspirant serrurier du Devoir puis sociétaire de l'Union, n'a pas échappé non plus à la répression du 2 décembre. Condamné à la déportation en Algérie, il est finalement incarcéré à Tours, puis libéré et placé sous surveillance. Il doit abandonner son affaire de Château-Renault et se transforme en marchand ambulant, ce qui lui permet de répandre la bonne parole républicaine. Le « féroce serrurier », longtemps abominé par les compagnons, considéré par la police comme « l'un des hommes les plus dangereux du département », est aussi celui qui ose proclamer que « l'Union qui fait la force est fille de l'Amour[24] » Usé, épuisé de s'être battu toute sa vie, il meurt le 24 novembre 1872 à Château-Renault.

Jean Baptiste Etienne Arnaud, dit Libourne le Décidé, compagnon boulanger du Devoir, n'a jamais eu le feu sacré. Son tour de France bouclé, il a au moins appris que l'ouvrier boulanger, dès qu'il n'est plus assez fort pour « la rude corvée du pétrin », n'est bon qu'à « blutter les farines et à balayer les greniers » — et pour « un salaire de couturière ».

Il estime valoir mieux que ce destin-là : « J'étais fier d'avoir reçu du Ciel cette large part d'intelligence qui me mettait à même de révéler à mes frères égarés toutes les félicités futures qui devaient élever l'atelier. » Il écrit au directeur des subsistances de Rochefort, qui lui propose un embarquement : il sera distributeur sur la corvette *La Camille*. Il appareille pour la côte occidentale de l'Afrique le 13 janvier 1845. C'est à bord, entre deux escales, que notre compagnon de grand large et de peu de vertu achève la rédaction de ses édifiants mémoires[25].

Martin Bouchard, dit la Prudence le Bourguignon, compagnon chapelier du Devoir, a été, on le sait, poussé par le chômage à s'engager. Blessé en Afrique, il a fait carrière dans l'armée : adjudant, lieutenant, capitaine et chef de bataillon en 1871 quand ses blessures l'ont obligé à prendre à quarante-sept ans une retraite prématurée. Il entreprend alors un nouveau tour de France : il n'a pas oublié.

Mais il n'est pas partout bien reçu : des compagnons le soupçonnent, malgré ses protestations, d'avoir vécu l'aventure de la Commune du côté de la répression. Il meurt d'étouffement à Bordeaux, une nuit de mai, veillé, précise son biographe, par une garde-malade « qui fut son héritière de 30000 francs[26] ».

Joseph Voisin, dit Angoumois l'Ami du Trait, compagnon charpentier du Devoir de liberté, n'était pas à Paris pour la Commune, mais on lui a raconté : « A partir du 18 mars, les Versaillais ont massacré les compagnons; les cheveux m'en ont dressé tout droit sur la tête et de ce jour j'étais communiste. » Mais un mot peut en cacher un autre et, comme il l'avoue plus loin, « les communistes de l'époque sont aujourd'hui les socialistes de droite », et d'ailleurs, l'important c'est qu'« un vrai compagnon de Liberté doit aimer la République ».

Après avoir envisagé d'entrer chez Eiffel, il s'est installé à son compte à Tours, où sa réputation de libre-penseur, soigneusement entretenue par ses concurrents, l'a mené plusieurs fois au bord de la faillite. Il a entrepris un grand chef-d'œuvre, auquel ses deux fils Adolphe et Paul l'aident dès qu'ils en ont l'âge. Pendant trois ans, ils y consacrent toutes leurs soirées, tous leurs dimanches. Dans cet ouvrage, « toutes les difficultés de la charpente existent, ainsi que la maison de bris mansard raccordés avec un comble droit, un terrasson au-dessus pour raccord du biais, comme lucarne une capucine avec les initiales dans les liens raccordés en tenailles, surmontés d'une flèche torse octogonale, etc. » Au total, une forêt d'assemblages complexes de 3,60 m de haut – qui vaudra à Voisin notamment le Grand Prix de l'Exposition de Barcelone en 1912, et deux médailles d'or à ses fils.

Adolphe est reçu compagnon charpentier à Paris à la Toussaint 1910, et Paul à Tours à la Toussaint 1911. Voisin n'a jamais été plus heureux. Mais Adolphe est grièvement blessé en mai 1915, et Paul tué en octobre de la même année. En 1918, l'Ami du Trait travaille pour les Beaux-Arts. En 1926, au Grand-Palais, à Paris, l'ancien petit cloueur de caisses est déclaré meilleur artisan de France. C'est en 1932, à soixante-quatorze ans, qu'il a rendez-vous avec le Grand Architecte[27].

Auguste René Batard, dit Nantais la Belle Conduite, compagnon bourrelier sellier du Devoir, libéré après trois ans de service, s'est embauché à Vannes, en 1894, dans une sellerie dont il est devenu propriétaire six ans plus tard. Il expose ses travaux, reçoit médailles et prix. Evoluant avec son industrie, il ajoute à la sellerie un atelier de garniture pour automobile, un autre d'accessoires de peinture.

A soixante-dix ans, il est encore directeur commercial d'une tannerie de Nantes, qui ferme pour ne pas devoir travailler pour l'ennemi. Auguste Batard a écrit, en tête de ses mémoires, son message de compagnon, avec la gravité du laboureur transmettant le secret de son trésor :

« A mes enfants à qui j'ai voulu donner le goût du travail bien fait,

« A mes petits-enfants pour qu'ils continuent la tradition,

« A mes arrière-petits-enfants pour qu'ils la reçoivent et la transmettent à leur tour[28]. »

Abel Boyer enfin, dit Périgord Cœur Loyal, compagnon maréchal-ferrant du Devoir. Il a vécu le temps où « des corporations entières, chefs et troupes, [...] optèrent pour le syndicalisme naissant[29] », laissant, le compagnonnage affaibli. Il a fait en politique l'expérience des « utopies trompeuses », travaillé en usine et pris part à la grande grève de 1909-1910, s'est établi maréchal artisan. Elu président des compagnons maréchaux de Paris, il a tenté à son tour un rapprochement avec les autres corps – « Les nobles idées de Perdiguier, dont j'avais dévoré les ouvrages, fermentaient en moi... » Au bout de ses efforts : la Fédération intercompagnonnique de la Seine en 1919. Installé près de Paris comme maître maréchal, maréchal attitré des cirques parisiens, il n'a pas un instant cessé de lutter pour le compagnonnage – ce feu qui couve au cœur des hommes de bonne volonté.

Mais plus il s'éloigne de sa haute jeunesse, plus

il éprouve la nostalgie d'une vie de maréchal de village qui n'a pas été la sienne. Il se résigne mal à ce temps qui passe en emportant les autrefois. « J'ai versé des larmes silencieuses quand il m'a fallu me séparer de mes outils, eux les compagnons de toute ma vie[30]. » Même un pèlerinage à Domme, son « pays des pierres », l'a laissé désarmé. Là-bas aussi tout a changé :

La pierre où mon aïeul le soir
S'asseyait au pas de la porte
N'est plus là pour me recevoir
Pour moi cette maison est morte[31].

Le moment est venu pour Périgord Cœur Loyal de faire son dernier levage d'acquit : « Adieu, beau Tour de France de mes vingt ans, dit-il. Tu as été le parfum de ma vie... Avec lui, j'ai suivi le chemin de l'honneur et je désire partir dans l'autre monde sans y avoir failli. »

Un jour, à Nîmes, Périgord Cœur Loyal s'était habillé en « vrai de vrai compagnon », avec une culotte un peu courte, les souliers d'un autre, une cravate rouge – il y avait fête pour la dernière conduite de Languedoc la Victoire. « Dès que l'on a jeté la motte d'adieu sur le défunt, avait-il dit, et que l'on se retrouve chez la mère, la vie reprend ses droits et cela finit par des chansons[32]. »

Des chansons ? La parole est au rouleur :

« Notre mère, pays et coteries, trouvez-vous le compagnon l'Ami du Devoir capable de vous chanter une chanson ?

– Capable !

– Et vous, l'Ami du Devoir, vous en sentez-vous capable ?

– Oui, mon pays ! Et si je ne le suis pas, les compagnons me reprendront ! »

SOCIETES COMPAGNONNIQUES

Première moitié du XIXe siècle

Cette liste des métiers compagnonniques dans la première moitié du XIXe siècle doit être utilisée avec précaution. Pour le rite des compagnons du Devoir, Enfants de maître Jacques ou du père Soubise, l'énumération des corps et le tour de passe sont ceux d'un tableau chronologique établi en 1807 par les premiers Corps (n° 1 à 4) et ratifié par les autres. Les dates avancées sont celles consacrées par la tradition, non par des documents historiques. Des éléments complémentaires ont été empruntés notamment à Agricol Perdiguier *(Livre du Compagnonnage)* et à Martin Saint-Léon *(Le Compagnonnage)*.

COMPAGNONS DU DEVOIR

—

A. – Enfants de maitre Jacques

Tour de passe ou rang de préséance

1. – Tailleurs de pierre. Compagnons *passants* ou *loups-garous.* Initiés, d'après la tradition, en 558 av. J.-C. S'appellent *coterie.* Nom type : La Sagesse d'Orléans.
3. – Menuisiers. Compagnons *dévorants* ou *chiens.* Initiés, d'après la tradition, en 570 ap. J.-C. S'appellent *pays.* Nom type : François le Champagne.
4. – Serruriers. Ils forment une société analogue à celle des menuisiers (570). Jadis appelés *verrouillards.* S'appellent *pays* comme tous les corps suivants, sauf indication contraire. Nom type : comme les menuisiers.
5. – Tanneurs, corroyeurs. Auraient été reçus en 1330. Nom type : Breton le Victorieux.
6. – Teinturiers (1330). Nom type : Du Puy l'Ami des Compagnons.
7. – Cordiers (1407). Nom type : L'Estimable le Provençal.
8. – Vanniers (1409). Nom type : Carcassonne la Belle Union.
9. – Chapeliers (1410). Nom type : La Prudence le Bourguignon.
10. – Blanchers-Chamoiseurs (1500). Nom type : Vendôme la Clé des Cœurs.

11. – Fondeurs (1601). Ils se sont unis sous l'Empire aux ferblantiers, couteliers et poêliers pour former la société dite des *Quatre-Corps.* Nom type : Beaujenci le Courageux.
12. – Epingliers (1603). Nom type : L'Aimable le Nantais.
13. – Forgerons (1609). Nom type : Gascon la Victoire.
14. – Tondeurs de drap (1700). Nom type : Dauphiné dit Bien-Aimé.
15. – Tourneurs (1700). Nom type : Blois le Bienvenu.
16. – Vitriers (1701). Nom type : Lyonnais Difficile à Connaître.
17. – Selliers. Initiés en 1702, mais déjà mentionnés dans la sentence de la Sorbonne en 1655. Nom type : Berry l'Ami du Compagnon.
18. – Poêliers. Travaillent le cuivre au marteau (1702). L'un des *Quatre-Corps.* Nom type : Dauphiné le Laborieux.
19. – Doleurs. (Tonneliers). Initiés en 1702 sur présentation des menuisiers. Nom type : Tourangeau Plein d'Honneur.
20. – Couteliers. Initiés en 1703 sur présentation des fondeurs. L'un des *Quatre-Corps.* Nom type : Toulousain le Courageux.
21. – Ferblantiers. Reçus en 1703, enfants des fondeurs. L'un des *Quatre-Corps.* Nom type : Lyonnais le Paisible.
22. – Bourreliers. Reçus en 1706, enfants des selliers. Nom type : Tourangeau la Fierté du Devoir.
23. – Charrons. Reçus en 1706, enfants des forgerons. Nom type : Dauphiné l'Espérance.
24. – Cloutiers. Reçus en 1758, enfants des *Quatre-Corps.* Nom type : Brin d'Amour l'Agenais.

B. – ENFANTS DU PERE SOUBISE

2. – Charpentiers. Compagnons *passants bons drilles.* Réputés fondés en 560 ap. J.-C. S'appellent *coterie.* Nom type : La Brie l'Ile d'Amour dit le Désiré.

25. – Couvreurs. Initiés en 1703 par les charpentiers, reconnus par les autres corps en 1759. Mêmes appellations que les charpentiers.

26. – Plâtriers. Initiés en 1703 par les charpentiers, officiellement admis en 1797. Mêmes appellations que les charpentiers.

C. – Autres corps non reconnus en 1807

– Maréchaux-ferrants. Initiés en 1789, mais reniés par les forgerons. Reçus officiellement en 1867. Nom type : Périgord Cœur Loyal.
– Toiliers. Initiés en 1775 par des menuisiers, mais reniés par ceux-ci. Reçus en 1865. Nom type : Noble Cœur le Poitevin.
– Cordonniers. Compagnonnage très ancien, condamné en 1655. Initiés par un tanneur en 1807. Reçus partiellement en 1860. Reconnus en 1866 par les tanneurs et en 1891 par les menuisiers. Nom type : Albigeois l'Ami des Arts.
– Boulangers. Initiés en 1811 par un doleur et en 1856 par des documents des *Quatre-Corps*. Largement reconnus en 1860, mais réputés « fondés par eux-mêmes ». Parfois appelés *chiens blancs*. Nom type : Libourne le Décidé.
– Tisseurs-Ferrandiniers. Fondés en 1834. Reconnus par les selliers en 1841, par la plupart des autres corps en 1860. Nom type : Forézien Cœur Affable.
– Sabotiers. Initiés par les vanniers en 1849, partiellement reconnus en 1865. Nom type : Berry le Courageux.

COMPAGNONS DU DEVOIR DE LIBERTE

Enfants de Salomon

1. – Tailleurs de pierre. Compagnons *étrangers* ou *loups*. Initiés, d'après la tradition, en 558 av. J.-C.

S'appellent *coterie.* Nom type : Joli Cœur de Salernes.

2. – Charpentiers. Compagnons *indiens* ou *renards de liberté.* Réputés fondés en 560 ap. J.-C. En fait, issus d'une scission des charpentiers Enfants de Soubise en 1804. Nom type : Dauphiné l'Espérance.
3. – Menuisiers. Compagnons *gavots.* Initiés d'après la tradition en 570 ap. J.-C. S'appellent *pays.* Nom type : Avignonnais la Vertu.
4. – Serruriers. Compagnons *gavots* (570). Proches des menuisiers, ils font souvent mère avec eux. Nom type : Bugiste la Sagesse Couronnée.
5. – Tonneliers foudriers. Reçus en 1830. Nom type : Nantais la Belle Union.
6. – Cordonniers-bottiers. Reçus en 1845, issus d'une scission au sein des Cordonniers du Devoir. Nom type : Rochefort l'Alliance des Cœurs.

CORPS ANCIENS DU DEVOIR DEJA DISPARUS AU XIXe SIECLE

– Paveurs.
– Boursiers-culottiers
– Potiers d'étain.
– Bonnetiers.

PSEUDO-COMPAGNONNAGES

– Papetiers
– Typographes.
– Fendeurs.
– Scieurs de Long.

APERÇU BIBLIOGRAPHIQUE

(établi avec la collaboration d'Anne Theis)

Roger Lecotté* a établi une importante bibliographie du compagnonnage, publiée en 1951 dans l'ouvrage *Compagnonnage* (présentation R. Dautry) paru à Paris, chez Plon dans la collection « Présences ».

Cette bibliographie qui occupe les pages 271 à 417 du volume ne comporte pas moins de 1066 références (fonds d'archives, ouvrages, périodiques, etc.). Une série d'index en rend la consultation particulièrement aisée. La cote BN est indiquée pour tous les documents disponibles à la Bibliothèque Nationale. L'auteur prépare actuellement un important complément qui recensera les publications et découvertes des trente dernières années.

Compte tenu de ce travail, nous ne mentionnerons ici que :

1. Les ouvrages et documents essentiels sur le compagnonnage au XIXe siècle et plus spécialement avant la révolution de 1848. Parmi ceux-ci, nous mettons l'accent sur les relations autobiographiques de tours de France qui sont la chair de ce livre;
2. Les ouvrages parus et les documents découverts depuis 1951 concernant notre sujet;
3. Quelques ouvrages dont le compagnonnage n'est pas le sujet essentiel mais qui apportent des précisions

* Ni cet ouvrage, ni la plupart de ceux qui sont cités dans l'aperçu bibliographique ne sont illustrés. Les lecteurs qui le regrettent seront satisfaits par l'album de Roger Lecotté *Les Chefs-d'Œuvre des Compagnons* (Editions du Chêne). Ils y retrouveront l'escalier d'Avignonnais la Vertu, les bottes d'Albigeois l'Ami des Arts, la chaire des gavots de Montpellier, parmi tous les chefs-d'œuvre célèbres du Compagnonnage. Prouesse technique en même temps que quête du beau, ils sont autant de miracles de la main et de l'outil qui la prolonge.

intéressantes sur les conditions de vie à cette époque des compagnons sur le tour de France.

Les livres et documents appartenant aux catégories 2 et 3 ne figurant pas dans la bibliographie de R. Lecotté sont précédés d'un astérisque.

I. — OUVRAGES DE REFERENCE SUR L'HISTOIRE DU COMPAGNONNAGE, NOTAMMENT AU XIXe SIECLE

1. PERDIGUIER (A.), *Le livre du Compagnonnage.* Deuxième édition, Paris, Pagnerre, 1841. Réédition Laffitte Reprints, Marseille, 1978, avec une préface de R. Lecotté.
2. MARTIN SAINT-LÉON (E.), *Le compagnonnage, son histoire, ses coutumes, ses règlements, ses rites*, Paris, 1901. Réédition de la Librairie du Compagnonnage, Paris, 1977. Longtemps épuisé et récemment réédité, le travail de E. Martin Saint-Léon reste, par sa rigueur et son honnêteté, la meilleure référence sur l'histoire du compagnonnage.
3. COORNAERT (E.), *Les compagnonnages en France du Moyen Age à nos jours*, Paris, les Editions Ouvrières, 1966. Publié avec le concours du CNRS, l'ouvrage d'E. Coornaert élargit le champ couvert par E. Martin Saint-Léon, notamment en analysant les constantes du compagnonnage à travers son histoire et ses relations avec l'environnement (Etat, Eglise, patronat, autres ouvriers, etc.). On doit à E. Coornaert la publication de la Règle des tourneurs et d'autres documents auxquels nous nous référons fréquemment. Un seul regret : l'ouvrage ne comporte pas de notes de renvoi justificatives. Peut-être s'agit-il pour certains textes d'une discrétion volontaire.

II. — Principales relations autobiographiques de tours de France utilisées

4. Arnaud (J. B. E.), Libourne le Décidé, C. boulanger du D., *Mémoires,* Rochefort, A. Giraud, 1859.
5. Batard (A.R.), Nantais la Belle Conduite, C. bourrelier-harnacheur, *A l'école du courage et du savoir. Souvenirs.*
6. Boyer (A.), Périgord Cœur Loyal, C. maréchal-ferrant du D., *Le tour de France d'un Compagnon du Devoir,* Préface de Daniel Halévy, Imprimerie du Compagnonnage, Paris, 1975.
7. Guillaumou (T.), Carcassonne le Bien-Aimé du Tour de France, C. cordonnier, *Les confessions d'un Compagnon,* Paris, Le Coloriste Industriel, 1864. (L'indisponibilité de cet ouvrage de mai 1979 à mars 1980 à la Bibliothèque Nationale, nous a contraints à renvoyer parfois à des auteurs qui le citent et non au texte original.)
8. Moreau (P.), *De la réforme des abus du compagnonnage et de l'amélioration du sort des travailleurs,* Paris, Prévôt, 1843.
9. Perdiguier (A.), Avignonnais la Vertu, C. menuisier du Devoir de liberté, *Mémoires d'un Compagnon,* Réédition de la Librairie du Compagnonnage, Paris, 1977.
10. Voisin (J.), *Histoire de ma vie ou cinquante-cinq ans de Compagnonnage,* Tours, 1931.

III. — Principaux ouvrages et sources a consulter

11. *Agulhon (M.), *Une ville ouvrière au temps du socialisme utopique : Toulon de 1815 à 1851,* Paris, Mouton, 1970.

12. *ALMERAS (H. d'), *Au bon vieux temps des diligences,* Paris, 1931.
13. *ARES (J. d'), *Le Compagnonnage initiatique,* Paris, Institut d'herméneutique, vers 1972.
14. ARNAUD (J. B. E.), Libourne le Décidé, C. boulanger, *Le régénérateur du Tour de France, recueil de chansons inédites,* Nantes, 1848.
15. AYGUESPARSE, Aurillac l'Intrépide, *Histoire complète du Compagnonnage,* Paris, 1848.
16. BALZAC (H. de), « Ferragus, chef des dévorants », *in Scènes de la vie parisienne,* Histoire des Treize, Paris, 1842-1848.
17. BARBERET (J.), *Le travail en France. Monographies professionnelles* (Tomes I à VII), Paris, Berger-Levrault, 1886-1890.
18. BARETHIE, Corrézien la Douceur, C. tonnelier D.D.U., « Le métier de tonnelier autrefois (souvenirs du Tour de France) », *in Le Compagnonnage,* juin à août 1947.
19. *BAYARD (J.P.), *Le Compagnonnage en France,* Paris, 1977.
20. *BENOIST (L.), *Le Compagnonnage et les métiers,* Paris, 1975.
21. *BERNARD (J.), *Le Compagnonnage,* Paris, P.U.F., 1972.
22. *BERTIER DE SAUVIGNY (G. de), « La Restauration », *in Nouvelle Histoire de Paris.* Paris, 1977.
23. BLANC (J.), *La grève des charpentiers en 1845. Episode de la crise sociale de l'époque,* Paris, Librairie Sociétaire, 1845.
24. *BLANC (L.), *Histoire de dix ans,* Neuvième édition : Paris, Paguerre, 1849.
25. *BLOIS, l'Ami du Travail, C. boulanger du Devoir, *La Sainte Baume, haut lieu du Compagnonnage,* Paris, Librairie du Compagnonnage, 1972.
26. BOILEAU (E.), *Règlements sur les arts et métiers de Paris rédigés au* XIII*e siècle et connus sous le nom de Livre des métiers,* édité par G. B. Depping, Paris, 1837.
27. BON (M.), C. P. couvreur, « Nos morts : Alfred-Clé-

ment Bonvous, Angevin Cœur de France, C.P.B.D, couvreur », *in Revue des groupes fraternels des Compagnons du Tour de France sous les drapeaux,* janvier 1917.

28. BONDOIS (P.), « Un Compagnonnage au XVIIIe siècle (Devoir des B.D. blanchers-chamoiseurs) », *in Annales historiques de la révolution française,* Paris, 1929.
29. BONNEF (L. et M.), *La classe ouvrière : les boulangers, les Compagnons du bâtiment*, Paris, Editions de la Guerre Sociale, 1911.
30. BONVOUS (A.), *Les Compagnons du Devoir, un programme : étude sociale sur les corporations compagnonniques de Maître Jacques et du Père Soubise formant elles seules le Compagnonnage du Devoir,* Angoulême, 1900.
31. BONVOUS (A.), *Les Compagnons du T∴ de F∴, étude sociale sur les corporations compagnonniques,* Angoulême, 1902.
32. BOURGIN (G. et H.), *Les patrons, les ouvriers et l'État. Le régime de l'industrie en France de 1814 à 1830,* Recueil de textes publiés pour la Société d'Histoire Contemporaine en trois volumes, Paris, 1912-1941.
33. *BOUSSEL (P.), « Les Compagnonnages », *in Revue Total,* printemps 1979.
34. BOYER (A.), Périgord Cœur Loyal, « Le beau Tour de France d'un artisan », *in Le voile d'Isis,* décembre 1925.
35. — « Les tribulations d'un nouveau reçu », *in Compagnonnage,* nos 57 à 63, 1945-1946.
36. — « Les tribulations d'un Compagnon fini », *in Compagnonnage,* nos 70 à 94, Lyon, 1947-1949.
37. — « Le Compagnon soldat », *in Compagnonnage,* à partir du no 101, Lyon 1949, à suivre en 1950.
38. BOYER (Ad.), *De l'état des ouvriers et de son amélioration par l'organisation du travail,* Paris, 1841.
39. BRAQUEHAYE (Ch.), *Défi des Compagnons « passants » et des Compagnons « étrangers » jugé par*

l'Académie de peinture, de sculpture et d'architecture de Bordeaux le 27 mars 1771, Paris, Imprimerie nationale, 1902.
40. BRAULT (J. F.), Bien Décidé le Briard, *Le chant de la République,* Paris, 1848.
41. *BRENGUES (J.), *La franc-maçonnerie du bois,* S.I., 1973.
42. BRICHETEAU, pseudonyme Jean Connay, *Le Compagnonnage, son histoire, ses mystères,* Paris, Union des Charpentiers de la Seine, 1909.
43. *BRIQUET (J.), *Agricol Perdiguier, Compagnon du Tour de France et représentant du peuple 1805-1875,* Paris, M. Rivière, 1955.
44. *BRUNO (G.), *Le tour de la France par deux enfants,* Paris, Belin, 1877, réédition 1977.
45. *CACERES (B.), *Le Compagnon charpentier de Nazareth,* Paris, 1974.
46. CALLAS (P.), Languedocien l'Ami des filles, C. cordier du Devoir, « Mes souvenirs du Tour de France », *in Le Réveil Compagnonnique* du 1er juillet 1879.
47. – « Soirées d'hiver, souvenirs du Tour de France », *in La Fédération Compagnonnique,* du 20 février au 3 avril 1887.
48. CAPUS (P.), Albigeois l'Ami des Arts, *A Bourguignon le Modèle des Vertus, Compagnon cordonnier-bottier du Devoir martyr de son dévouement pour le Compagnonnage,* poème en huit chants. Toulon, 1851.
49. – *Conseil d'un vieux Compagnon à son fils prêt à partir pour faire son Tour de France,* poème en cinq chants, Tours, 1844.
50. – *Mouton Cœur de Lion ou l'honnête criminel, premier martyr du Devoir des Compagnons cordonniers et bottiers,* poème en six chants, Lyon, 1838.
51. – *Prospectus de la botte napoléonienne, aux deux bottes uniques,* Paris, Moquet, s. d. (BN : Ye 17184).
52. *CASSOU (J.), *Quarante-huit,* Paris, Gallimard, 1939.
53. CHABANNE (H.), Nivernais Noble Cœur, C. tonnelier

D.D. de L., *Guerre à l'ignorance,* Pouilly-sur-Loire, chez l'auteur, 1867.
54. CHAPUIS, Bugiste Va Sans Peur, C. maréchal-ferrant D.D., « Récit d'un voyage à pieds de Lyon à Paris », *in Le Ralliement* du 15 septembre 1907 au 15 février 1908, Tours.
55. *CHEVALIER (L.), *Classes laborieuses et classes dangereuses à Paris pendant la première moitié du* XIXe *siècle,* Paris, 1958.
56. CHOVIN DE DIE (F.), François le Dauphiné, C. menuisier du D., *Le conseiller des Compagnons,* Paris, Dutertre, 1860.
57. COLLOMP (E.), L'Estimable le Provençal, C. cordier du D., *Nouveau chansonnier du Tour de France.* Lyon, 1846; Toulon, 1867.
58. *CORBON (A.), *Le secret du peuple de Paris.* Paris, 1863.
59. COSROUGE, Bordelais l'Ami de l'Union, C. menuisier D.D. de L., « Souvenirs d'un vieux Compagnon menuisier, D.D. de L. », *in Le Compagnon du Tour de France* des 1er novembre et 1er décembre 1933.
60. *DELARUE (J.-J.), Picard la Sincérité, C. potier-verrier D.D. unis, *La Sainte-Baume.* Paris, 1957.
61. – « Souvenirs du Tour de France, appel aux C.C. pour le recevoir », *in Compagnonnage,* février 1948.
62. DENAT, La Franchise de Castelnaudary, *La Marseillaise des Compagnons de tous les Devoirs réunis* (chanson). Paris, 1848.
63. DERUINEAU (P.), *Souvenirs d'un ouvrier peintre en décors.* Angers, Imprimerie de Bource et Maige, 1850.
64. *DUBREUIL (H.), *Le Compagnonnage.* Paris, Imprimerie du Compagnonnage, 1957.
65. *DUCHATELIER (A. R.), *Essai sur les salaires et les prix de consommation de 1202 à 1830,* Paris, 1830.
66. *DUGUET (M.), *Mémoires d'une mère en Devoir,* Paris, Librairie du Compagnonnage, 1979.
67. *DU MAROUSSEM (P.), *Charpentiers de Paris, Com-*

pagnons et indépendants, tome I de *La question ouvrière,* Paris, Rousseau, 1891.
68. *Edeline (R.), Tourangeau la Franchise, C. boulanger du D., *Les Compagnons du Tour de France,* Paris, s. d.
69. *Edelman (F.) : « Musée du Compagnonnage », *in Clefs,* janvier-mars 1978.
70. Escolle, Joli Cœur de Salernes, C. tailleur de pierre D.D. de L., *Mes souvenirs.* Paris, chez la mère Veuve Taboureau, 1898.
71. Flouret, « Il y a soixante ans : les souvenirs du Tour de France d'un ancien Compagnon (1868-1877) », *in L'ami du peuple,* du 16 au 19 juillet 1932.
72. *Fourny (A.), « Hommage unique à la perfection du travail, le Musée du Compagnonnage à Tours », *in Plaisir de France,* n° 385, janvier 1971.
73. *France-Lanord (A.), *Jean Lamour, serrurier du roi,* Université de Nancy, 1977.
74. Gegout (E.), « Le bon vieux temps », *in L'idée libre,* Montauban, juillet 1937.
75. Germain-Martin (L.), *Les associations ouvrières au* XVIIIe *siècle (1700-1792),* Paris, 1900.
76. Giraud (A. A.), *Aux Compagnons et ouvriers de tous les états et professions,* Lyon, 1844.
77. – *De l'ambition, de l'estime publique et de ses résultats ou histoire d'un enfant du peuple,* Paris, Imprimerie de Lacour, 1856.
78. – **La Bible des travailleurs ou choix de pensées et de maximes relatives à l'éducation,* Paris, 1860, Agricol Perdiguier éditeur.
79. – *Réflexions philosophiques sur le Compagnonnage et le Tour de France,* Lyon, Nigon, 1847.
80. *Girault de Saint-Fargeau (E.), *Guide pittoresque du voyageur en France,* Paris, Firmin-Didot, 1842.
81. Godart (J.), *Le Compagnonnage à Lyon,* Lyon, 1903.
82. *Godechot (J.), *La presse ouvrière 1819-1850* (études présentées par J. Godechot), Bibliothèque de la révolution de 1848, tome XXIII, Paris, 1966.

83. GOSSET (J.), *Détails sur quelques Compagnons forgerons relativement à leur changement de mère,* Paris, 1843.
84. – *Projet tendant à régénérer le Compagnonnage sur le Tour de France, soumis à tous les ouvriers par Gosset père des forgerons,* Paris, 1842.
85. GREMY (M.), Saintonge le Bien-Aimé, C. sellier D.D., « Souvenirs et récits de mon Tour de France », *in Le Compagnon du Tour de France,* du 15 avril au 15 juillet 1933.
86. GUILLAUMOU (T.), Carcassonne le Bien-Aimé du Tour de France, C. cordonnier-bottier du D., *Echo du Tour de France, chansons compagnonniques,* Paris, Imprimerie Pinard, 1854.
87. *HAUSER (H.), *Les Compagnonnages d'arts et de métiers à Dijon aux* XVIIe *et* XVIIIe *siècles,* Première édition, Dijon-Paris, 1907. Avec une préface de Martine Chauney, Laffitte Reprints, Marseille, 1979.
88. HENRY (P.), la Renaissance le Bourguignon, Compagnon cordier du Devoir, « Le Tour de France d'un Compagnon », *in La Fédération Compagnonnique* du 5 au 19 mars 1882.
89. *HUMBERT (R.), *Le sabotier,* Paris, Berger-Levrault, 1979.
90. ISAMBERT (F.A.), *Recueil général des anciennes lois françaises depuis l'an 420 jusqu'à la révolution de 1789,* tome XXV. Paris, 1821-1833.
91. JEANTON (G.), *Compagnons du Devoir et Compagnons de Liberté au* XVIIIe *siècle à Mâcon,* Chalon-sur-Saône, 1928.
92. JOLY-CARDINAL (A.), Rochelais l'Envieux des Sciences, C. P. couvreur B. D., « Chansons du pèlerinage de la Sainte-Baume et souvenirs (1861) », *in Le Ralliement,* Nantes, 1er juillet 1911.
93. JOURNOLLEAU (L. P.), Rochelais l'Enfant Chéri, C. boulanger du D., *Notice biographique de Jeanne Deshayes, Veuve Jacob, mère des C.C. D.D. de la ville de Tours,* Rochefort, Imprimerie de Thèze, 1865.
94. *JUIGNET (M.), Tourangeau Va de Bon Cœur, C. cor-

donnier-bottier du D., *La chaussure, son histoire, ses légendes, son compagnonnage et ses cordonniers célèbres*, Paris, 1977.

95. LABROUSSE (J.), Périgord l'Ami du Progrès, C. teinturier : « Les bienfaits du Compagnonnage : Fraternité, Egalité, Solidarité. Trente ans après. (Souvenirs du Tour de France) », *in L'Union Compagnonnique* du 21 juillet au 4 août 1895.
96. LECOTTÉ (R.), « Essai pour une iconographie compagnonnique I. « Champs de conduite » et « souvenirs » du Tour de France », extrait de : *Artisans et paysans de France*, F.X. Leroux, Strasbourg-Paris, 1948.
97. – **Archives historiques du Compagnonnage*, Mémoires de la Fédération Folklorique d'Ile-de-France, n° V, Paris, 1956.
98. – *« Les noix de coco gravées », extrait du *Bulletin de la Société Archéologique, Historique et Artistique Le Vieux Papier*, Paris, 1975.
99. **Guide du visiteur du Musée du Compagnonnage*, Tours, 1976.
100. *LECOTTÉ (R.) et DESVALLÉES (A.), *Métiers de tradition*, Paris, 1966.
101. *LECOTTÉ (R.) et RIVIÈRE (G.H.),*Essai sur les gourdes compagnonniques*, Paris, P.V.F., 1953.
102. *LEGROU, Agenais la Philosophie, C. des Devoirs Unis, « Souvenirs du Tour de France », *in Le Compagnonnage*, août 1949.
103. LE PLAY (F.), « Charpentier de Paris, de la corporation des Compagnons du Devoir, d'après les renseignements recueillis sur place par F. Le Play et A. Focillon », *in Les ouvriers des deux mondes*, tome I, Paris, 1857.
104. *LESPINASSE (R. de) et BONNARDOT (F.), *Les métiers et corporations de la ville de Paris du* XIIIe *au* XVIIIe *siècle* (4 vol.), Paris, Imprimerie Nationale, 1879-1897.
105. LEVASSEUR (E.), *Histoire des classes ouvrières en France avant 1789*, Paris, A. Rousseau, 1900-1901.

106. – *Histoire des classes ouvrières en France depuis 1789 jusqu'à nos jours*, Paris, 1867.
107. LOUBET (J.), « Souvenirs sur son père, Compagnon charpentier D.D. de L. », *in Le voile d'Isis,* décembre 1925.
108. LYON (L.J.), Parisien le Bien-Aimé, C. cordonnier-bottier du D. du T. de F., *La lyre du Devoir* (chansonnier), Paris, chez la Mère des Compagnons, 1846.
109. *MAITRON (J.), *Dictionnaire biographique du mouvement ouvrier français,* sous la direction de J. Maitron; première partie : 1789-1864 (3 vol.), Paris, Les Editions Ouvrières, 1966.
110. *MARQUANT (R.), « Les bureaux de placement en France sous l'Empire et la Restauration », *in Revue d'histoire économique et sociale,* 1962.
111. MARQUET (J.), *Notice historique sur la fondation de la Société de l'Union des Travailleurs du Tour de France,* Tours, 1900.
112. MASSON (F.), Picard l'exemple de la Sagesse, Compagnon charpentier du Devoir, *Chansons des Bons Drilles*, Paris, 1845.
113. MASSON (P.), « Pierre Capus, dit l'Albigeois l'Ami des Arts, Compagnon cordonnier »; *in Bulletin de la Société des Sciences, Arts et Belles-Lettres du Tarn,* 1943-1944.
114. *MELLINET (Veuve C.), *Règlement des Compagnons et aspirants cordonniers-bottiers de l'ère nouvelle du Devoir,* Nantes, 1869.
115. *MICHEL, *L'indicateur fidèle ou Guide des voyageurs,* Paris, 1765.
116. MICHELET (J.), *Œuvres complètes, Introduction à l'Histoire Universelle,* tome II (1828-1831). Paris, Flammarion; 1972.
117. MILCENT (G.), La Belle Conduite le Vendéen, C. chapelier : Biographies de « Piron, Vendôme la Clef des Cœurs »; « Bonin, l'Ange du Dauphiné »; « Escolle, Joli Cœur de Salernes », *in Les Muses du Tour de France,* 1925.
118. *MONANGES (M.), *Les associations ouvrières en*

France depuis 1789 (thèse), Montluçon, Herbin, 1897.

119. *Monfalcon (J.B.), *Histoire des insurrections de Lyon en 1831 et 1834,* d'après des documents authentiques, précédée d'un *Essai sur les ouvriers de la soie et sur l'organisation de la Fabrique,* Lyon-Paris, 1834.

120. Moreau (P.), ouvrier serrurier, *Un mot aux ouvriers de toutes les professions sur le Compagnonnage ou Le guide de l'ouvrier sur le Tour de France,* Auxerre, G. Maillefer, 1841.

121. Mounie (J.), La Sagesse l'Albigeois, C. chapelier, *Biographie et chansons du commandant Bouchard, dit La Prudence le Bourguignon*, S. l., 1877.

122. *Patissier (Dr Ph.), *Traité des maladies des artisans et de celles qui résultent des diverses professions, d'après Ramazzini,* Paris, 1882.

123. Perdiguier (A.), Avignonnais la Vertu, C. menuisier du Devoir de Liberté, *Biographie de l'auteur du Livre du Compagnonnage ou complément de l'histoire d'une scission,* Paris, chez l'auteur, 1846.

124. – *Question vitale sur le Compagnonnage et la classe ouvrière.* Paris, chez l'auteur, 1846. Réédition en un volume : Laffitte Reprints, Marseille, 1978.

125. – *Les fêtes patronales dans le Compagnonnage et autres articles sur le travail et les chefs-d'œuvre de la même association,* Paris, chez l'auteur, 1862.

126. – « Correspondance inédite : souvenirs compagnonniques », édité par Anfos-Martin *in L'Union Compagnonnique* du 3 juin 1894.

127. – « Un Compagnon d'autrefois », *in L'école émancipée,* Saumur, mai 1927.

128. *Pigeon-Gouzil (C.), *Un Compagnon du Tour de France : Nantais au Cœur Fier,* Cannes, 1968.

129. Portier (F.), Berry le Soutien des Compagnons, C. charron, « Souvenir de mon Tour de France », *in L'Union Compagnonnique* du 21 février 1909.

130. Puech (J. L.), Le socialisme français avant 1848, *La*

vie et l'œuvre de Flora Tristan : 1844, Paris. Librairie Rivière, 1925.
131. *REGNAULT (E.), *Histoire de huit ans,* Paris, Pagnerre, 1860.
132. RUDE (F.), *Le mouvement ouvrier à Lyon de 1827 à 1832,* Paris, Domat-Montchrétien, 1944.
133. – *C'est nous les Canuts. L'insurrection lyonnaise de 1831,* Paris, Domat-Montchrétien, 1953.
134. SAND (G.), *Le Compagnon du Tour de France,* présentation de G. Lubin, Paris, Editions d'Aujourd'hui, 1979, conforme à l'édition Perrotin de 1843.
135. SCIANDRO (V. B.), La Sagesse de Bordeaux, Compagnon passant tailleur de pierre, *Le Compagnonnage, ce qu'il a été, ce qu'il est, ce qu'il devrait être,* Marseille, Imprimerie de l'Association d'ouvriers, 1850.
136. SEBILLOT (P.), *Légendes et curiosités des métiers,* Paris, Flammarion, 1894-1895.
137. *SEILHAC (L. de), *Les congrès ouvriers en France de 1876 à 1897,* Paris, A. Colin, 1899.
138. SIMON (C.G.), *Etude historique et morale sur le Compagnonnage et quelques autres associations d'ouvriers depuis leur origine jusqu'à nos jours,* Paris, Capelle, 1853.
139. SIMON (R.), Orléanais la Sagesse, C. bourrelier-harnacheur, « Impressions de mon Tour de France », *in L'Union Compagnonnique* du 17 mai 1908.
140. SIMONIN, *Traité élémentaire de la coupe des pierres ou art du trait,* Paris, chez Joubert, 1792.
141. *STERN (D.) (Marie d'Agoult), *Histoire de la révolution de 1848,* Paris, 1878.
142. TRISTAN (F.), *L'Union ouvrière,* Paris, Prévôt, 1843.
143. *TULARD (J.), *La vie quotidienne des Français sous Napoléon,* Paris, Hachette, 1978.
144. – *« Le Consulat et l'Empire » *in Nouvelle Histoire de Paris,* Paris, 1970.
145. *VAUDOUR (C.) et HERMANN (B.), *Le maréchal-ferrant,* Paris, Berger-Levrault, 1979.
146. *VAULABELLE (A. de), *Histoire de deux Restaura-*

tions 1813-1830, Cinquième édition : Paris, Perrotin, 1860.
147. *VERGEZ (R.), *Les illuminés de l'Art Royal, huit siècles de Compagnonnage,* Paris, Julliard, 1976.
148. *VIDALENC (J.), *Un aspect de la vie ouvrière au* XIXe *siècle : le pèlerinage des Compagnons du Devoir du Tour de France à la Sainte-Baume* (extrait des *Actes des Sociétés Savantes de Lille 1955),* Paris, Imprimerie Nationale, 1955.
149. *VINCENT (Ch.) et LERMITE, *L'enfant du Tour de France,* drame en cinq actes, Paris, Magasin théâtral illustré, 1857.
150. *VINCENOT (H.), *La vie quotidienne dans les chemins de fer au* XIXe *siècle,* Paris, Hachette, 1977.
151. *— *La Billebaude,* Paris, 1978.
152. WITT (J.), *Les sociétés secrètes de France et d'Italie ou fragments de ma vie et de mon temps*, traduction A. Bullos, Paris, Levavasseur, 1830.
153. ZIMMERMAN (J.R.), *Les Compagnons de métiers à Strasbourg du début du* XIVe *siècle à la veille de la Réforme,* Strasbourg, 1971.

OUVRAGES ANONYMES OU COLLECTIFS

154. *Almanach du Tour de France,* Lyon, publication de la Fédération compagnonnique de Lyon, 1887.
155. « Biographie de Emmanuel Collomp, L'Estimable le Provençal, auteur du Nouveau chansonnier du Tour de France », *in Le Compagnonnage,* juillet 1928.
156. **Chansonnier des Compagnons du Devoir,* Paris, Librairie du Compagnonnage, 1979. A.O.C.D.
157. **Chansons des Compagnons des Devoirs du Bâtiment*, Fédération Compagnonnique des métiers du bâtiment, Paris, 1978.
158. **Comédie ou le Devoir des savetiers avec la réception faite à un arrivant et son compliment save-*

tique fait à sa maîtresse, Anvers, XVIIe ou XVIIIe siècle.
159. **Compagnonnage,* par les Compagnons du Tour de France, présenté par R. Dautry, Paris, Plon, collection « Présences », 1951.
160. **Etat général des postes en France pour l'année 1789,* Paris, 1789.
161. *« Inédits sur le Compagnonnage », *in Atlantis* n° 297, mars-avril 1978.
162. *La petite varlope en vers burlesques,* Châlon, chez Despinasse, vers 1720.
163. *L'arrivée du brave Toulousain et le Devoir des braves Compagnons de la petite manicle,* Troyes, Garnier, 1731.
164. **Le chef-d'œuvre de François Roux dit François le Champagne, Compagnon menuisier du Devoir,* Paris, Librairie du Compagnonnage, 1958.
165. **Le Compagnonnage,* Métiers d'Art n° 3, mai 1978.
166. **Les associations ouvrières professionnelles à Paris,* Office du Travail, Paris, Imprimerie Nationale, 1899.
167. *Les C∴ cloutiers de la ville de Nantes aux C∴ du T∴ de F∴, à l'occasion de la publication de leur nouvelle constitution compagnonnique, 12 août 1855,* Nantes, Imprimerie V. de Courmaceul, 1855.
168. **Les Compagnons du Devoir*, Quatrième édition, Paris, Librairie du Compagnonnage, 1976.
169. **Les C∴ du Devoir pour la Saint-Joseph,* Paris, 1839.
170. « Les Compagnons du Tour de France », *in l'Illustration* des 12 et 19 novembre 1845.
171. *Le secret des Compagnons cordonniers dévoilé,* Paris, Payrard, 1858.
172. *Les Muses du Tour de France. Encyclopédie illustrée du Compagnonnage et du travail,* Asnières, s. d., 1925, 1926. Réédition avec une préface et une bibliographie de R. Lecotté, Laffitte Reprints, Marseille, 1979.
173. *Le testament sérieux et burlesque d'un maître*

savetier, carleur, réparateur de la chaussure humaine, Rouen, Veuve J. Dussel, 1777.
174.* *L'innovateur, recueil de chansons inédites dédiées aux Compagnons du Tour de France,* Rochefort, Imprimerie de Thèze, 1859.
175. « Mes souvenirs du Tour de France (poème) », *in Le Réveil Compagnonnique* du 1er juillet 1879.
176. « Origine du pèlerinage à la Sainte-Baume par un Enfant de maître Jacques P.L.D.D. », *in Le Ralliement,* Tours, du 26 août au 23 septembre 1900.
177. * *Recueil des statuts, ordonnances et règlements de la communauté des maîtres marchands chapeliers de Paris,* 1775.
178. « Souvenirs d'une conduite (en 1836) », *in Le Ralliement,* Tours, 12 mars 1899.

III. — Publications compagnonniques
(dans l'ordre chronologique de parution)

179. *Le Réveil compagnonnique,* journal du Tour de France, bimensuel, du 15 octobre 1878 au 1er juillet 1879.
180. *La Fédération compagnonnique,* mensuel, édité à Lyon, du 7 novembre 1880 au 1er septembre 1889.
181. *Le Ralliement* des compagnons du Devoir, Tours, du 14 octobre 1883 au 15 février 1911.
182. *Union compagnonnique,* journal du Tour de France, bimensuel du 15 septembre 1889 au 19 décembre 1909.
183. *L'Officiel du Ralliement* des compagnons du Devoir, Nantes, du 15 octobre 1897 au 3e trimestre 1939.
184. *Le Réveil du Devoir,* organe de l'Union des Compagnons maréchaux-ferrants du Devoir, de mars 1906 à janvier 1915.
185. *Le Progrès compagnonnique,* organe de l'Union des Compagnons des Devoirs Unis du Tour de

France, Lyon puis Bordeaux. Du 1er janvier 1910 au 1er novembre 1913.

186. *Le Revue des groupes fraternels* des compagnons du Devoir du Tour de France sous les drapeaux. De août 1915 à mars-avril 1919.

187. *Le Compagnonnage,* organe actuel de l'Union Compagnonnique, 14, rue de Belleyme, 75003 Paris. Depuis août 1919.

188. *Les Muses du Tour de France,* 1925-1926, réédition Laffitte Reprints, Marseille, 1979.

189. *L'Alliance de Tours,* n° 1 en juin 1929, remplacé par :

190. *Le Compagnon du Tour de France,* organe de la Confédération compagnonnique des Devoirs et du Devoir de liberté. Du 15 septembre 1929 au 19 juin 1940.

191. *Compagnonnage,* mensuel. Paraît depuis le 22 juillet 1941 (Lyon puis Paris). Organe actuel de l'Association Ouvrière des Compagnons du Devoir, 82, rue de l'Hôtel-de-Ville, 75004 Paris.

192. *La Voix des Compagnons,* organe des Compagnons des Devoirs du Tour de France. Novembre 1946. Remplacé par *Compagnons et Maîtres d'œuvre (cf. infra).*

193. *Nouvelles du Compagnonnage,* mensuel, organe des Compagnons charpentiers du Devoir de Liberté, de janvier 1947 à mars 1948.

194. *La lanterne du Père Soubise,* 1950 (quelques numéros seulement).

195. *Compagnons et maîtres d'œuvre,* organe actuel de la Fédération Compagnonnique des Métiers du Bâtiment, 161, avenue Jean-Jaurès, 75019 Paris.

NOTES

PROLOGUE

1. T. Guillaumou, *Les confessions...,* p. 10 (bibl. 7).
2. A. Perdiguier, *Mémoires...,* p. 20 (bibl. 9).
3. A. Boyer, « Le beau tour de France d'un artisan », *in Le Voile d'Isis,* déc. 1925, p. 665 (bibl. 34).
4. *Les Muses...,* p. 148 (bibl. 172).
5. A. Batard, *A l'école...* (bibl. 5).
6. J. Mounie, *Biographie...,* p. 7 (bibl. 121).
7. G. Milcent *in Les Muses...,* p. 41 (bibl. 117).
8. P. Moreau, *De la réforme...,* p. 11 (bibl. 8).
9. J. Voisin, *Histoire...,* pp. 5 et 6 (bibl. 10).
10. E. Arnaud, *Mémoires,* p. 5 et 6 (bibl. 10).
11. A. Boyer, *Le tour de France...,* p. 153 (bibl. 6).
12. A. Perdiguier, *Mémoires...,* p. 55 (bibl. 9).
13. *Ibid.,* p. 55.
14. *Ibid.,* p. 58 à 61.
15. *Le Compagnon du Tour de France,* n° 51 du 1er nov. 1933 (bibl. 199).
16. J. Mounie, *Biographie...,* p. 7 (bibl. 121).
17. P. Moreau, *De la réforme...,* p. 11 (bibl. 8).
18. J. Voisin, *Histoire...,* pp. 5 et 6 (bibl. 10).
19. A. Batard, *A l'école...,* p. 15 (bibl. 5).
20. A. Boyer, « Le beau tour de France d'un artisan », *in Le Voile d'Isis,* déc. 1925, p. 665 (bibl. 34).
21. A. Boyer, *Le tour de France...,* pp. 23 et 24 (bibl. 6).
22. G. Bruno, *Le tour de la France...,* p. 308 (bibl. 44).
23. *Ibid.,* postface de J.-P. Bardos, p. 312.
24. P. Deruineau, *Souvenirs...,* p. 6 (bibl. 63).
25. A. Boyer, *Le tour de France,* p. 211 (bibl. 6).

26. P. MOREAU, *De la réforme...*, p. 126 (bibl. 8).
27. E. ARNAUD, *Le régénérateur...*, « Conseil à tous les ouvriers amis du progrès », p. 65 (bibl. 14).

CHAPITRE PREMIER

1. T. GUILLAUMOU, *Echo du tour...*, p. 8 (bibl. 86).
2. P. DERUINEAU, *Souvenirs...*, p. 6 (bibl. 63).
3. P. DERUINEAU, *Souvenirs...*, p. 59 (bibl. 63).
4. A. PERDIGUIER, *Livre du Compagnonnage*, « Rencontre de deux frères » (bibl. 1).
5. J. VOISIN, *Histoire...*, p. 56 (bibl. 10).
6. J. MOUNIE, *Biographie...*, p. 49 (bibl. 121).
7. L. CASTAGNE, Toulouse, 1862.
8. J. VIDALENC, *Un aspect...*, *passim* (bibl. 149).
9. A. PERDIGUIER, *Mémoires...*, pp. 61, 62 (bibl. 9).
10. A. PERDIGUIER, *Mémoires...*, p. 260 (bibl. 9).
11. J. VOISIN, *Histoire...*, p. 6 (bibl. 10).
12. J. VOISIN, *Histoire...*, « J'étais dans l'ignorance », p. 68 (bibl. 10).
13. J. VOISIN, *Histoire...*, « Le remords d'un Soubise », p. 56 (bibl. 10).
14. J. VOISIN, *Histoire...*, p. 4 (bibl. 10).
15. J. VOISIN, *Histoire...*, p. 56 (bibl. 10).
16. E. ARNAUD, *Mémoires...*, p. 26 (bibl. 4).
17. *Ibid.*, p. 63.
18. A. BOYER, « Le beau tour »... *in Le Voile d'Isis*, déc. 1925, p. 667, (bibl. 34).
19. P. MOREAU, *De la Réforme...*, p. 13 (bibl. 8).
20. A. BATARD, *A l'école...*, p. 17 (bibl. 5).
21. P. CALAS, « Mes souvenirs »..., *in Le Réveil compagnonnique* (bibl. 46).
22. Agenais Marche Sans Peur, *in Le Ralliement*, 12 mars 1899, p. 7 (bibl. 190).
23. A. PERDIGUIER, *Mémoires...*, p. 69 (bibl. 9).
24. *Ibid.*, p. 70.
25. P. DERUINEAU, *Souvenirs...*, p. 9 (bibl. 63).

26. E. ARNAUD, *Le régénérateur...*, (bibl. 4).
27. E. ARNAUD, *Mémoires...*, p. 141 (bibl. 4).
28. *Ibid.*, p. 51.
29. *Ibid.*, p. 133.
30. E. ARNAUD, *Le régénérateur...*, p. 8 (bibl. 14).
31. A. BATARD, *A l'école...*, p. 17 (bibl. 5).
32. A. BOYER, *Le tour de France...*, p. 24 (bibl. 6).

CHAPITRE II

1. J.-P. BAYARD, *Le compagnonnage...*, p. 178 (bibl. 19).
2. A. BOYER, *Le tour de France...*, p. 51 (bibl. 6).
3. *Ibid.*, p. 136.
4. D. HALEVY *in* préface à A. BOYER, *Le tour de France...* (bibl. 6).
5. E. ARNAUD, *Mémoires...*, introduction (bibl. 4).
6. F. CHOVIN DE DIE, *Le conseiller...*, p. 63 (bibl. 56).
7. E. COORNAERT, *Les compagnonnages...*, p. 176 (bibl. 3).
8. A. PERDIGUIER, *Mémoires...*, p. 233 (bibl. 9).
9. *Ibid.*, p. 233.
10. A. PERDIGUIER, *Biographie...*, p. 114 (bibl. 123).
11. L. P. JOURNOLLEAU, *Notice biographique...* (bibl. 93).
12. E. COORNAERT, *Les compagnonnages...*, p. 191 (bibl. 3)
13. Voir sur ce sujet : E. COORNAERT, *Les compagnonnages...*, p. 14 (bibl. 3); J.-P. BAYARD, *Le Compagnonnage...*, p. 180 (bibl. 19); *Associations ouvrières...*, vol. I, pp. 96 à 105; A. PERDIGUIER, *Mémoires...*, annexes, costumes des tanneurs et des blanchers-chamoiseurs (bibl. 9); P. BONDOIS, *Annales historiques...* (bibl. 28).
14. *Associations ouvrières...*, pp. 96 (bibl. 166).
15. A. BOYER, *Le tour de France...*, p. 154 (bibl. 6).
16. F. CHOVIN DE DIE, *Le conseiller...*, p. 63 (bibl. 56).

17. E. ARNAUD, *Le régénérateur...*, « Mon tour de France », pp. 57-58 (bibl. 14).
18. Correspondance de M. Desbordes-Valmore, lettre du 20 mars 1837 à Caroline Branchu, *apud* J.-L. PUECH, *La vie...*, p. 197 n. 1 (bibl. 130).
19. J. VOISIN, *Histoire...*, p. 13 (bibl. 10).
20. A. BOYER, *Le tour de France...*, 127 (bibl. 6).
21. L. J. LYON, *La lyre...*, p. 102 (bibl. 108).
22. J.-J. DELARUE, *La Sainte-Baume*, p. 3 (bibl. 60).
23. LE NAIN DE TILLEMONT, *Vie de Saint Louis roi de France*, édition J. DE GAULLE pour la S.H.F., Paris, 1848, t. IV, pp. 42, 43.
24. J.-J. DELARUE, *La Sainte-Baume, passim* (bibl. 60).
25. A. PERDIGUIER, *Le livre...*, t. I, p. 70 (bibl. 1).
26. J. VIDALENC, *Un aspect..., passim* (bibl. 148).
27. E. COORNAERT, *Les compagnonnages...*, p. 238 (bibl. 3).
28. Règlement intérieur des compagnons boulangers de Paris, *apud* E. MARTIN SAINT-LEON, *Le Compagnonnage...*, p. 268 (bibl. 2).
29. E. ARNAUD, *Mémoires...*, pp. 290 et suiv. (bibl. 4).
30. A. BOYER, *Le tour de France...*, pp. 135-141 *passim.*
31. J.-J. DELARUE, *La Sainte-Baume*, p. 4 (bibl. 60).
32. J. VIDALENC, *Un aspect...*, pp. 410-411 (bibl. 148).
33. *Ibid.*, p. 413.
34. E. COLLOMP, *Nouveau chansonnier...*, p. 146 (bibl. 57).
35. M. AGULHON, *Une ville ouvrière...*, p. 142 (bibl. 11).
36. A. PERDIGUIER, *Biographie...*, p. 65 (bibl. 123).
37. E. MARTIN SAINT-LEON, *Le Compagnonnage...*, p. 95 n. 1 (bibl. 2).
38. A. BOYER, *Le tour de France...*, p. 162 (bibl. 6).
39. E. COORNAERT, *Les compagnonnages...*, p. 62 (bibl. 3).
40. *Ibid.*
41. G. DE BERTIER DE SAUVIGNY, *La Restauration*, p. 244 (bibl. 22).
42. E. DE COORNAERT, *Les compagnonnages...*, p. 62 (bibl. 3).

43. *Apud* J. CASSOU, *Quarante-huit,* p. 76 (bibl. 52).
44. M. ALLEM, *La vie quotidienne sous le Second Empire,* Paris, 1948, p. 108.
45. F. CHOVIN DE DIE, *Le conseiller...,* p. 202 (bibl. 56).
46. *Ibid.,* p. 186.
47. *Ibid.,* p. 21.
48. A. BOYER, *Le tour de France...,* p. 153 (bibl. 6).

CHAPITRE III

1. E. ARNAUD, *Mémoires...,* p. 413 (bibl. 4).
2. *Ibid.,* p. 385.
3. Livret reproduit dans J. TULARD, *Le Consulat et l'Empire,* p. 91 (bibl. 144).
4. G. BRUNO, *Le tour de la France...,* p. 62 (bibl. 14).
5. A. PERDIGUIER, *Mémoires...,* p. 71 (bibl. 9).
6. E. ARNAUD, *Mémoires...,* p. 21 (bibl. 4).
7. *Recueil... des circulaires émanées de la préfecture de Police,* p. 65, *apud* G. DE BERTIER DE SAUVIGNY, *La Restauration...,* p. 246 (bibl. 22).
8. A. PERDIGUIER, *Mémoires...,* p. 303 (bibl. 9).
9. P. DU MAROUSSEM, *Charpentiers...* (bibl. 67).
10. A. BOYER, *Le tour de France...,* p. 235 (bibl. 6).
11. Arch. Nat. F^7 3796.
12. E. ARNAUD, *Mémoires...,* p. 203 (bibl. 4).
13. PIRON, « Le vieux Franc Cœur », *in Les Muses...,* pp. 37-38 (bibl. 172).
14. A. BOYER, *Le tour de France...,* pp. 133, 56 et 85 (bibl. 6).
15. A. PERDIGUIER, *Mémoires...,* p. 213 (bibl. 9).
16. *Les routes de France,* colloque A.D.P.F., Paris, 1959, p. 118.
17. A. PERDIGUIER, *Mémoires...,* p. 117 (bibl. 9).
18. A. BOYER, *Le tour de France...,* p. 54 (bibl. 6).
19. *Ibid.,* pp. 61 et suiv.
20. *Le compagnon du tour de France,* n° 5, 1930 (bibl. 190).

21. A. PERDIGUIER, *Mémoires...*, pp. 122-123 (bibl. 9).
22. *Ibid.*, pp. 215 et suiv.
23. A. BATARD, *A l'école...*, p. 29 (bibl. 5).
24. L.-J. LYON, *La lyre...*, p. 117 (bibl. 108).
25. A. PERDIGUIER, *Mémoires...*, p. 231 (bibl. 9).
26. E. ARNAUD, *Mémoires...*, p. 274 (bibl. 4).
27. A. BATARD, *A l'école...*, p. 34 (bibl. 5).
28. *Ibid.*, p. 29.
29. A. BOYER, *Le tour de France...*, p. 94 (bibl. 6).
30. *Ibid.*, p. 124.
31. A. BATARD, *A l'école...*, pp. 17 et suiv. (bibl. 5).
32. E. ARNAUD, *Mémoires...*, pp. 61, 72 et 304 (bibl. 4).
33. A. PERDIGUIER, *Mémoires...*, p. 117 (bibl. 9).
34. J. TULARD, *La vie quotidienne...*, p. 172 (bibl. 143).
35. F. TRISTAN, *Notes devant servir à mon ouvrage sur le tour de France, apud* J.-L. PUECH, *La vie et l'œuvre...*, p. 197 (bibl. 142).
36. A. PERDIGUIER, *Mémoires...*, pp. 237-238 (bibl. 9).
37. *Ibid.*, pp. 307, 308.
38. *Ibid.*, pp. 161, 120, 123 et suiv.
39. H. D'ALMERAS, *Au bon vieux temps...*, p. 127 (bibl. 12).
40. E. ARNAUD, *Mémoires...*, p. 181 (bibl. 4).
41. A. PERDIGUIER, *Mémoires...*, pp. 89, 90 (bibl. 9).
42. *Ibid.*, p. 184.
43. H. D'ALMERAS, *Au bon vieux temps...*, p. 105 (bibl. 12).
44. J. TULARD, *La vie quotidienne...*, p. 171 (bibl. 144).
45. E. ARNAUD, *Mémoires*, p. 278 (bibl. 4).
46. A. PERDIGUIER, *Mémoires...*, p. 231 (bibl. 9).
47. H. D'ALMERAS, *Au bon vieux temps...*, p. 369 (bibl. 12).
48. *Ibid.*, p. 385.
49. H. VINCENOT, *La vie quotidienne...*, p. 243, 30 juillet 1853 (bibl. 150).
50. *Ibid.*, pp. 16, 17.
51. A. PERDIGUIER, *Mémoires...*, p. 84 (bibl. 9).
52. A. BOYER, *Le tour de France...*, p. 123 (bibl. 6).
53. A. PERDIGUIER, *Mémoires...*, p. 129 (bibl. 9).
54. E. ARNAUD, *Mémoires...*, p. 337 (bibl. 4).

CHAPITRE IV

1. J. Guait, « Le Travail », *in Les Muses...*, p. 137 (bibl. 172).
2. E. Coornaert, *Les compagnonnages...*, p. 61 (bibl. 3).
3. E. Arnaud, *Mémoires...*, p. 43 (bibl. 4).
4. *Le secret des cordonniers...* (bibl. 171).
5. *Reconnaissance des vitriers du Devoir*, extrait publié par E. Martin Saint-Leon, *Le Compagnonnage...*, p. 235 (bibl. 2).
6. P. Bondois, *Un compagnonnage...*, p. 594 (bibl. 28).
7. 11e règle, « Concernant les formalités d'un arrivant allant salué son Rôleur », arch. A.O.C.D.
8. A. Perdiguier, *Mémoires...*, pp. 72, 73 (bibl. 9).
9. P. Bondois, *Un compagnonnage...*, p. 593 (bibl. 28).
10. F. Chovin de Die, *Le conseiller...*, p. 34 n. 1 (bibl. 56).
11. J.-P. Bayard, *Le Compagnonnage...*, p. 201 (bibl. 19).
12. *Atlantis*, n° 297, mars/avril 1978, p. 216.
13. Arch. Nat. F^{7} 4236, pièces secrètes saisies en 1813 chez les compagnons cordonniers de Bordeaux. Un document analogue à été publié par E. Martin Saint-Leon *in Le Compagnonnage...*, p. 233, avec la traduction du *Secret des cordonniers...* (bibl. 171). Le rapprochement des deux textes permet de préciser les mots manquants dans cette version.
14. *Le secret des cordonniers...* (bibl. 171).
15. Arch. de l'Union compagnonnique, *apud* E. Coornaert, *Les compagnonnages...*, p. 176 (bibl. 3).
16. A. Boyer, *Le tour de France...*, p. 102 (bibl. 6).
17. T. Guillaumou, *Les confessions...*, *apud Associations ouvrières...*, vol. I, p. 102 (bibl. 166)
18. A. Perdiguier, *Mémoires...*, p. 84 (bibl. 9).
19. *Associations ouvrières...*, vol. I, p. 107 (bibl. 166).
20. F. Chovin de Die, *Le conseiller...*, p. 73 (bibl. 56).
21. A. Perdiguier, *Mémoires...*, p. 61 (bibl. 9).

22. F. CHOVIN DE DIE, *Le conseiller...*, p. 74 (bibl. 50).
23. 29e règle « concernant ceux qui travailleront à bas prix... », Arch. A.O.C.D.
24. *Le placement des employés, ouvriers et domestiques en France; son histoire, son état actuel*, Office du Travail, Paris, 1893, p. 104.
25. M. MONANGES, *Les associations ouvrières...*, p. 9 (bibl. 114).
26. *Apud* E. COORNAERT, *Les compagnonnages...*, p. 63 (bibl. 3).
27. M. MONANGES, *Les associations ouvrières...*, p. 21 (bibl. 118).
28. A. BOYER, *Le tour de France...*, pp. 125 et 114 (bibl. 6).
29. Arch. Nat. F7 9817.
30. E. ARNAUD, *Mémoires...*, pp. 55, 59 (bibl. 4).
31. E. ARNAUD, *Le régénérateur...*, p. 32 (bibl. 14).
32. A. BOYER, *Le tour de France...*, p. 117 (bibl. 6).
34. 14e règle « concernant l'embauchage d'un compagnon », Arch. A.O.C.D.
35. J.-P. BAYARD, *Le compagnonnage...*, p. 244 (bibl. 19).
36. *Associations ouvrières...*, vol. I, p. 21 (bibl. 166).
37. A. PERDIGUIER, *Mémoires...*, p. 293 (bibl. 9).
38. Arch. dép. Gironde, C. 3708.
39. 16e règle « concernant les amendes d'un compagnon qui s'embauchera lui-même... », Arch. A.O.C.D.
40. A. PERDIGUIER, *Question Vitale...*, p. 117, 118 (bibl. 124).
41. J. VOISIN, *Histoire...*, p. 8 (bibl. 10).
42. A. PERDIGUIER, *Question vitale...*, p. 118 (bibl. 124).
43. J. VOISIN, *Histoire..., passim* (bibl. 10).
44. E. ARNAUD, *Mémoires...*, p. 159 (bibl. 4).
45. A. BATARD, *A l'école...*, p. 40 (bibl. 5).
46. A. PERDIGUIER, *Mémoires...*, p. 218 (bibl. 9).
47. A. BOYER, *Le tour de France...*, pp. 63, 115 et 121 (bibl. 6).
48. *Ibid.*, p. 55.
49. *Associations ouvrières...*, vol. I, p. 107 (bibl. 166).

50. E. Arnaud, *Mémoires...*, pp. 43, 44 et 183, (bibl. 4).
51. P. Moreau, *De la réforme...*, pp. 35 et suiv. (bibl. 8).
52. *Associations ouvrières...*, vol. I, p. 23, art. 1, 2 et 3 (bibl. 166)
53. A. Perdiguier, *Mémoires...*, p. 96 (bibl. 9).
54. Arch. mun. de Lyon, J^2 n° 3377; règlement d'aspirants, art. 7, *apud* J. Godart, *Le compagnonnage...*, p. 35 (bibl. 81).
55. P. Moreau, *De la réforme...*, pp. 45, 46 et 19 (bibl. 8).
56. J. Voisin, *Histoire...*, pp. 8 et 11 (bibl. 10).
57. G. de Bertier de Sauvigny, *La Restauration...*, p. 227 (bibl. 22).
58. A. Boyer, *Le tour de France*, pp. 123 et 126 (bibl. 6).
59. R. Humbert, *Le sabotier*, Paris, 1979, p. 81.
60. P. Moreau, *De la réforme...*, p. 54 (bibl. 8).
61. Arch. Nat. F^7 3787.
62. G. de Bertier de Sauvigny, *La Restauration...*, p. 235 (bibl. 22).
63. A. Perdiguier, *Question vitale...*, pp. 158-159 (bibl. 124).
64. J. Tulard, *Le Consulat...*, p. 95 (bibl. 144).
65. J. Godart, *Le Compagnonnage...*, p. 31 (bibl. 81).
66. R. Humbert, *Le sabotier*, Paris, 1979, p. 73.
67. G. de Bertier de Sauvigny, *La Restauration...*, p. 236 (bibl. 22).
68. P. du Maroussem, *Charpentiers...*, p. 99 (bibl. 67).
69. A. Boyer, *Le tour de France...*, pp. 68 et 84 (bibl. 6).
70. J. Voisin, *Histoire...*, p. 11 (bibl. 10).
71. A. Perdiguier, *Mémoires...*, pp. 110 et 203 (bibl. 9).
72. A. Batard, *A l'école...*, p. 24 (bibl. 5).
73. E. Arnaud, *Mémoires...*, p. 231 (bibl. 4).
74. P. Deruineau, *Souvenirs...*, p. 32 (bibl. 63).

CHAPITRE V

1. *Chansonnier...*, p. 128 (bibl. 156).
2. A. Boyer, *Le tour de France...*, p. 28 (bibl. 6).
3. A. Perdiguier, *Mémoires...*, p. 103 (bibl. 9).
4. *Procès verbaux de la Convention Nationale*, Paris (1793), t. XIII, p. 29, *apud* E. Martin Saint-Leon, *Le Compagnonnage...*, p. 101 (bibl. 2).
5. Pradelle, *Compagnonnage...*, n° 356, juin 1950, p. 4.
6. A. Perdiguier, *Question vitale...*, p. 91 (bibl. 124).
7. A. Boyer, *Le tour de France...*, p. 53 (bibl. 6).
8. *Associations ouvrières...*, vol. I, p. 109 (bibl. 166).
9. Arch. Nat. F^7 4236, 20 déc. 1812.
10. A. Boyer, *Le tour de France...*, p. 89 (bibl. 6)
11. A. Perdiguier, *Le livre...*, t. I, p. 109, n. 1 (bibl. 1).
12. F. Chovin de Die, *Le conseiller...*, p. 57 (bibl. 56).
13. A. Boyer, *Le tour de France...*, p. 28 (bibl. 6).
14. A. Perdiguier, *Mémoires*, p. 101 (bibl. 9).
15. E. Coornaert, *Les compagnonnages...*, p. 229 (bibl. 3).
16. P. Bondois, *Un compagonnage...*, p. 595 (bibl. 28).
17. *Associations ouvrières...*, vol. I, p. 103, n. 1 (bibl. 166).
18. Arch. de l'Union Compagnonnique.
19. *Associations ouvrières...*, vol. I, p. 96 (bibl. 166).
20. 22e règle « concernant le changement d'un premier Compagnon... », Arch. A.O.C.D.
21. A. Perdiguier, *Mémoires...*, p. 244 et suiv. (bibl. 9).
22. Collection M. Jusselin *in Compagnonnage* n° 111, juillet 1950, p. 5 (bibl. 191).
23. Lettre de P. Moreau à Perdiguier, *in Compagnonnage* n° 89, septembre 1948, p. 8 (bibl. 191).
24. A. Perdiguier, *Mémoires...*, p. 103 (bibl. 9).
25. Arch. dép. Gironde C. 3708.
26. A. Perdiguier, *Le livre...*, t. II, p. 100 (bibl. 1).
27. F. Chovin de Die, *Le conseiller...*, p. 151 (bibl. 56).

28. P. MOREAU, *De la réforme...*, p. 29 (bibl. 8).
29. *Ibid.*, p. 122.
30. *Associations ouvrières...*, vol. I, p. 103 à 110 (bibl. 166).
31. Arch. dép. Gironde C. 3708.
32. Règle des tourneurs, *passim*, Arch. A.O.C.D.
33. A. PERDIGUIER, *Mémoires...*, p. 259 (bibl. 9).
34. *Ibid.*, p. 263.
35. E. COORNAERT, *Les compagnonnages...*, p. 179 (bibl. 3).
36. A. PERDIGUIER, *Mémoires...*, p. 233 (bibl. 9).
37. A. BOYER, *Le tour de France...*, p. 142 (bibl. 6).
38. *Associations ouvrières...*, vol. I, p. 108 et suiv. (bibl. 166).
39. 27e règle « concernant la discrétion des Compagnons », arch. A.O.C.D.
40. A. PERDIGUIER, *Mémoires...*, p. 141, 144 (bibl. 9).
41. *Intermédiaire des chercheurs et des curieux*, t. I (1864), col. 306, 363, R. Lecotté, dans sa bibliographie, donne d'autres références.
42. P. MOREAU, *De la réforme...*, p. 130, 131 (bibl. 8).
43. E. COORNAERT, *Les compagnonnages...*, p. 225 (bibl. 3).
44. P. du MAROUSSEM, *Charpentiers...*, p. 291 (bibl. 67).
45. Arch. Nat. F 4236.
46. E. COLLOMP, *Nouveau chansonnier...* (bibl. 57).
47. A. PERDIGUIER, *Question vitale...*, p. 78 (bibl. 124).
48. J. GODART, *Le Compagnonnage...*, p. 49 (bibl. 81).
49. P. BONDOIS, *Un compagnonnage...*, p. 599 (bibl. 28).
50. DURBOURG, *Archives du donjon du Capitole*, Toulouse, *apud*, J. PRADELLE, Toulousain la Fraternité, *in Le Compagnonnage*, n° 356; juin 1950, p. 4 (bibl. 187).
51. F. CHOVIN DE DIE, *Le conseiller...*, p. 27, n. 1 (bibl. 56).
52. A. PERDIGUIER, *Mémoires...*, p. 257, 258 (bibl. 9).
53. J. MAITRON, *Dictionnaire...*, t. III, p. 311, art. Ricateau (bibl. 109).
54. P. MOREAU, *De la réforme...*, p. 21 (bibl. 8).

55. A. BOYER, « Le beau tour... », *in Voile d'Isis,* déc. 1925, p. 668 (bibl. 34).
56. A. PERDIGUIER, *Mémoires...,* p. 74 (bibl. 9).
57. E. COORNAERT, *Les Compagnonnages...,* p. 217 (bibl. 3).
58. A. PERDIGUIER, *Mémoires...,* p. 173 (bibl. 9).
59. *Le secret des cordonniers...,* p. 121 (bibl. 171).
60. R. LECOTTE, *in Métiers d'Art,* n° 3, mai 1978, p. 33, n. 1 (bibl. 165).
61. A. PERDIGUIER, *Mémoires...,* pp. 289-290 (bibl. 9).
62. P. MOREAU, *De la réforme...,* pp. 15, 16, 17 (bibl. 8).
63. A. BOYER, *Le tour de France...,* pp. 89 et 110 (bibl. 6).
64. A. BOYER, « Le beau tour... », *in Voile d'Isis,* déc. 1925, p. 669 (bibl. 34).

CHAPITRE VI

1. E. ARNAUD, *Le régénérateur...,* p. 12 (bibl. 14).
2. A. BOYER, *Le tour de France...,* pp. 57 et 65-66 (bibl. 6).
3. E. COORNAERT, *Les compagnonnages...,* pp. 240-241 (bibl. 3).
4. A. BOYER, *Le tour de France...,* pp. 163, 109 et 118 (bibl. 6).
5. 26e règle « concernant le respect au Père et à la Mère et la manière de se conduire ensemble », Arch. A.O.C.D.
6. L. RIGAULT, *Le Compagnon du Tour de France,* n° 23, 1931 (bibl. 190).
7. G. JEANTON, *Compagnon du Devoir...,* pp. 32-33 (bibl. 91).
8. A. PERDIGUIER, *Le livre...,* t. I, p. 156 (bibl. 1).
9. Règlement intérieur des compagnons boulangers de Paris, art. 127, *apud* E. MARTIN SAINT-LEON, *Le Compagnonnage...,* p. 269 (bibl. 2).

10. L. BENOIST, *Le Compagnonnage...*, p. 86 (bibl. 20).
11. E. COORNAERT, *Les compagnonnages...*, p. 179 (bibl. 3).
12. A. BOYER, *Le tour de France...*, p. 153 (bibl. 6).
13. E. ARNAUD, *Mémoires...*, p. 107 (bibl. 4).
14. Règlement intérieur des compagnons boulangers de Paris, art. 138, 139, *apud* E. MARTIN SAINT-LEON, *Le Compagnonnage...*, p. 269 (bibl. 2).
15. E. ARNAUD, *Mémoires...*, p. 48 (bibl. 4).
16. E. MARTIN SAINT-LEON, *Le Compagnonnage...*, p. 239 (bibl. 2).
17. 23e règle « concernant l'autorisation du Premier Compagnon à faire payer les autres compagnons ce qu'ils doivent chez la mère ou aux affaires ». Arch. A.O.C.D.
18. E. ARNAUD, *Mémoires...*, p. 183 (bibl. 4).
19. Arch. Nat. F^7 9786.
20. A. PERDIGUIER, *Biographie...*, p. 36 (bibl. 123).
21. F. CHOVIN DE DIE, *Le conseiller...*, p. 119 (bibl. 56).
22. E. COORNAERT, *Les compagnonnages...*, p. 225 (bibl. 3).
23. P. MOREAU, *De la réforme...*, p. 72 (bibl. 8).
24. J. GOSSET, *Détails sur...* (bibl. 83).
25. F. CHOVIN DE DIE, *Le conseiller...*, pp. 213 et suiv. (bibl. 56).
26. A. BOYER, *Le tour de France...*, p. 212 (bibl. 6).
27. Façade reproduite *in* E. COORNAERT, *Les compagnonnages...*, p. 113 (bibl. 3).
28. E. COORNAERT, *Les compagnonnages...*, p. 225 (bibl. 3).
29. F. CHOVIN DE DIE, *Le conseiller...*, p. 200 (bibl. 56).
30. A. PERDIGUIER, *Mémoires...*, pp. 280-281 (bibl. 9).
31. *Ibid.*, p. 97.
32. A. BOYER, *Le tour de France...*, p. 148 (bibl. 6).
33. A. PERDIGUIER, *Mémoires...*, p. 88 (bibl. 9).
34. E. ARNAUD, *Mémoires...*, p. 148 (bibl. 4).
35. E. MARTIN SAINT-LEON, *Le Compagnonnage...*, pp. 246-247 (bibl. 2).
36. E. LEVASSEUR, *Histoire des classes... avant 1789*, pièces justificatives, p. 494 (bibl. 105).

37. Arch. Dijon, B 309, f° 149 V°, *apud* H. HAUSER, *Les compagnonnages...*, p. 102 (bibl. 87).
38. Arch. Dijon, G 10 et B 316, f° 112, *ibid.*, p. 115.
39. Arch. Dijon, G 219 et B 396, f° 89, *ibid.*, p. 158.
40. Arch. Dijon, G 219 et B 396, f° 95, *ibid.*, pp. 160 et 165.
41. F. A. ISAMBERT, *Recueil général...*, t. XXV, pp. 411-412-413 (bibl. 90).
42. Arch. Nat. F[7] 4236.
43. Paris, 1807, *in* E. COORNAERT, *Les compagnonnages...*, p. 62 (bibl. 3).
44. *Ibid.*, pp. 289-290.
45. P. DERUINEAU, *Souvenirs...*, p. 13 (bibl. 63).
46. A. PERDIGUIER, *Mémoires...*, pp. 82 et 89 (bibl. 9).
47. A. BOYER, *Le tour de France...*, p. 33 (bibl. 6).
48. P. DERUINEAU, *Souvenirs...*, p. 17 (bibl. 63).
49. E. ARNAUD, *Mémoires...*, p. 106 (bibl. 4).
50. *Ibid.*, pp. 431-432.
51. *Ibid.*, p. 261.
52. *Ibid.*, p. 433.
53. L. P. JOURNOLLEAU, *Notice biographique...*, pp. 1 à 12, *passim* (bibl. 93).
54. E. ARNAUD, *Mémoires...*, pp. 170 et 278 (bibl. 4).

CHAPITRE VII

1. *Chansonnier...*, p. 148 « Le chant du départ » (bibl. 152).
2. *Chansonnier...*, p. 38 « Le départ du compagnon » (bibl. 156).
3. « La conduite » par Bressan le Vainqueur, *in* J. VOISIN, *Histoire...*, p. 82 (bibl. 10).
4. A. PERDIGUIER, *Mémoires...*, pp. 178-181 (bibl. 9).
5. *Ibid.*, p. 232.

6. A. PERDIGUIER, *Question vitale...*, p. 72 (bibl. 124).
7. 18e règle « concernant la levée d'acquit d'un compagnon », Arch. A.O.C.D.
8. A. PERDIGUIER, *Mémoires...*, p. 205 (bibl. 9).
9. A. BOYER, *Le tour de France...*, p. 133 (bibl. 6).
10. *Ibid.*, pp. 159-160.
11. 24e règle « concernant le départ d'un Compagnon endetté », Arch. A.O.C.D.
12. 33e règle « concernant la levée de l'acquit d'un Compagnon chez la mère », Arch. A.O.C.D.
13. A. PERDIGUIER, *Mémoires*, p. 180 (bibl. 9).
14. F. CHOVIN DE DIE, *Le conseiller...*, p. 14 (bibl. 56).
15. A. BOYER, *Le tour de France...*, p. 95 (bibl. 6).
16. A. PERDIGUIER, *Mémoires...*, p. 167 (bibl. 9).
17. J. LOUBET, évoquant Montpellier vers 1880, *in Voile d'Isis*, déc. 1925, p. 705 (bibl. 107).
18. E. COLLOMP, *Le nouveau chansonnier...*, (bibl. 54).
19. *Associations ouvrières...*, vol. I, p. 108 (bibl. 166).
20. *Secret des cordonniers..., apud* E. MARTIN SAINT-LEON, *Le Compagnonnage...*, p. 257, n. 1 (bibl. 187).
21. 34e et 35e règles concernant « la conduite d'un Compagnon » et « la reconnaissance d'une canne sur le champ de conduite », Arch. A.O.C.D.
22. A. PERDIGUIER, *Mémoires...*, p. 172 (bibl. 9).
23. P. MOREAU, *De la réforme...*, pp. 15-16 (bibl. 8).
24. A. PERDIGUIER, *Mémoires...*, pp. 305-306 (bibl. 9).
25. *Secret des cordonniers..., apud* J.-P. BAYARD, *Le Compagnonnage...*, pp. 240-241 (bibl. 19).
26. E. MARTIN SAINT-LEON, *Le Compagnonnage...*, p. 259, n. 1 (bibl. 2)
27. P. BONDOIS, *Un compagnonnage...* (bibl. 28).
28. *Le Ralliement...*, 12 mars 1899, p. 7 (bibl. 181).
29. A. PERDIGUIER, *Mémoires...*, pp. 172-173 (bibl. 9).
30. E. ARNAUD, *Mémoires...*, p. 65 (bibl. 4).
31. « Les adieux de Lyon », *Chansonnier...*, p. 71 (bibl. 156).
32. Arch. Mun. Dijon G 10, *apud* H. HAUSER, *Les compagnonnages...*, pp. 79-80 (bibl. 87).
33. Arch. Nat. BB 18/101, *apud* J. MAITRON, *Dictionnaire...*, t. III, p. 29 (bibl. 109).

34. C. G. SIMON, *Etude historique...*, pp. 47-48 (bibl. 138).
35. A. PERDIGUIER, *Mémoires...*, p. 176 (bibl. 9).
36. C. G. SIMON, *Etude historique...*, pp. 47-48 (bibl. 138).
37. A. BOYER, *Le tour de France...*, p. 188 (bibl. 6).
38. E. COLLOMP, *Nouveau chansonnier*, p. 92 (bibl. 57).
39. J. MOUNIE, *Biographie...* « Le retour » (bibl. 121).
40. Chant de départ, *Le chansonnier...*, p. 148 (bibl. 156).
41. A. BATARD, *A l'école...*, p. 26 (bibl. 5).
42. A. BOYER, *Le tour de France...*, p. 56 (bibl. 6).
43. A. PERDIGUIER, *Mémoires...*, pp. 101, 102 (bibl. 9).
44. A. BATARD, *A l'école...*, pp. 27, 28 (bibl. 5).
45. A. PERDIGUIER, *Mémoires...*, p. 124 (bibl. 9).
46. P. DERUINEAU, *Souvenirs...*, p. 34 (bibl. 63).
47. A. BATARD, *A l'école...*, p. 31 (bibl. 5).
48. A. BOYER, *Le tour de France...*, p. 66 (bibl. 6).
49. T. GUILLAUMOU, *Echo du tour de France*, p. 12 (bibl. 86).
50. A. BOYER, *Le tour de France...*, pp. 136 et 119 (bibl. 6).
51. A. PERDIGUIER, *Mémoires...*, p. 187 (bibl. 9).
52. *Ibid.*, pp. 169-170.
53. P. DERUINEAU, *Souvenirs...*, p. 7 (bibl. 63).
54. A. PERDIGUIER, *Mémoires...*, p. 183 (bibl. 9) et A. BATARD, *A l'école...*, p. 26 (bibl. 5).
55. A. BOYER, *Le tour de France...*, p. 37-38 et 27-28 (bibl. 6).
56. A. BOYER, « Le beau tour... », *in Voile d'Isis*, déc. 1925, p. 670, puis A. BOYER, *Le tour de France...*, pp. 73, 83-84, 86, 90, 94, 91 et 113 (bibl. 6).
57. A. PERDIGUIER, *Mémoires...*, pp. 91, 107, 119, 167-168, 91, 109, 207, 108, 96-97, 221 (bibl. 9).
58. A. BOYER, *Le tour de France...*, pp. 75-76 (bibl. 6).
59. A. PERDIGUIER, *Mémoires...*, pp. 166-167 (bibl. 9).
60. E. ARNAUD, *Mémoires...*, p. 301 (bibl. 4).
61. A. PERDIGUIER, *Mémoires...*, pp. 282-283 et 222-230 *passim* (bibl. 9).

62. E. ARNAUD, *Mémoires...*, pp. 185-200 *passim* (bibl. 4).
63. A. PERDIGUIER, *Le livre...*, T. II, p. 69 (bibl. 1).
64. *Les Muses...*, p. 53 (bibl. 172).
65. A. PERDIGUIER, *Mémoires...*, p. 113 (bibl. 9).
66. *Les Muses...*, p. 56 (bibl. 172).
67. A. BOYER, *Le tour de France...*, pp. 137 et 116 (bibl. 6).
68. A. PERDIGUIER, *Le livre...*, T. II, p. 85 (bibl. 1).
69. J. GODART, *Le Compagnonnage...*, p. 22 (bibl. 81).
70. J. MOUNIE, *Biographie...*, « Mon existence est au Devoir » (bibl. 121).
71. A. PERDIGUIER, *Le livre...*, T. I, p. 59 (bibl. 1).
72. J. F. GOUNON, *Histoire de la chanson stéphanoise et forézienne*, Saint-Etienne, 1906, p. 96.
73. A. de VAULABELLE, *Histoire...*, p. 321, n. 1 (bibl. 146).
74. P. MOREAU, *De la réforme...*, pp. 18-19 (bibl. 8).
75. A. PERDIGUIER, *Mémoires...*, pp. 71, 122-123 et 138 (bibl. 9).
76. P. MOREAU, *De la réforme...*, pp. 30-31 (bibl. 8).
77. A. PERDIGUIER, *Mémoires...*, pp. 100 et 219 (bibl. 9).
78. A. BATARD, *A l'école...*, pp. 30 et 34 (bibl. 5).
79. FILLOL, dit Agenais Marche Sans Peur, *in Le Ralliement*, Tours, 12 mars 1899, pp. 6 et 7 (bibl. 181).

CHAPITRE VIII

1. *Chansonnier...*, p. 40 « Le départ des compagnons » (bibl. 156).
2. J. GODART, *Le Compagnonnage...*, p. 12 (bibl. 81).
3. A. BOYER, *Le tour de France...*, p. 87 (bibl. 6).
4. A. PERDIGUIER, *Mémoires...*, p. 58 (bibl. 9).
5. A. BOYER, *Le tour de France...*, pp. 132 et 111 (bibl. 6).
6. F. CHOVIN DE DIE, *Le conseiller...*, p. 70 (bibl. 56).

7. Mâconnais l'Enfant du Progrès, « Origine des Indiens dits Loups », *apud* J. Voisin, *Histoire...*, p. 110 (bibl. 10).

8. A. PERDIGUIER, *Mémoires...*, p. 353 (bibl. 9).

9. SIMONIN, *Traité élémentaire...*, p. 67 et planche XLVII, p. 57 et planche XXXIX (bibl. 140).

10. A. PERDIGUIER, *Le livre...*, T. I, pp. 138-139 et 154-155 (bibl. 1).

11. J. LOUBET, *in Voile d'Isis*, déc. 1925, pp. 705-706 (bibl. 107).

12. L. RIGAULT, *in Le Compagnon du Tour de France*, n° 23, 1931, (bibl. 190).

13. Beauceron la Sagesse, *apud* J. VOISIN, *Histoire...*, p. 72 (bibl. 10).

14. F. CHOVIN DE DIE, *Le conseiller...*, p. 48 (bibl. 56).

15. J. BARBERET, *Le travail...*, t. III, p. 371 (bibl. 17).

16. J. VOISIN, *Histoire...*, p. 12 et pp. 59-60 (bibl. 10).

17. *Ibid.*, p. 14.

18. A. PERDIGUIER, *Mémoires...*, p. 218 (bibl. 9).

19. F. CHOVIN DE DIE, *Le conseiller...*, p. 232 (bibl. 56).

20. A. BOYER, *Le tour de France...*, pp. 47, 131 et 143 (bibl. 6).

21. *La petite varlope, apud* R. EDELINE, *Les compagnons...* (bibl. 68).

22. L. J. LYON, *La lyre...*, p. 17 (bibl. 108).

23. « Adieu à mes outils », *in Les Muses...*, p. 144 (bibl. 172).

24. A. BOYER, *Le tour de France...*, p. 40 (bibl. 6).

25. A. PERDIGUIER, *Mémoires...*, pp. 75 et 131 (bibl. 9).

26. E. COLLOMP, *Nouveau chansonnier...*, p. 147 (bibl. 57).

27. A. BOYER, *Le tour de France...*, pp. 36 à 38, 39, 126 et 90 (bibl. 6).

28. A. BATARD, *A l'école...*, pp. 17, 19 et 40 (bibl. 5).

29. J. VOISIN, *Histoire...*, p. 78 (bibl. 10).

30. E. COLLOMP, *Nouveau chansonnier...*, p. 149 (bibl. 57).

31. A. BOYER, *Le tour de France...*, p. 91 (bibl. 6).

32. E. ARNAUD, *Mémoires...*, pp. 279, 152, 161 et 306 (bibl. 4).

33. L. RIGAULT, *Le Compagnon du Tour de France*, 1930 (bibl. 185).

34. L. GERMAIN MARTIN, *Les associations ouvrières...*, p. 153 (bibl. 72).

35. L. RIGAULT, *Le Compagnon du Tour de France*, 1930 (bibl. 190).

36. A. BOYER, *Le tour de France...*, pp. 146-147 (bibl. 6).

37. A. PERDIGUIER, *Les fêtes patronales...*, (bibl. 125).

38. *Le chef-d'œuvre de Roux..., passim* (bibl. 164).

39. F. CHOVIN DE DIE, *Le conseiller...*, p. 50 (bibl. 53).

40. *Le chef-d'œuvre de Roux... passim* (bibl. 164).

41. M. JUIGNET, *La chaussure...*, p. 116 (bibl. 94).

42. Ch. BRAQUEHAYE, *Défi..., passim* (bibl. 39).

43. Arch. A.O.C.D.

44. A. PERDIGUIER, *Mémoires...*, pp. 222-228 *passim* (bibl. 9).

45. E. COORNAERT, *Les compagnonnages...*, pp. 262-263 (bibl. 3).

46. A. PERDIGUIER, *Mémoires...*, p. 228 (bibl. 9).

47. R. LECOTTE, *Archives historiques...*, n° 395 à 398 (bibl. 97) et Georges le Bourguignon, « Passions et rivalités chez les menuisiers », *in Les Muses...*, pp. 118-119 (bibl. 172).

48. A. PERDIGUIER, *Mémoires...*, pp. 104-105 (bibl. 9).

49. A. PERDIGUIER, *Question vitale...*, p. 10 (bibl. 124).

50. *Ibid.*, pp. 11 et 12.

51. P. MOREAU, *De la réforme...*, p. 28 (bibl. 8).

52. A. BOYER, *Le tour de France...*, pp. 104 et 108 (bibl. 6).

53. E. MARTIN SAINT-LEON, *Le compagnonnage...*, p. 275 (bibl. 2).

54. R. LECOTTE, *Guide...*, p. 91 (bibl. 99).

55. P. MOREAU, *De la réforme...*, pp. 28-29 (bibl. 8).

56. *Les Muses...*, pp. 90-91, 13, 58, 60 et 32-33 (bibl. 172).

57. A. PERDIGUIER, *Mémoires...*, p. 86 (bibl. 9).

58. P. MORIN, *Chansons...*, p. 53 (bibl. 157).

59. A. FRANCE LANORD, *Jean Lamont*, p. 81 (bibl. 73).

CHAPITRE IX

1. « L'heureux bon drille », *Chansonnier...*, p. 135 (bibl. 156).
2. A. PERDIGUIER, *Mémoires...*, p. 288 (bibl. 9).
3. J. VOISIN, *Histoire...*, p. 10 (bibl. 10).
4. F. CHOVIN DE DIE, *Le conseiller...*, p. 47 (bibl. 56).
5. E. ARNAUD, *Mémoires...*, p. 129 « Premières pensées du tour de France » (bibl. 4).
6. A. PERDIGUIER, *Mémoires*, p. 94 (bibl. 9).
7. E. COORNAERT, *Les compagnonnages...*, p. 157 (bibl. 3).
8. P. MOREAU, *Un mot...*, p. 16 (bibl. 120).
9. F. CHOVIN DE DIE, *Le conseiller...*, p. 46 (bibl. 56).
10. A PERDIGUIER, *Mémoires...*, p. 288 (bibl. 9).
11. A. BATARD, *A l'école...*, pp. 37-38 (bibl. 5).
12. A. BOYER, *Le tour de France...*, pp. 45-47 (bibl. 6).
13. P. MOREAU, *De la réforme..., passim* (bibl. 8).
14. E. COLLOMP, *Nouveau chansonnier...*, p. 150 (bibl. 57).
15. A. BATARD, *A l'école...*, pp. 37-38 (bibl. 5).
16. E. COORNAERT, *Les compagnonnages*, pp. 157-158 (bibl. 3).
17. R. LECOTTE, *Archives historiques...*, n° 265 à 268 (bibl. 97)
18. 40e règle « concernant la morale que le Rôleur doit faire aux aspirants avant de les recevoir compagnons », et 41e règle « concernant la réception », Arch. A.O.C.D.
19. *Secret des cordonniers...* (bibl. 171).
20. A. VAN GENNEP, *Les rites de passage*, Paris, 1909, *passim*.
21. H. DE CURZON, *La règle du Temple*, Paris, 1886.
22. *Revue des groupes...*, n° 27, déc. 1918, p. 227 (bibl. 186).
23. E. LEVASSEUR, *Histoire des classes... avant 1789*, p. 494-500 (bibl. 105).
24. T. GUILLAUMOU, *Les confessions...*, p. 388 (bibl. 7).

25. E. COORNAERT, *Les compagnonnages...*, p. 180 (bibl. 3).
26. E. COLLOMP, *Nouveau chansonnier...*, p. 150 (bibl. 57).
27. J. VOISIN, *Histoire...*, p. 63 (bibl. 10).
28. *Secret des cordonniers* (bibl. 171).
29. A. PERDIGUIER, *Mémoires...*, p. 95 (bibl. 9).
30. PIRON, « Souvenirs d'autrefois », *Chansonnier...*, p. 160 (bibl. 156).
31. E. COLLOMP, *Nouveau chansonnier...*, p. 150 (bibl. 57).
32. J. MOUNIE, *Biographie...*, p. 58 (bibl. 121).
33. P. CAPUS, *Mouton Cœur de Lion...*, p. 13 (bibl. 50).
34. A. BATARD, *A l'école...*, p. 38 (bibl. 5).
35. A. BOYER, *Le tour de France...*, p. 48 (bibl. 6).
36. T. GUILLAUMOU, *Les confessions...*, p. 31 et suiv. (bibl. 7).
37. P. MOREAU, *Un mot...*, p. 17, n. 1 (bibl. 120).
38. E. COORNAERT, *Les compagnonnages...*, p. 163, n. 1 (bibl. 3).
39. P. DU MAROUSSEM, *Charpentiers...*, appendice V, p. 272 et suiv. (bibl. 67).
40. J. VOISIN, *Histoire...*, p. 25 (bibl. 10).
41. 42e règle « concernant le serment de fidélité au Devoir et au secret des affaires des Jolis Compagnons Tourneurs », Arch. A.O.C.D.
42. J.-P. BAYARD, *Le Compagnonnage...*, p. 347 (bibl. 19).
43. Arch. Union compagnonnique, texte de 1840 environ.
44. J. MOUNIE, *Biographie...*, pp. 25-26 (bibl. 121).
45. Arch. Nat. 9897 P^2 OG.
46. Arch. Nat. F^7 4336.
47. V. B. SCIANDRO, *Le Compagnonnage...*, p. 145 (bibl. 135).
48. P. MOREAU, *De la réforme...*, p. 40 (bibl. 8).
49. *Le chansonnier...*, p. 22 (bibl. 152).
50. A. BOYER, « Ah, dis-moi joli Compagnon », *Le chansonnier...*, p. 81 (bibl. 156).
51. A. PERDIGUIER, *Le livre...*, t. I, p. 60 (bibl. 1).

52. E. COORNAERT, *Les compagnonnages...*, p. 232 (bibl. 3).
53. *Les associations ouvrières...*, vol. I, p. 106 (bibl. 166).
54. *Ibid.*
55. L. J. LYON, *La Lyre...*, p. 32 (bibl. 108).
56. A. BONVOUS, *La Revue des groupes...*, n° 14, oct.-nov. 1916, p. 110 (bibl. 31).
57. P. CALLAS, L'Ami des Filles le Languedocien, C. Cordier, *in Les Muses*, p. 85 (bibl. 172).
58. P. MOREAU, *De la réforme...*, p. 35 (bibl. 8).
59. A. BOYER, *Le tour de France...*, p. 51 (bibl. 6).
60. E. ARNAUD, *Mémoires...*, pp. 161 et 93 (bibl. 4).
61. A. BOYER, *Le tour de France...*, pp. 87-88 (bibl. 6).

CHAPITRE X

1. *Chants du Tour de France,* Paris, Larousse, 1879.
2. R. LECOTTE, *Archives historiques...*, n° 215, reproduit p. 48 (bibl. 97).
3. J. MICHELET, *Introductions...*, t. II, p. 272 (bibl. 116).
4. *Les Associations ouvrières...*, t. I, p. 113 (bibl. 166).
5. *Les Muses...*, pp. 159 à 161 (bibl. 172).
6. E. ARNAUD, *Mémoires...*, pp. 31 à 42 (bibl. 4).
7. *Ibid.*, pp. 365 et 315.
8. *Ibid.*, pp. 328-329.
9. *Ibid.*, p. 39.
10. Arch. Nat. F^{12} 502, *apud* J. TULARD, *Vie quotidienne...*, pp. 234-235 (bibl. 143).
11. E. ARNAUD, *Mémoires...*, pp. 168 à 172, 233 et suiv., 66 à 69 (bibl. 4).
12. V. B. SCIANDRO, *Le Compagnonnage...*, p. 127 (bibl. 135).
13. E. ARNAUD, *Mémoires...*, pp. 74 à 90 (bibl. 4).
14. *Ibid.*, pp. 105 et 145.
15. C. G. SIMON, *Etude historique...*, p. 63 (bibl. 138).

16. A. PERDIGUIER, *Le livre...*, t. II, pp. 70-71 (bibl. 1).
17. Arch. Nat. F^{7} 9786 (18).
18. E. MARTIN SAINT-LEON, *Le Compagnonnage...*, p. 186 (bibl. 2).
19. Arch. Nat. F^{12} 502, *apud* J. TULARD, *Vie quotidienne...*, pp. 234-235 (bibl. 143).
20. PLINE, *Histoire Naturelle, apud* M. JUIGNET, *La chaussure...*, p. 140 (bibl. 94).
21. *Ordonnances des rois de France de la troisième race,* Paris, 1769, t. XI, p. 60.
22. P. LABAL, « Notes sur les Compagnons migrateurs et les sociétés de Compagnons à Dijon à la fin du XVe siècle », *in Annales de Bourgogne,* Dijon, t. XXII, fas. 3, juil.-sept. 1950, pp. 187 à 193.
23. H. HAUSER, *Les compagnons...*, p. 73 (bibl. 87).
24. *Ibid.*, p. 89.
25. E. COORNAERT, *Les compagnonnages...*, annexes, pp. 415 à 426 *passim* (bibl. 3).
26. E. LEVASSEUR, *Histoire des classes... avant 1789,* pp. 495, 496 et 499 (bibl. 105).
27. C. G. SIMON, *Etude historique...*, p. 75 (bibl. 138).
28. H. POURRAT, Le Trésor des Contes, *Au village,* Paris, 1979, p. 318.
29. E. MARTIN SAINT-LEON, *Le Compagnonnage...*, p. 117 (bibl. 2).
30. A. PERDIGUIER, *Le livre...*, t. I, p. 45 (bibl. 1).
31. L. J. LYON, *La Lyre...*, préface (bibl. 108).
32. P. MOREAU, *De la réforme...*, pp. 22 à 24 (bibl. 8).
33. T. GUILLAUMOU, *Les Confessions..., apud* E. COORNAERT, *Les compagnonnages...*, p. 239 (bibl. 3).
34. J.-P. AGUET, *Grèves sous la Monarchie de Juillet,* p. 97, n. 24, *apud* M. AGULHON, *Une ville ouvrière...*, p. 130 (bibl. 11).
35. E. MARTIN SAINT-LEON, *Le Compagnonnage...*, pp. 149-150 (bibl. 2).
36. P. CAPUS, *Prospectus de la botte...* (bibl. 48).
37. T. GUILLAUMOU, *Les Confessions..., apud* E. MARTIN SAINT-LEON, *Le Compagnonnage...*, pp. 149-150 (bibl. 2).
38. T. GUILLAUMOU, *Les Confessions...*, p. 231 (bibl. 7).

39. C. G. SIMON, *Etude historique...*, p. 63 (bibl. 138).
40. A. PERDIGUIER, *Question vitale...*, p. 103 (bibl. 124).
41. P. CAPUS, *Mouton Cœur de Lyon...*, p. 6 et *passim* (bibl. 48).
42. T. GUILLAUMOU, *Les Confessions...*, *apud* E. MARTIN SAINT-LEON, *Le Compagnonnage...*, p. 117 (bibl. 2).

CHAPITRE XI

1. C. G. SIMON, *Etude historique...*, p. 50 (bibl. 138).
2. P. MOREAU, *De la réforme...*, p. 84 (bibl. 8).
3. E. ARNAUD, *Mémoires...*, p. 64 (bibl. 4).
4. A. PERDIGUIER, *Le Livre...*, t. I, p. 75 n. 1 (bibl. 1).
5. A. PERDIGUIER, *Mémoires...*, pp. 87-88, 76 et 188 (bibl. 9).
6. P. MOREAU, *De la réforme...*, p. 26 (bibl. 8).
7. J. BRIQUET, *Agricol Perdiguier...*, p. 129 (bibl. 43).
8. A. PERDIGUIER, *Mémoires...*, p. 89 (bibl. 9).
9. Expression employée par Perdiguier dans un factum sans titre édité chez lui, 38, rue Traversière Saint-Antoine, en 1863.
10. L. J. LYON, *La Lyre...*, pp. 118-119 (bibl. 108).
11. E. TARTERET, *apud* J. BARBERET, *Le travail en France...*, t. VII, p. 186 (bibl. 17).
12. J. BERNARD, *in Compagnonnage...*, p. 110 (bibl. 159).
13. J. GODART, *Le Compagnonnage...*, p. 19 (bibl. 81).
14. *Ibid.*
15. C. G. SIMON, *Etude historique...*, p. 50 (bibl. 138).
16. Arch. Nat. F^7 9786.
17. G. et H. BOURGIN, *Les patrons, les ouvriers...* (bibl. 32), publient les documents concernant la rixe de Tournus. Larges extraits dans E. COORNAERT, *Les compagnonnages...*, annexe V, p. 401 (bibl. 32).
18. Arch. Nat. F^7 3796.
19. Arch. Nat. F^7 9787-19.

20. C. G. Simon, *Etude historique...*, p. 53 et suiv. et *passim* (bibl. 138).
21. J. Voisin, « Le remords d'un Soubise » *in Histoire...*, p. 56 (bibl. 10).
22. *Ibid.*, p. 104.
23. G. de Berthier de Sauvigny, *La Restauration...*, p. 244 (bibl. 22).
24. A. Perdiguier, *Mémoires...*, pp. 87-88 (bibl. 9).
25. C. G. Simon, *Etude historique...*, p. 50 (bibl. 138).
26. P. Moreau, *De la réforme...*, pp. 119-120 (bibl. 8).
27. A. Perdiguier, *Mémoires...*, pp. 177-178 (bibl. 9).
28. A. Perdiguier, *Biographie...*, pp. 139-141 (bibl. 123).
29. A. Perdiguier, *Mémoires...*, pp. 268 à 272 (bibl. 9).
30. *Gazette des tribunaux*, 31 oct. 1846.
31. F. Chovin de Die, *Le conseiller...*, pp. 67 et 209 (bibl. 56).
32. *Ibid.*, pp. 127 et suiv.
33. E. Martin Saint-Leon, *Le Compagnonnage...*, p. 123 (bibl. 2).
34. F. Chovin de Die, *Le conseiller...*, pp. 98 à 100 (bibl. 56).
35. A. Perdiguier, *Question vitale...*, pp. 60 à 62 (bibl. 124).
36. P. Moreau, *De la réforme...*, p. 32 (bibl. 8).
37. *Ibid.*, p. 72.
38. *Ibid.*, p. 90.
39. *Ibid.*, p. 85.
40. *Ibid.*, p. 88.
41. *Ibid.*, p. 92.
42. *Ibid.*, pp. 37-38.
43. Arch. dép. du Var, IV, MU 108, avril 1831, *apud* M. Agulhon, *Une ville ouvrière...*, p. 135 n. 38 (bibl. 11).
44. P. Moreau, *De la réforme...*, pp. 117, 28 et 116 (bibl. 8).
45. C. G. Simon, *Etude historique...*, pp. 53 et 67 (bibl. 138).
46. A. Perdiguier, *Mémoires...*, pp. 134-135 et 264 (bibl. 9).

47. E. ARNAUD, *Mémoires...,* pp. 53-54 (bibl. 4).
48. A. BOYER, *Le tour de France...,* p. 73 (bibl. 6).

CHAPITRE XII

1. L. J. LYON, *La Lyre...,* p. 124 (bibl. 104).
2. J. LOUBET *in Voile d'Isis,* déc. 1925. pp. 706-707 (bibl. 107).
3. Arch. dép. Gironde. C. 3708.
4. Musée du Compagnonnage, Tours.
5. C. VAUDOUR et B. HERMANN, *Le maréchal-ferrant,* Paris, 1979, p. 31.
6. J. MICHELET, *Introduction...,* p. 272 (bibl. 116).
7. A. BOYER « Le beau tour... », *in Voile d'Isis,* déc. 1925, p. 673 (bibl. 34).
8. Collection R. Edeline.
9. L. P. JOURNOLLEAU, *Notice biographique...* (bibl. 93).
10. *Associations ouvrières..., passim* (bibl. 166).
11. P. DERUINEAU, *Souvenirs...,* pp. 25 à 27 (bibl. 63).
12. P. CAPUS, *Mouton Cœur de Lion...,* p. 12 (bibl. 50).
13. A. PERDIGUIER, *Mémoires...,* p. 35 (bibl. 9).
14. A. PERDIGUIER, *Le chansonnier du Tour de France,* cahier n° 2 (1860), notice insérée à la suite de la chanson intitulée « Instruisons-nous ».
15. A. A. GIRAUD, *La Bible...,* pp. 134 et suiv. (bibl. 78).
16. E. ARNAUD, *Mémoires...,* p. 50 (bibl. 4).
17. E. ARNAUD.
18. J. VOISIN, *Histoire...,* pp. 30 à 35 (bibl. 10).
19. J. MOUNIE, *Biographie...,* pp. 46-47 (bibl. 121).
20. A. BOYER, *Le tour de France...,* pp. 225 à 227 et 33 (bibl. 6).
21. T. GUILLAUMOU, *Les confessions...,* pp. 77-78-79 (bibl. 7).
22. A. PERDIGUIER, *Mémoires...,* pp. 78 à 187, *passim* (bibl. 9).

23. *Ibid.*, p. 202.
24. E. COLLOMP, *Nouveau chansonnier...* (bibl. 57).
25. A. PERDIGUIER, *Mémoires...*, p. 278 (bibl. 9).
26. E. ARNAUD, *Mémoires...*, p. 67 (bibl. 4).
27. E. COLLOMP, *Nouveau chansonnier...*, p. 62 (bibl. 57).
28. A. BOYER, *Le tour de France...*, p. 125 (bibl. 6).
29. E. ARNAUD, *Le régénérateur...*, p. 17 (bibl. 14).
30. A. BOYER, *Le tour de France...*, p. 149 (bibl. 6).
31. L. J. LYON, *La Lyre...*, p. 13 (bibl. 108).
32. J. L. PUECH, *La vie et l'œuvre...*, p. 136 (bibl. 130).
33. *Chansonnier...*, p. 129 (bibl. 156).
34. *Ibid.*, p. 136.
35. *Ibid.*, p. 40.
36. « Le Chansonnier du Tour de France » en 1840, *in Chansons...*, p. 85 (bibl. 157).
37. E. ARNAUD, *Mémoires...*, p. 197 (bibl. 4).
38. P. DERUINEAU, *Souvenirs...*, p. 13 (bibl. 63).
39. A. BOYER, *Le tour de France...*, pp. 215 et 43 (bibl. 6).
40. *Les Muses...*, pp. 22-23 (bibl. 172).
41. E. ARNAUD, *Mémoires...*, p. 268 (bibl. 4).
42. L. J. LYON, *La Lyre...*, p. 107 (bibl. 108).
43. E. ARNAUD, *Mémoires...*, p. 308 (bibl. 4).
44. A. PERDIGUIER, *Mémoires...*, pp. 153 et 191-192 (bibl. 9).
45. L. J. LYON, *La Lyre...*, pp. 40-41 (bibl. 108).
46. A. BOYER, *Le tour de France...*, pp. 92, 145, 164 (bibl. 6).
47. J. LOUBET, *in Voile d'Isis,* déc. 1925, p. 705 (bibl. 107).
48. A. PERDIGUIER, *Mémoires...*, p. 206 (bibl. 9).
49. *La Nouvelle-République du Centre-Ouest,* Tours, 28-29 nov. 1978.
50. A. BATARD, *A l'école...*, p. 32 (bibl. 5).
51. A. BOYER, *Le tour de France...*, pp. 41-42 (bibl. 6).
52. E. ARNAUD, *Mémoires...*, p. 158 (bibl. 4).
53. P. DUPONT, *in Chansonnier...*, p. 139 (bibl. 156).
54. A. PERDIGUIER, *Mémoires...*, pp. 279-280 (bibl. 9).
55. L. J. LYON, *La Lyre...*, pp. 77-78 (bibl. 108).

56. E. ARNAUD, *Mémoires...*, pp. 154 et 202 (bibl. 4).

57. A. PERDIGUIER, *Mémoires...*, pp. 206 et 213 (bibl. 9).

58. A. PERDIGUIER, *Le livre...*, t. I, p. 148 (bibl. 1).

59. « La violette de Cenon », *in* J. VOISIN, *Histoire...*, p. 85 (bibl. 10).

60. J. MOUNIE, *Biographie...*, p. 38, « Mes premiers adieux » (bibl. 121).

61. Bressan le Vainqueur, « La conduite », *in* J. VOISIN, *Histoire...*, p. 83 (bibl. 10).

62. E. COLLOMP, *Nouveau chansonnier...* (bibl. 57).

63. E. COLLOMP, *Nouveau chansonnier...*, p. 50 (bibl. 57).

64. E. ARNAUD, *Mémoires...*, pp. 91 et 308-309 (bibl. 4).

65. L. J. LYON, *La Lyre...*, p. 25 (bibl. 108).

66. A. BOYER, *Le tour de France...*, pp. 143-144 (bibl. 6).

67. E. ARNAUD, *Mémoires...*, p. 190 (bibl. 4).

68. A. PERDIGUIER, *Mémoires...*, p. 311 (bibl. 9).

69. E. COLLOMP, *Nouveau chansonnier...*, p. 44 (bibl. 57).

70. *Le Compagnon du Tour de France,* n° 51, 1er nov. 1933 (bibl. 190).

71. A. BOYER, *Le tour de France...*, pp. 156 à 159 (bibl. 6).

72. J. TULARD, *La Vie Quotidienne...*, pp. 136 et suiv. (bibl. 143).

73. A. BOYER, *Le tour de France...*, p. 153 (bibl. 6).

74. A. BATARD, *A l'école...*, p. 39 (bibl. 5).

75. *Les Muses...*, p. 134 (bibl. 172).

76. L. J. LYON, *La Lyre...*, p. 126 (bibl. 108).

77. A. BOYER, *Le tour de France...*, pp. 112-113 (bibl. 6).

78. A. BATARD, *A l'école...*, p. 42 (bibl. 5).

79. A. BOYER, *Le tour de France...*, p. 153 (bibl. 6).

80. *Ibid.*, p. 203 et suiv., *passim.*

81. J. VOISIN, *Histoire...*, p. 15 (bibl. 10).

82. A. PERDIGUIER, *Mémoires...*, p. 18 (bibl. 9).

83. J. TULARD, *La Vie quotidienne...*, p. 139 (bibl. 143).

84. A. BOYER, *Le tour de France...*, p. 113 (bibl. 6).

85. E. Arnaud, *Mémoires...*, pp. 185 à 200, *passim* (bibl. 4).

86. J. Mounie, *Biographie...*, p. 56 (bibl. 121).

87. L. J. Lyon, *La Lyre...*, p. 126 (bibl. 108).

CHAPITRE XIII

1. *Chansons...*, p. 59 (bibl. 157).
2. P. Deruineau, *Souvenirs...*, pp. 46 à 50 (bibl. 63).
3. 30e règle « concernant les Compagnons malades », Arch. A.O.C.D.
4. Arch. dép. Gironde, C.3708.
5. *Associations ouvrières...*, vol I, p. 109 (bibl. 166).
6. F. Chovin de Die, *Le conseiller...*, p. 150 et suiv. (bibl. 56).
7. P. Moreau, *Un mot...*, p. 26 (bibl. 116).
8. G. de Berthier de Sauvigny, *La Restauration...*, p. 41 (bibl. 22).
9. E. Lechartier, *Projet d'une union syndicale*, Paris, Librairie des Assurances, 1885, 14 pages, *passim*.
10. Ph. Patissier, *Traité des maladies...*, p. 53 (bibl. 122).
11. E. Collomp, *Nouveau chansonnier...* (bibl. 57).
12. A. Boyer, *Le tour de France...*, pp. 151 et 115 (bibl. 6).
13. P. Deruineau, *Souvenirs...*, p. 19 (bibl. 63).
14. E. Arnaud, *Mémoires...*, p. 191 (bibl. 4).
15. A. Perdiguier, *Mémoires...*, p. 177 (bibl. 9).
16. E. Arnaud, *Mémoires...*, pp. 112 et suiv., 181 et 188 (bibl. 4).
17. A. Batard, *A l'école...*, p. 39 (bibl. 5).
18. A. Boyer, *Le tour de France...*, p. 70 (bibl. 6).
19. A. Perdiguier, *Mémoires...*, p. 213 (bibl. 9).
20. E. Tarteret, *apud* J. Barberet, *Le travail en France...*, t. VII, p. 180 (bibl. 17).
21. A. Perdiguier, *Mémoires...*, pp. 171-172 (bibl. 9).
22. J. Loubet, *in Voile d'Isis*, déc. 1925, p. 706 (bibl. 107).

23. A. PERDIGUIER, *Le livre...*, t. I, p. 114 (bibl. 1).

24. Du ministre de la Justice au ministre de l'Intérieur, le 17 décembre 1825. BB[18] 1130, dossier 6233 AG, *apud* E. COORNAERT, *Les compagnonnages...*, p. 410 (bibl. 3).

25. *Associations ouvrières...*, vol. I, p. 104 (bibl. 166).

26. Art. 3 de la règle des boulangers, *cit.* par E. MARTIN SAINT-LEON, *Le Compagnonnage...*, p. 25, n° 1 (bibl. 2).

27. A. PERDIGUIER, *Mémoires...*, pp. 65, 135 et 235 (bibl. 9).

28. *Le secret des cordonniers...*, p. 13 (bibl. 171).

29. 31e règle « concernant l'enterrement d'un compagnon », Arch. A.O.C.D.

30. *Associations ouvrières...*, t. I, p. 104 (bibl. 166).

31. A. PERDIGUIER, *Mémoires...*, p. 140 (bibl. 9).

32. *Le secret des cordonniers...* (bibl. 171).

33. A. PERDIGUIER, *Mémoires...*, pp. 141, 171 et 273 (bibl. 9).

34. E. ARNAUD, *Mémoires...*, p. 192 (bibl. 4).

35. A. PERDIGUIER, *Mémoires...*, p. 267 (bibl. 9).

36. A. BOYER, *Le tour de France...*, pp. 237 à 239 (bibl. 6).

37. E. ARNAUD, *Mémoires...*, pp. 173 à 180 (bibl. 4).

38. A. BOYER, *Le tour de France...*, p. 122 (bibl. 6).

39. E. COLLOMP, *in Chansonnier...*, p. 54 (bibl. 57).

CHAPITRE XIV

1. « Le Vieux Francœur », *in Chansons...*, p. 103 (bibl. 157).

2. Les éléments du récit de la grève des charpentiers de Paris en 1845 sont tirés de J. BLANC, *La grève...* (bibl. 23).

3. « Les enfants du courage », *in* J. VOISIN, *Histoire...*, p. 98 (bibl. 10).

4. A. PERDIGUIER, *Biographie...*, p. 111 (bibl. 123).

5. F. A. ISAMBERT, *Recueil général...*, t. XII, p. 638 (bibl. 90).

6. A. FONTANON, *Edits et Ordonnances des rois de France*, Paris, 1611, t. IV, p. 467 et suiv.

7. Arch. Mun. Dijon B. 357, f° 143 V°, *apud* H. HAUSER, *Les compagnonnages...*, p. 135 (bibl. 87).

8. P. BONDOIS, *Un compagnonnage...*, p. 590 (bibl. 29).

9. E. COORNAERT, *Les compagnonnages...*, p. 267, n° 1 (bibl. 3).

10. Arch. Mun. Dijon G. 10 *apud* H. HAUSER, *Les compagnonnages...*, pp. 169 à 203, *passim* (bibl. 87).

11. E. COORNAERT, *Les compagnonnages...*, p. 273 (bibl. 3).

12. M. JUIGNET, *La chaussure...*, p. 111 (bibl. 94).

13. DUBOURG, Arch. du donjon du Capitole, Toulouse, *cit.* par J. PRADELLE, *Le Compagnonnage*, n° 356, juin 1950, p. 4 (bibl. 187).

14. Relevé par R. LECOTTE, *in La Fédération compagnonnique*, 2 sept. 1883, p. 143 (bibl. 180).

15. Arch. Nat. F^1 4236, *apud* E. MARTIN SAINT-LEON, *Le Compagnonnage...*, p. 102, n° 2 (bibl. 2).

16. *Associations ouvrières...*, t. I, p. 8 (bibl. 166).

17. J. TULARD, *Le Consulat...*, pp. 102 à 104 (bibl. 144).

18. Arch. dép. Gard, série M. non classée.

19. Arch. Préf. de Police A. a/422.

20. M. JUIGNET, *La chaussure...*, p. 119 (bibl. 94).

21. A. PERDIGUIER, *Mémoires...*, p. 59 (bibl. 9).

22. F. CHOVIN DE DIE, *Le conseiller...*, p. 76 (bibl. 56).

23. A PERDIGUIER, *Mémoires...*, p. 274 (bibl. 9).

24. *Ibid.*, pp. 73-74, 114 et 265.

25. *Ibid.*, p. 190.

26. *Archives historiques...*, n° 65, ancienne coll. A. Boyer .

27. A. PERDIGUIER, *Biographie...*, p. 34, n° 1 (bibl. 123).

28. Arch. A.O.C.D.

29. *Associations ouvrières...*, t. I, p. 27 (bibl. 166).

30. H. HAUSER, « Les coalitions ouvrières et patronales de 1830 à 1848 », *in Revue Socialiste*, t. XXXIII, Paris, 1901, pp. 539 et suiv.

31. *Gazette des Tribunaux*, juin 1836.

32. L. BLANC, *Histoire...*, t. III, p. 46 (bibl. 24).
33. J. CASSOU, *Quarante-huit,* p. 90 (bibl. 52).
34. Arch. Nat. BB 18/1158, *Gazette des Tribunaux,* 24-25 déc. 1832.
35. *Gazette des Tribunaux,* 5 oct. 1833.
36. *Ibid.,* 22 janv. 11 févr. et 4 mars 1837.

CHAPITRE XV

1. *Le Réveil Compagnonnique,* 1er juil. 1879, p. 1 (bibl. 179).
2. A. PERDIGUIER, *Le livre..., cit.* par E. MARTIN SAINT-LEON, *Le Compagnonnage...,* p. 137 (bibl. 2).
3. A. de LAMARTINE, lettre du 28 nov. 1840 *in* A. PERDIGUIER, *Le livre...,* t. I, p. 18 (bibl. 1).
4. « A un riche », *in Le Compagnonnage,* n° 277, août 1943, p. 2 (bibl. 187).
5. ANFOS-MARTIN, « Grandes figures vauclusiennes », *in Le Compagnonnage,* n° 209 du 1er janvier 1837, p. 1 (bibl. 187).
6. Lettre de George Sand à A. Perdiguier du 20 juillet 1840, *in Le Compagnonnage,* n° 241 (bibl. 187).
7. ANFOS-MARTIN, *Le Compagnonnage,* n° 290, p. 1 (bibl. 187).
8. *Le Compagnonnage,* n° 241 (bibl. 187).
9. Lettre de George Sand à A. Perdiguier, le 1er juillet 1841 *in Le Compagnonnage,* n° 241, p. 2 (bibl. 187).
10. J. MOUNIE, *Biographie...,* p. 33 (bibl. 121).
11. *Ibid.*
12. J. L. LYON, *La Lyre...* (bibl. 108).
13. « Vendôme et Perdiguier », *Chansonnier...,* p. 173 (bibl. 156).
14. J. L. LYON, *La Lyre...,* préface (bibl. 108).
15. P. MOREAU, *De la réforme...,* p. 129 (bibl. 8).
16. *Ibid.,* p. 75.
17. A. PERDIGUIER, *Question vitale...,* p. 100 (bibl. 124).

18. A. PERDIGUIER, *Le livre...*, t. II, p. 67 (bibl. 1).
19. *Ibid.*, p. 42.
20. L'Atelier, n° du 30 juin 1843.
21. J. L. PUECH, *La vie et l'œuvre...*, p. 129 (bibl. 130).
22. F. TRISTAN, *L'Union...*, p. 3 (bibl. 142).
23. *Ibid.*, pp. 11-12.
24. *Apud* J. L. PUECH, *La vie et l'œuvre...*, p. 460 (bibl. 130).
25. *Ibid.*, pp. 462-463.
26. *Ibid.*, pp. 463-464.
27. *Ibid.*, pp. 450-451.
28. *Ibid.*, pp. 464-467, *passim*.
29. Lettre de G. Sand à A. Perdiguier, le 10 août 1843, *in* J. BRIQUET, *Agricol Perdiguier...*, p. 220 n. 45 (bibl. 43).
30. J. L. PUECH, *La vie et l'œuvre...*, pp. 136 et 157 (bibl. 130).
31. J. MOUNIE, *Biographie...*, pp. 44, 45, 46 (bibl. 121).
32. T. GUILLAUMOU, *Echo du tour...*, p. 22 (bibl. 86).
33. E. ARNAUD, *Mémoires...*, avant-propos (bibl. 4).
34. E. ARNAUD, *Le Régénérateur...* (bibl. 14).
35. L. P. JOURNOLLEAU, *Notice...*, pp. 36-37 (bibl. 93).
36. *Apud*, J. CASSOU, *Quarante-huit*, pp. 86-87 (bibl. 52).
37. *Chansonnier...*, p. 136 (bibl. 156).
38. J. L. PUECH, *La vie et l'œuvre...*, pp. 189, 226, 166, 234, 239, 269 (bibl. 130).
39. J. CASSOU, *Quarante-huit*, p. 98 (bibl. 52).
40. *Ibid.*
41. J. L. PUECH, *La vie et l'œuvre...*, p. 465 (bibl. 130).
42. Lettre de A. Perdiguier à André Alliaud, le 9 février 1844, *in* J. BRIQUET, *Agricol Perdiguier...*, p. 143, n. 3 (bibl. 43).
43. BRAULT, Bien Décidé le Briard, « Le chant de la République » (feuille unique).
44. *Cit.* par R. GOSSEZ *in Compagnonnage*, n° 108, avril 1950, p. 3 (bibl. 191).
45. *In Le Réveil Compagnonnique*, 1er juillet 1879, p. 1 (bibl. 179).
46. *Gazette des Tribunaux*, 22 mars 1848, aussi « Le

Compagnonnage en 1848 » par Rémi Gossez, *in Compagnonnage,* n° 108, avril 1950, p. 3 (bibl. 191).

47. Arch. Nat. Bb^{30}.299.1848.

48. D. STERN (Marie d'Agoult), *Histoire...,* t. 2, p. 445 (bibl. 141).

49. *Le Réveil Compagnonnique,* 1er juillet 1879, p. 1 (bibl. 179).

50. *Le Moniteur,* 23 mai 1848, p. 1.

51. *Ibid.*

52. F. ENGELS, *Les journées de juin 1848,* p. 164.

53. J. MAITRON, *Dictionnaire...,* t. III, p. 119 (bibl. 109).

54. *Ibid.,* art. Gosset.

55. *Cit.* par E. MARTIN SAINT-LEON, *Le Compagnonnage...,* p. 169 (bibl. 2).

56. *Ibid.,* p. 168.

57. T. GUILLAUMOU, *Les Confessions...,* p. 293 (bibl. 7).

58. T. GUILLAUMOU, *Echo du Tour...,* p. 18 (bibl. 86).

59. E. MARTIN SAINT-LEON, *Le Compagnonnage...,* p. 174 (bibl. 2).

60. F. CHOVIN DE DIE, *Le Conseiller...,* p. 21 (bibl. 56).

61. Lettre du 6 juin 1861 *in* A. PERDIGUIER, *Question vitale...* (bibl. 120).

62. A. BERNET, *in Les Muses...,* pp. 128-129 (bibl. 168).

63. A. PERDIGUIER, *Question vitale...,* p. 105 (bibl. 124).

64. *Ibid.,* pp. 190 et suiv.

65. *Cit.* par R. LECOTTE *in Métiers d'Arts*, n. 3, p. 25 (bibl. 165).

66. J. VOISIN, *Histoire...,* p. 7 (bibl. 10).

67. R. BOYER, *Le tour de France...,* p. 115 et *passim* (bibl. 6).

68. *Ibid.,* pp. 68 et 40.

69. P. MOREAU, *De la réforme...,* p. 50 (bibl. 8).

70. A. CORBON, *Le secret du peuple de Paris,* p. 150.

71. Rapport à l'Ass. Nat., séance du 4 juillet 1848.

72. A. CORBON, *Le secret du peuple de Paris,* p. 407.

73. A. PERDIGUIER, *Question vitale...,* p. 114, note (bibl. 124).

EPILOGUE

1. A. PERDIGUIER, *Mémoires...*, p. 305-306 (bibl. 9).
2. E. COLLOMP, *Le Nouveau Chansonnier...* (bibl. 57).
3. E. ARNAUD, *Mémoires...*, p. 190 (bibl. 4).
4. *Ibid.*, p. 190.
5. A. PERDIGUIER, *Mémoires...*, p. 127 (bibl. 9).
6. J. VOISIN, *Histoire...*, p. 53 (bibl. 10).
7. *Ibid.*
8. A. PERDIGUIER, *Mémoires...*, pp. 305-306 (bibl. 9).
9. 49e règle « concernant le remerciement d'un compagnon », Arch. A.O.C.D.
10. A. PERDIGUIER, *Mémoires...*, p. 303 (bibl. 9).
11. Voir A. PERDIGUIER, « Histoire d'une scission », *in Biographie, passim* (bibl. 123).
12. A. PERDIGUIER, *Mémoires...*, p. 310 (bibl. 9).
13. A. PERDIGUIER, *Mémoires...*, p. 312 (bibl. 9).
14. A. PERDIGUIER, *Question vitale...*, pp. 79-80 (bibl. 5).
15. A. BATARD, *A l'école...*, pp. 41-42 (bibl. 5).
16. A. BOYER, *Le tour de France...*, p. 157 (bibl. 6) et *Le Voile d'Isis,* déc. 1925, p. 677 (bibl. 34).
17. G. FOUCTEAU, *in Le Compagnon du tour de France,* n° 1, 1929 (bibl. 190).
18. J. POTIER, dit le Bien Aimé de Saint-Georges de Reintembault, *in Chansonnier...*, p. 46 (bibl. 156).
19. L. J. LYON, *La Lyre...* (bibl. 108).
20. Annonce parue dans *Le Ralliement* (bibl. 181).
21. « Mes souvenirs », *apud* E. MARTIN SAINT-LEON, *Le Compagnonnage...*, p. 279, n. 1 (bibl. 2).
22. A. PERDIGUIER, *Le livre du compagnonnage,* t. I, pp. 6-7.
23. MANIVET, *cit.* par ANFOS MARTIN, *in Le Compagnonnage,* n° 301, octobre 1945, p. 2 (bibl. 187).
24. J. MAITRON, *Dictionnaire...*, bio. Moreau, p. 120, reprenant l'expression de Lamennais dans une lettre à Perdiguier, du 22 décembre 1840 reproduite par celui-ci *in Le livre...*, t. I, p. 19 (bibl. 1).

25. E. ARNAUD, *Mémoires...*, pp. 306 et 459 à 462 (bibl. 4).

26. J. MOUNIE, *Biographie...*, *passim* (bibl. 121).

27. J. VOISIN, *Histoire...*, p. 19 et *passim* (bibl. 10).

28. A. BATARD, *A l'école...*, pp. 44-45 et p. 11 (bibl. 5).

29. A. BOYER, *Le tour de France...*, p. 213 (bibl. 6).

30. *Ibid.*, p. 247.

31. *Ibid.*, p. 249.

32. *Ibid.*, p. 122.

LEXIQUE

Ce glossaire compagnonnique a été établi notamment à partir de celui figurant dans *Compagnonnage* (*cf.* bibl. 159) et de celui ajouté par l'A.O.C.D. à la fin de son édition des Mémoires de Perdiguier (*cf.* bibl. 9).

Accolade ou **baiser fraternel**, ou **dialogue sous le chapeau :** mode de salut conventionnel entre deux compagnons.

Adoption : cérémonie en chambre par laquelle le candidat est reconnu aspirant ou affilié (Devoir de liberté).

Affaire (arriat, trait carré, cheval, lettre de course, carré...) : passeport compagnonnique secret. Circule parfois indépendamment du compagnon. Il porte fréquemment les cachets des cayennes des villes dans lesquelles il s'est arrêté. Doit être détruit à la mort du compagnon.

Affaires : registres, livres de règles, archives, correspondance, etc., enfermées dans le coffre de la cayenne.

Affilié : voir **aspirant.**

Ancien : compagnon fini, familier des usages et rituels et susceptible de diriger une cérémonie de réception. Pas nécessairement **premier compagnon**, mais le mot est parfois employé dans ce sens par extension.

Armagnol (péj.) : maréchal-ferrant indépendant. Chez les chapeliers : apprenti.

Arriat : voir **affaire.**

Arrosage : veillée précédant un départ, où l'on chante et boit en l'honneur du partant.

Aspirant : premier état du compagnonnage lorsqu'un candidat a été **adopté** par la société. On dit **affilié** dans le Devoir de liberté.

Assemblée : réunion régulière des compagnons au sein de laquelle se prennent toutes les décisions concernant la vie de la société. L'Assemblée **forcée** est une réunion extraordinaire provoquée par un événement important. Lorsqu'un compagnon va quitter la ville, on **commande** une assemblée **de partant** pour **lever son acquit** et le mettre en règle.

Bâtarde (ville) : ville de deuxième rang sur le tour dans laquelle on peut travailler et disposer d'une mère mais généralement pas effectuer de réception, privilège réservé aux **villes de Devoir.**

Battre aux champs : quitter une ville. Celui qui bat aux champs, le partant, fait l'objet d'une **conduite** par les compagnons qui le **mettent sur les champs**, c'est-à-dire l'accompagnent rituellement jusqu'au-delà des faubourgs.

Boire en règle : boire rituellement. Se pratique notamment à l'occasion de réceptions et de conduites.

Bois-debout : surnom des charpentiers.

Boîte : coffre – souvent à triple serrure – dans lequel sont serrées les affaires de la société à cayenne. Appelé **le maître** chez les tailleurs de pierre et d'autres corps s'il contient une copie du livre de règles. Les **villes de boîte** sont les plus importantes, celles où s'effectuent les réceptions.

Bons cousins : ancien surnom des compagnons de métiers forestiers : bûcherons, fendeurs, scieurs de long, charbonniers.

Bons drilles : surnom des Enfants du père Soubise (charpentiers, couvreurs, plâtriers).

Bons enfants : surnom des compagnons Enfants de maître Jacques.

Bosse : patron ou singe en argot chapelier. La bosseresse est la patronne (voir **bourgeois**).

Bouquin : aspirant plâtrier.

Bourgeois : appellation courante du maître artisan de l'ancien régime. Pour le compagnonnage, le **singe**.

Le bourgeois, au début du XIXe siècle, est fréquemment ancien compagnon.

Broussailles : campagnes par opposition aux villes. Les aspirants de certaines sociétés se plaignaient que les compagnons, gardant pour eux les meilleurs emplois en ville, les chassaient **dans les broussailles.**

Brûleur : celui qui quitte la ville sans lever son acquit, laissant des dettes à la mère ou à la société. Les brûleurs sont signalés aux autres villes du tour de France, ils **sont écrits** comme brûleurs.

Cambouis : surnom donné parfois aux charrons et carrossiers.

Carré : voir **affaire.**

Carte d'adresse : document qui, en l'absence du rouleur, atteste que l'aspirant ou le compagnon est bien envoyé par la société à l'employeur qui le reçoit.

Cayenne : lieu de réunions des compagnons. Terme en usage dans certains métiers seulement (tailleurs de pierre, charpentiers, maréchaux-ferrants, boulangers notamment). Par extension : l'assemblée des compagnons de la ville.

Chaîne d'alliance : cérémonie comportant des danses et des chants, qui se pratique surtout à l'occasion des fêtes patronales. Les compagnons forment un cercle en se donnant les mains, les bras croisés. Au centre, où se trouvent la mère et le premier, un compagnon chante **les fils de la Vierge,** du cordonnier L. J. Lyon, dont tous les autres reprennent en chœur le refrain.

Chambre : lieu de réunion des compagnons. En usage dans certains métiers seulement (menuisiers, serruriers, selliers, cordonniers notamment). Voir **cayenne.**

Chassement : terme employé par les cordonniers pour l'exclusion du compagnonnage. Ailleurs, on dit mise au **renégat.**

Chef-d'œuvre : travail exceptionnel exécuté seul par un candidat à la réception (chef-d'œuvre de réception), en équipe pour l'honneur de la société (ex : grand chef-d'œuvre de Soubise), seul ou en équipe, à l'occasion d'un défi ou concours entre deux sociétés.

Chien : symbole de fidélité dans l'iconographie compagnonnique, en souvenir du chien de maître Jacques qui hurla sur sa tombe. Egalement surnom donné aux compagnons passants bons drilles.

Chien blanc : surnom donné parfois au compagnon boulanger.

Commander une assemblée : la convoquer.

Compagnon fini : troisième état du compagnonnage. La **finition** d'un compagnon reçu est une cérémonie au cours de laquelle il est **reconnu.** On ne peut généralement pas être reçu et fini dans la même ville de Devoir.

Compagnon reçu : deuxième état du compagnonnage, auquel accède l'aspirant ou affilié par la réception.

Conduite : accompagnement d'un compagnon quittant la ville. L'effectif des participants et la complexité du rituel varient avec l'importance de la ville et la qualité du partant. La **conduite en règle** ou **grand battant aux champs** est la plus spectaculaire, celle qui honore le plus le compagnon. Elle se fait en tenue d'apparat avec cannes et couleurs (voir couverture de l'ouvrage). La **fausse conduite** est un simulacre organisé par des compagnons pour aller affronter les membres d'une société ou d'un métier adverse.

Conduite de Grenoble : rituel déshonorant appliqué à un compagnon condamné au chassement ou mise au renégat à la suite d'un délit de droit commun ou d'un autre manquement grave aux obligations du Devoir et de la règle.

Coterie : appellation utilisée entre eux par les tailleurs de pierre, charpentiers, couvreurs et plâtriers. Dans les autres corps, on s'appelle **pays.**

Coucous : surnom donné aux couvreurs.

Couleur : ruban sur lequel sont frappés des emblèmes ou symboles du compagnonnage. Certaines sont remises lors de la réception, d'autres au passage dans des villes de Devoir, d'autres enfin s'achètent à Saint-Maximin et sont marquées à la Sainte-Baume. La manière de les porter – au chapeau, à une boutonnière de l'habit, à la ceinture... –, jointe au choix des couleurs, permet d'identifier la société et le métier. C'est une source fréquente d'affrontements au début du XIXe, certains compagnonnages prétendant au privilège exclusif de les porter de telle façon. Celui qui se fait arracher ses couleurs dans une rixe subit un grand outrage.

Damnation : voir **interdit.**

Devoir : mot quasi indéfinissable qui recouvre à la fois le compagnonnage lui-même et l'ensemble de ses rites, règles et traditions. Par opposition à **Devoir de liberté :** l'ensemble des corps se rattachant à maître Jacques et au père Soubise (dit au XVIIIe siècle le Saint Devoir de Dieu).

Devoirant : Enfant de maître Jacques ou du père Soubise.

Devoir de liberté : rite des Enfants de Salomon (dit Non du Devoir au XVIIIe siècle) par opposition à celui des Enfants de maître Jacques et du père Soubise. Trouve sans doute son origine dans une scission intervenue pendant les guerres de Religion. Le mot **liberté** n'apparaît que peu avant la Révolution de 1789, lorsque des compagnons **gavots** se saluent « au nom de la Liberté ».

Dévorant : déformation péjorative de **devoirant.**

Droguin : aspirant chapelier.

Esponton (péj.) : pour les compagnons, ouvrier indépendant, non-affilié à un compagnonnage. Employé parfois, surtout par les gavots, comme une injure pour qualifier un aspirant ou compagnon mis au renégat.

Flâner (ou **faire du pavé**) : chômer. Les aspirants et compagnons qui attendent une embauche chez la mère sont les flâneurs.

Fondateurs : Salomon, maître Jacques et Soubise.

Gamin : aspirant maréchal-ferrant.

Gavot : nom donné aux menuisiers et serruriers du Devoir de liberté. Tire peut-être son origine d'un vocable languedocien appliqué aux habitants de Gap et par extension aux hommes vivant dans ou venant de la montagne. Chassés par les persécutions, les compagnons protestants se seraient réfugiés dans les Alpes et les Cévennes avant de revenir sur le tour de France, aux XVIIe et XVIIIe siècles.

Goret : contremaître. L'ouvrier le plus ancien chez les chapeliers.

Gueule noire : surnom parfois donné au forgeron.

Guilbrette : gestes rituels solennels et compliqués pratiqués entre compagnons d'une même société à l'occasion d'une cérémonie (départ, réception, enterrement...). Les compagnons du Devoir de liberté ne faisaient pas la guilbrette.

Honnête (compagnon) : qualificatif des compagnons passants tailleurs de pierre du Devoir, repris parfois par d'autres corps.

Hurlements : cris rituels pratiqués dans certains corps à l'occasion des conduites, enterrements...

Indien : charpentier du Devoir de liberté.

Initié ou dignitaire : troisième ordre créé chez les gavots au début du XIXe siècle. Cause d'une grave scission dans cette société.

Interdit : condamnation d'une boutique ou d'un atelier à la suite d'un différend avec le maître. Travailler dans une boutique **mise en interdit** est un motif d'exclusion du compagnonnage. Une ville entière peut être mise en interdit pour de nombreuses années.

Jeune homme : aspirant tailleur de pierre.

Joints : anneaux que certains compagnons portent aux oreilles. De petits outils caractéristiques du métier sont suspendus à la boucle.

Joli (compagnon) : qualificatif des compagnons tourneurs du Devoir.

Karaoul (péj.) : surnom donné aux compagnons maréchaux-ferrants par les ouvriers indépendants du même métier à Paris. Le mâchefer qu'on retire du foyer éteint, par exemple, est de la **cervelle de karaoul.**

Lapin : apprenti charpentier. Utilisé également par d'autres corps.

Levage d'acquit : formalités rituelles par lesquelles le compagnon partant se met en règle avec son patron, la mère et la société avant de quitter la ville. Il est interdit de partir sans avoir levé son acquit.

Libertins : surnom péjoratif des compagnons et affiliés du Devoir de liberté.

Loups : surnom des tailleurs de pierre du Devoir de liberté.

Loups-garous : surnom des tailleurs de pierre du Devoir.

Margageat (péj.) : indépendant, pour les compagnons des métiers du cuir, parfois pour les autres.

Menus bois : surnom des menuisiers.

Mère : femme qui gère et anime la maison des compagnons dans une ville et, par extension, cette maison elle-même. Dans les grandes villes du tour de France au début du XIXe siècle, il y avait parfois plus de vingt-cinq mères différentes, peu de corps y **faisant mère ensemble.**

La mère est un personnage essentiel et particulièrement respecté dans le compagnonnage. Dans nombre de sociétés, elle est partiellement initiée. Dans les sociétés peu nombreuses, son établissement accueillait souvent des ouvriers ou hôtes étrangers au compagnonnage.

Nom (compagnonnique) : d'abord appelé du nom de sa ville ou province d'origine, l'aspirant est baptisé, lors de sa réception, d'un nom compagnonnique, seul en usage sur le tour de France. La formation de ce nom répond à des règles précises, variables selon les sociétés. (Voir p. 499 et suiv., les noms types dans les corps reconnus au début du XIXe siècle.)

Passant : appellation en usage chez les tailleurs de pierre, charpentiers, couvreurs et plâtriers du Devoir.

Pays : appellation utilisée entre eux par les aspirants et compagnons, à l'exception des tailleurs de pierre, charpentiers, couvreurs et plâtriers qui s'appellent **coterie.**

Père : mari de la mère. Leurs enfants et parfois leurs serviteurs et servantes sont les **frères** et **sœurs.**

Pigeonneau : apprenti menuisier du Devoir.

Planquet : tondeur de drap.

Pots à colle (péj.) : surnom parfois donné aux menuisiers.

Premier en ville ou **premier compagnon :** premier responsable de la société dans la ville. Le plus souvent élu, parfois le plus ancien.

Prendre une ville : y installer une mère et des compagnons de la société, au besoin par la force.

Réception : cérémonie rituelle par laquelle l'aspirant ou affilié est reçu compagnon.

Reconnaissance : mode de salut rituel permettant notamment de s'assurer de la qualité d'un arrivant.

Refonte : cérémonie par laquelle un compagnon chassé pour un temps de la société est réintégré. On dit de l'amnistié qu'il est **refondu.**

Règle : ensemble des lois qui régissent la vie d'une société compagnonnique. Les livres de règle sont peu nombreux et secrets. Ils sont rarement sortis de la boîte et ne doivent pas quitter la chambre.

Remarque : observation particulière qui peut être faite sur un monument par qui en a été averti. Permet au compagnon voyageur de faire la preuve de son passage à certains endroits.

Remercier : démissionner à la fin de son tour de France. Le compagnon qui a remercié conserve des liens avec la société mais ne prend plus part à ses décisions sauf dans quelques cas exceptionnels.

Renards de Liberté : premier nom des charpentiers de Soubise dissidents qui rallièrent le rite des Enfants de Salomon en 1804.

Rendurcis (péj.) : surnom donné aux adhérents d'une société de boulangers opposée à celle qui revendiquait la reconnaissance par les compagnons du Devoir.

Renégat : compagnon ou aspirant ayant fait l'objet

d'une mesure d'exclusion en principe définitive. Les réintégrations ou **refontes** de renégats sont très rares.

Retiré : qualificatif du compagnon qui a **remercié** à l'issue de son tour de France.

Rôle : document sur lequel sont inscrits les arrivants.

Rôleur ou **rouleur :** compagnon chargé pour un temps (une ou deux semaines) de l'accueil et de l'embauche des arrivants ainsi que du levage d'acquit et de la conduite des partants. Il est chargé aussi des convocations d'assemblée, d'accompagner les malades à l'hôpital, etc. Le rouleur est parfois appelé **chemineur**. On disait aussi **brouette** chez les charpentiers.

Sacul (péj.) : surnom donné parfois aux bourreliers, harnacheurs et selliers.

Sainte-Baume : grotte de Provence, près de Saint-Maximin; d'après la tradition, lieu de sépulture de sainte Marie-Madeleine. La légende compagnonnique en fait aussi l'emplacement du tombeau de maître Jacques. C'est pourquoi la grotte est devenue but de pèlerinage pour les compagnons du Devoir.

Salut de boutique : salut rituel permettant à l'arrivant de se faire reconnaître par les compagnons de son corps avant de s'installer chez la mère.

Sauter une ville : éviter une ville dans laquelle sa société n'a ni mère ni compagnons à l'ouvrage, ou qui a été mise en **interdit.**

Singe : employeur, patron de l'atelier (boutique, boîte) ou de l'entreprise. Un mauvais patron est un **vilain singe.**

Soi-disant : ouvrier qui « se dit » compagnon mais dont le métier n'est pas reconnu par les autres corps. C'est le cas, au début du XIXe siècle, des cordonniers, boulangers, tisseurs-ferrandiniers et sabotiers.

Targette (péj.) : surnom parfois donné aux serruriers.

Topage : mode rituel de reconnaissance et d'identification entre deux compagnons se rencontrant sur un chemin du tour. Finissait souvent par des injures ou des coups lorsque les interlocuteurs appartenaient à des rites ou corps opposés. Non pratiqué par les gavots.

Trait : art de la géométrie descriptive appliquée aux métiers du bâtiment. Instrument essentiel de qualification pour les tailleurs de pierre, charpentiers et menuisiers.

Ville de fondation : ville dans laquelle une société compagnonnique a été fondée ou reconnue. Ex. : Lyon pour les maréchaux-ferrants ou Angoulême pour les cordonniers.

TABLE

« Composition réalisée en ordinateur par IOTA »

IMPRIMÉ EN FRANCE PAR BRODARD ET TAUPIN
7, bd Romain-Rolland - Montrouge - Usine de La Flèche.
LIBRAIRIE GÉNÉRALE FRANÇAISE - 79, bd Saint-Germain - Paris.

ISBN : 2 - 253 - 02740 - 5 30/5550/6